CW01631814

L'Univ

Pour plus de renseignements concernant nos publications,
veuillez vous adresser à

THAMES & HUDSON
12, rue de Seine
75006 Paris

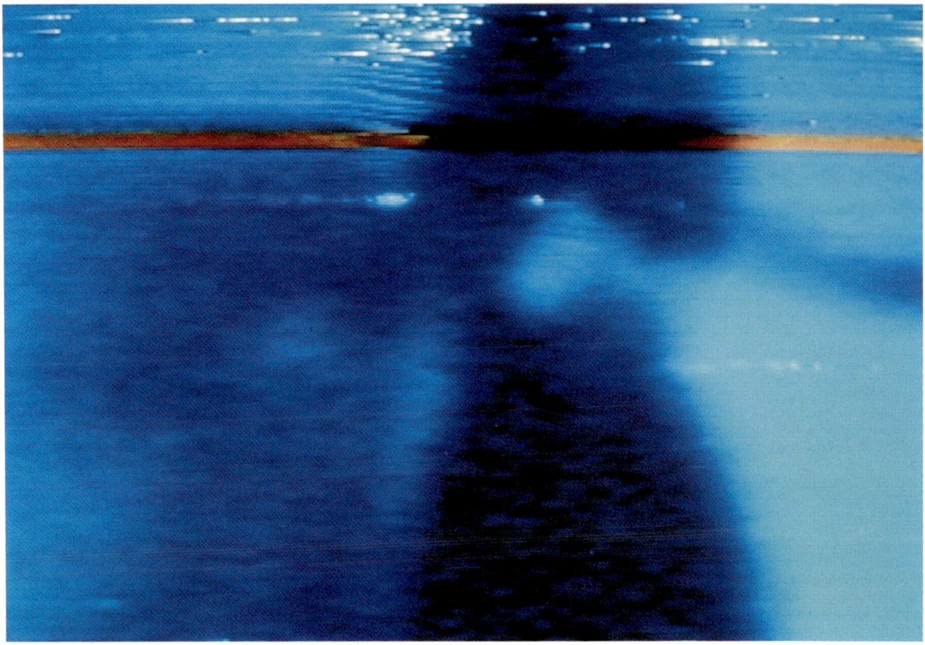

Michael Rush

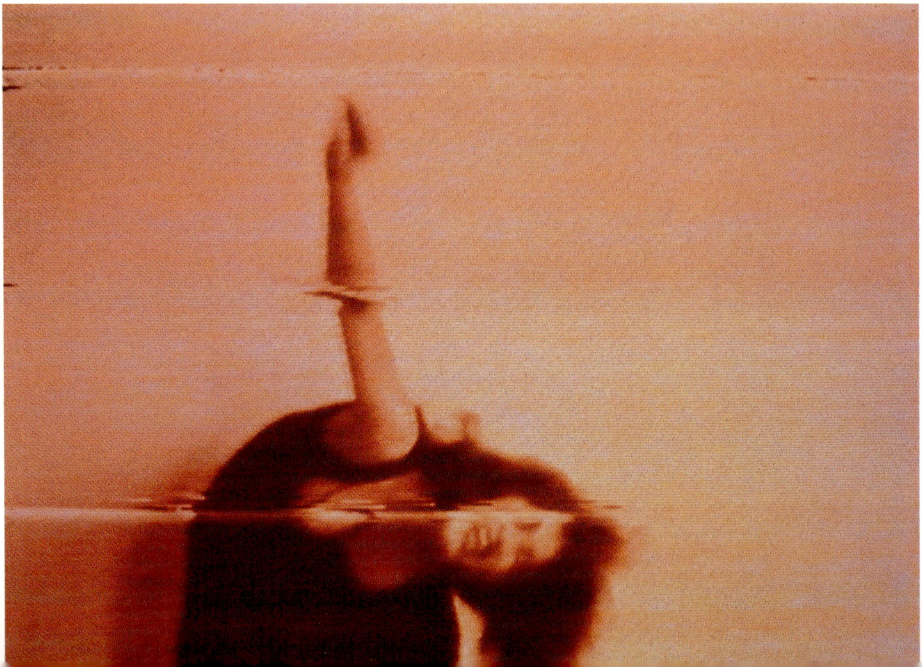

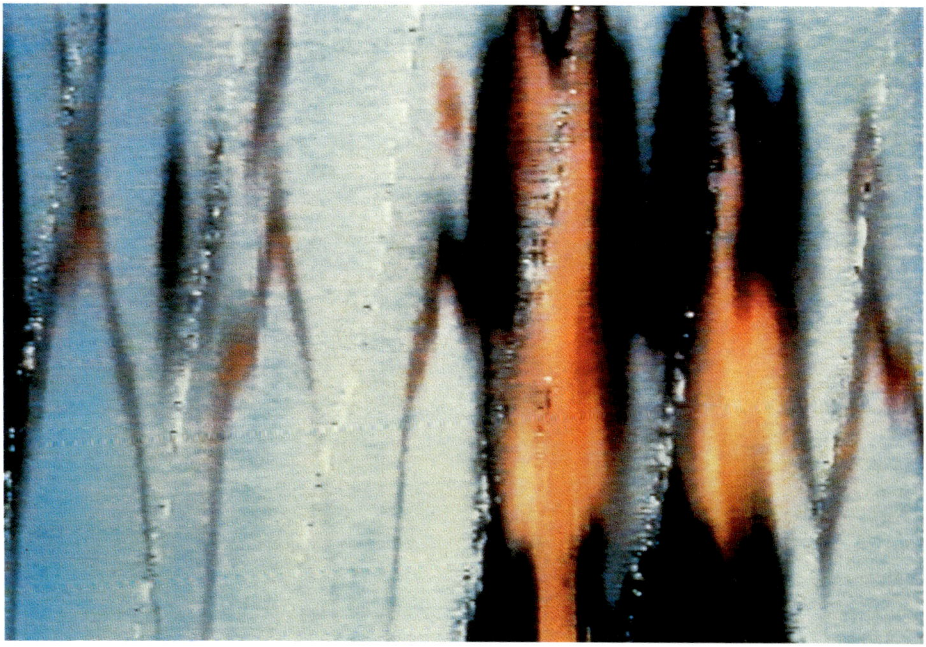

Les Nouveaux Médias dans l'art

Nouvelle édition revue et augmentée

267 illustrations, dont 124 en couleurs

Traduit de l'anglais par Christian-Martin Diebold

Thames & Hudson

A Nikos Stangos, *in memoriam*

Remerciements

Je souhaite remercier mes collègues qui, depuis de nombreuses années, ont la générosité de me faire partager leurs connaissances, et notamment Chrissie Iles, Christine van Assche, Lori Zippay, Galen Joseph-Hunter, Berta Sichel, John Hanhardt, Magda Sawon, Dominique Nahas, Barbara London ainsi que de nombreux artistes dont Vito Acconci, Carolee Schneemann, Martha Rosler, Michal Rovner, Douglas Gordon, Gary Hill, Thomas Hirschhorn, Grahame Weinbren et Bill Viola. Un grand merci à Annette Grant du New York Times, *à Betsy Baker d'*Art in America, *à Electronic Arts Intermix, à Julia MacKenzie et à toute l'équipe de Thames & Hudson, particulièrement Andrew Brown, directeur de collection. Merci également à Al Sabatini, Bill Castellino et Lily.*

En couverture : Bill Viola, *Stations*, 1994 (détail). Edition 1, The Museum of Modern Art, New York. Don de la Bohen Foundation en honneur de Richard E. Oldenburg. Photo Charles Duprat. Courtesy de l'artiste.

1–3. (page de titre) **Pipilotti Rist**, trois photogrammes de la vidéo *I'm not the Girl Who Misses Much*, 1986.

L'édition originale de cet ouvrage a paru sous le titre
New Media in Art

Nouvelle édition revue et augmentée.

Cet ouvrage mis en pages par Thames & Hudson a été reproduit et achevé d'imprimer en avril 2005 par l'imprimerie C.S. Graphics pour les Editions Thames & Hudson.

Dépôt légal : 4e trimestre 2005
ISBN 2-87811-255-5
Imprimé à Singapour

Sommaire

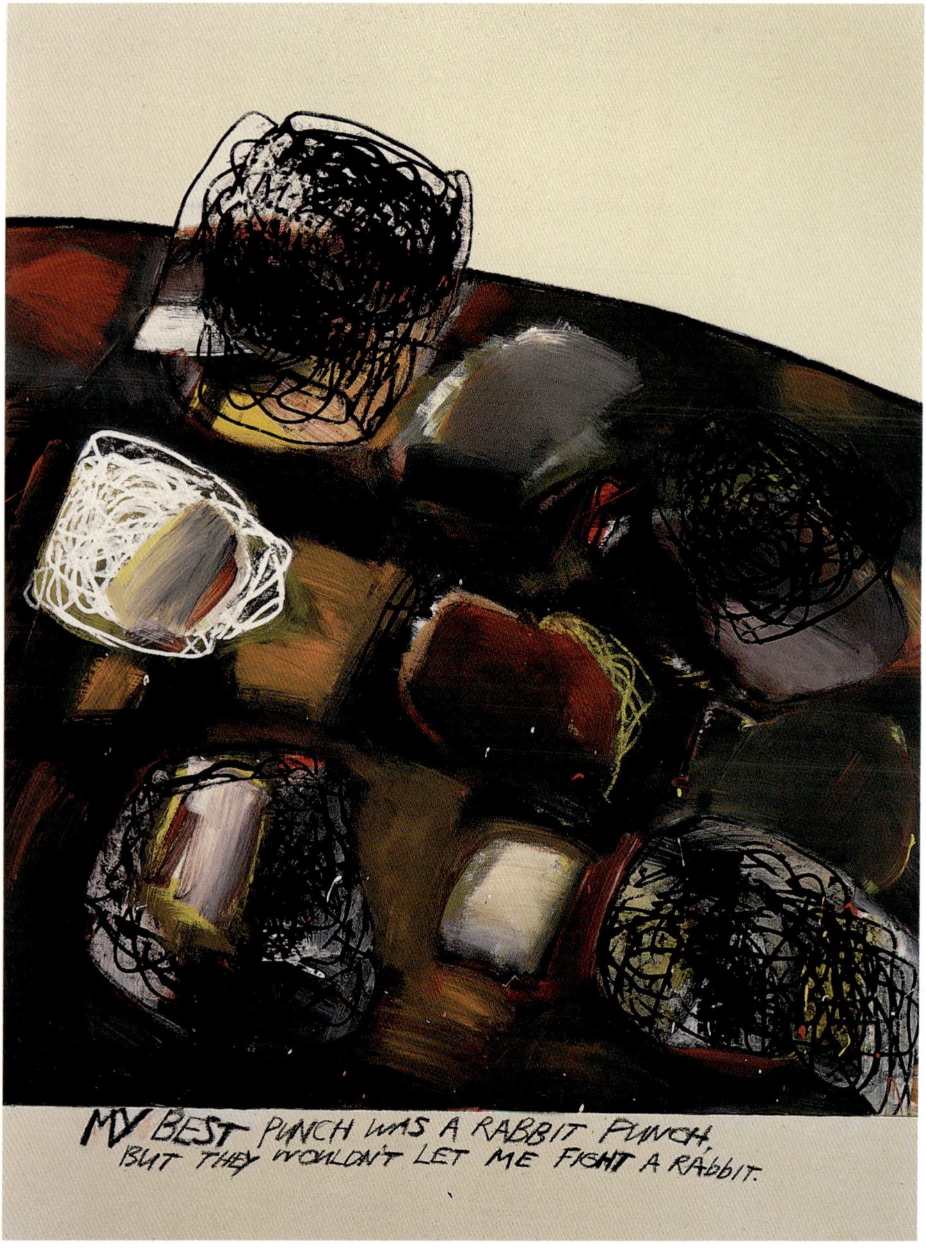
MY BEST PUNCH WAS A RABBIT PUNCH,
BUT THEY WOULDN'T LET ME FIGHT A RABBIT.

Introduction

Lorsque l'on cherche à caractériser l'art du XXe siècle, l'on a souvent coutume d'insister sur sa tendance persistante à remettre en question la peinture comme technique privilégiée de la représentation. La détermination avec laquelle Braque et Picasso incorporèrent dans leurs tableaux des matériaux du quotidien – journaux, frange de nappe, corde... – exprimait la lutte qu'ils menaient pour que le contenu de la toile ne soit plus limité à la peinture ; ce « combat avec la toile » montra la voie à des dizaines d'artistes, de Malevitch et Tatline à Pollock, voire à un Richard Prince (né en 1949) dont les abstractions prennent forme dans un ordinateur avant d'être peintes sur la toile. L'art abstrait, le surréalisme et l'art conceptuel, pour ne citer que quelques-uns des mouvements artistiques du siècle dernier, participèrent tous à une profonde remise en question de la peinture traditionnelle.

Cette manière d'envisager l'art du XXe siècle, pertinente à certains égards, demeure cependant trop générale et ne nous dit rien de l'ampleur des pratiques artistiques de cette période. L'étudier en se concentrant sur sa nature alors « expérimentale » est une autre approche possible : c'est l'ère des artistes brisant le carcan de la peinture et de la sculpture selon diverses modalités, en incorporant dans leurs œuvres de nouveaux matériaux, objets trouvés ou fragments d'objets de la vie quotidienne fixés sur la toile ; l'époque où l'on s'éloigne de la représentation « objective » pour privilégier l'expression personnelle ; l'ère de l'utilisation de nouveaux médias technologiques comme moyen d'expression et pour introduire les notions de temps et d'espace de manière novatrice. Pour citer Gene Youngblood, critique américain de cinéma et de vidéo : « Tout art est expérimental, sinon ce n'est pas de l'art. »

La vitesse avec laquelle le XXe siècle a créé une planète connectée électroniquement se reflète dans la rapide expansion des pratiques artistiques au-delà de la peinture et de la sculpture traditionnelles, vers une intégration quasi effrénée des éléments de la vie quotidienne dans le domaine de l'art ; tout ce qui peut être analysé grammaticalement comme sujet ou comme substantif a probablement déjà été inclus dans une œuvre d'art. Cette intégration témoigne d'une préoccupation majeure de l'artiste contemporain : trouver le meilleur moyen possible de formuler un énoncé artistique personnel. Suivant un trajet psychologique complexe tracé par Nietzsche et Freud, qui assigne au sujet une place centrale dans l'histoire, le « personnel » a également été amalgamé à l'art. Ce point de vue, que prôna notamment Marcel Duchamp, situe l'artiste d'une manière inédite

4. **Richard Prince,**
My Best, 1996.
Dès le début du XXe siècle, les mots ont partagé avec la peinture la surface de la toile, mais ce qui n'est pas immédiatement apparent dans ce tableau de Richard Prince, c'est que l'artiste a créé les « pelotes de laine » sur son ordinateur avant de les sérigraphier sur la toile.

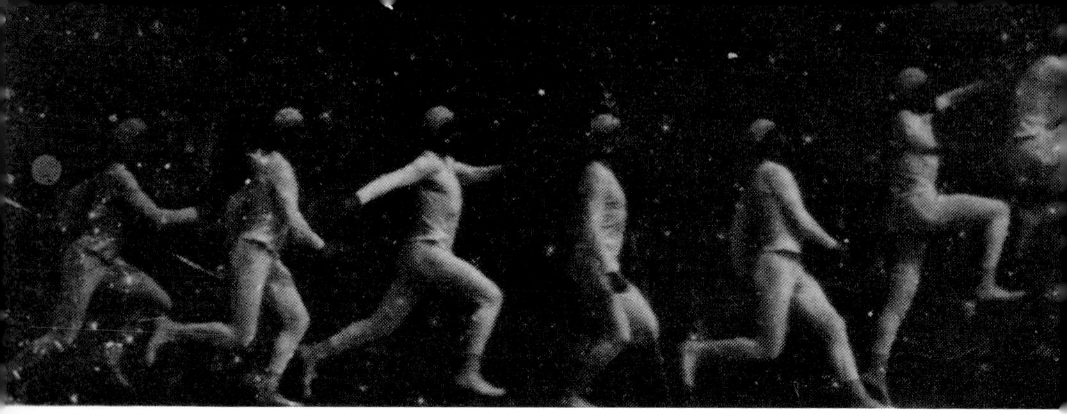

au cœur même de l'entreprise artistique : ne subissant plus la gravitation de la toile, il est devenu libre d'exprimer par n'importe quel moyen tout concept, que celui-ci se rapporte à l'histoire de l'art, au quotidien ou au moi. La manière dont l'expression est véhiculée ainsi que les moyens mis en œuvre pour la faire émerger ont abouti à une telle prolifération de matériaux que le critique Arthur Danto a proclamé « la fin de l'art » tel que nous l'avons connu : « L'art arriva à son terme, écrit-il, quand il reconnut, pour ainsi dire, qu'une œuvre d'art pouvait exister de n'importe quelle manière. »

La dernière avant-garde du XXe siècle, si l'on devait l'appeler ainsi, est cet art qui tient compte de la révolution la plus durable d'un siècle de révolutions : la révolution technologique. Puisant son origine dans des inventions extérieures au monde artistique, l'art fondé sur la technologie (qui regroupe toute une série de pratiques, de la photographie au cinéma et de la vidéo à la réalité virtuelle) a fait pénétrer la création artistique dans des domaines naguère dominés par les ingénieurs et les techniciens.

Paradoxalement, alors que les nouvelles technologies impliquent une abondance de machines et de nombreux câbles et composants mathématiques et physiques, l'art né de l'union de la création artistique et de la technologie est peut-être le plus éphémère de tous ; c'est l'art du temps. On dit de la photographie qu'elle fige et conserve une fraction de temps, mais une image créée dans un ordinateur ne réside dans aucun lieu ni aucun temps : numérisées au moyen du scanner puis modifiées par un programme informatique, les images numériques, montées, effacées ou assemblées, semblent abolir les frontières normales entre le passé, le présent et le futur.

Parmi l'ensemble des nouveaux matériaux et techniques adoptés par les artistes depuis le milieu du XXe siècle, on étudiera ici les tendances dominantes qui se sont exprimées dans les domaines de la performance, de l'art vidéo, des installations vidéo et de l'art numérique, y compris les

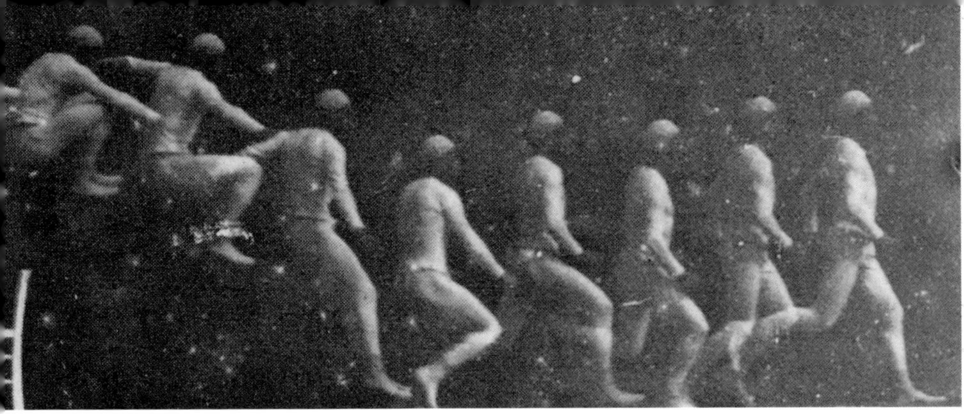

5. **Etienne-Jules Marey**, *Gymnaste sautant par-dessus une chaise*, 1883.

manipulations photographiques, la réalité virtuelle et d'autres formes d'interactivité. Nullement intimidés par l'évolution technologique, les artistes qui utilisent ces nouveaux médias considèrent faire partie du changement et veulent y participer. Le cinéma et la télévision ont informé leur expérience quotidienne, mais à la différence de ceux qui utilisent ces technologies à des fins commerciales, ces artistes cherchent à formuler un discours personnel sans tenir compte de la valeur marchande de ce qu'ils produisent. A l'instar des artistes qui emploient la peinture, le bois ou l'acier, ils explorent et souvent subvertissent les potentiels à la fois critiques et technologiques du nouveau médium. Il est d'ailleurs intéressant de constater que de leurs travaux et recherches sont parfois nées des avancées technologiques.

L'histoire de l'utilisation des nouveaux médias dans l'art est difficile à écrire dans la mesure où l'on traite d'un phénomène toujours en cours. Ceci ne nous interdit pas pour autant de tenter une analyse historique, ou du moins une synthèse des différentes manières d'aborder l'histoire des nouveaux médias, car il est du devoir de l'histoire de l'art de suggérer des relations et d'ouvrir la voie à la compréhension historique, même dans les limites de ce qui ne saurait être qu'un panorama restreint.

La manière la plus simple d'écrire une histoire des nouveaux médias dans l'art serait de retracer l'évolution de la technologie elle-même (de Marey et Muybridge pour la photographie, à Edison et aux frères Lumière pour le cinéma), mais nous n'obtiendrions qu'une chronologie comparable à celle établie pour décrire le développement de l'aviation. Même si certains artistes et mouvements majeurs du XXe siècle apparaissent comme des précurseurs de ceux qui travaillent dans le domaine des médias technologiques (quelle ramification de l'art contemporain, par exemple, ne revendiquerait pas Duchamp comme prédécesseur ?), aucun récit linéaire, simple et direct n'est cependant possible concernant cet art, car non seulement nous nous trouvons encore au milieu du récit, mais cette histoire même a commencé et continue avec des activités exercées

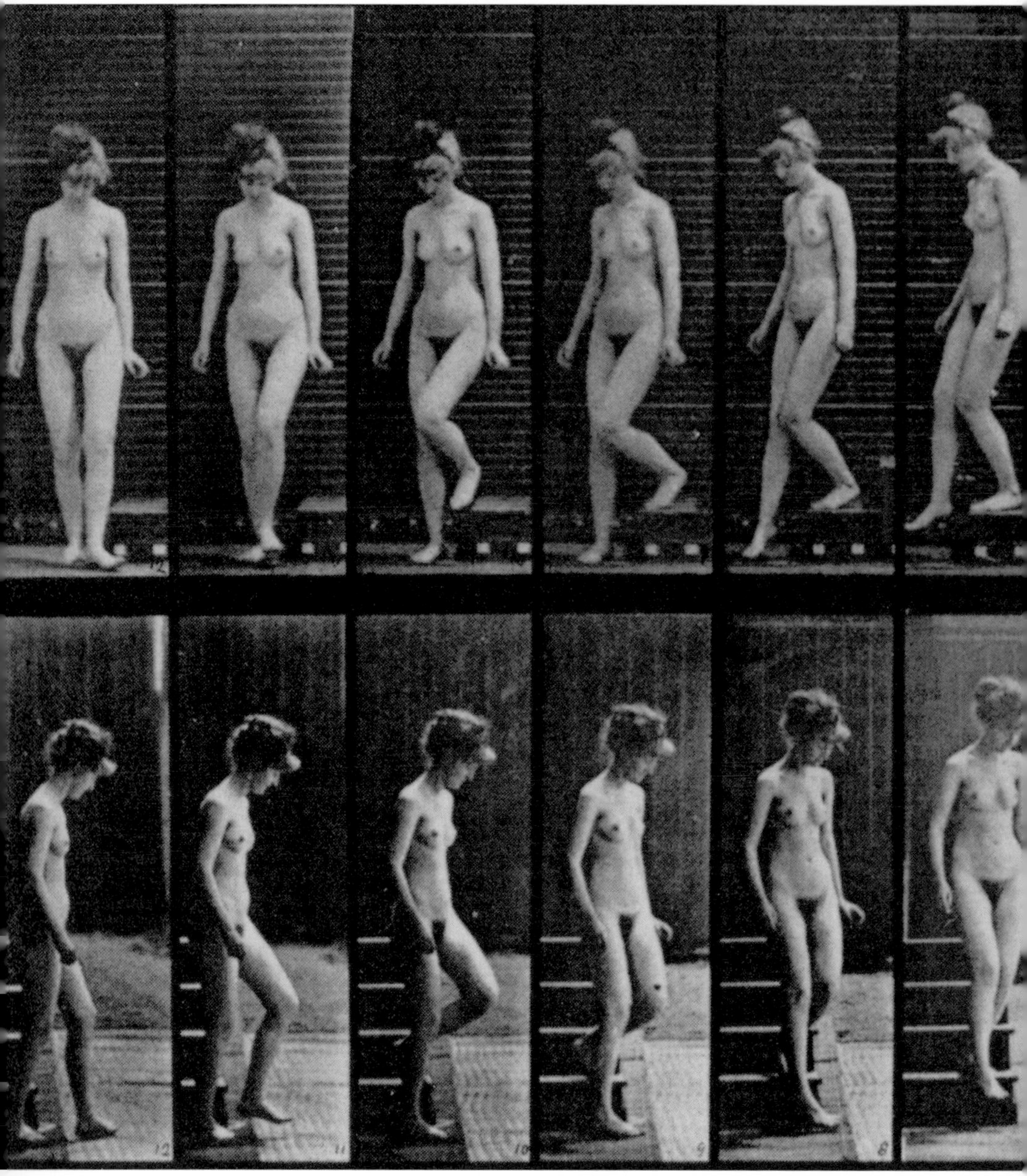

6. **Eadweard Muybridge**,
Descending Stairs and Turning Around, extrait de la série *Animal Locomotion*, 1884-1885.

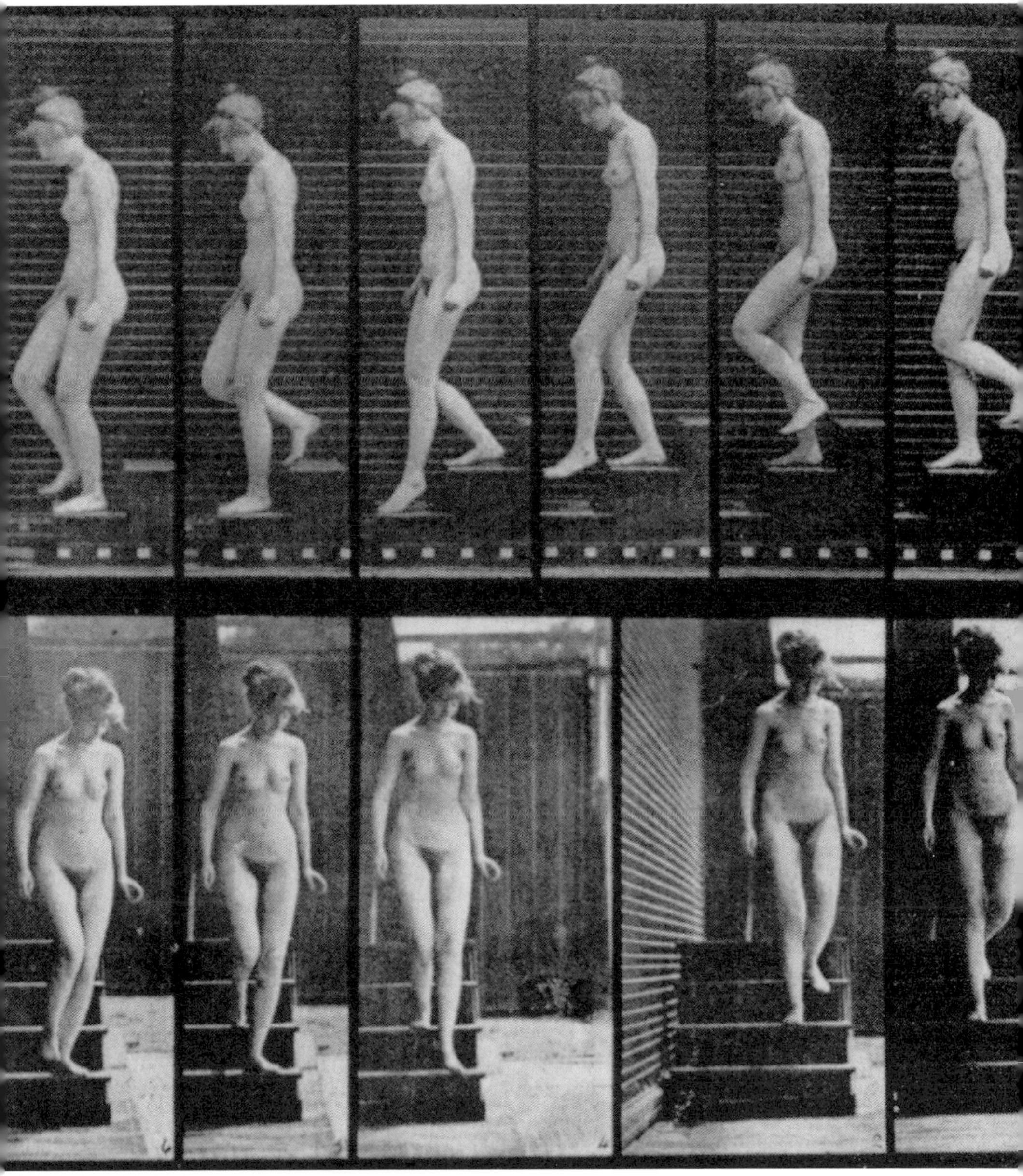

simultanément par différents types d'artistes disséminés à travers le monde. Pour ces raisons, une approche thématique semble plus appropriée qu'une approche strictement chronologique.

L'art temporel

Anne-Marie Duguet, critique d'art et commissaire d'exposition, a déclaré avec justesse qu'à partir du milieu des années 60, « le temps est apparu non seulement comme un thème récurrent mais aussi comme un paramètre constitutif de la nature même d'une œuvre d'art ». Avec l'émergence des performances, des actions, des happenings, des installations et de la vidéo, la temporalité de la forme artistique était devenue centrale. Aujourd'hui, l'art numérique interactif offre et requiert une suspension du temps alors que le spectateur passe un contrat avec la machine qui inaugure et soutient l'action artistique.

L'histoire de l'art des nouveaux médias est inextricablement liée aux évolutions intervenues dans la photographie au cours du siècle dernier. Le temps et la mémoire, tant du point de vue personnel qu'historique, constituent la substance de la photographie, et avec l'image fixe ou animée, artistes et amateurs ont découvert une nouvelle modalité de visualisation du temps. Si la représentation implique à l'évidence l'espace (l'espace occupé par l'objet représenté et l'espace même de la peinture ou de la sculpture ; l'emplacement de l'image, etc.), le statut du temps est moins clair, et c'est là que la révolution forgée par la photographie et sa parente désormais plus considérable, la photographie animée, c'est-à-dire la cinématographie, prend toute son importance. Cette technique a permis à l'homme d'intervenir dans la manipulation du temps : de le saisir, de le reconfigurer et de créer des variations temporelles, au moyen de l'arrêt sur image, de l'avance rapide, du ralenti, et de toutes ces autres phrases apparentées au temps.

L'étude du temps proposée par le philosophe Henri Bergson (1859-1941) a eu une profonde influence sur des artistes de toutes obédiences – photographes, peintres, écrivains, chorégraphes, vidéastes. Bergson plaçait le temps au cœur de la métaphysique ; la réalité, selon lui, était un flux, celui, essentiellement, du mouvement du temps. Ses conceptions, qu'il exprima en particulier dans *Matière et mémoire* (1896), furent adoptées avec empressement par les artistes et les critiques. Pour les artistes, depuis toujours fascinés par la relation du corps avec l'espace et le temps, il devint un inspirateur prônant l'interaction de l'intuition et de la perception, bien que sa philosophie fût hostile à l'emploi de la technologie dans le domaine de l'art.

Toutefois, dès les débuts de la photographie, l'art et la technologie ont noué un lien essentiel qui a été bénéfique aux deux pendant plus d'un siècle. Le médecin et physiologiste Etienne-Jules Marey (1830-1904),

7. **Eadweard Muybridge**, *La Nature: Studies in Animal Locomotion*, 1878.

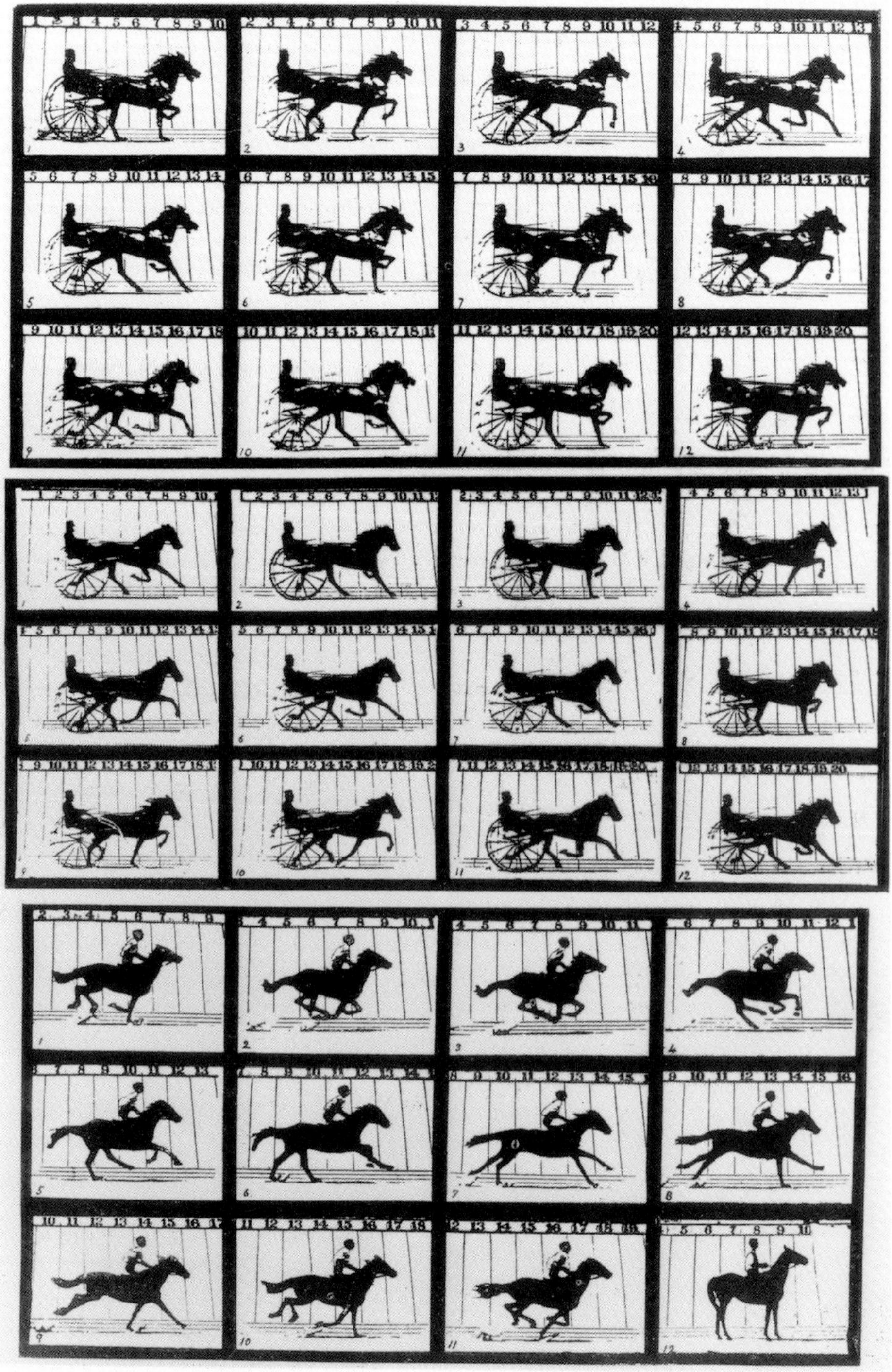

professeur au Collège de France en même temps que Bergson au début des années 1900, et l'artiste Eadweard Muybridge (1830-1904) furent les pionniers de la photographie instantanée, ou « chronophotographie », laquelle exerça une profonde influence sur les artistes, des futuristes – notamment Giacomo Balla – à Marcel Duchamp, Kurt Schwitters et aux cinéastes avant-gardistes du milieu du siècle comme Hollis Frampton ou Stan Brakhage. Seurat, Degas et bien d'autres peintres furent également séduits par la possibilité qu'offrait l'appareil photographique de décomposer le mouvement en images fixes, mais cet intérêt n'est pas manifeste dans leurs toiles. En revanche, des artistes, notamment les futuristes qui proposaient une esthétique mécaniste, adoptèrent la technologie photographique et l'appliquèrent à leur création picturale. Vers le milieu du siècle, d'autres artistes optèrent pour les innovations technologiques intervenues dans les domaines du cinéma et de la vidéo afin de créer ce que nous appelons aujourd'hui l'art multimédia.

Muybridge fut le premier en 1878 à saisir ce qui apparut comme une véritable décomposition du mouvement. Il avait conçu le moyen de représenter l'allure d'un cheval au galop en disposant plusieurs appareils photo-

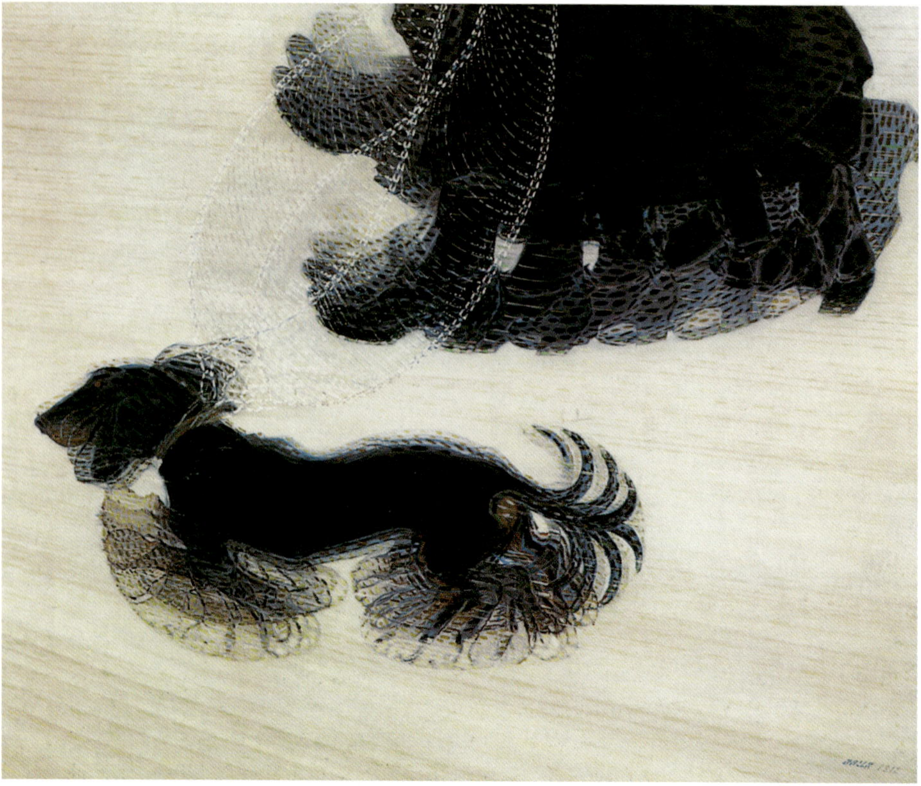

8. **Giacomo Balla**, *Dynamisme d'un chien en laisse*, 1912.
Balla crée l'illusion du mouvement en dessinant une série de minuscules diagonales rayonnantes.

graphiques (douze en l'occurrence) en ligne, préparés de sorte qu'ils se déclenchent successivement lors du passage du cheval. Les obturateurs étaient commandés par des fils tendus en travers de la course du cheval au galop qui les rompait les uns après les autres, déclenchant une succession de prises de vue au 1/200e de seconde. Placées les unes à côté des autres, les images ainsi obtenues montraient le cheval comme animé d'un rapide mouvement continu. Muybridge utilisa jusqu'à vingt-quatre appareils photographiques pour perfectionner la représentation du mouvement, créant ainsi notamment les onze volumes de ses *Studies in Animal Locomotion* (1888) [7]. Conçues à l'origine comme complément d'études scientifiques, ses photographies furent bientôt utilisées par les artistes désireux d'étudier le mouvement humain et animal.

Le futuriste Carlo Carrà représenta le mouvement en 1911 dans son tableau *Les Funérailles de l'anarchiste Galli* et, en 1912, Giacomo Balla peignit l'extraordinaire *Dynamisme d'un chien en laisse* [8]. Comme eux, Umberto Boccioni étudia la photographie pour apprendre comment représenter le mouvement par la répétition. Son *Dynamisme d'un cycliste* (1913) offre la démonstration des possibilités dramatiques que recèle la décomposition séquentielle dynamique des images.

Nu descendant un escalier n°2 de Marcel Duchamp (1912) [10], l'un des tableaux les plus controversés de son époque, s'inspirait directement de plusieurs études de Muybridge, peut-être plus particulièrement de *Ascending and Descending Stairs* (1884-1885) [9], série de photographies qui représentaient une femme gravissant puis descendant des escaliers en portant un seau d'eau.

Film et cinéma d'avant-garde I

Aussi révolutionnaires qu'aient pu sembler ces « études du temps », une autre forme de représentation du mouvement se développait de l'autre côté de l'Atlantique. Elle allait marquer l'émergence de l'une des influences artistiques majeures du XXe siècle, le cinéma. Qu'il soit populaire ou avant-gardiste, le cinéma du début du siècle devait exercer un puissant ascendant sur les arts médiatiques nés cinquante ans plus tard.

Le cinéma vit le jour dans les laboratoires de l'inventeur américain Thomas Edison (1847-1931) qui demanda à son assistant William K. L. Dickson (1860-1935) de fabriquer sur le modèle du phonographe un appareil permettant de réaliser des images animées observables dans une visionneuse. En 1890, Dickson conçut un appareil à enregistrer des images animées, le kinétographe et, un an plus tard, une visionneuse, le kinétoscope. En 1895, plusieurs inventeurs, à commencer par les frères Lumière, avaient organisé des séances payantes de projection d'images cinématographiques sur écran. Georges Méliès (1861-1938) inventa coup sur coup le fondu enchaîné, l'accéléré et les effets de lumière

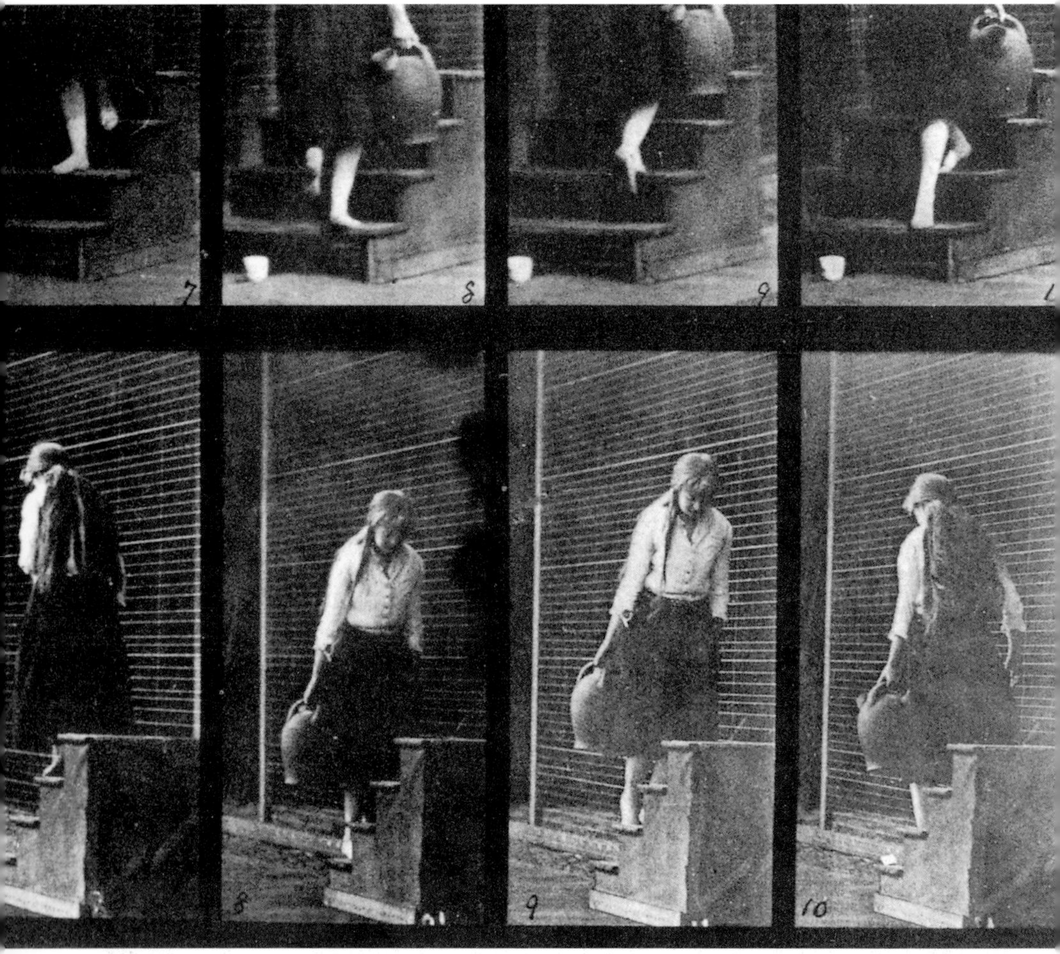

9. (ci-dessus) **Eadweard Muybridge,**
Ascending and Descending Stairs,
extrait de la série *Animal Locomotion*,
1884-1885.

10. (page ci-contre) **Marcel Duchamp**,
Nu descendant un escalier n°2, 1912.
Dans ses explorations personnelles du
temps, Duchamp reformulait sous une
forme abstraite les études de mouvement
réalisées par Muybridge.

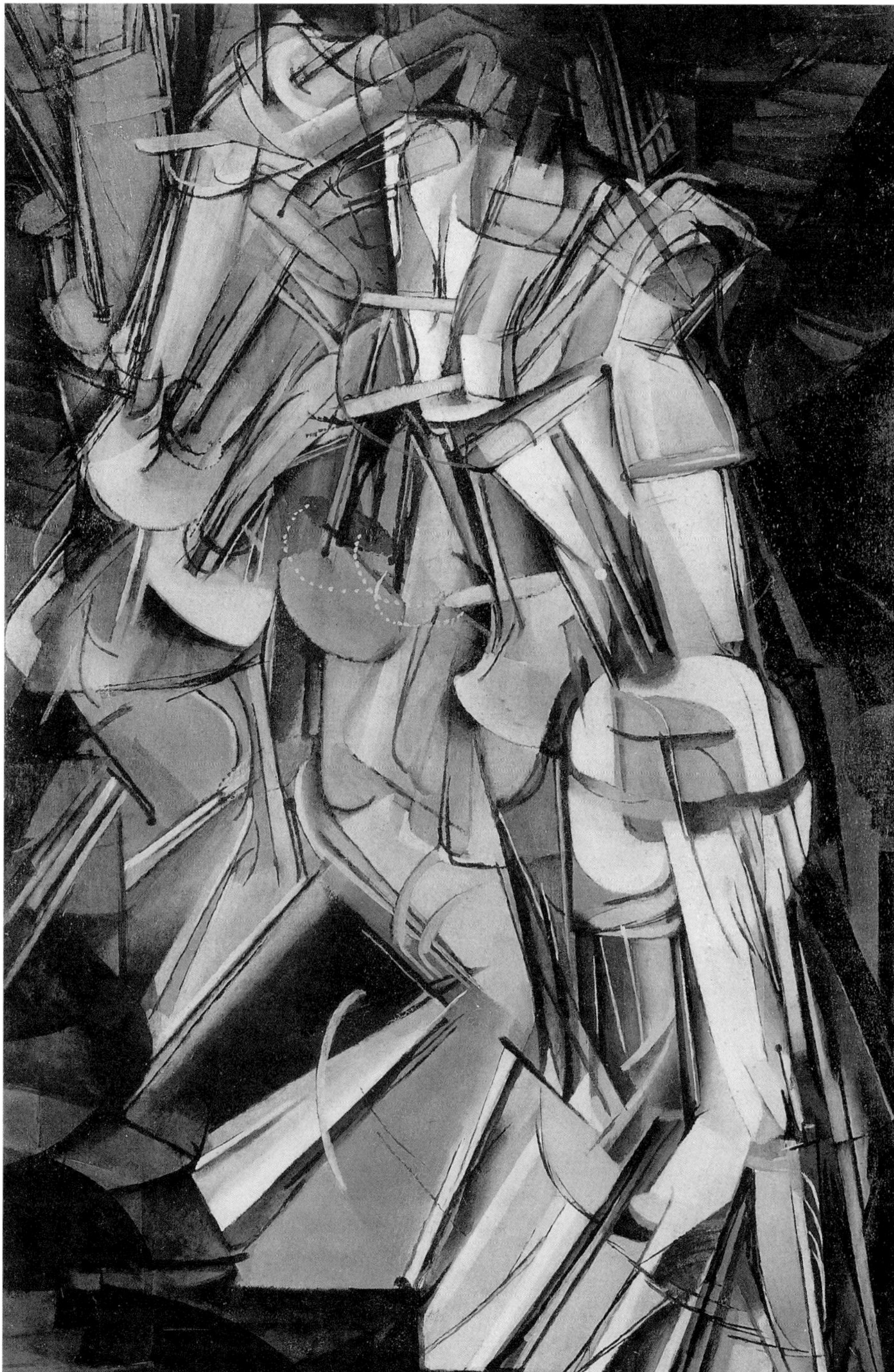

(l'essence de la cinématographie) dans des films comme *Cendrillon* (1899) ou *L'Affaire Dreyfus* (1899). Très semblable à une séquence de film de science-fiction des années 50, son *Voyage dans la Lune* (1902) montre une « fusée » atterrissant dans l'œil de la Lune. En 1903, Edwin S. Porter, un employé du laboratoire d'Edison, réalisa *The Great Train Robbery*, dans lequel furent utilisées pour la première fois des techniques visant à établir une continuité et à créer une tension narrative.

La cinématographie séduisit immédiatement plusieurs praticiens qui apportèrent à cette forme artistique des contributions durables. Dès 1915, l'Américain D. W. Griffith (1875-1948) réalisa son épopée à grand spectacle *Naissance d'une nation* puis, un an après, *Intolérance*, film composé de quatre récits entrecroisés exposant les dangers de l'hypocrisie à travers des exemples historiques. Parmi les premiers réalisateurs qui représentent aujourd'hui encore autant de références pour les cinéastes du monde entier, mentionnons les Français Louis Feuillade (1873-1925) et Abel Gance (1889-1981), les Allemands F. W. Murnau (1888-1931) et Fritz Lang (1890-1976), le Suédois Victor Sjöström (1879-1960), l'Américain d'origine britannique Charlie Chaplin (1889-1977) et le Russe Sergueï Eisenstein (1898-1948).

L'œuvre d'Eisenstein est le fruit indéniable des interactions dynamiques de l'art, de la technologie et de la vie durant la période de l'avant-garde soviétique (approximativement de 1915 à 1932). Eisenstein représentait un nouveau type d'artiste ; il avait suivi une formation d'ingénieur et des études de mathématiques et d'art et avait été, durant ses années de jeunesse, décorateur de théâtre auprès du metteur en scène russe d'avant-garde Vsevolod Meyerhold (1874-1940). Témoignant de ses liens avec le constructivisme et le cubisme, Eisenstein perfectionna les techniques du montage cinématographique (inventées par D. W. Griffith), ce qui lui permit d'influer sur les réactions émotionnelles du public. Il recherchait de nouvelles manières de voir, un équivalent visuel du nouveau monde imaginé par le marxisme. Son art a très largement survécu à la lutte politique qui l'avait nourri. Dans son analyse du *Cuirassé Potemkine* (1925), le critique de cinéma Stanley Kaufman fait remarquer qu'Eisenstein « estimait qu'une nouvelle société impliquait une nouvelle façon de voir ; que le regard que les gens portaient sur les choses devait être modifié ; qu'il n'était pas suffisant de placer un matériel nouveau devant de vieux yeux ».

D'une certaine manière, étant donné sa formation d'ingénieur, Eisenstein est le paradigme parfait de l'artiste en technologie. Il concevait son cinéma comme entièrement utilitariste, rationnel et matérialiste, déclarant qu'il s'était contenté d'appliquer à la réalisation de ses films ce qu'il avait appris au cours de ses études de mathématiques et de sa formation d'ingénieur. Si l'avant-garde russe se caractérise par la tension entre l'art tel que le concevait Tatline, c'est-à-dire comme un processus industriel, et le « pur sentiment » de l'art fondé sur l'esthétique de Malevitch et Kandinsky, Eisenstein peut être rangé aux côtés de Tatline. Cependant, son film *Le Cuirassé Potemkine* [11] est encore célébré pour l'énergie pure de ses paroxysmes émotionnels et l'audace de sa vision et de son art.

Le dynamisme des images eisensteiniennes, qui résulte d'une grande diversité des angles de prise de vue et d'une technique de montage très sophistiquée, doit beaucoup à la représentation cubiste, laquelle autorisait une appréhension multiple du réel grâce à des formes fragmentées montrant la réalité comme observée simultanément du dessus et de côté, en strates successives. Cet aspect fondamental du modernisme – accroître la perception en l'altérant – trouva un terrain favorable dans la photographie et le cinéma russes des années 20 et 30. Le cinéaste russe Dziga Vertov (1896-1954) exerça une influence tout aussi importante qu'Eisenstein, par son exploitation des techniques du montage dans des films d'inspiration politique comme *L'Homme à la caméra* (1929) [12].

Durant la même période, se mettait en place la tradition aujourd'hui séculaire du cinéma d'avant-garde français, fortement influencée par les écrits de Louis Delluc (1890-1924) qui en appelait à un cinéma « pur », l'égal d'« un poème symphonique fondé sur des images », à la différence des mélodrames qui formaient alors le genre dominant des cinémas américain, français et allemand. L'art abstrait, le cubisme et le collage sont présents dans les films des plasticiens Man Ray (*Le Retour à la raison*, 1923) et Fernand Léger (*Le Ballet mécanique*, 1924), mais aussi dans ceux des cinéastes René Clair (*Entr'acte*, 1924) et Luis Buñuel (*L'Age d'or*, réalisé avec Salvador Dalí, 1930). Abel Gance est peut-être celui qui a le mieux représenté le « poème filmique » tel que le concevait

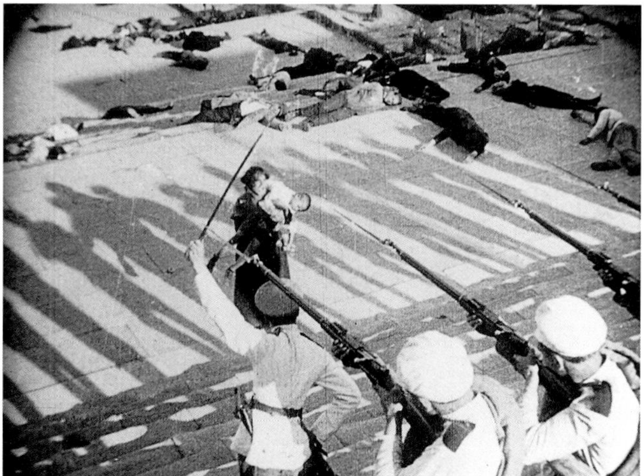

11. **Sergueï Eisenstein**, photogramme du film *Le Cuirassé Potemkine*, 1925. Artiste et ingénieur, Eisenstein joignait la précision de la science à l'approche esthétique dans des films qu'il réalisait aussi pour soutenir la cause de la révolution bolchévique.

Delluc, dans des films comme *La Folie du docteur Tube* (1915), *J'accuse* (1919), *La Roue* (1922) et, plus particulièrement, *Napoléon* (1927). Le grand classique de l'expressionnisme allemand, *Le Cabinet du docteur Caligari* (1919), réalisé par Robert Wiene, ainsi qu'*Une page folle* (1926), du metteur en scène japonais Teinosuke Kinugasa, sont d'autres exemples de cette première avant-garde cinématographique.

Ainsi, au début du XXe siècle, la photographie d'images du mouvement avait évolué pour devenir « l'illusion » d'un mouvement produit mécaniquement, à savoir le cinéma. En l'espace de quelques années, une esthétique de l'image poétique s'était développée et l'image fixée (ou filmée), avec la contribution de l'œuvre photographique de László Moholy-Nagy et de son confrère Alfred Stieglitz, acquit une indéniable légitimité en tant que forme artistique. L'art et la technologie commençaient à se confondre pour toujours tandis que la dichotomie thématique entre l'art et la vie s'évanouissait progressivement face à l'omniprésence de la machine.

Hollywood étendit progressivement son emprise sur le cinéma à partir de la fin des années 20 et jusque dans les années 40 tandis que l'avant-garde internationale s'étiola jusqu'aux années 50, période à laquelle elle amorça son renouveau. Pendant ce temps, les arts plastiques connaissaient des transformations profondes sous l'influence du dadaïsme en Europe, et notamment de Marcel Duchamp (1887-1968), figure centrale dans la question des relations entre l'art et les nouveaux médias.

De Duchamp à Cage et à Fluxus

On éprouve envers Marcel Duchamp fondamentalement les mêmes sentiments qu'à l'égard d'une grande partie de l'art contemporain, tant son influence fut profonde. Il rejeta toute notion restrictive de l'art et, avec ses ready-mades (roues, pelles et portemanteaux qu'il exposa en tant

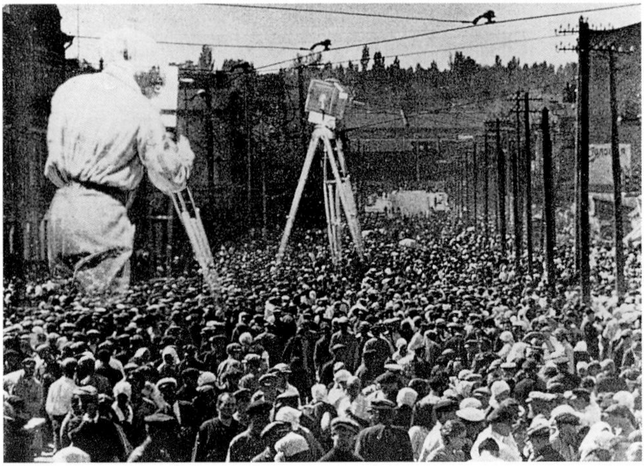

12. **Dziga Vertov**, photogramme de *L'Homme à la caméra*, 1929.
Avec Eisenstein, Dziga Vertov créa le « montage dialectique », à savoir la mise en œuvre d'images composites visant à « libérer le regard des masses » de la nouvelle Russie.

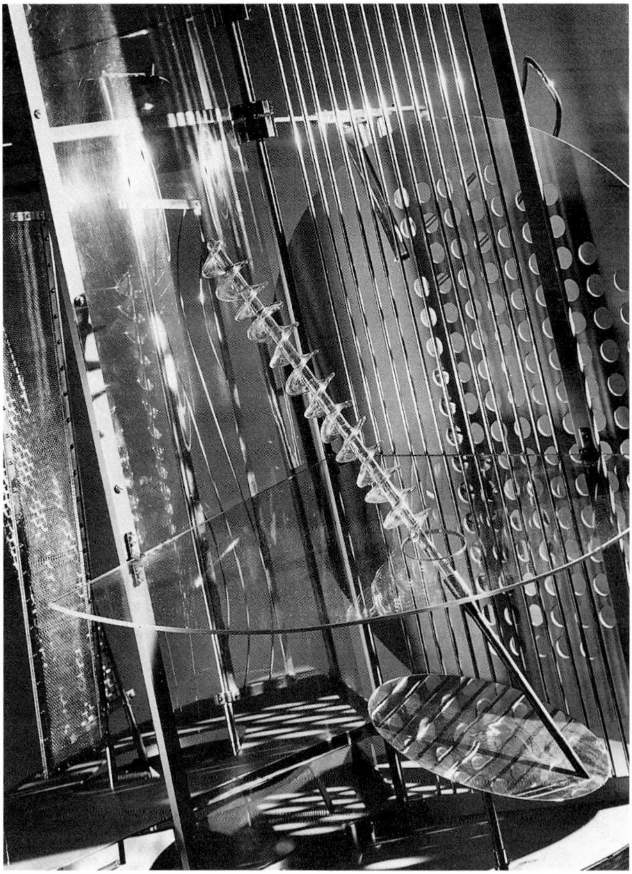

13. **László Moholy-Nagy**, *Lightprop*, 1922, photogramme du film *Ein Lichtspiel: Schwartz/Weiss/Grau* (Jeu de lumière : noir/blanc/gris), 1922-1930.

qu'œuvres d'art), posa avec une force inouïe la question « qu'est-ce que l'art ? ». Son œuvre prodigieuse s'étend de la peinture aux techniques mixtes (*Le Grand Verre*, dit *La Mariée mise à nu par ses célibataires, même*, 1915-1923 [15]), en passant par l'installation (*Etant donnés*, 1946-1966) et le cinéma (*Anemic Cinema*, 1926 [14]). Accordant au concept, et non plus à l'objet, la place centrale, il permit l'introduction de méthodes multiples qui autorisèrent une redéfinition de l'entreprise artistique. Il est d'une importance fondamentale pour la présente étude non seulement en raison de ce qu'il a produit, mais également à cause de tout ce qu'il a autorisé dans le domaine de l'art. Le type de pensée qu'il prônait fit paraître très naturelles et presque attendues les explorations réalisées dans différents médias, techniques et formes artistiques. Surtout pour ceux qui jugeaient si déplaisant le *business* de l'art, l'approche libérale de Duchamp concernant les matériaux et les formes déliait l'objet de son attrait commercial, du moins à l'origine, car c'était l'*idée* qui devenait essentielle, et l'on ne savait pas encore clairement comment vendre une idée (des artistes conceptuels, ainsi qualifiés à juste titre, tels Sol LeWitt, Donald Judd et Joseph Kosuth, en imaginèrent plus tard le moyen).

Pour les artistes de la fin des années 50 et des années 60 dont la réflexion sur l'essence de l'art fut d'une manière ou d'une autre influencée par Duchamp, nul matériau ne semblait incongru comme moyen d'expression personnelle. Joseph Beuys (1921-1986) exposa des costumes en feutre ; Robert Rauschenberg fixa des oreillers et des couvertures en patchwork sur la toile.

Vers la fin des années 50, le temps était venu pour un iconoclaste artistique tel que Duchamp d'exercer pleinement son influence, plus particulièrement en Amérique où il résida de manière permanente après la Seconde Guerre mondiale. Des artistes américains plus jeunes s'étaient lassés de l'hégémonie de l'expressionnisme abstrait dont le style aussi

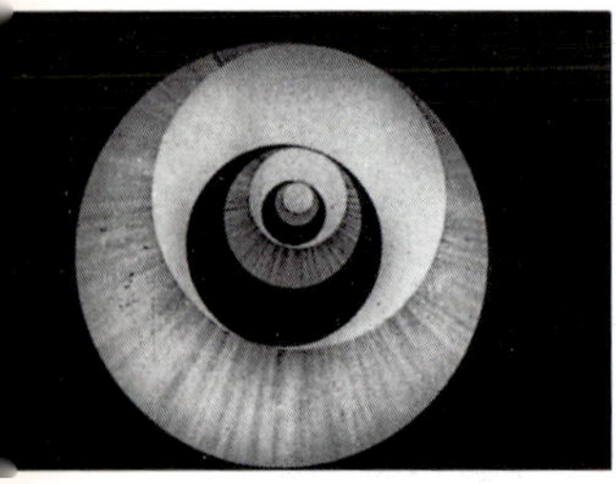

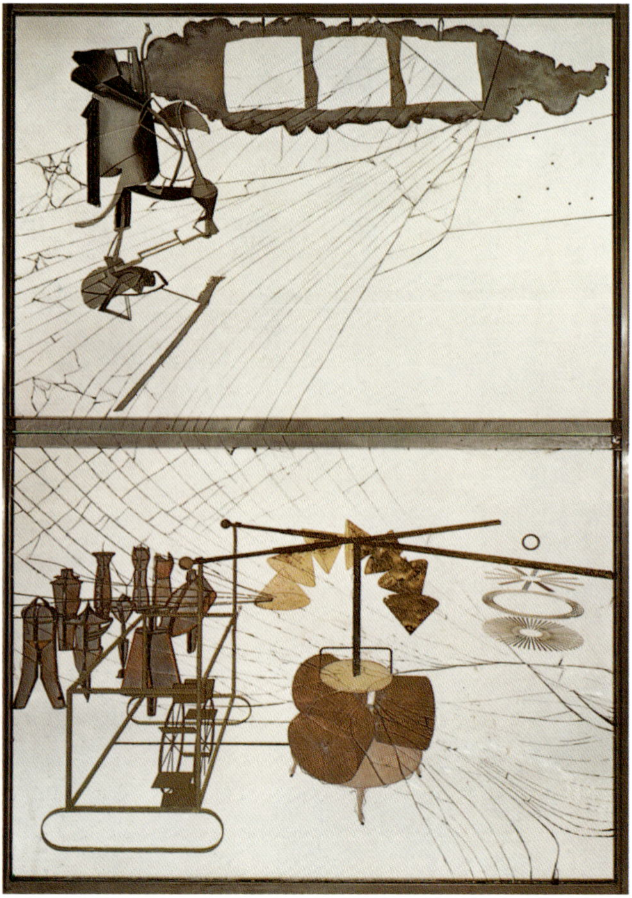

14. (ci-dessus)
Marcel Duchamp, *Disque optique n°10*, extrait du film *Anemic Cinema*, 1925-1926.

15. (ci-contre) **Marcel Duchamp**, *Le Grand Verre* (*La Mariée mise à nu par ses célibataires, même*), 1915-1923.
Les objets ordinaires, comme le moulin à chocolat (visible dans la partie inférieure de cette œuvre sur verre) aux formes géométriques caractéristiques du design industriel, libéraient Duchamp de « la camisole de force cubiste » comme il l'appelait.

gestuel que rude était devenu synonyme d'art américain. Le monde de l'art connaissait une certaine agitation, manifeste dans l'émergence du Pop Art et les expériences multimédia de John Cage (1912-1992) et de ses collaborateurs au Black Mountain College – Robert Rauschenberg, le danseur et chorégraphe Merce Cunningham et le musicien David Tudor. En outre, Robert Motherwell avait compilé et publié en 1950 les écrits fondamentaux des dadaïstes européens et américains, y compris ceux de Duchamp, et ils commençaient à être bien connus.

Cage, avec sa synthèse personnelle unissant philosophie orientale et musique expérimentale (héritée notamment d'Arnold Schönberg), commença à exercer une grande influence sur des artistes plus jeunes, par son enseignement au Black Mountain College puis à la New School for Social Research de New York, où ses cours, consacrés à la nouvelle musique, attiraient de futurs artistes de performance comme Allan Kaprow (né en 1927) et Richard Higgins (né en 1938). S'appuyant sur

16. (ci-dessous) **Joseph Beuys**, *Costume en feutre*, 1970.

17. (ci-dessous, à droite) **Robert Rauschenberg**, *Bed*, 1955.

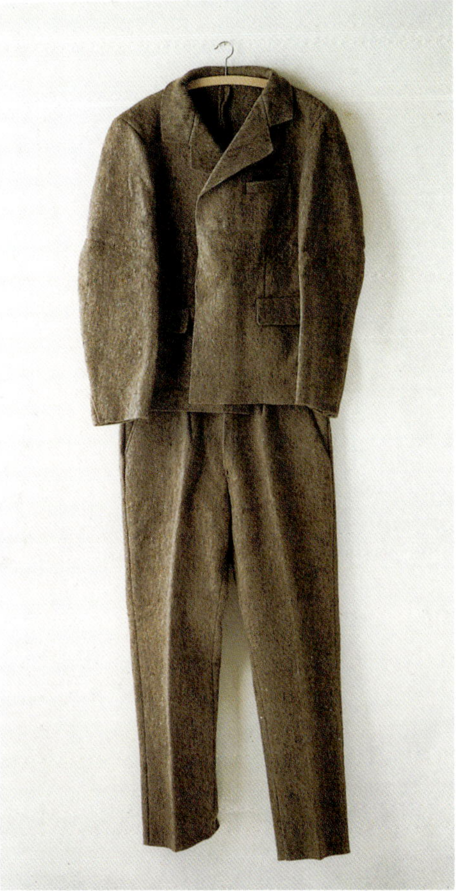

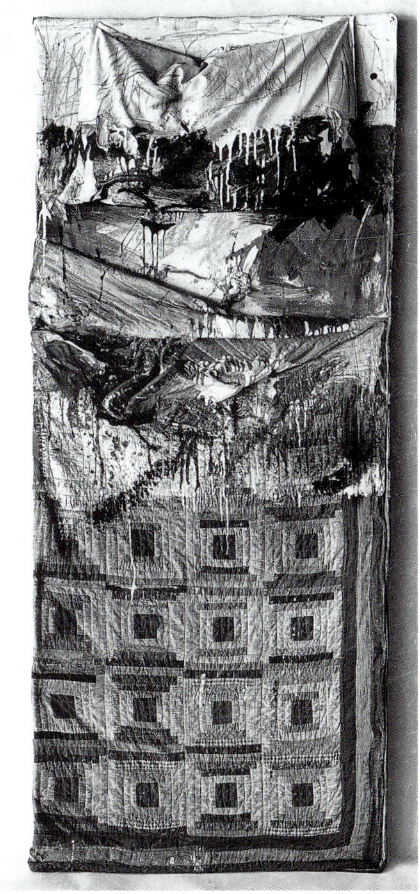

son étude du *Yi-tsing (Livre des mutations)* et du bouddhisme zen, Cage prônait le « hasard » comme moyen possible pour la création artistique. Ses compositions musicales incorporaient des bruits de la rue, des sons obtenus en martelant le bois et les cordes d'un piano, voire, exceptionnellement, le silence (*4'33"*, 1952). La chorégraphie de son camarade Merce Cunningham, dont les pas de danse complexes reflètent l'essence d'exercices gestuels non séquentiels, incarna ces idées.

Animés par une conception de l'art qui voyait dans l'œuvre la matérialisation d'un concept et convaincus du rôle du hasard dans la vie et dans l'art, les artistes étaient prêts à vivre une nouvelle explosion de créativité comme celle qu'incarna Fluxus, un mouvement « intermédia » qui s'épanouit dans les années 60 et fut à l'origine de nombreuses innovations dans les domaines de la performance, du film, puis de la vidéo. Mouvement international, Fluxus rassemblait des artistes, des écrivains, des cinéastes et des musiciens sous l'égide de George Maciunas (1931-1978), agitateur d'origine lituanienne qui organisa les premiers événements Fluxus, d'abord à New York à l'AG Gallery (1961), puis dans des festivals européens à partir de 1962. Dans un esprit semblable à celui du mouvement Dada (le manifeste de Maciunas le décrivait comme « néo-dadaïste en musique, en théâtre, en poésie et en art »), Fluxus était anti art, surtout s'agissant de l'art considéré comme la propriété exclusive des musées et des collectionneurs. Il s'attaquait au sérieux et à la gravité du modernisme et, à la suite de Duchamp, tentait d'affirmer l'existence d'un lien essentiel entre les objets et les événements du quotidien et l'art. Les fluxistes exprimèrent cette idée dans des performances minimalistes, mais accessibles. Selon les termes de l'artiste germano-américain George Brecht, un événement Fluxus était la plus petite unité de situation. L'un de ceux conçus par l'artiste Mieko Shiomi consistait simplement en « une invitation à ouvrir quelque chose de fermé », les participants étant conviés à rédiger très précisément ce qui était arrivé durant leur « événement ». Ce type d'« événement ouvert » devenait une critique de la condescendance de l'art des musées, mais aussi une action participative dès lors que des personnes s'assemblaient pour l'exécuter.

Des compositions musicales tout aussi minimalistes, appelées « partitions » par John Cage, dépouillaient de tout artifice la scène orchestrale ou le cadre de représentation, de sorte que l'attention ne se portait que sur un détail infime. La composition de LaMonte Young (né en 1935) *Piano Piece for David Tudor #2* (1960) consistait en cette indication : « Ouvrir le couvercle du clavier sans produire, au cours de l'opération, le moindre son audible pour l'exécutant. Faire autant d'essais que nécessaire. » Ces instructions laconiques, caractéristiques de toutes les performances Fluxus, qu'elles fussent « musicales » ou non, ouvraient l'événement à de multiples interprétations, mais aussi aux accidents : n'importe quoi pouvait advenir au cours d'un de ces événements en raison du rôle laissé au hasard et de la multiplicité volontaire des interprétations possibles. Le spectateur n'était plus un observateur passif, il devenait participant (ou co-conspirateur) aux événements Fluxus qui concrétisaient ainsi parfaitement l'affirmation de Duchamp selon laquelle le spectateur achève l'œuvre d'art ; en effet, avec Fluxus, le spectateur n'achève pas seulement l'œuvre d'art, il devient en fait l'œuvre d'art de par sa participation directe à l'événement.

Une esthétique minimale commença à être élaborée, héritée de la poésie concrète, des manifestes dadaïstes et de la musique expérimentale, qui s'étendit également au cinéma pour devenir un facteur essentiel dans l'évolution des arts technologiques. Les Fluxfilms regroupent quelque quarante courts métrages réalisés par certains des artistes liés au mouvement Fluxus (dont peu étaient des cinéastes). *Zen for Film* (1962-1964) [19] de Nam June Paik, un archétype du film Fluxus, fut présenté au Fluxhall (le loft de Maciunas situé dans Canal Street, à New York). Sans doute une des toutes premières installations (mettant en scène un écran de projection ordinaire, un piano droit et une contrebasse), le film de Paik refusait tout le processus de production cinématographique à grande échelle (pellicule onéreuse, éclairages, décors, montage, commercialisation…). Cette œuvre consistait en une trentaine de mètres d'amorce de film 16 mm transparente, non développée et projetée à l'écran durant trente minutes. Réduisant le cinéma à son élément le plus strictement essentiel (la pellicule vierge), cette projection sans images devint le modèle minimaliste pour tous les Fluxfilms ultérieurs.

Bruce Jenkins, critique de cinéma américain et commissaire d'exposition, observe avec pertinence que Paik, en subvertissant les attentes habituelles lors du visionnage d'un film, « instillait un aspect performatif au contexte de la projection et, ce faisant, affranchissait le spectateur des manipulations effectuées dans le cinéma commercial et le cinéma alternatif. » Dépourvu d'images et de son, le film de Paik s'offrait telle une *tabula rasa* aux libres associations du spectateur. A chaque projection, le film était d'une certaine manière nouveau, en raison des rayures, des poussières et d'autres événements aléatoires nés de l'opération même de projection.

Le photographe et artiste Fluxus Peter Moore (né en 1932), pour réaliser son film *Disappearing Music for Face* (1966), utilisa une caméra ultra-rapide. Fondé sur la « partition » de la performance éponyme due à Mieko Shiomi (livrant ces seules indications : « Les interprètes débutent la pièce en souriant et, pendant la durée de la pièce, passent très progressivement du sourire au non-sourire »), le film mettait en scène une autre artiste Fluxus, Yoko Ono (née en 1933). Le bas de son visage apparaît en gros plan, révélant les infimes changements d'expression au cours de l'œuvre

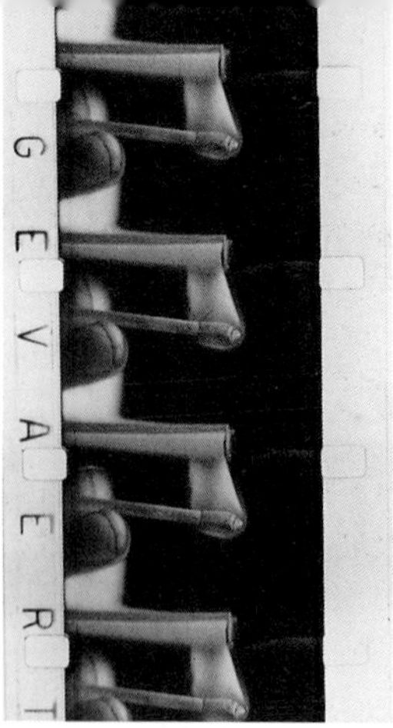

filmée en huit secondes seulement et qui durait onze minutes projetée au ralenti. C'est un autre fragment du visage de Yoko Ono, son œil droit cette fois-ci, qui apparaît dans le film *Eyeblink* (v. 1961) représentant, comme le suggère son titre, le plus minimal de tous les actes, un clignement d'œil. *Film n°1* réalisé par Yoko Ono (v. 1964) évoque les photographies de Harold Edgerton : une allumette se consume lentement, suggérant peut-être que même l'acte le plus minimal peut se révéler dangereux.

En 1966, Fluxus avait produit un ensemble de films qui, par leur caractère élémentaire (également qualifié d'essentialiste), remettaient en question les idées habituellement liées à la projection d'un film, notamment le statut de spectacteur du public (comme lorsque Yoko Ono fixe la caméra à la fin de *Disappearing Music for Face* [20] et que le spectateur devient alors l'observé). George Maciunas réalisa également un film, *10 Feet* (1966), consistant uniquement en une amorce transparente de trois mètres. Parmi les autres Fluxfilms, mentionnons *Entry-Exit* (1965) de George Brecht – un plan fixe du mot « Entrance » sur un mur blanc qui s'assombrit progressivement puis s'éclaircit pour laisser apparaître le mot « Exit », et *Nine Minute* (1966) de James Riddle, où des chiffres tracés au pochoir apparaissent toutes les minutes sur l'écran noir.

Si les Fluxfilms sont généralement considérés comme des œuvres visant à critiquer le cinéma, qu'il soit grand public ou d'avant-garde, ils insufflèrent également une énergie nouvelle à cet art du fait de leur simplicité et de leur caractère ludique. Avec le recul du temps, il est clair que

18. **Yoko Ono**, Photogrammes de *Film n°1 (Fluxfilm n°14) – Lighting Piece*, 1955-1966.

19. **Nam June Paik**, *Zen for Film*, 1964.
L'esthétique austère du minimalisme fut adoptée même par les artistes iconoclastes du mouvement Fluxus.

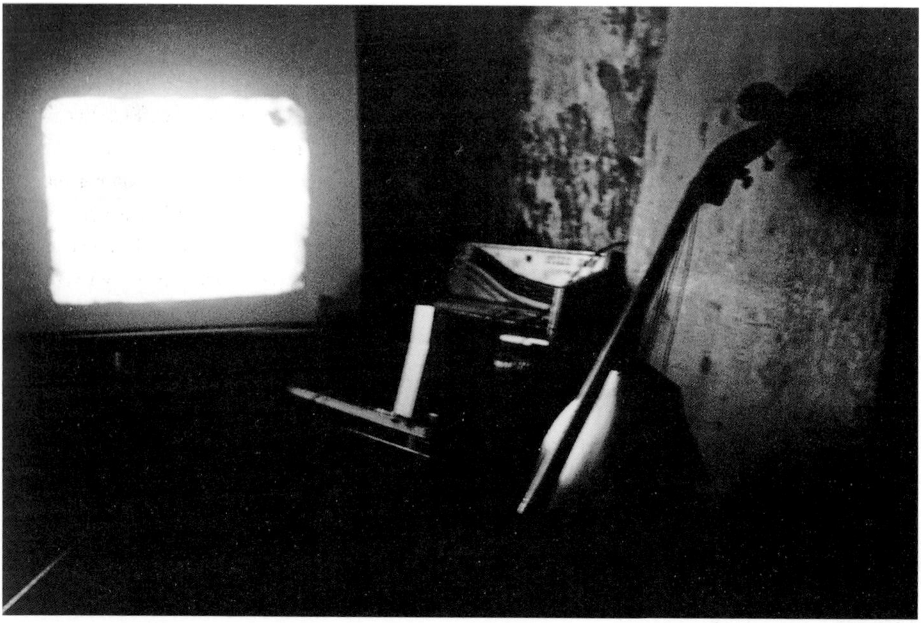

des Fluxfilms comme *Zen for Film* de Paik ou *Wavelength* (1969) [31] de Michael Snow, bien que traitant ostensiblement des éléments fondamentaux du film et de la technique cinématographique, sont des œuvres hautement poétiques et méditatives. Quoique rien dans l'art ou dans la vie ne leur parût sacré, les fluxistes trouvaient une signification dans le matériel quotidien de leur art (qu'il s'agisse de leur corps, des cordes de leur piano, ou des amorces de leurs films).

Les fluxistes s'en prenaient notamment aux cinéastes français de la Nouvelle vague qui exerçaient une influence considérable, et plus particulièrement à Jean-Luc Godard (né en 1930) [27] et au cinéaste américain Stan Brakhage (né en 1933) qui incarnaient respectivement le cinéma d'art et d'essai poético-politique et les tenants de la tendance poético-personnelle, porteurs pour les fluxistes des stratégies élitistes des deux pôles de l'avant-garde. Cependant, tout le monde n'avait pas rejoint les rangs de Fluxus et le cinéma d'avant-garde se développa au milieu du XXe siècle comme il l'avait fait quelques décennies plus tôt.

Film et cinéma d'avant-garde II

L'engouement pour le cinéma expérimental culmina au cours des années 50 et 60, d'abord aux Etats-Unis puis en France. La compagnie Eastman Kodak avait commercialisé dès 1923 le film 16 mm destiné aux cinéastes amateurs, mais il demeurait trop onéreux pour la plupart des artistes indépendants. Son utilisation commença à se banaliser vers le milieu du siècle et l'on vit quelques artistes commencer à réaliser des films, les plus importants étant les Américains Stan Brakhage, Kenneth Anger, Hollis Frampton, Maya Deren (née en Russie), Jack Smith, Bruce Conner, Marie Menken, Andy Warhol, Pat O'Neill, Jordan Belson et John Whitney, ainsi que le Canadien Michael Snow et le l'Américain d'origine grecque Gregory Markopoulos.

Dans son ouvrage *Allegories of Cinema* (1989), l'historien du cinéma américain David James remarque que la plupart de ces réalisateurs, parmi lesquels plusieurs venaient d'une autre technique, introduisaient dans le domaine cinématographique des questions traditionnellement soulevées par les peintres, dont celle de la représentation du mouvement et de la durée et celle de l'expression d'« états psychologiques extraordinaires ». Alors que cette dernière concerne toute forme d'art (poésie, fiction, théâtre), la première était propre à la technique photographique. La technologie s'améliora grâce aux artistes, mais elle apparut sans qu'ils y jouent aucun rôle. Comme nous le verrons dans les chapitres suivants, James

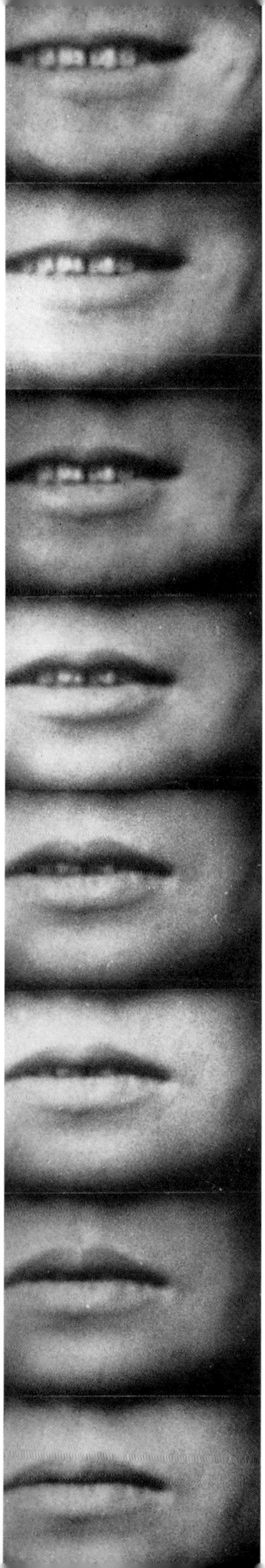

20. **Mieko (Chieko) Shiomi**, *Disappearing Music for Face*, 1966.

signale par là que les artistes qui se tournèrent vers les nouveaux médias après avoir travaillé dans d'autres techniques transférèrent souvent leurs préoccupations picturales ou sculpturales au nouveau médium – cinéma, vidéo ou art numérique. Bien entendu, d'autres artistes se consacrèrent entièrement aux nouveaux médias et ce dès le départ.

Markopoulos et Warhol représentent bien ces deux approches. Gregory Markopoulos (1928-1992) incarne le cinéaste poète. A l'âge de dix-huit ans, il avait commencé le tournage de sa trilogie *Du Sang, de la volupté et de la mort* (1947-1948), devenue un classique du cinéma d'avant-garde. Ses films ultérieurs, tels *Swain* (1950), *Twice a Man* (1963) et *The Mysteries* (1968), témoignent d'une utilisation originale de la couleur, de la composition, du rythme et de la fragmentation des structures temporelles. S'inspirant souvent des récits mythologiques de l'Antiquité grecque, ses films exploraient des narrations abstraites avec une grande économie de moyens qui incorporait ses inventions personnelles, y compris le montage à la prise de vue, une approche avant-gardiste fondée davantage sur l'image que sur le plan. Inspiré du *Prométhée enchaîné* d'Eschyle, le film *The Illiac Passion* (1964-1967) [23] mettait en scène plusieurs personnalités bien connues de l'underground des années 60 : Warhol incarnait Poséidon, Jack Smith Orphée, Taylor Meade un esprit, Kenneth King Adonis et les frères Richard et David Beauvais Prométhée et sa conscience. Après son installation en Europe en 1967, Markopoulos réalisa plus d'une centaine de films, dont beaucoup ne furent jamais tirés sur copie.

Les cinéastes d'avant-garde continuent à utiliser le format 16 mm, mais bien moins qu'avant car il a été supplanté par la vidéo numérique qui peut être transférée sur pellicule. L'Américain Robert Beavers (né en 1949) explore dans des films 16 mm comme *The Painting* (1977-1997) [24, 25] et *Efpsychi* (1997) les associations abstraites entre la forme humaine, les arts plastiques et l'architecture. Son compatriote Lawrence Brose (né en 1951) analyse dans un film 16 mm abstrait intitulé *De Profundis* (1997) l'esthétique et le désir chez Oscar Wilde. Un autre Américain, Ernie Gehr (né en 1941), a depuis 1967 réalisé une vingtaine de films expérimentaux dans ce format. Dans *Serene Velocity* (1970), il filme le couloir d'un immeuble de bureaux où rien ne bouge durant les 23 minutes du film, hormis l'objectif à focale variable de la caméra que Gehr règle alternativement en position zoom puis en position normale tous les quarts de seconde, ce qui donne l'illusion que le couloir est secoué de tremblements.

Andy Warhol (1928-1987) est représentatif de ces artistes venus au cinéma après avoir œuvré dans d'autres techniques. Intrigué par les films underground de ses collègues Jonas Mekas et Jack Smith, il commença à réaliser des films en 1963. Manifestement passionné par la reproductibilité des objets d'art, ce dont témoigne sa pratique tant de designer et de graveur que de photographe, Warhol fut naturellement attiré par la caméra. De 1963 à 1968, il réalisa plus de soixante films dont beaucoup sont des classiques du genre underground. Dans des films comme *Sleep* (1963), où l'acteur John Giorno dort six heures d'affilée devant une caméra fixe, *Kiss* (1963) [21] avec ses gros plans prolongés de couples s'embrassant, et *Eat* (1964) [22] où l'artiste Robert Indiana mange lentement un champignon, Warhol déconcertait le spectateur en faisant se confondre le temps réel et le temps filmique. Il transféra sur la toile les techniques cinématographiques du montage, la répétition des images et la tension structurelle et, dans ses célèbres portraits des actrices Marilyn Monroe et Elizabeth Taylor, associa les stars hollywoodiennes à l'art avant-gardiste, tout en se plaçant lui-même sur les deux plans.

Jean-Luc Godard se situe à la croisée du cinéma commercial et du cinéma d'avant-garde. Dans ses plus de soixante-dix longs métrages réalisés depuis la fin des années 50, il n'a cessé de réfléchir sur la nature du cinéma. Son *Histoire(s) du cinéma* (1989-1999) mêle film et vidéo pour retracer l'histoire mondiale du cinéma en superposant images et textes sur fond de musique puissante. Pour Godard, le montage n'obscurcit pas la réalité, il révèle des vérités plus profondes.

Souvent négligé par la critique jusqu'à une date récente, le film 8 mm, commercialisé dès 1932, alternative la moins onéreuse, devint relativement populaire après la guerre tant auprès des amateurs que des artistes. Suivant l'exemple du 16 mm, le cinéma 8 mm fut une contestation des excès de Hollywood, mais encore plus forte. Compacte, bon marché et de maniement aisé, la caméra 8 mm devint le moyen pour des artistes exclus du système commercial de s'exprimer d'une façon personnelle ; le 8 mm attira également ces artistes qui consacrèrent entièrement leur carrière à la réalisation de films.

Des artistes comme Ken Jacobs, Saul Levine, George et Mike Kuchar, Joe Gibbons, Lewis Klahr, Robert C. Morgan et Stan Brakhage et bien

21. (ci-dessous) **Andy Warhol**, *Kiss*, 1963

22. (ci-dessous, à droite) **Andy Warhol**, *Eat*, 1964, avec Robert Indiana. Les premiers films de Warhol illustrent les manipulations du temps auxquelles s'est livré l'artiste. Répétitions, arrêts sur image, longs plans fixes et ralentis à la projection, tout concourt à modifier l'expérience du temps vécue par le spectateur.

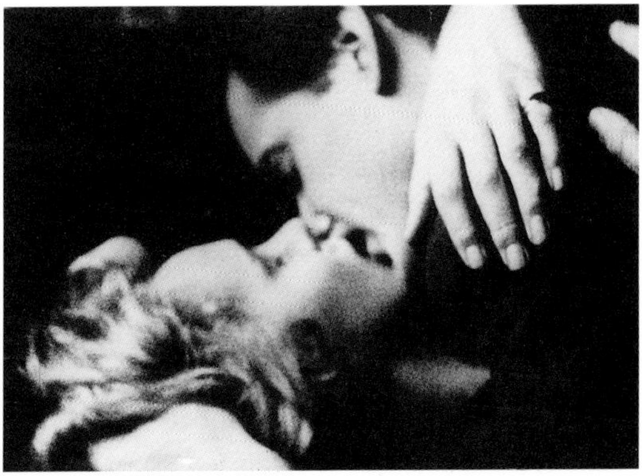

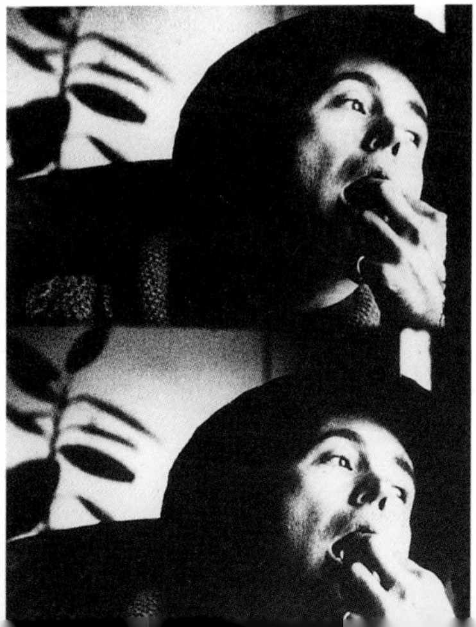

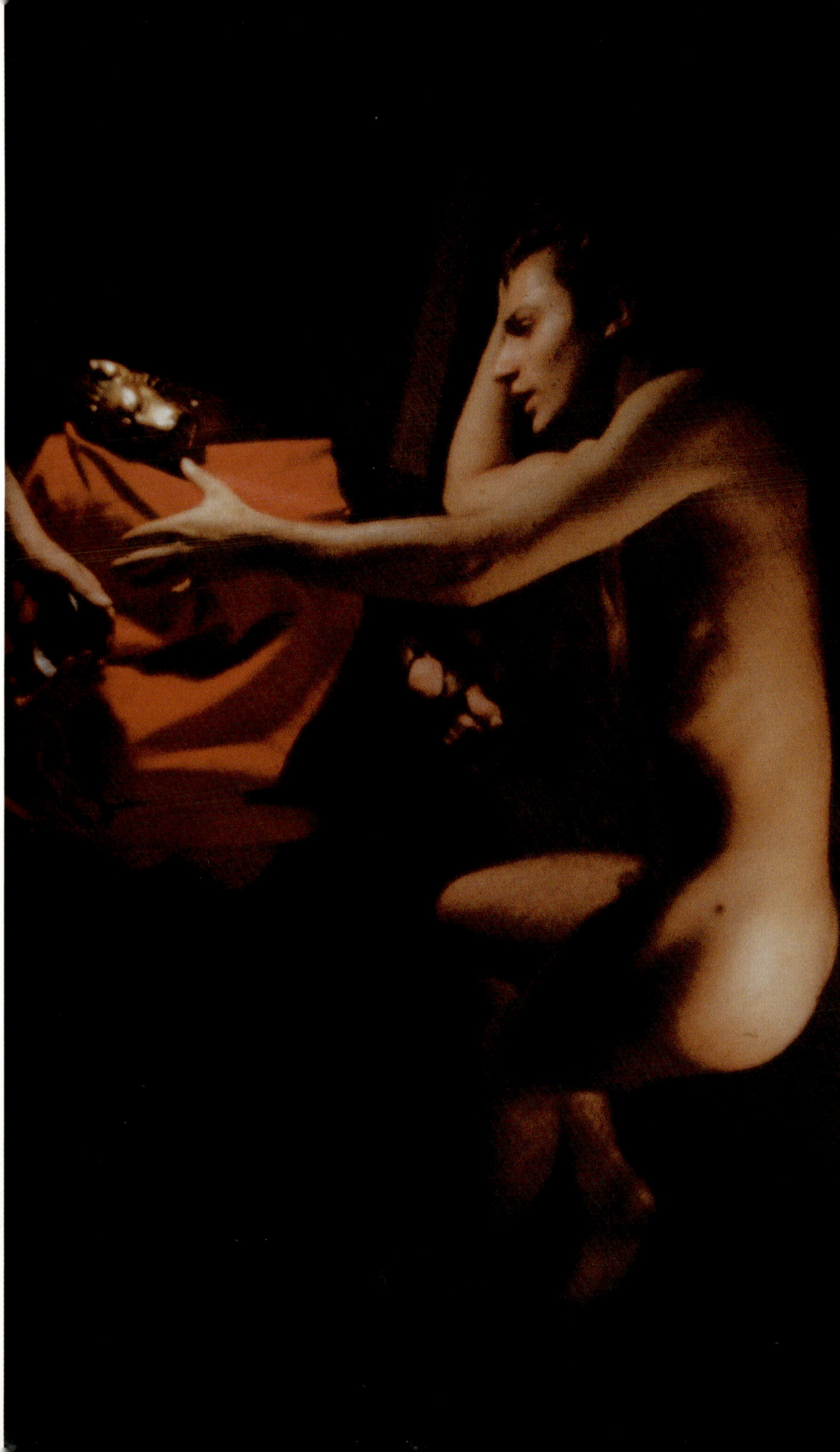

23. (page ci-contre)
Gregory Markopoulos,
The Illiac Passion, 1964-1967.
Ganymède : Gerard Malanga ;
Zeus : Paul Swan.
Moins « froid » (ou distant) que Warhol, Markopoulos filmait des « paysages émotionnels » selon son expression, dont les couleurs et les compositions somptueuses étaient rehaussées grâce à son dispositif personnel de montage.

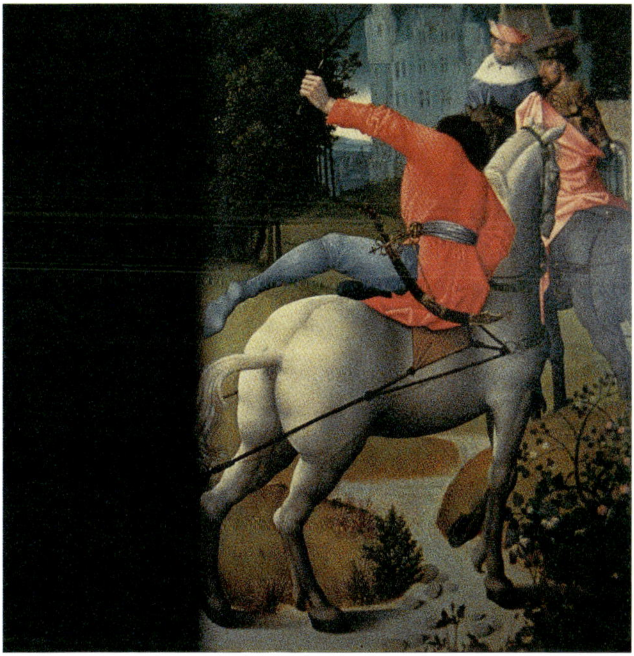

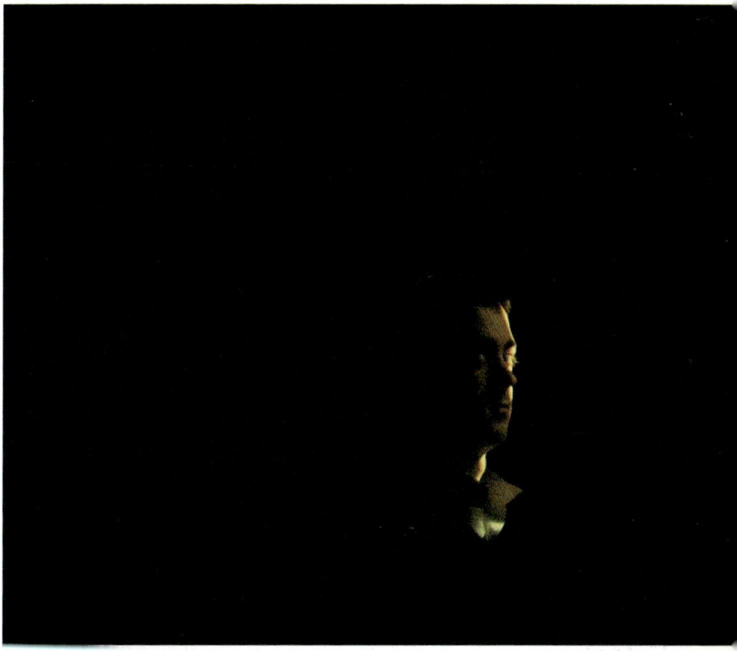

24, 25. (à droite, en haut et en bas)
Robert Beavers, *The Painting*, 1977/1997. Ce détail montre un panneau lattéral du *Martyre de saint Hippolyte* qui se trouve au musée des Beaux-Arts de Boston. Dans l'esprit des expérimentations formelles des années 60, Beavers crée une tension émotionnelle en juxtaposant ces images : le personnage à dos de cheval est l'un des bourreaux écartelant le saint ; le jeune homme qui regarde nerveusement par la fenêtre est Beavers lui même.

26, 27. **Jean-Luc Godard**, deux photogrammes du *Mépris*, 1963.
Fortement influencé par les cinéastes révolutionnaires russes, plus particulièrement par Dziga Vertov, Jean-Luc Godard a créé un cinéma à la fois personnel et politique.

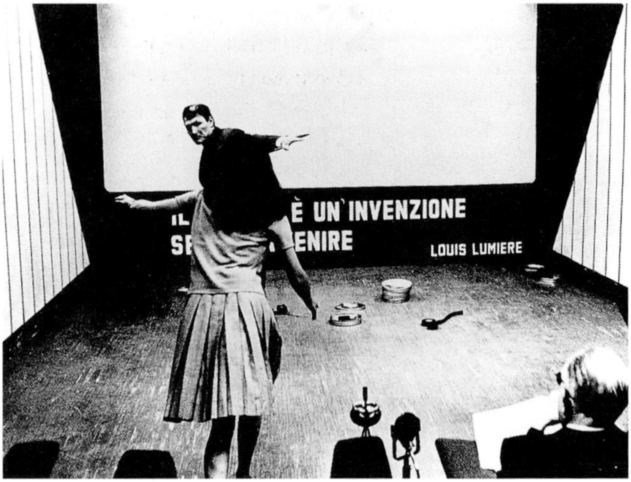

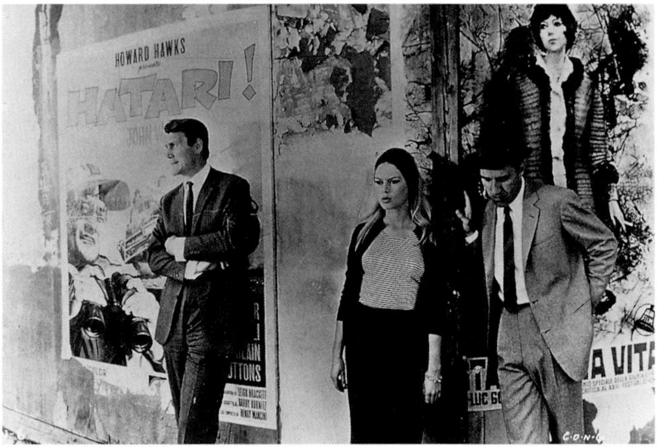

d'autres réalisèrent des films 8 mm aussi singuliers que personnels. Ken Jacobs tourna des films étranges et originaux relevant de la chronique journalière, faisant intervenir des acteurs (*Winter Sky*, 1964) ou des membres de sa famille (lui-même et son épouse dans *We Stole Away*, 1964). Dans *Window* (1964) [28], la petite caméra devient un prolongement du corps de l'artiste. D'inspiration analogue, *Saul's Scarf* (1966-1967) et *Note to Pati* (1969) de Saul Levine sont des narrations poétiques personnelles, au rythme souvent rapide. Les scènes de neige de *Note to Pati* évoquent admirablement l'innocence et la jeunesse.

L'utilisation du 8 mm se prolongea jusque dans les années 90, comme le montrent *The Fragments Project* (1984-1994) de Peggy Ahwesh (née en 1954), dans lequel l'artiste porte un regard intime sur les personnages qui peuplent sa vie personnelle, et *Acceleration* (1993) [29], de Scott Stark, film plus abstrait qui saisit les traces d'un train en mouvement depuis la perspective d'une caméra fixe.

Beaucoup d'artistes achetèrent, louèrent ou empruntèrent des caméras 16 mm et 8 mm afin non seulement de réaliser des films expérimentaux, mais aussi de consigner le travail en cours dans leur atelier ou d'enregistrer des performances. Bientôt, la caméra vidéo Portapak de Sony, plus maniable encore et moins onéreuse, fit son apparition. Ce fut le début d'un nouveau chapitre dans l'histoire des arts technologiques.

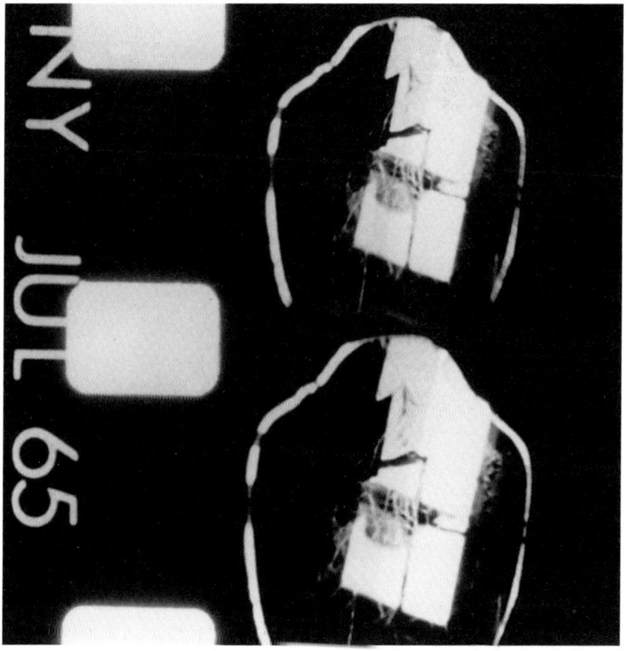

28. **Ken Jacobs**, *Window*, 1964. Selon Jacobs, « le cinéma underground fut durant une courte période un mot à la mode. Certains de ceux qui travaillaient se trouvaient sous les feux de la célébrité. La célébrité rendait ces gens fous, et l'absence de célébrité rendait le reste d'entre nous tout aussi fou. »

Pages 34-35 :
29. **Scott Stark**, *Acceleration*, 1993.Pour des artistes comme Scott Stark, le film 8 mm était un moyen aussi abordable que maniable d'approcher la richesse des textures et des coloris des pellicules plus onéreuses.

Chapitre 1 Performances et nouveaux médias

En 1949, la toile fut éclaboussée de peinture par l'Américain Jackson Pollock *(No. 1)*, lacérée par le peintre d'origine argentine Lucio Fontana *(Concetto Spaciale)* et perforée par le Japonais Shozo Shimamoto *(Work [Holes])*. Comme l'affirma le conservateur américain Paul Schimmel, ces trois tableaux métamorphosèrent le visage de l'art, car l'action picturale prenait le pas sur le sujet peint. Un contingent international d'artistes, qui regroupait notamment Allan Kaprow, Georges Mathieu, Yves Klein, Atsuko Tanaka, Otto Mühl, Günter Brus, Joseph Beuys, Jean Tinguely, Niki de Saint Phalle, Robert Rauschenberg et Piero Manzoni, prolongea bientôt l'art gestuel de Pollock par la création de performances, happenings et autres événements concrets. La révolution sociale et sexuelle des années 60 trouva son expression dans un art qui se détournait de la toile au profit d'actions intégrant le spectateur dans l'œuvre. Pour les artistes américains de cette époque, il n'y avait qu'un petit pas de l'*action painting* (la méthode de Jackson Pollock de libre application de la peinture sur toute la surface de la toile) à l'action même comme forme d'art. Mécontents de la canonisation de l'expressionnisme abstrait par le critique Clement Greenberg et recherchant conformément à l'esprit du temps une plus grande liberté d'expression, des artistes new-yorkais rejoints peu après par des Californiens, désavouèrent la toile, tel Allan Kaprow qui écrivit dans *Art News* en 1958 : « La quasi-destruction par Pollock de cette tradition [la peinture] pourrait bien constituer un retour au moment où l'art était plus activement impliqué dans le rituel, la magie et la vie. » Grâce à la performance, l'art a pu revêtir de nombreuses formes. Des actions dépouillées de Ion Grigorescu aux environnements hypercinétiques du Wooster Group, ce chapitre est consacré à l'utilisation du cinéma et de la vidéo dans différents contextes de performance artistique.

Les années 60

La performance artistique n'était pas exclusivement apparentée à la toile, car l'hybridation entre le théâtre, la danse, le cinéma, la vidéo et les arts plastiques fut essentielle pour son avènement. Les expérimentations chorégraphiques et technologiques qui s'épanouirent à New York dans les années 60 sous l'impulsion des artistes de la Judson Church (un influent collectif de chorégraphes et d'artistes de performance) furent reprises par des plasticiens, et notamment Robert Rauschenberg, l'un des premiers partisans de l'alliance de l'art et de la technologie. Celui-ci fit en

1960 la connaissance de Billy Klüver, un ingénieur électronicien et acousticien qui avait déjà collaboré avec plusieurs artistes, notamment avec Jean Tinguely pour la création de sa machine auto-destructive, *Hommage à New York*. Klüver travailla en 1965 avec John Cage et Merce Cunningham, à l'occasion de l'un des tout premiers événements scéniques multimédia, *Variations V*, pour lequel il conçut un système de sonorisation réagissant aux mouvements, aux sons et aux projections grâce à un réseau complexe de cellules photoélectriques et de microphones ; les sons qui en résultaient servaient de partition pour les danseurs. La projection d'un film réalisé par Stan Vanderbeek et la diffusion d'images vidéo dues à Nam June Paik accompagnaient également cette œuvre. Le critique Söke Dinkla a souligné à juste titre que ce système préfigurait les interactions gérées par ordinateur entre la représentation en direct et les effets sonores, communément utilisées au théâtre ou dans les spectacles chorégraphiques depuis le début des années 90.

Proche de Cage et de Cunningham, Rauschenberg fut invité avec eux, ainsi qu'avec d'autres chorégraphes, dont Lucinda Childs et Deborah Hay, à participer au Festival d'art et de technologie organisé à Stockholm durant l'été 1966. Leur travail ne fut finalement pas présenté dans cette ville, mais à New York en octobre 1966, à l'occasion de *Nine Evenings: Theater and Engineering*, événement fondateur en matière de performance et d'arts médiatiques, qui se déroula dans le vaste bâtiment du Sixty-

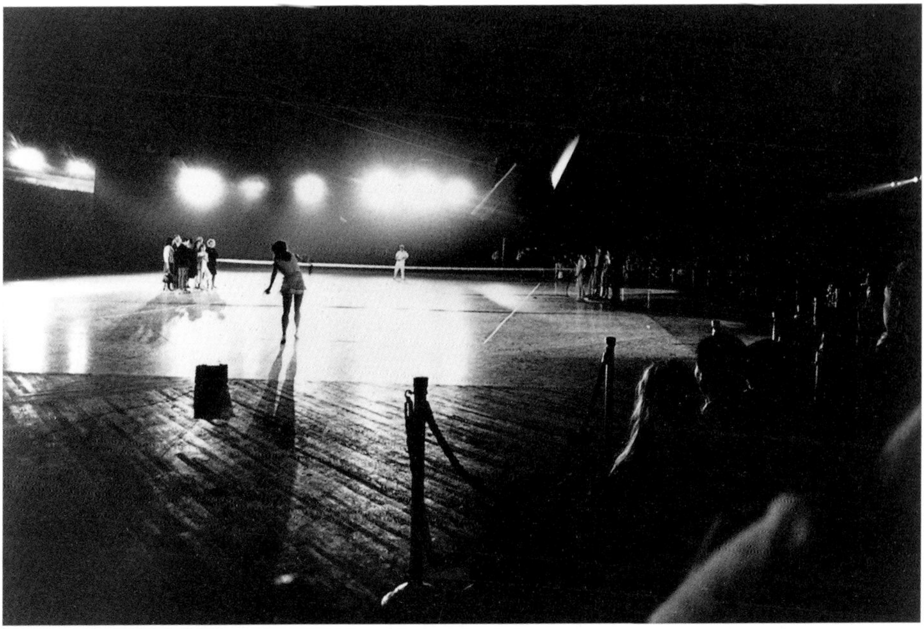

30. Photographie de la performance de **Robert Rauschenberg**, *Open Score (Bong)*, présentée dans le cadre de *Nine Evenings: Theater and Engineering* au Sixty-Ninth Regiment Armory, New York, le 14 octobre 1966.
Open Score (Bong) de Rauschenberg mettait en scène un match de tennis entre le peintre Frank Stella et la joueuse de tennis professionnelle Mimi Kanarek ; leurs raquettes étaient raccordées à un système de sonorisation et le match était accompagné de la projection vidéo d'images infrarouges montrant la prestation de volontaires non professionnels.

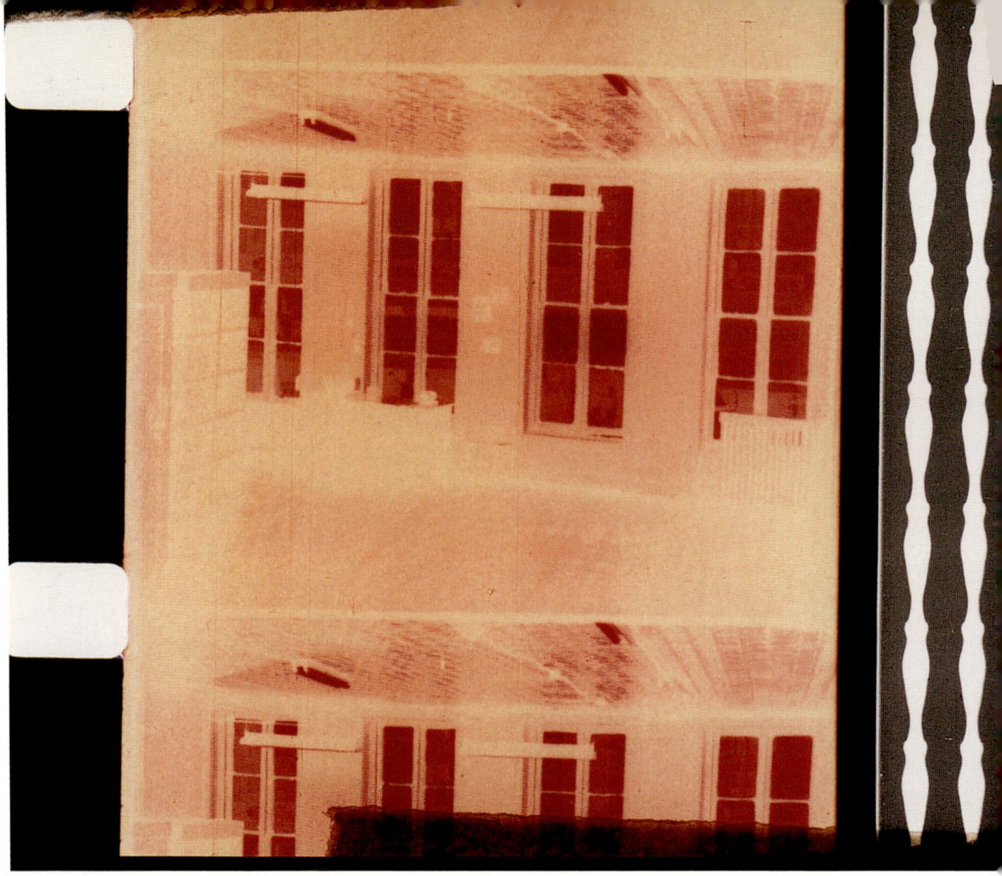

31. **Michael Snow**, photogramme de *Wavelength*, 1967.

32. (page ci-contre, en haut) **Carolee Schneemann**, *Snows*, 1967. Schneemann utilisait dans son œuvre son propre corps comme « matériau ». « Je voulais que mon corps soit associé à l'œuvre en tant que matériau constitutif. » Si elle se définit comme un peintre, son travail fait cependant souvent appel à la photographie, au cinéma et à la vidéo.

33. (page ci-contre, en bas) **Carolee Schneemann**, *Mortal Coils*, 1994-1995.

Ninth Regiment Armory, dans l'East Side. Pour la performance de Rauschenberg, *Open Score (Bong)* [30], cinq cents volontaires environ furent rassemblés sur un terrain de sport plongé dans l'obscurité totale. Ils exécutaient des gestes simples enregistrés par des caméras à infrarouge et retransmis sur trois écrans géants. On projeta également les mouvements précipités de joueurs de tennis dont les raquettes étaient munies d'émetteurs radio. Ce fut tout ce que le public put en voir, car lorsqu'on ralluma les lumières, les interprètes avaient quitté les lieux. L'exploration jubilatoire des possibilités des nouvelles technologies par l'artiste devenait ainsi l'événement principal. Dans sa performance *Linoleum* (1966), Rauschenberg, vêtu d'un costume câblé par Klüver pour la sonorisation, projetait un film réalisé à partir d'extraits de films consacrés aux sports nautiques ou montrant des manœuvres d'avions militaires. Rauschenberg et Klüver fondèrent EAT *(Experiments in Art and Technology)* en 1967, un influent collectif d'artistes et d'ingénieurs.

Rauschenberg et ses collaborateurs, plus particulièrement les danseurs-chorégraphes Trisha Brown, Deborah Hay, Steve Paxton et

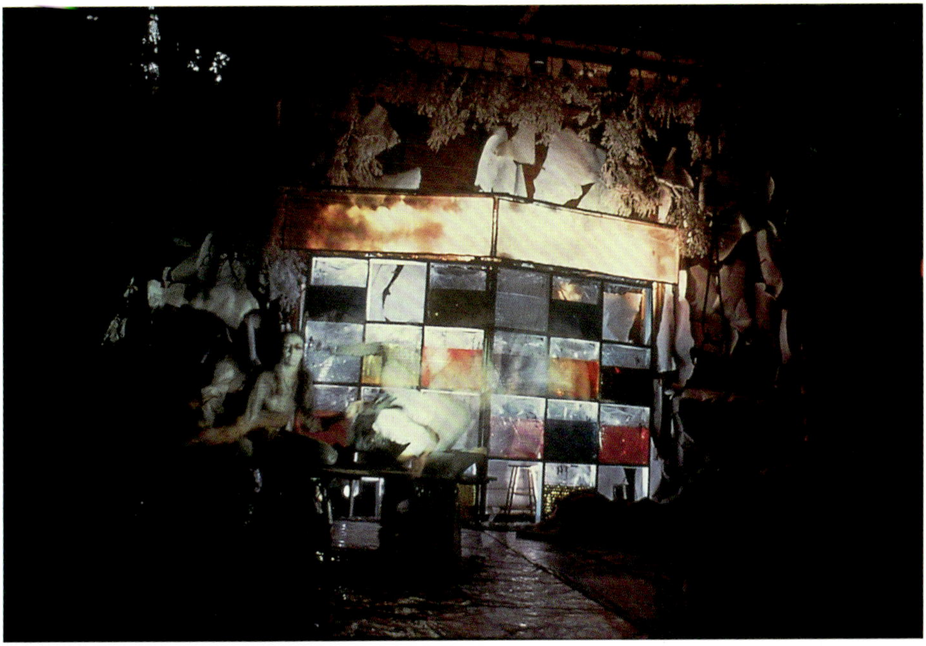

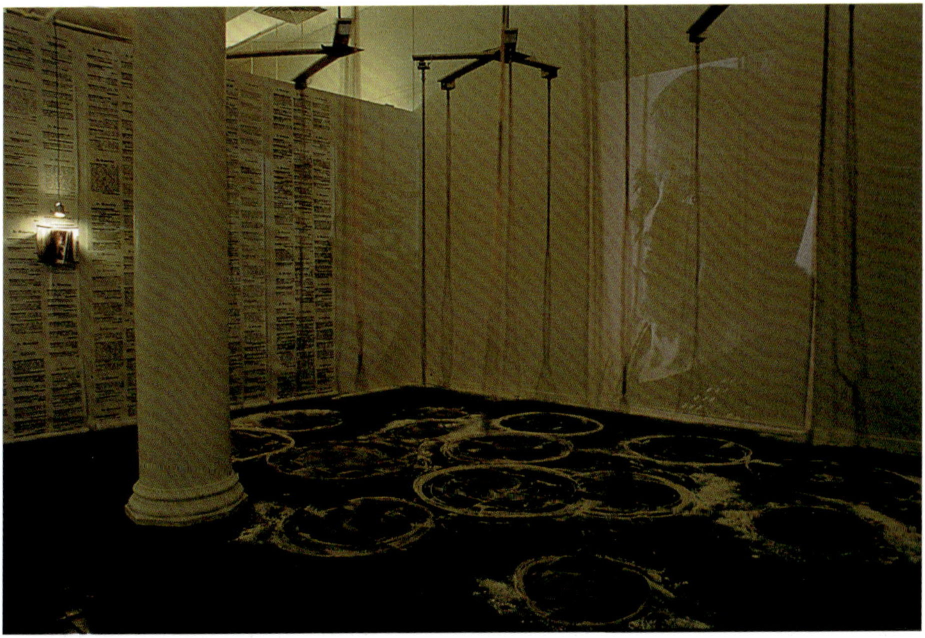

Lucinda Childs, continuèrent à monter leurs événements dans les lieux les plus divers – ceux-ci dictant souvent la nature même du spectacle –, notamment à la Filmmaker's Cinémathèque (dont le nom reflète l'influence des cinéastes français de la Nouvelle Vague – Godard, Truffaut etc.). *Prune Flat* (1965) [34] de Robert Whitman (né en 1935) présentait des interprètes interagissant sur scène avec des images filmées (souvent d'eux-mêmes) projetées sur leur corps et sur des écrans placés en arrière-plan. Peintre à l'origine, Whitman transposait ainsi la planéité de la toile à la planéité de l'écran sur lequel il cherchait à visualiser, dans un contexte de spatialité, des relations temporelles (le passé, représenté par les images cinématographiques, et le présent et le futur qu'incarnaient les gestes des interprètes). La même année, le Canadien Michael Snow (né en 1929) analysa le rôle du cinéma dans l'art avec *Right Reader*, une performance vidéo lors de laquelle il se tenait derrière un cadre de plexiglas comme s'il se trouvait dans un film, remuant les lèvres en mouvements synchrones avec un enregistrement de sa propre voix qui commentait le caractère parfois banal des films. Le spectateur a l'impression que l'artiste parle en temps réel, mais il découvre vite qu'il n'en est rien : à l'image du cinéma, cette œuvre est une expérience artificielle reposant entièrement sur la technologie. Egalement remarquable est l'utilisation novatrice que fait Snow de

34. **Robert Whitman**, *Prune Flat*, 1965. Présenté à la Filmmaker's Cinémathèque de New York. La photographie montre une reconstitution plus récente de cette performance. © 1976, Babette Mangolte, tous droits de reproduction réservés.

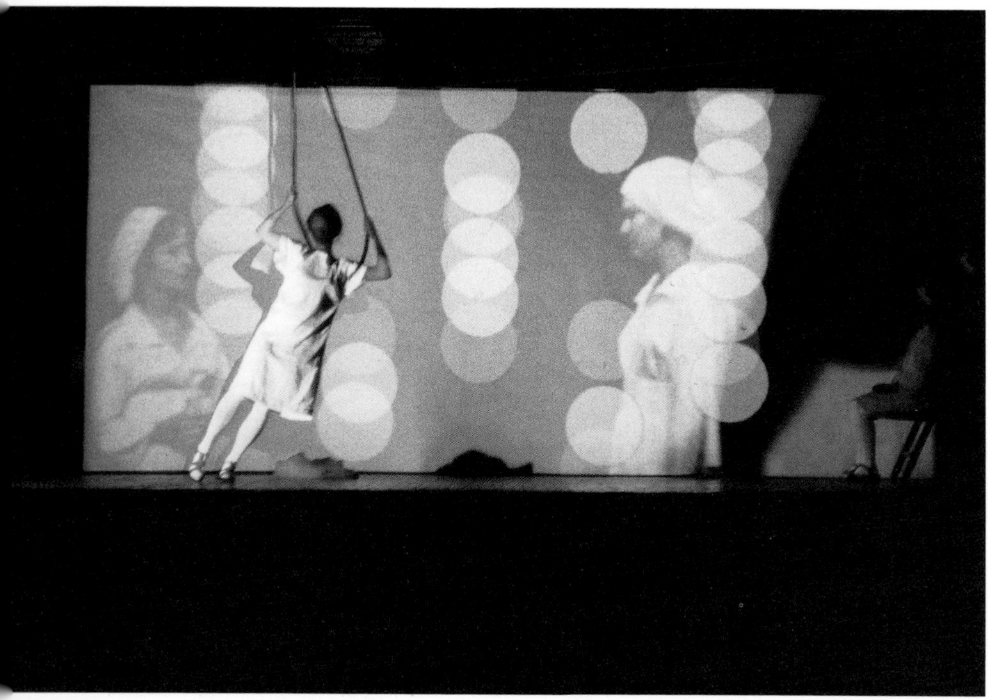

la caméra dans ses films et performances vidéo ; il a conçu par exemple un dispositif permettant de faire pivoter la caméra à 360° et, dans *Wavelength* (1967) [31], les mouvements de la caméra (« mouvement panoramique », « mouvement de grue », « travelling ») sont autant de protagonistes du film.

Une œuvre importante dans l'histoire de la performance fut créée en 1967 par l'une des chorégraphes de la Judson Church, Deborah Hay. Son *Group One* se composait en partie d'un film en noir et blanc projeté sur l'un des angles de l'espace d'une galerie d'art ; le film montrait des hommes et des femmes vêtus de costumes et de robes sombres et dont les démarches, bien que chorégraphiées, conservaient un caractère naturel. Après la projection du film, d'autres danseurs, en chair et en os cette fois-ci, interprétaient des séquences analogues. Il en résultait, selon l'historien américain Michael Kirby, une nouvelle forme d'art chorégraphique dans laquelle les danseurs et le cinéma « étaient utilisés comme des éléments à partir desquels une masse humaine architectonique ou sculpturale pouvait être rassemblée et rapportée à un élément architectural réel, l'angle d'une pièce ».

La peintre américaine Carolee Schneemann (née en 1939) créa des actions privées – *Eye Body* (1963) – dont elle a conservé une trace grâce à la photographie. Dans ces « natures mortes » corporelles, qui préfiguraient l'art corporel et la performance artistique, elle recréait une iconographie de déesse mythique, utilisant son propre corps en guise de sculpture. Sa performance multimédia *Snows* (1967) [32], montée au Martinique Theatre (sur Broadway, à New York), faisait interagir de manière complexe des films 16 mm et 8 mm, des diapositives, une sculpture lumineuse en rotation, des lumières stroboscopiques et huit interprètes d'origine ethnique différente. Sous plusieurs fauteuils choisis au hasard dans la salle, Schneemann et ses ingénieurs avaient fixé des microphones reliés à un système de commutation à thyristors. Les mouvements des spectateurs assis dans ces fauteuils déclenchaient le système qui activait à son tour les différents éléments médiatiques.

A l'instar de Schneemann, Joan Jonas (née en 1936) crée depuis les années 60 des performances pour lesquelles elle utilise les nouveaux médias. Etudiante de troisième cycle à New York, elle participa aux ateliers de danse organisés par la troupe de la Judson Church, qui comptait dans ses rangs Trisha Brown, Deborah Hay, Steve Paxton et Yvonne Rainer. Tous partageaient une même sensibilité pour des questions d'ordre conceptuel, culturel et psychologique, ainsi que pour l'art de la performance. Sculpteur de formation, Jonas fut tout d'abord attirée par les éléments sculpturaux de la performance et du cinéma, expliquant dans un entretien accordé en 1995 :

J'ai apporté à la performance mon expérience de l'observation de l'espace illusionniste de la peinture et de la marche autour de sculptures et dans des espaces architecturaux. [...] Ce qui m'a attiré dans la performance, c'est la possibilité de mêler le son, le mouvement, l'image, tous ces éléments différents pour énoncer quelque chose de complexe, car je n'étais pas douée pour créer une affirmation simple, unique – une sculpture, par exemple.

Dès le début, Jonas utilise dans ses performances le cinéma puis la vidéo. Sa première performance publique, *Oad Lau* (1968 ; nom d'un village marocain qui signifie « point d'eau »), incluait le film *Wind* dont le sujet était le vent et l'eau en tant qu'éléments fondamentaux. Jonas utilisait la caméra et le moniteur vidéo à la fois comme accessoires de théâtre et comme éléments sculpturaux ; à l'instar de Nam June Paik, elle fit l'acquisition d'une caméra Portapak Sony en 1970. Jugeant la vidéo « magique » et s'imaginant elle-même en « sorcière électronique faisant apparaître des images », elle s'inventa un alter ego baptisé Organic Honey. *Organic*

35. (ci-dessous) **Joan Jonas**, *Organic Honey's Visual Telepathy/Vertical Roll*, 1972/1994.

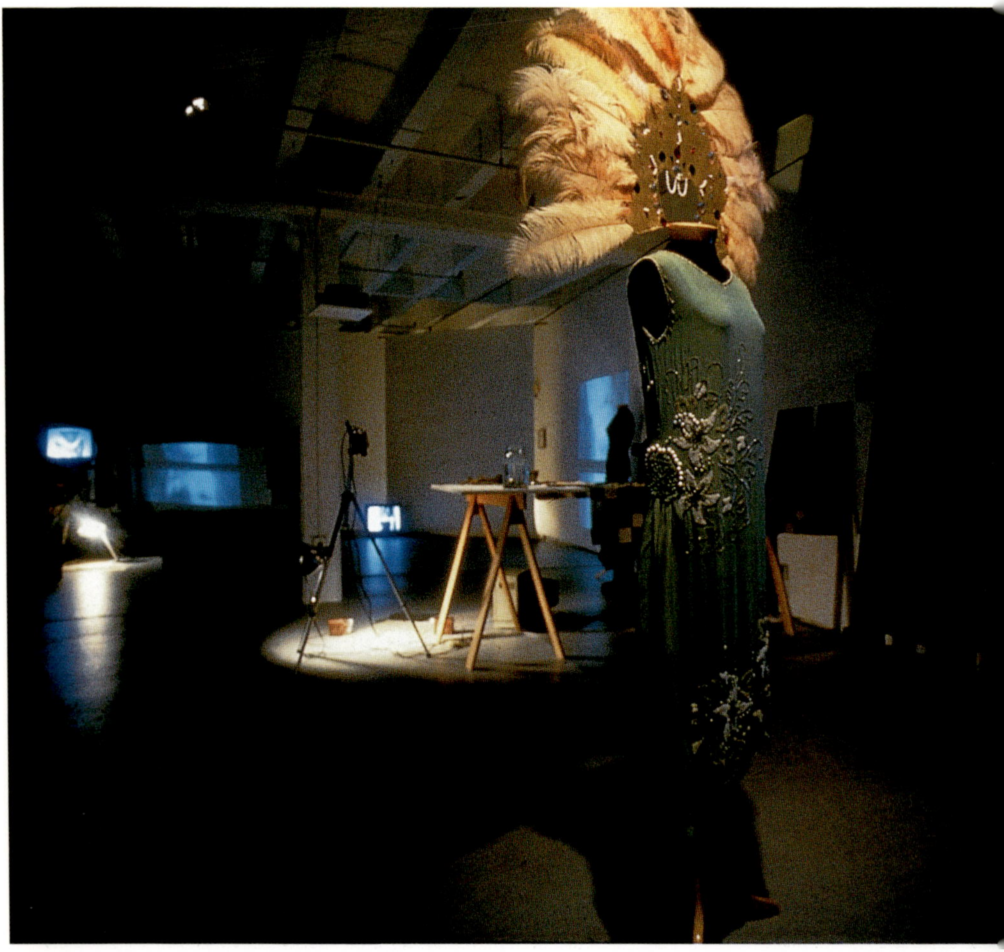

Honey's Visual Telepathy (1972) [35, 36] était une performance vidéo dans laquelle le « décor » représentait une pièce issue de l'imagination d'Organic Honey. La vidéo des mouvements de Jonas agissait comme un miroir reflétant l'action et jouait donc sur la perception du public. Ces performances, que Jonas remaniait fréquemment, illustraient la polyvalence de son talent de performer et de « magicienne », rôle qu'elle assumait coiffée d'un chapeau de magicien en forme d'entonnoir.

Funnel (Entonnoir, 1974) [37] comportait trois zones de représentation séparées par des rideaux. Jonas y exécutait des rituels inspirés de la magie et des traditions des Amérindiens du sud-ouest des Etats-Unis. Dans l'une des zones, un moniteur diffusait une vidéo en circuit fermé qui donnait en direct un panorama détaillé de l'ensemble de la performance. Jonas réutilisa plusieurs images de *Funnel* pour l'installation qu'elle présenta en 1998 à la Pat Hearn Gallery de New York. *My New Theater II (Big Mirror)* [38] est un théâtre vidéo installé à l'intérieur d'une grande structure semblable à un entonnoir et soutenue par deux chevalets de sciage. En regardant attentivement à travers l'entonnoir, le spectateur découvre sur un écran Jonas accomplissant des gestes quotidiens (comme balayer le sol) qui deviennent progressivement autant de trépignements frénétiques, tandis qu'il entend des chants et des textes enregistrés – dont le poème *Big Mirror* de William Carlos Williams et des chansons folkloriques évoquant des amis disparus.

Joan Jonas continue à faire œuvre de précurseur plus de trente ans après l'extraordinaire retentissement de ses premières œuvres, ce qui constitue un remarquable accomplissement. Après une période de « marasme » selon ses propres termes, vers le milieu des années 80, époque où le monde de l'art subit de profonds bouleversements et où s'épuisèrent les expériences formelles qui avaient marqué ses premières

36. (en bas, à droite)
Joan Jonas, *Organic Honey's Visual Telepathy*, 1972.

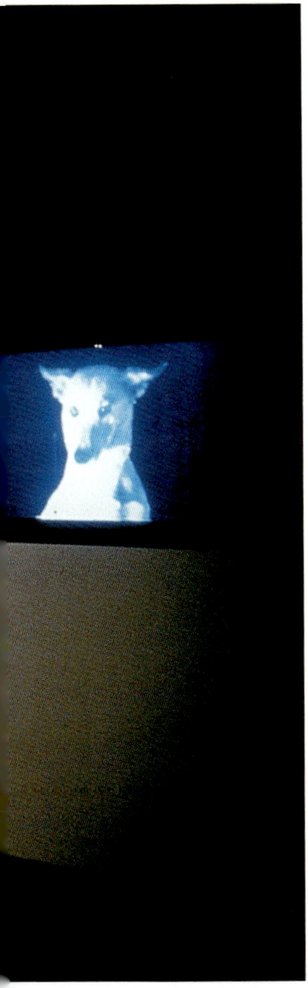

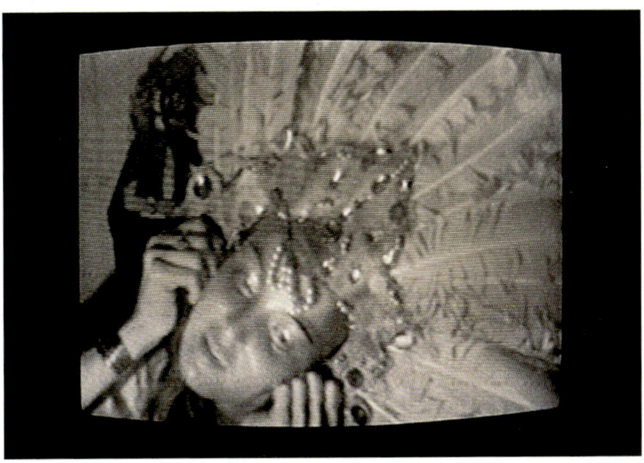

œuvres, Jonas réapparut en 1987 avec une performance multimédia de portée considérable, *Volcano Saga* [39], inspirée d'un poème islandais du XIIIe siècle ; en 1994, elle créa *Sweeney Astray*, d'après un poème médiéval irlandais, une œuvre commandée par le Stedelijk Museum d'Amsterdam à l'occasion de la rétrospective que lui consacra ce musée. Jonas illustrait ici son profond intérêt pour la perception juste et la perception faussée que permet la vidéo dans le contexte de la performance. Elle avait placé une

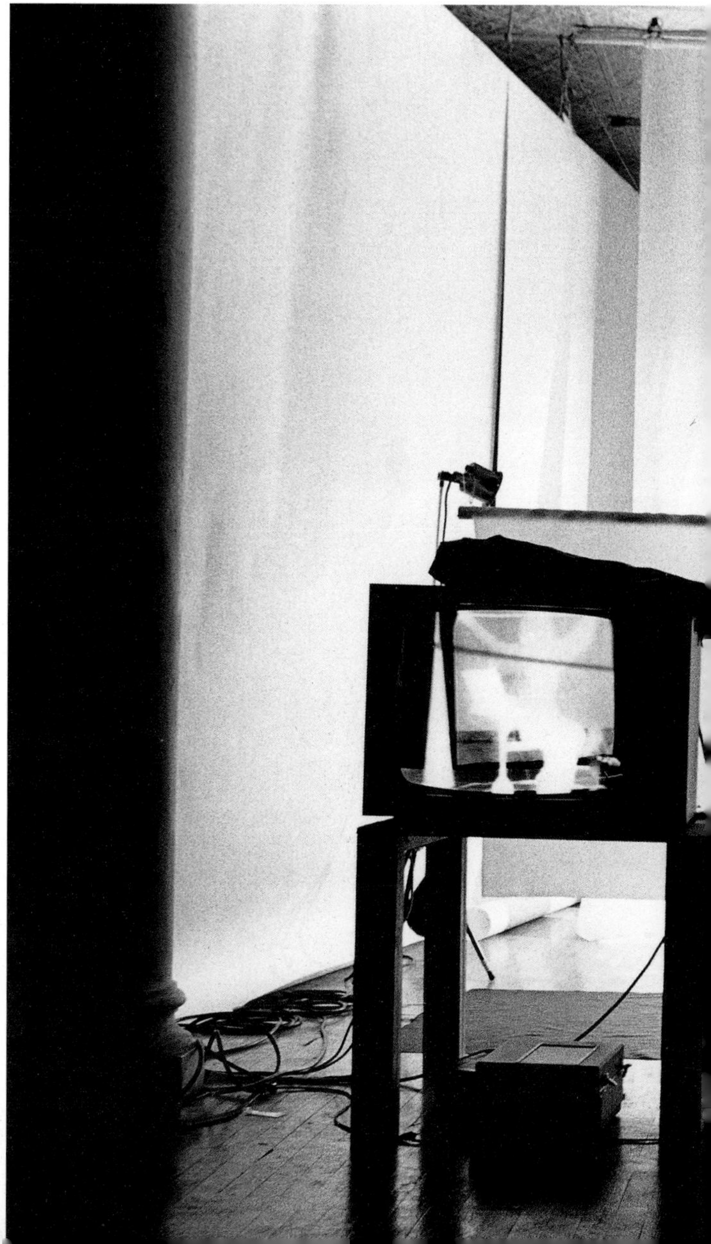

37. **Joan Jonas**, *Funnel*, 1974. Performance donnée à The Kitchen, New York. Photographie : © 1974, Babette Mangolte, tous droits de reproduction réservés.

caméra sous le plateau d'une table en verre sur laquelle jouaient les interprètes ; les images étaient projetées sur des toiles de canevas et les opérateurs de prise de vue, interprètes et musiciens étaient tous visibles du public.

Les performances « d'atelier »

La caméra vidéo devint un véritable partenaire pour plusieurs artistes éminents ; séduits par les médias électroniques, ils les utilisèrent pour

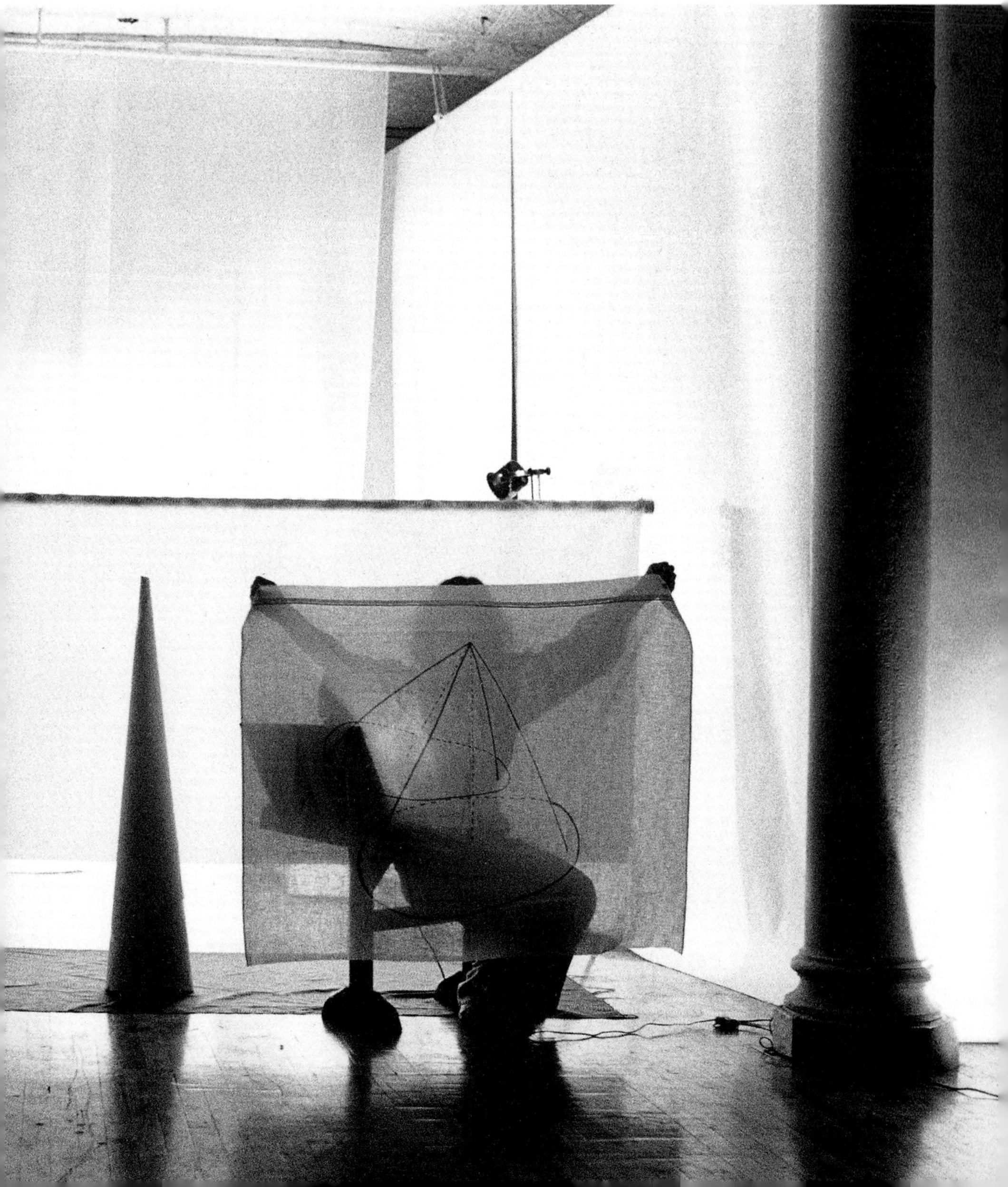

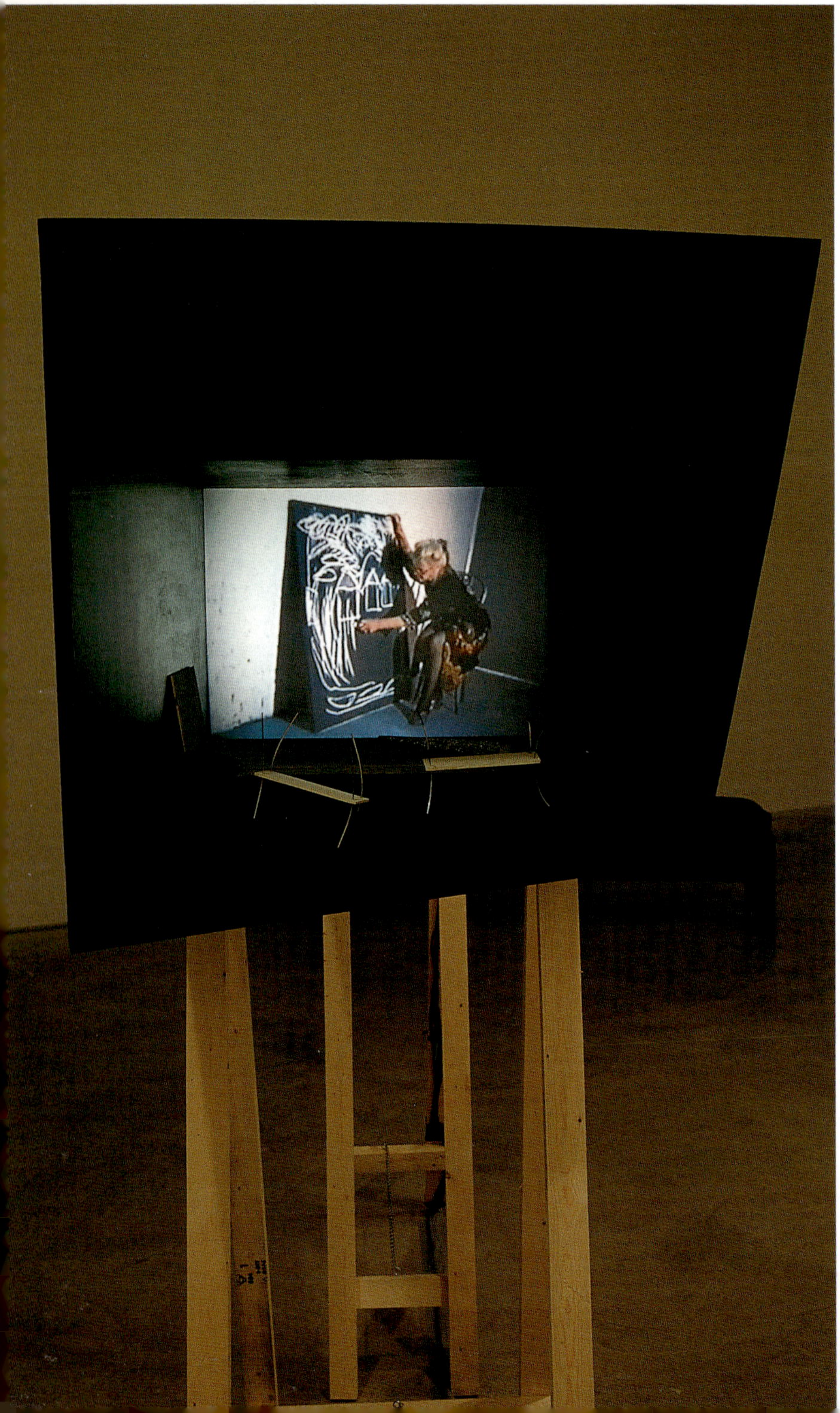

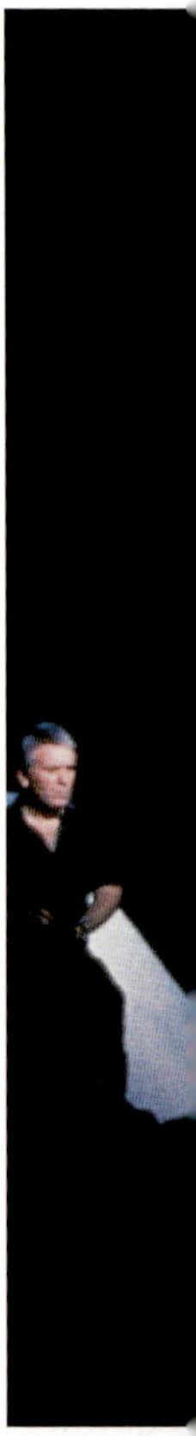

38. (page ci-contre) **Joan Jonas**, *My New Theater II (Big Mirror)*, 1998.

39. (ci-dessous) **Joan Jonas**, *Volcano Saga*, 1987.
Après un séjour au Japon en 1970, Jonas fit l'acquisition d'une caméra Portapak. « Cet appareil, explique-t-elle, me permettait d'ajouter une autre réflexion, et d'entretenir une relation avec le public par le moyen du gros plan retransmis en direct par la vidéo en circuit fermé. Le moniteur est un miroir permanent. »

enregistrer des actions intimes souvent ritualisées. S'il existe un lien historique indéniable entre les spectacles Dada et Fluxus, les happenings et la performance, la « performance médiatique » ne s'y insère pas exactement. A la différence de leurs prédécesseurs dadaïstes, les artistes comme Bruce Nauman (né en 1941) et Vito Acconci (né en 1940) n'avaient pas pour objectif l'interaction avec le public. Parfois, ils exécutaient leurs performances en privé – actions réalisées dans l'atelier et enregistrées en vidéo, qui n'étaient pas nécessairement présentées à autrui. L'œuvre n'était plus quelque objet commercialisable (un tableau ou une sculpture) mais le processus physique même de création artistique. La caméra vidéo représentait l'« autre » ou le public et aidait ces artistes à se libérer des limites de la création artistique traditionnelle.

Les performances médiatiques privées de Nauman et d'Acconci font référence à l'artiste solitaire dans son atelier. Montrant leur corps (mains, doigts) et leurs mouvements (les mains peignant ou sculptant) isolément, ils créèrent des œuvres qui rendaient explicites les gestes fondamentaux de l'artiste. Pour citer Acconci : « Si le minimalisme était si formidable,

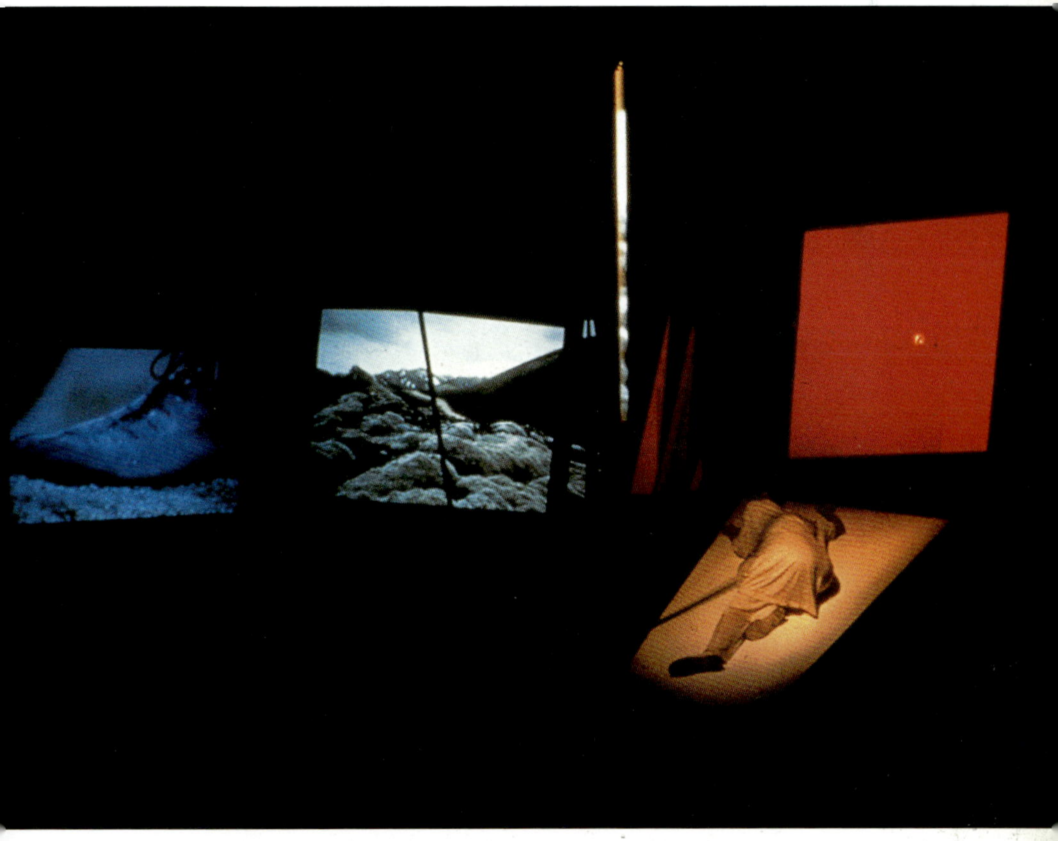

que pouvais-je faire ? Ce qui manquait, c'était la source. Je devais révéler la source », c'est-à-dire le corps et le mouvement de l'artiste. En phase avec l'esprit iconoclaste des années 60, Acconci, et avec lui d'autres artistes, cherchait à s'émanciper de l'influence de l'histoire de l'art en ne conservant dans son œuvre que le processus. « Les gens réalisaient des performances pour *ne pas* peindre *ni* sculpter, précise Acconci. La peinture et la sculpture étaient investies du pouvoir de l'Unique et Véritable Dieu de l'Art ; la performance était une façon d'imposer, au cœur d'un système de croyance unique, le foisonnement de dieux multiples. »

Les performances privées de Nauman, ses « représentations », comme il les désignait, exploraient les relations existant entre sa sculpture (*Neon Templates of the Left Hand of My Body Taken at Ten Inch Intervals*, 1966, par exemple, ou sa cire sur toile intitulée *From Hand to Mouth*, 1967) et ses activités personnelles dans son atelier. Dans une de ses performances, il adoptait différentes positions – assis, penché, accroupi –, créant ainsi avec son corps une « sculpture vivante ». Egalement musicien, Nauman fut profondément influencé par l'impression d'allongement du temps provoquée par les compositions sérielles de Philip Glass, de Steve Reich ou de Terry Riley. *Violin Phase* (1967) de Reich comportait un motif de base joué de manière répétitive par plusieurs violons ; Nauman intégra ce principe indéterminé et ouvert (c'est-à-dire qui semble n'avoir ni commencement ni fin) dans ses performances vidéo, une caméra fixe enregistrant des gestes et des mouvements qu'il considérait comme étant de l'art en soi. L'idée selon laquelle même des mouvements ordinaires pouvaient être tenus pour de l'art lui venait en partie de la chorégraphe Meredith Monk qu'il rencontra en 1968. Au cours des années 60, Bruce Nauman réalisa environ vingt-cinq bandes vidéo réunissant des actions ordinaires et répétitives, opérant ainsi un rapprochement avec la danse. Cette démarche trouvait sa source dans l'œuvre avant-gardiste d'Anne Halprin (née en 1920), chorégraphe installée à San Francisco ; parmi les élèves qu'elle accueillit dans ses ateliers, certains allaient accomplir un travail qui connaîtrait un grand retentissement, comme la danseuse et chorégraphe Trisha Brown (née en 1936), la danseuse devenue cinéaste Yvonne Rainer (née en 1934) et Simone Forti (née en 1935).

Nauman fut également influencé par le philosophe viennois Ludwig Wittgenstein, ainsi que par l'œuvre du dramaturge et romancier irlandais Samuel Beckett. Plusieurs artistes conceptuels furent séduits par la façon dont Wittgenstein explorait les implications philosophiques du langage ordinaire, en particulier par l'idée de diversité des « jeux de langage » : le sens provenait de la façon dont les mots étaient employés. « Le terme de jeux de langage, écrit Wittgenstein dans ses *Investigations philosophiques*, vise à attirer l'attention sur le fait que le parler du langage fait partie d'une activité, ou d'une forme de vie. » Le langage en tant qu'activité à la fois révélatrice et dissimulatrice et source de relation aussi bien que de séparation est un thème qui a préoccupé Nauman, comme le montrent nombre de ses performances et installations vidéo. Pour *Anthro/Socio (Rinde Facing Camera)*, 1991, et *Anthro/Socio (Rinde spinning)*, 1992 [40], Nauman collabora avec le performer et musicien Rinde Eckert ; le visage filmé en gros plan, celui-ci se livrait aux jeux de langage wittgensteiniens de l'interprétation, en prononçant des phrases comme : « Aide-moi, blesse-moi sociologie ; nourris-moi, mange-moi anthropologie. »

Nauman aborda les questions de l'identité dans quatre films muets 16 mm réalisés entre 1967 et 1968 et intitulés *Art Make-Up*. On l'y voit en train de s'appliquer diverses couleurs sur la peau pour dissimuler son identité. Ce thème resurgira plus tard dans ses vidéos de clown – personnage fréquemment utilisé par Nauman en tant qu'icône dans des performances vidéo qui expriment l'intérêt de l'artiste pour le langage et les comportements humains extrêmes. Dans *Clown Torture* (1987) [42, 43], le clown est contraint de se tenir debout sur une seule jambe puis de porter en équilibre deux aquariums et un seau d'eau, en criant sans discontinuer : « Non, non, non » et « Je suis désolé, je suis désolé. » Cette œuvre manifeste l'intérêt de Nauman pour Beckett dont les narrations austères décrivent souvent des personnages placés dans des situations impossibles, vivant dans des poubelles ou enterrés jusqu'au cou dans le sable. Sa performance vidéo *Slow Angle Walk* (1968) [41], sous-titrée *Beckett Walk*, montre l'artiste en train de marcher dans son atelier et d'effectuer des mouvements contraints et exagérés, levant haut une jambe raide puis pivotant d'un demi-tour avant de poser le pied sur le sol. Les performances vidéo comprennent parfois des actions destructrices, comme lorsque l'Italienne Gina Pane se tailladа les orteils dans sa sculpture performance *Le Corps pressenti* (1975), ou comme dans l'œuvre de Pier Marton (né en 1950) dont la série *Performance for Video* (1978-1982) comporte des séquences où l'artiste se frappe le corps avec une guitare jusqu'à ce que celle-ci se désagrège. La représentation de paroles et de gestes

40. **Bruce Nauman**, *Anthro/Socio (Rinde Spinning)*, 1992.

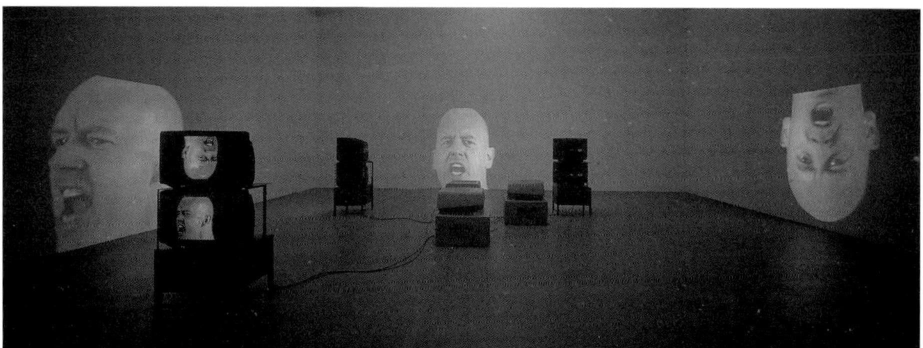

extrêmes rappelle la notion brechtienne de l'aliénation au théâtre comme moyen paradoxal de rapprocher le public de la pièce. En éveillant leurs émotions, même d'une manière négative, l'artiste implique les spectateurs dans l'action ou la narration.

Acconci, qui en matière de nouvelles technologies s'est illustré dans la vidéo « monocanal » (une bande vidéo diffusée par un moniteur), l'installation et la performance, a décrit les caractéristiques essentielles de son art de la performance dans un essai datant de 1979, *Steps Into Performance (And Out)* :

Me spécialiser dans une technique reviendrait à m'assigner un terrain, un terrain duquel il faudrait que je me déterre moi-même constamment à mesure qu'une technique se substituerait à une autre – alors, au lieu de me tourner vers le « terrain », je détourne mon attention et deviens « instrument », je me concentre sur moi-même en tant que l'instrument agissant sur n'importe quel terrain disponible.

Acconci estimait que le cadre du film ou de la vidéo le séparait du monde extérieur, le plaçait dans une « chambre d'isolement », selon son expression, où il se trouvait intimement lié à son matériau premier, à savoir son corps. Il réalisa en 1970 sa première vidéo, *Corrections*, à la demande de Willoughby Sharp, un écrivain américain et commissaire d'exposition qui avait fondé une revue consacrée à l'art corporel, au *process art* et à l'art vidéo, *Avalanche*. *Corrections* reflète son intérêt pour l'immédiateté de transmission permise par la vidéo ; s'observant dans le moniteur tout en se filmant, Acconci tente de se brûler une mèche de cheveux dans la nuque en se guidant sur l'image du moniteur. Quelques mois plus tôt, il avait réalisé

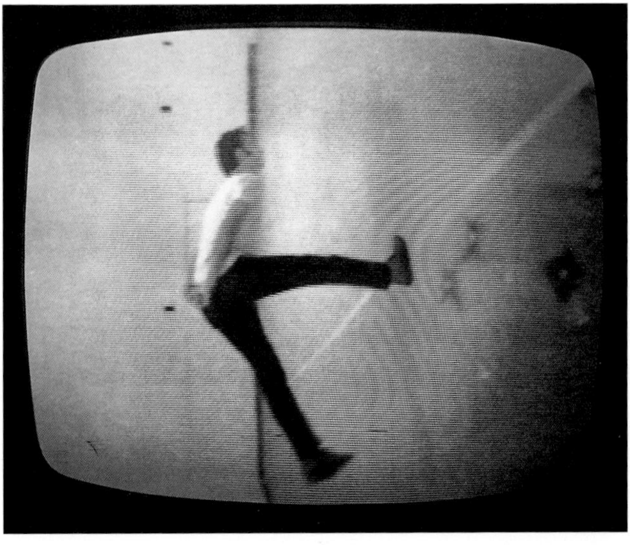

41. (à droite) **Bruce Nauman**, photogramme de *Slow Angle Walk (Beckett Walk)*, 1968.
Dans son œuvre vidéo et ses performances, Nauman cherche à montrer au spectateur un processus en cours, par opposition à une œuvre d'art achevée, objectivée. Ses clowns et personnages piégés dans des situations extrêmes reflètent également son intérêt pour l'œuvre de l'écrivain Samuel Beckett.

42, 43. (page ci-contre) **Bruce Nauman**, deux photogrammes de *Clown Torture*, 1987.

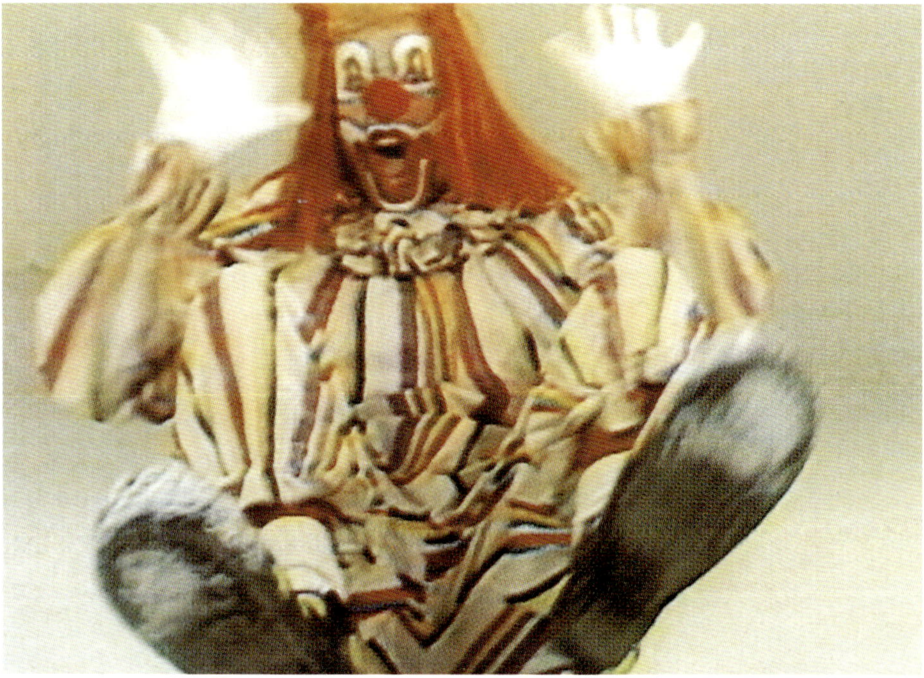
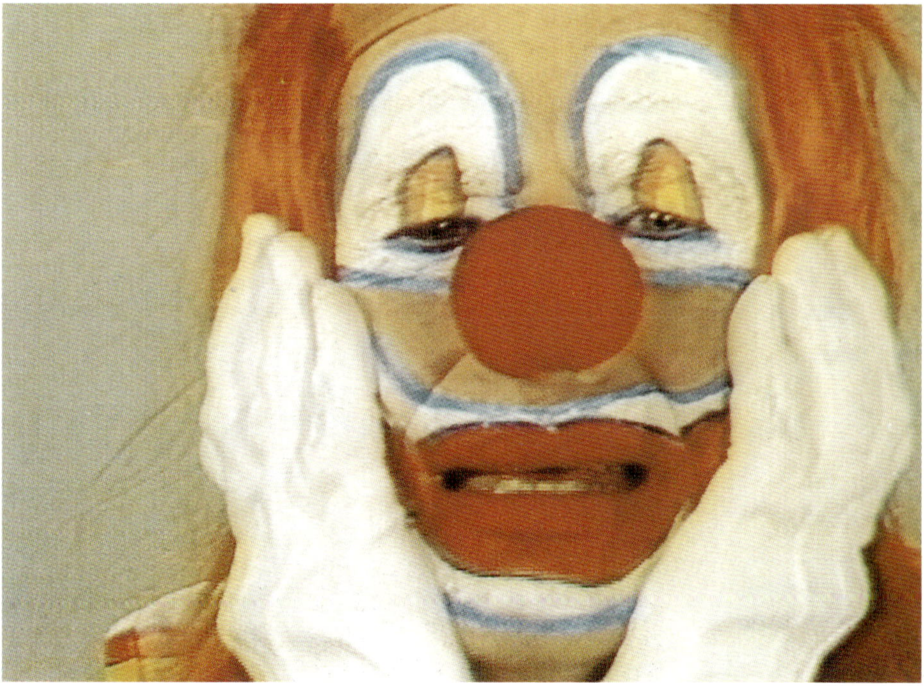

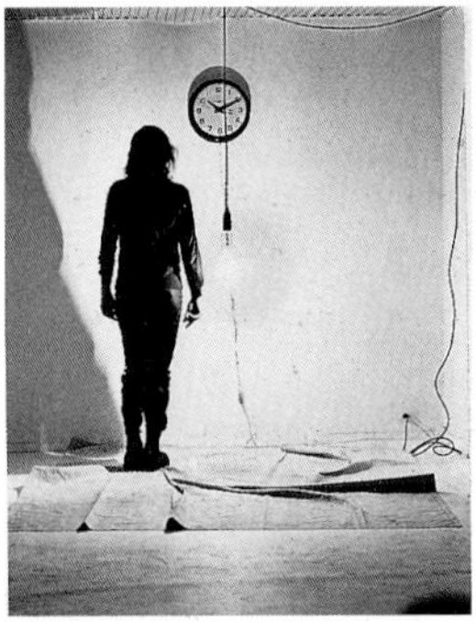
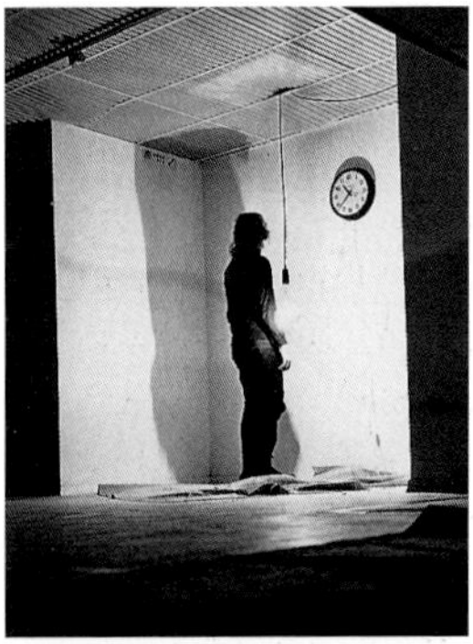
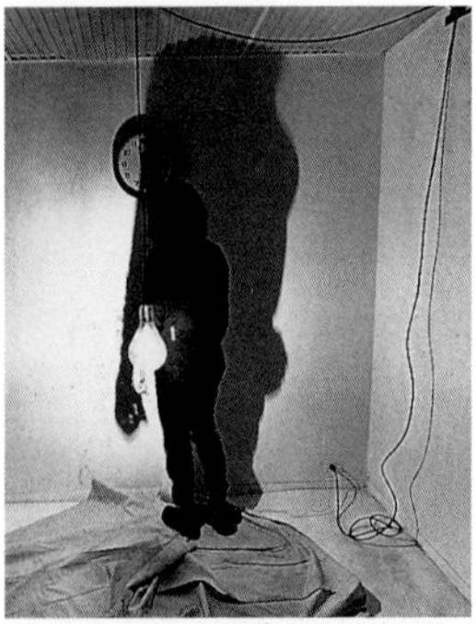
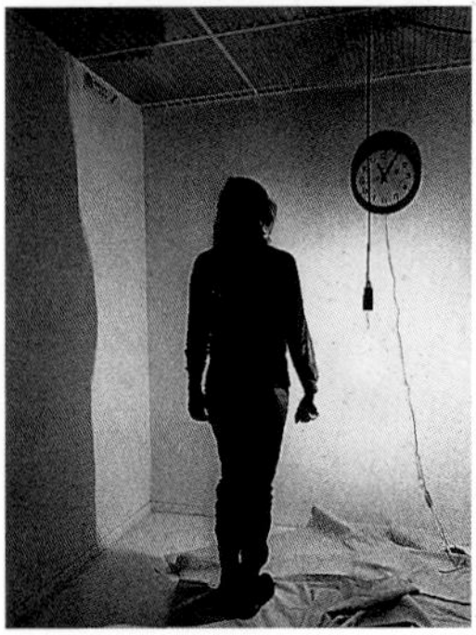

un film 8 mm, *Three Adaptation States*, qui était le simple enregistrement de ses mouvements dans son atelier. Il considérait que cette œuvre marquait sa transition de l'écriture (Acconci fut d'abord poète) à un art plus physique. Dans *Centers* (1971), il est seul dans son atelier face à une caméra vidéo fixe et il pointe le doigt vers l'objectif dans un geste qui renvoie la caméra sur le spectateur. Dans *Contacts* (1971), il se tient debout, les yeux bandés, tandis qu'une femme agenouillée devant lui frôle de la main, sans les toucher, différentes partie de son corps ; ici encore, une caméra fixe enregistre ses tentatives de dénomination des endroits au-dessus desquels sa partenaire déplace la main.

Acconci n'aimait pas le terme de performance en raison de ses connotations théâtrales dans la langue anglaise : « Nous détestions le mot "performance". Nous ne pouvions, nous ne voulions appeler "performances" ce que nous faisions [...] car la "performance" avait un lieu, et ce lieu était par tradition le théâtre, un lieu où l'on se rend, comme le musée. » Il créa toutefois des performances publiques, telles *Pryings* (1971) et *Pull* (1971), dans lesquelles Kathy Dillon et lui s'affrontaient en une lutte du désir et de la résistance. Acconci s'efforçait d'ouvrir les paupières de sa partenaire et chacun cherchait à hypnotiser et à maîtriser l'autre par des jeux de regards.

Lors de sa collaboration en 1971 avec Dennis Oppenheim et Terry Fox à la Reese Paley Gallery de New York, Acconci introduisit ses explorations du temps et du corps dans l'espace de la galerie d'art. Faisant face à une grande horloge murale, le dos tourné au public, Acconci exécutait des mouvements à caractère privé tandis que les autres artistes demeuraient allongés sur le sol à proximité d'un moniteur vidéo et d'un système de sonorisation. Avec *Command Performance* (1974) [48], il aborde de front le visiteur de la galerie en l'intégrant dans l'environnement vidéo. Le spectateur est dans une salle étroite, assis sur un tabouret face à un moniteur posé sur le sol. Celui-ci diffuse une bande vidéo montrant Acconci allongé par terre sur le dos, tendant la tête vers la caméra et implorant le public de le séduire en répétant des phrases comme : « Allez, chérie, persuade-moi. » Sur un autre moniteur placé derrière le tabouret apparaît l'image du spectateur, enregistrée par une caméra fixée au mur au-dessus du siège. Tous les participants à cette danse de séduction multiple deviennent voyeurs.

Nam June Paik travaillait également à cette époque dans le domaine de l'art technologique et de la performance. Pendant sa période Fluxus, au début des années 60, il créa lors de ses nombreuses collaborations avec la violoncelliste Charlotte Moorman des performances musicales et vidéo qui remettaient en question l'interprétation et l'écoute traditionnelles de la musique. Dans *TV Bra* (1968), Moorman est filmée jouant du violon, avec sur ses seins nus deux miroirs circulaires qui reflètent les caméras braquées sur son visage. Paik et Moorman furent arrêtés par la police en 1967 pour s'être produits dans *Sextronique*, œuvre où Moorman seins nus, faisant courir son archet sur le dos dénudé de Paik devenu « violoncelle ». « Je voulais agiter les eaux insipides de ces hommes et de ces femmes asexués qui interprètent de la musique en habits noirs », expliqua-t-il. Ils créèrent ensemble plusieurs œuvres d'inspiration analogue, dont *Concerto for TV, Cello and Video Tape* (1971) [49] où Moorman conduit son archet sur des empilements de téléviseurs qui diffusent des images la montrant en train d'effectuer cette même action, certaines ayant été préenregistrées et d'autres étant simultanées. Paik s'intéressait avant tout à la question de la visualisation du temps. « Mon travail n'est ni de la peinture ni de la sculpture, mais plutôt un art temporel : je n'aime aucun genre en particulier », écrivit-il en 1962.

Bien que Paik ait abandonné la performance *live* au cours des années 80 et ce au profit d'imposantes installations vidéo multi-écrans, ses liens avec la performance demeurent manifestes, comme s'il avait transformé le moniteur vidéo en artiste de performance à part entière. Il insuffle à ses installations une telle frénésie que ses sculptures vidéo ressemblent davantage à des organismes mécanisés qu'à des moniteurs inertes. De fait, il a créé depuis 1964 plusieurs « robots vidéo », notamment *Family of Robot, Aunt* (1986) et *Family of Robot, Uncle* (1986) [50] dont l'impact visuel résulte plus de l'agencement des téléviseurs que des images qu'ils diffusent, et ses œuvres actuelles pourraient être qualifiées d'installations « performatives ».

44-47. (page ci-contre) **Vito Acconci**, *Second Hand*, performance présentée à la Reese Paley Gallery, 1971.

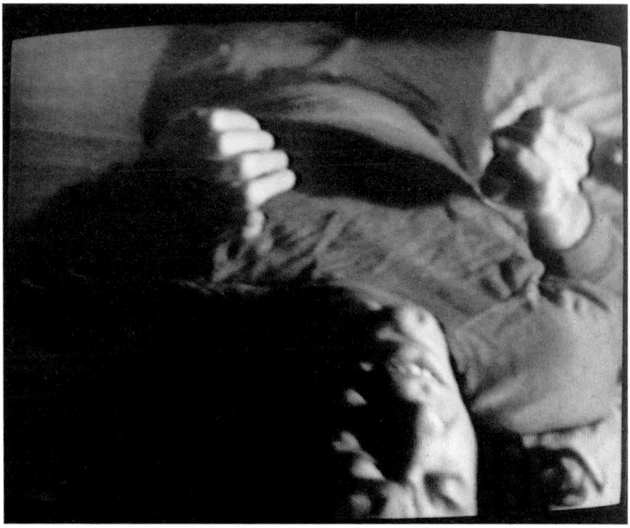

48. (à droite) **Vito Acconci**, *Command Performance*, 1974. Acconci qualifiait la poésie, sa première pratique artistique, de « mouvement sur la page ». Il découvrit dans la performance le moyen de passer de la page à un « espace physique extérieur ».

50. (page ci-contre)
Nam June Paik,
Family of Robot, Aunt and Uncle,
1986.
Paik était fasciné par la théorie scientifique selon laquelle la croissance du cerveau humain ne débuta qu'une fois que l'homme a commencé à marcher debout. Il créa en 1986 une famille de robots composée des grands-parents, de la tante et de l'oncle, des parents et de trois enfants.

Gutai et les actionnistes viennois

Composé de peintres et d'artistes de performance, le groupe japonais Gutai occupa une place de premier plan au Japon de 1954 à 1958, et perdura jusqu'en 1972. Ces artistes engageaient de violents combats avec leur matériau, exprimant ainsi leur réaction face aux dévastations de la Seconde Guerre mondiale. Des films comme *Gutai on Stage* (1957) et *Gutai Painting* (1960) les montrent « tirant » sur des toiles avec des flèches trempées dans la peinture, les martelant avec des gants de boxe remplis de peinture, ou éventrant des tableaux en les traversant de leur propre corps. Bien que désireux de montrer et de filmer leurs actions anti-art, les membres de Gutai demeuraient davantage intéressés par la peinture que par l'exploration des nouveaux médias. Ce n'est qu'ultérieurement que des groupes japonais comme Dumb Type utilisèrent pleinement les nouvelles technologies auxquelles leurs compatriotes, et notamment Sony Corporation, avaient contribué à donner naissance.

Les performances médiatiques les plus radicales de l'après-guerre furent celles des *Wiener Aktionisten* – les actionnistes viennois –, principalement représentés par Hermann Nitsch (né en 1938), Otto Mühl (né en 1925), Kurt Kren (né en 1929) et Valie Export (née en 1940), qui avaient pour la plupart commencé leur carrière en tant que peintres. Révoltés par la guerre et par le nazisme et son héritage, mais rejetant également le modernisme dont les musées s'étaient emparés, ces artistes qui cherchaient à créer un art à sensation s'inspiraient du concept freudien d'inconscient et des pratiques artistiques libérées prônées par Fluxus. Hormis Valie Export, dont l'éventail des pratiques artistiques était peut-être le plus large (elle s'illustra dans la sculpture, la vidéo, le cinéma, la photographie, l'installation et la performance), les actionnistes exaltaient la « destruction » qu'ils décrivaient comme le principal moyen de parvenir à la liberté artistique et sociale. « Je ne puis rien imaginer de significatif où rien ne soit sacrifié, détruit, démembré, brûlé, transpercé, martyrisé, harcelé, torturé, massacré, [...] poignardé ou anéanti », écrivit Mühl en

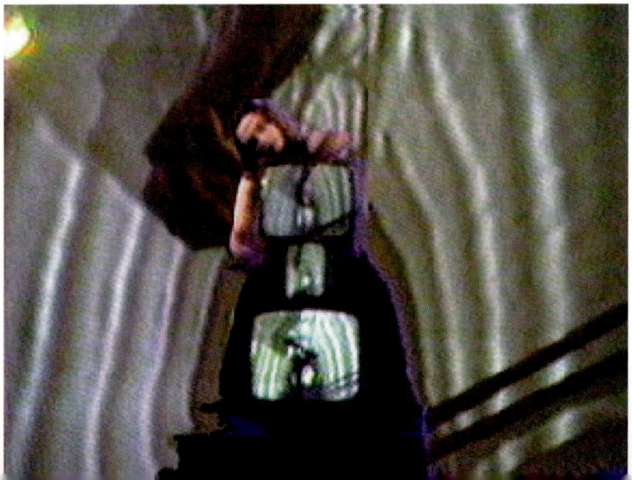

49. (à droite) **Nam June Paik**, *Concerto for TV, Cello and Videotape. TV Cello Premiere*, 1971.
Nam June Paik ne cesse de questionner la « réalité » de l'image télévisée, en plaçant des téléviseurs dans des situations et positions inattendues et en déformant les images des écrans.

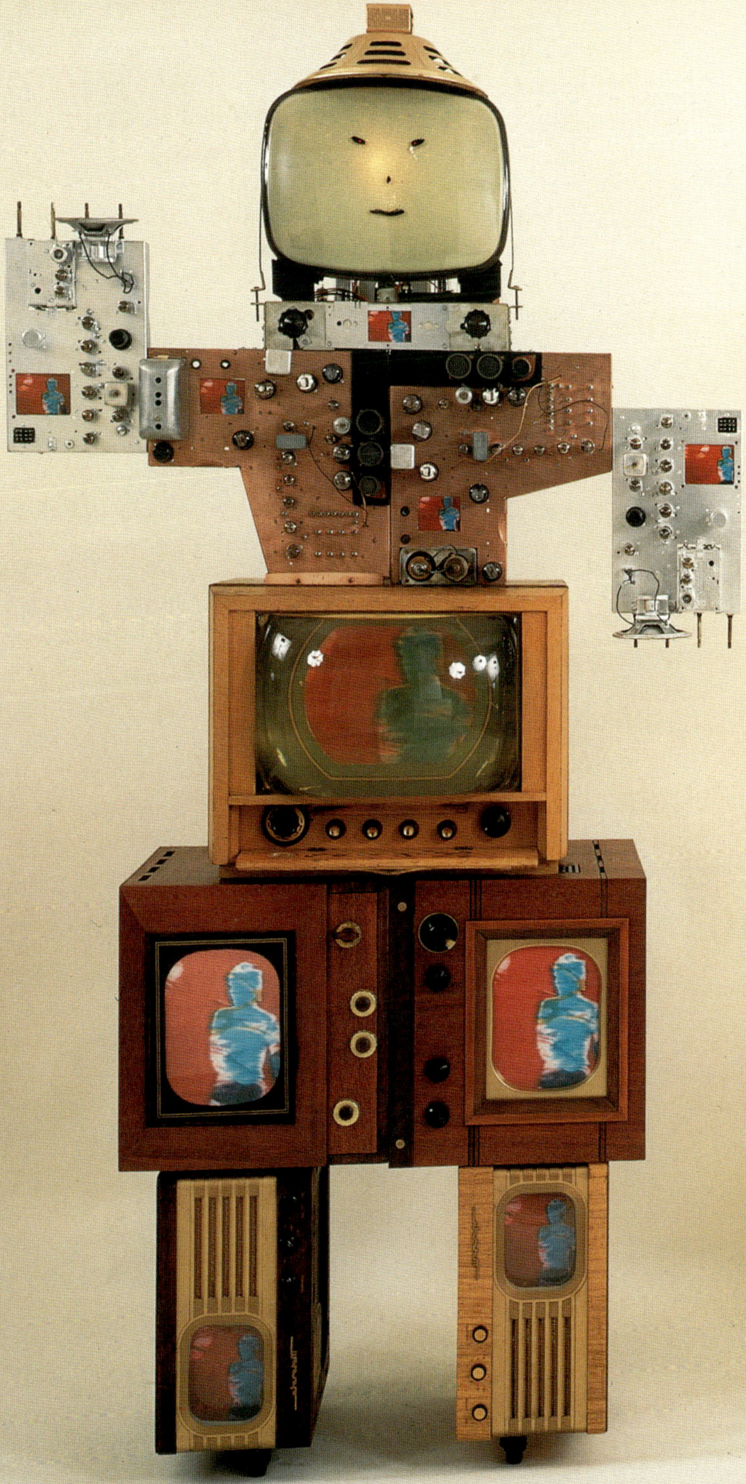

1963. Les actions fondées sur cette conception impliquaient souvent des mutilations corporelles, des relations sexuelles sadomasochistes, des démembrements d'animaux et des pratiques misogynes, toutes réalisées pour la caméra, mais rarement en présence d'un quelconque public. Dans *Funèbre* (1966), l'une des premières actions filmées de Mühl, des pigments sont pulvérisés sur un corps nu allongé, puis celui-ci est manipulé par d'autres personnages également dénudés. Les performances que réalisa Yves Klein au début des années 60 avec des modèles nus badigeonnés de peinture faisaient figure, après Mühl, d'innocents jeux de société. L'œuvre la plus excessive fut *Scheiss-Kerl* (Merde-Mec, 1969), un film 16 mm montrant des actes de coprophilie. Des comportements aussi extrêmes réapparaîtront au cours des années 80 dans les films des Américains Paul McCarthy et Ron Athey.

Effectuer des actes considérés comme pervers ou avilissants était pour Mühl un moyen de rompre avec la « moralité » sociale. Il abandonna l'art et les actions artistiques en 1971 pour fonder une communauté préconisant la libre expression sexuelle et les relations désinhibées (elle existe encore aujourd'hui). En 1991, il fut condamné à une peine de sept ans d'emprisonnement après qu'on eut découvert que certaines de ses pratiques faisaient intervenir des enfants : les transgressions prétendument utopiques de Mühl se révélaient intolérables pour la société qu'il cherchait à libérer.

Kurt Kren, qui collabora en tant que cinéaste avec plusieurs actionnistes, s'intéressait plus particulièrement aux possibilités techniques du montage et de la manipulation des images. Depuis les années 50, il réalisait des films expérimentaux dont la structure était influencée par les pratiques contemporaines de musique sérielle. Les techniques de montage rapide et de prise de vue image par image soulignaient les qualités matérielles du film, tout en proposant un nouveau vocabulaire relatif au « temps » tel que le percevait le spectateur. Kren était séduit par la complexité visuelle des actions de Günter Brus (né en 1938) et de Mühl, dans laquelle il voyait la possibilité de créer sa forme personnelle de collage cinématographique décrit par l'historien de l'art Huber Klocker en ces termes : « Les films de Kren sont des supports de mémoire picturale semblables à des collages, organisés selon une forme nouvelle d'espace et de temps et qui compriment, comme une machine, la masse picturale et la convertissent en énergie pure. » Le film en couleur de trois minutes *Leda und der Schwan* (Léda et le cygne, 1964), une action très crue créée par Mühl, devient avec Kren un aria syncopé de chaos et d'abstraction.

Valie Export, qui prit part aux dernières heures de l'actionnisme, crée depuis le milieu des années 60 des performances, des vidéos, des films et des événements médiatiques qui examinent de manière directe et crue le rôle de la femme dans la société. Elle est en outre l'une des fondatrices de la

Coopérative des cinéastes autrichiens et ses premiers essais dans les domaines de la performance et du cinéma (*Menstruationsfilm*, 1966, *Orgasmus*, 1966), qui dénonçaient les abus qu'infligeaient aux femmes certains actionnistes comme Mühl, la placèrent d'emblée au premier plan de la performance féministe. Ses performances et ses films, de même que ses premières photographies, se caractérisent également par des recherches d'une grande technicité dans les domaines de la perception, de l'image photographique et cinématographique et du langage du corps. Au début des années 70, elle utilisait la vidéo dans ses performances, comme *Bewegungsimaginationen* (Imagination du mouvement, 1974), comportant des images préenregistrées et des images filmées en direct, puis, vers le milieu des années 80, elle associa dans certaines œuvres plusieurs techniques (photographie, vidéo et film 16 mm), comme pour *Syntagma* (1983) [51]. Valie Export s'est assigné pour objectif à long terme la reconquête de la figure féminine dans l'art. « Au cinéma, explique-t-elle, le corps de la femme devient l'image de la femme à tel point que l'histoire du cinéma et l'histoire du corps féminin en sont venues à presque se confondre. »

Tandis que les actionnistes viennois s'illustraient dans un art censé les affranchir du national-socialisme, des artistes du bloc de l'Est étaient contraints au secret, leurs activités étant passibles de peine d'emprisonnement. Il était interdit aux particuliers de posséder une quelconque caméra – outil de surveillance essentiellement utilisé pour espionner les habitants – et encore plus aux artistes qui auraient pu en faire un usage subversif. Les groupes artistiques les plus isolés d'Europe de l'Est se trouvaient en Roumanie, pays où tout type de rassemblement public était interdit sauf autorisation officielle. Les performances des artistes roumains étaient donc essentiellement des actions exécutées en privé. Ion Grigorescu a réalisé plusieurs courts métrages et essais photographiques analysant son sentiment d'un moi brisé par les mensonges et les codes secrets, lesquels sont obligatoires pour la survie dans un Etat totalitaire. Dans des films en super-8 comme *Boxing* (1977), *Man as Center of the Universe* (1978) et *Dialogue with Nicolae Ceausescu* (1978), il se filme dans la solitude de sa chambre ou d'un champ afin d'illustrer sa situation de réclusion absolue et utilise fréquemment des images multiples de lui-même pour suggérer la division du moi et l'abolition de l'identité imposées par le gouvernement.

Encore peu connu hors des frontières de sa Hongrie natale, Tibor Hajas (1946-1980) créa au cours des années 70 des performances photographiques aussi dangereuses que subversives. Dans *Dark Flash* (1976), Hajas était suspendu par les mains au plafond d'une pièce plongée dans le noir ; avec un appareil photographique qu'il tenait dans l'une de ses mains entravées, il essayait de photographier des éclairs de lumière qui

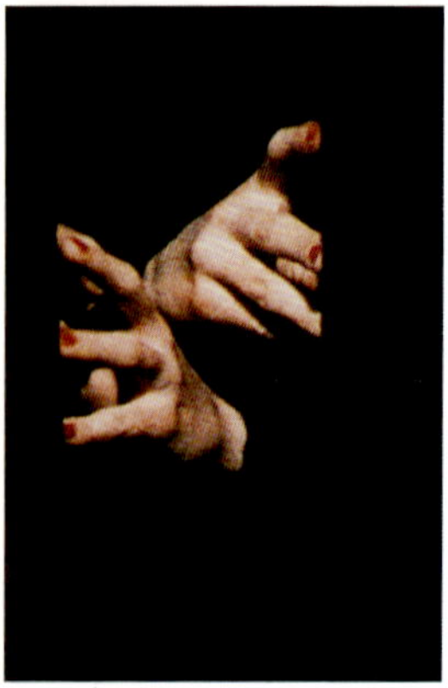

51. **Valie Export**, *Syntagma*, 1983. Le premier plan de ce film montre les mains d'une femme qui s'efforcent d'ouvrir un espace entre deux bandes de celluloïd. Les mains soigneusement manucurées « parlent » ensuite dans le langage des signes, épelant le titre du film.

transperçaient par intermittence l'obscurité. A la fin de la performance, un éclair de magnésium de très grande intensité illuminait la scène, tandis qu'on libérait de sa corde Hajas à présent inconscient.

Par contraste, *A Demonstration for Capitalist Realism* (1963) [53] paraîtra relativement mesuré. Il s'agissait d'un tableau vivant associant nouveaux médias et performance. Créée par le célèbre artiste allemand de l'après-guerre Gerhard Richter et son associé Konrad Fischer, en collaboration avec le peintre Sigmar Polke, cette œuvre présente des ressemblances visuelles avec *TV Dé-coll/age* de Wolf Vostell et le collage de Richard Hamilton, *Just what is it that makes today's homes so different, so appealing ?* (1956) [52]. Ces créations défient la quiétude apparente de la vie familiale en insinuant l'éventualité d'un soulèvement politique et social.

Performances multimédia et identité sexuelle

L'historienne de l'art Moira Roth établit un rapport entre la performance féministe et le « théâtre de rue » mené par les activistes féministes, telle l'action visant à interrompre la remise du prix Miss America en 1968. La colère des féministes face à la répartition restrictive des rôles selon le sexe s'insérait dans un schéma culturel mondial de mouvements de libération

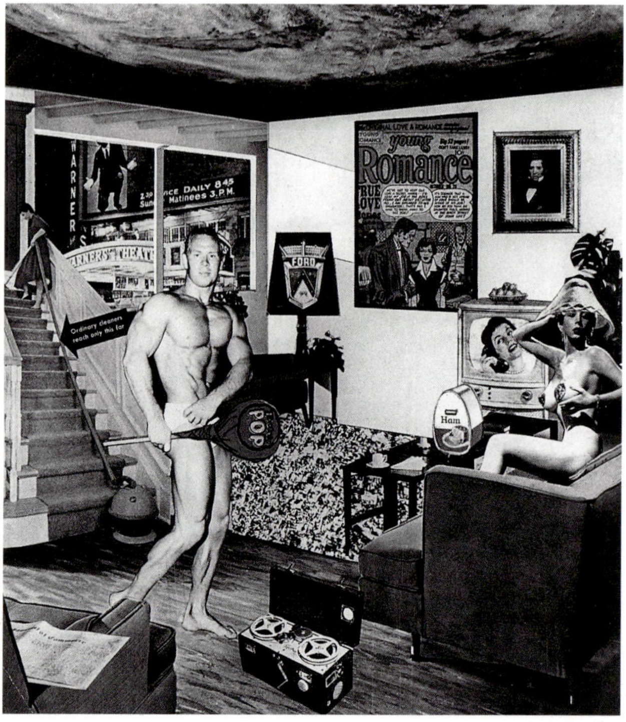

52. **Richard Hamilton**, *Just what is it that makes today's homes so different, so appealing ?*, 1956.

regroupant étudiants, personnes de couleur et homosexuels. Prenant exemple sur Joan Jonas et Carolee Schneemann, des artistes féministes intégrèrent les nouveaux médias dans leurs actions-performances.

Avec ses *Video Live Performances* réalisées à partir des années 70, l'artiste allemande Ulrike Rosenbach (née en 1944) créait exclusivement pour la caméra des tableaux vivants très crus, comme celui où son associé Heinz Cibulka brandit un poisson vidé devant son pénis. Au nombre de ses performances multimédia publiques, essentiellement des actions féministes, mentionnons *To Have No Power Is To Have Power* (1978) [54], œuvre au cours de laquelle l'artiste était emprisonnée dans un filet suspendu tandis que des images appartenant à l'histoire de l'art et à la culture populaire étaient projetées sur des écrans derrière elle.

Depuis 1974, l'artiste française Orlan exprime une position féministe critique et tente de faire fusionner diverses images européennes de la féminité au sein de son propre corps. Orlan a ainsi littéralement fait « re-sculpter » son corps lors d'interventions chirurgicales filmées en vidéo. Dans ses autoportraits « psychologiques » intitulés *La Réincarnation de sainte Orlan* et *Image(s)/Nouvelles Image(s)* (1991), elle est filmée alors qu'elle se fait remodeler le menton à l'image de celui de la Vénus de Botticelli (de *La Naissance de Vénus*) et le nez à l'image de celui de Psyché

53. **Gerhard Richter** et **Konrad Fischer**, *A Demonstration for Capitalist Realism*, 1963. Installés dans un magasin de meubles, Gerhard Richter et Konrad Fischer composent un tableau vivant tandis que des images politiquement connotées sont diffusées sur l'écran d'un téléviseur.

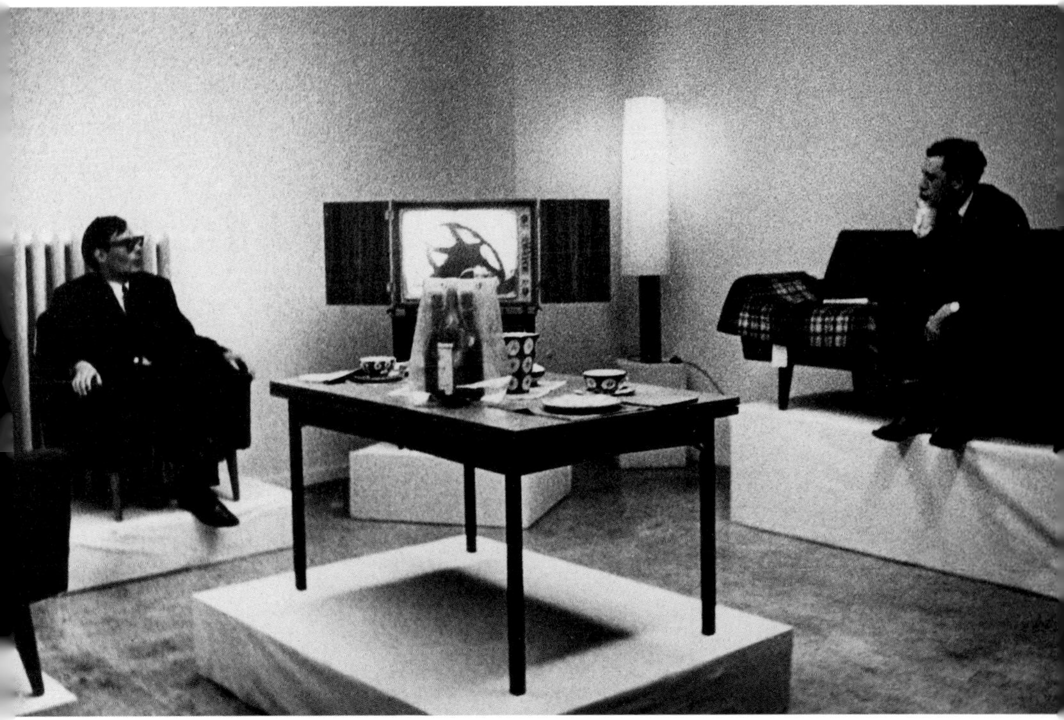

dans le tableau *Psyché reçoit le premier baiser de l'Amour* de François Gérard. Grâce à une anesthésie locale, elle demeurait consciente pendant l'opération et pouvait ainsi lire des textes philosophiques et psychanalytiques tout en mettant en scène sa « performance chirurgicale ». Cette démarche féministe fondée sur le corps de la femme est également celle de Friederike

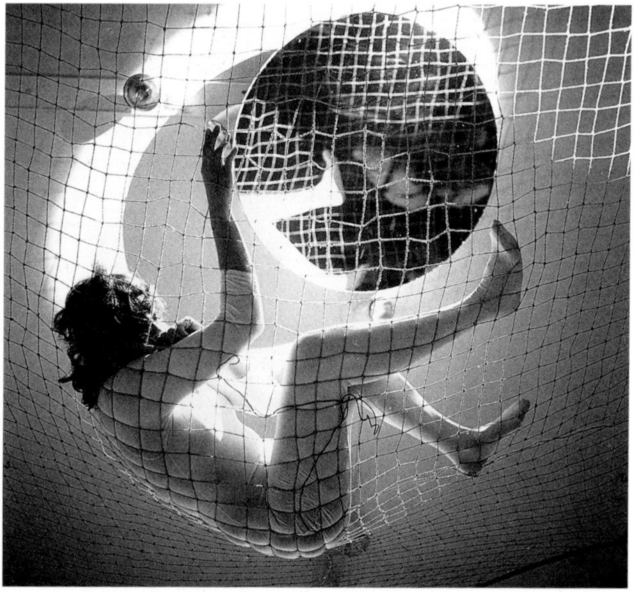

54. (à droite) **Ulrike Rosenbach**, *To Have No Power Is To Have Power*, 1978.

55. (ci-dessous) **Orlan**, *Le Visage du* XXI*e siècle*, 1990.
L'artiste française a subi une série d'opérations de chirurgie esthétique pour que son corps corresponde à la forme féminine la plus idéalisée par les artistes masculins au cours de l'histoire.

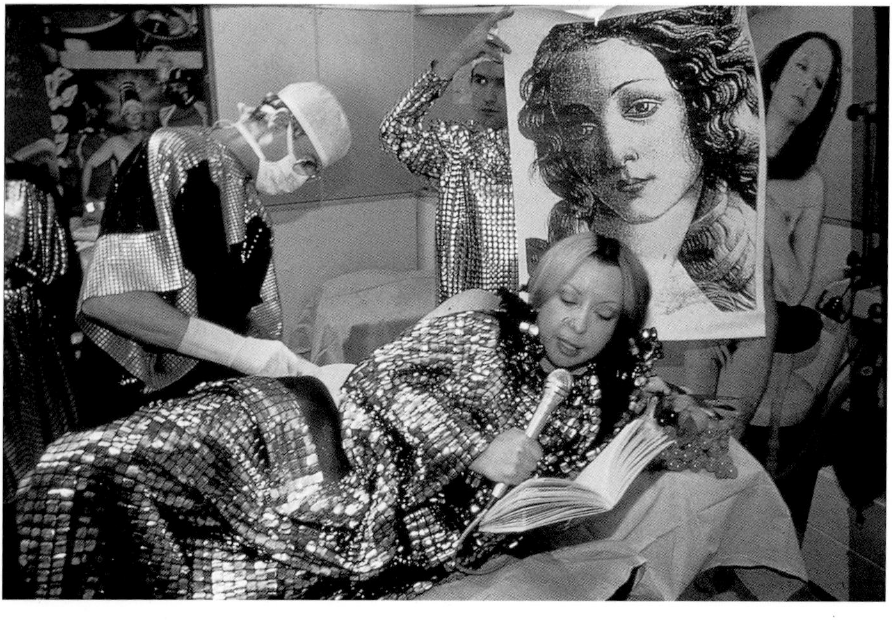

Pezold ; dans certaines de ses performances vidéo, notamment *Le Nouveau Langage des signes corporels, selon les lois de l'anatomie, de la géométrie et de la cinétique* (1973-1976), cette artiste s'efforce de déplacer le centre d'intérêt de l'architecture, qu'elle considère comme traditionnellement phallocentrique, vers le corps féminin.

Tendances minimaliste et conceptuelle

Robert Wilson (né en 1941), dont les œuvres dans le domaine des nouveaux médias et des arts de la scène manifestent une esthétique minimaliste, est mondialement connu pour ses mises en scène monumentales d'œuvres originales comme *A Letter for Queen Victoria* (1974) ou *Einstein on the Beach* (1976). Architecte et peintre de formation, Wilson débuta sa carrière artistique avec *Slant*, un film en couleur abstrait de dix minutes réalisé en 1963. Il présenta l'une de ses toutes premières performances probablement à la fin de l'année 1964, dans un cinéma proche de la Pratt School of Art and Design de New York où il poursuivait ses études. Il s'agissait d'une chorégraphie qu'accompagnait un film. En 1968, il donna au Bleecker Street Cinema de New York *Theatre Activity (1)* : une photographie de chat projetée en surimpression sur un film figurant de l'herbe. Plusieurs de ses premières œuvres, notamment *Deafman Glance* (1971) [56], comportaient des éléments cinématographiques. Bien qu'il continuât à réaliser des vidéos et des films (sa vidéo de 47 minutes *La Mort de Molière*, 1995, fut présentée en 1997 à la biennale du Whitney), l'image filmée demeura absente de la plupart de ses grandes scénographies jusqu'en 1998, année où il créa avec Philip Glass – qui avait déjà collaboré avec lui sur *Einstein on the Beach* – *Monsters of Grace* [58], inspiré d'un texte du XIIIe siècle dû au mystique persan Jalal al-Din Rumi. Intégrant une action se déroulant sur scène et un film d'animation numérique en 3D (réalisé par Jeffrey Kleiser et Diana Walczak), cette œuvre, dont les éléments sont gérés par un tableau de contrôle informatisé, opère des va-et-vient entre illusion et réalité.

Le compositeur américain Robert Ashley (né en 1930) crée depuis les années 70 des opéras expérimentaux qui combinent une musique obéissant au son de la lecture d'un texte et la projection vidéo d'images abstraites ou récupérées (parfois extraites d'émissions de télévision) et de mots. Œuvre d'une durée de quatorze heures, *Music with Roots in the Aether* (1976) était fondée sur la musique et les écrits de compositeurs contemporains, dont Philip Glass, Alvin Lucier et Steve Reich. Pour *Dust* (1999), méditation fragmentée sur la solitude dans l'Amérique contemporaine, Ashley avait installé cinq écrans électroluminescents, ainsi qu'un grand écran horizontal dominant la scène, sur lequel était projetée une étourdissante succession d'images dues à l'artiste japonais Yukihiro Yoshihara. Pour Wilson comme pour Ashley, de même que pour bien d'autres artistes qui intègrent les nouvelles technologies à leur travail, la vidéo et le cinéma constituent de nouveaux éléments architecturaux qui viennent s'ajouter à l'environnement scénique et étendent les possibilités de manipulation du temps.

Eiko et Koma, danseurs d'origine japonaise liés au minimalisme et au théâtre d'avant-garde nippon, ont utilisé le cinéma et la vidéo pour *Breath*, présenté en 1998 au Whitney Museum. Des formes empruntées à la nature et d'autres créées par les corps en mouvement des deux danseurs composaient des paysages fluides qui suggéraient des relations entre le corps vivant et l'image filmée d'éléments vivants.

L'œuvre de Douglas Davis (né en 1933) se fonde sur la nature malléable de la perception de la réalité par le spectateur. En 1977, pour l'inauguration de la Documenta VI, il conçut une émission de télévision diffusée par satellite dans plus de vingt-cinq pays. Dans la vidéo *The Last Nine Minutes*, présentée alors qu'il se trouvait à Caracas, il soulevait la question de la distance temporelle et spatiale qui le séparait du public. L'émission proposait également des performances de Nam June Paik et Charlotte Moorman (*TV Bra*, *TV Cello* et *TV Bed*), ainsi qu'une performance/conférence de Joseph Beuys consacrée à l'une de ses théories utopiques sur l'art. Davis réitéra ce type d'expérience en 1981 avec *Double Entendre*, autre performance retransmise en direct par satellite depuis le Whitney Museum, à New York, vers le Centre Georges Pompidou à Paris, lors de laquelle il analysait une histoire d'amour transatlantique. Ce faisant, il remettait en question les notions de réseaux électroniques, de frontières culturelles et

56. **Robert Wilson**, *Deafman Glance*, 1971.

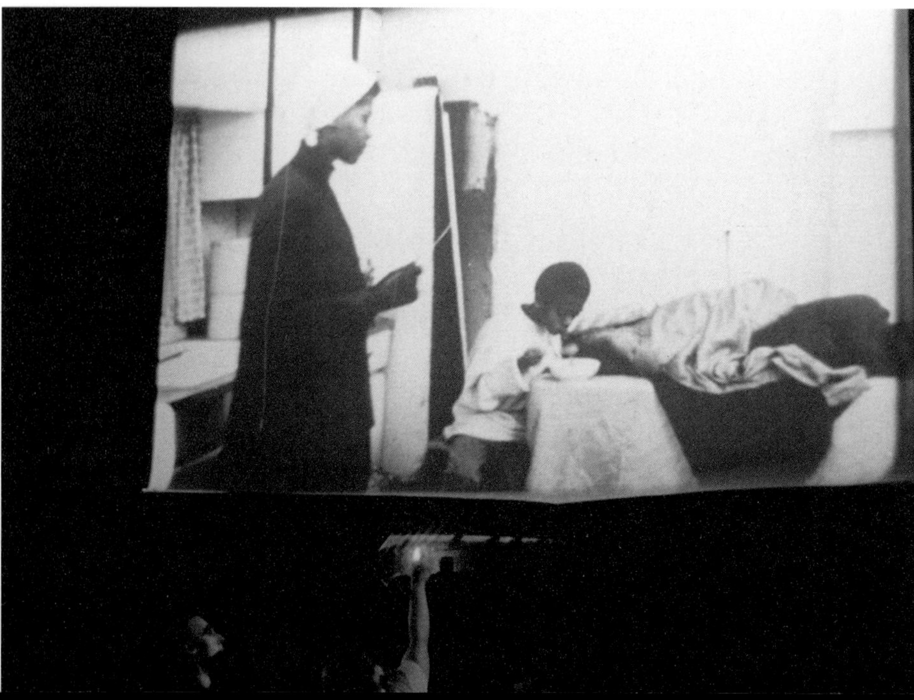

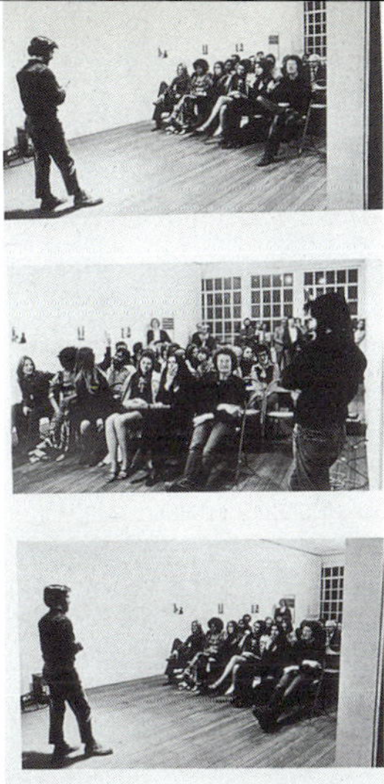

57. **Dan Graham**, *Performance/Audience/Mirror*, déc. 1977.

sexuelles, ainsi que les théories du langage, s'inspirant des *Fragments d'un discours amoureux* (1977) du sémiologue Roland Barthes.

L'intérêt de Dan Graham (né en 1942) pour l'architecture, les théories relatives à l'espace public et à l'espace privé et les questions de la perception le conduisit à créer des performances et des installations qui mettaient son public directement en cause en se focalisant sur la position du spectateur dans un espace et un temps donnés. Graham utilise fréquemment des miroirs, des systèmes vidéo en circuit fermé et des environnements de visionnage complexes afin d'immerger le spectateur dans sa conception de la nature de l'observateur et de l'espace physique. Dans *Performance/Audience/Mirror* (1977) [57], Graham se plaçait lui-même dans un espace de représentation, tournant le dos à un miroir et faisant face aux spectateurs, pour commenter leurs gestes et ce qu'ils pouvaient signifier. Puis, il se tournait vers le miroir afin d'examiner ses propres mouvements et ceux de son auditoire comme « filtrés » par le miroir. Il abordait le caractère changeant et très subjectif des distinctions subjectivité/objectivité, observateur/observé et public/interprète. Tout en perfectionnant sa pratique de la technique vidéo, Graham commença à l'intégrer dans ses environnements à miroirs. Dans *Performance and Stage Set Utilizing Two Way Mirror and Video Time Delay* (1983), des musiciens et des spectateurs se faisaient face de part et d'autre d'un grand miroir sans tain ; des images vidéo filmées en direct et diffusées avec un retard de six secondes venaient se refléter sur la glace, créant un kaléidoscope virtuel d'images déformant la perception ; durant ce laps de temps, les

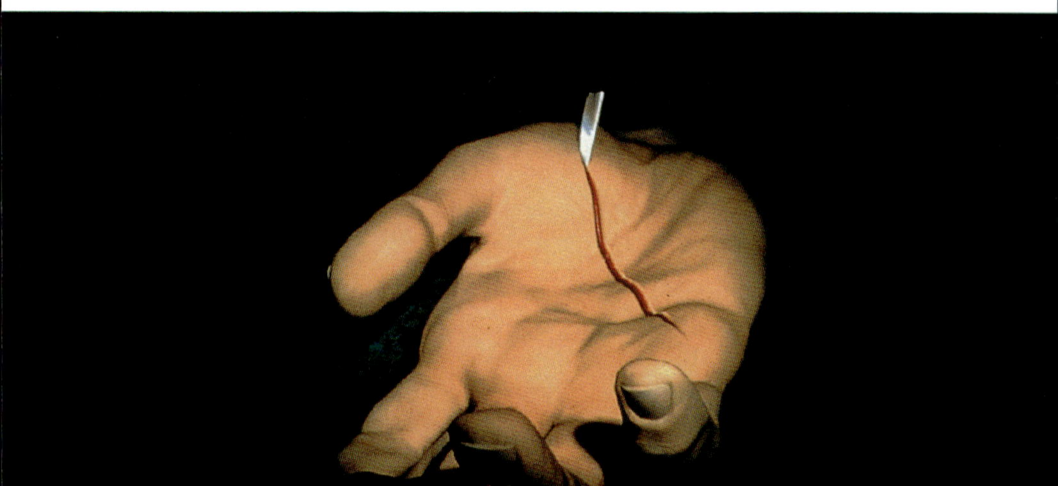

58. **Robert Wilson** et **Philip Glass**, *Monsters of Grace*, 1998. Selon Wilson, les éléments scénographiques ne sont pas simplement des supports de l'œuvre, ils sont l'œuvre même, le contenu même de son théâtre qui nous invite à « écouter les images ».

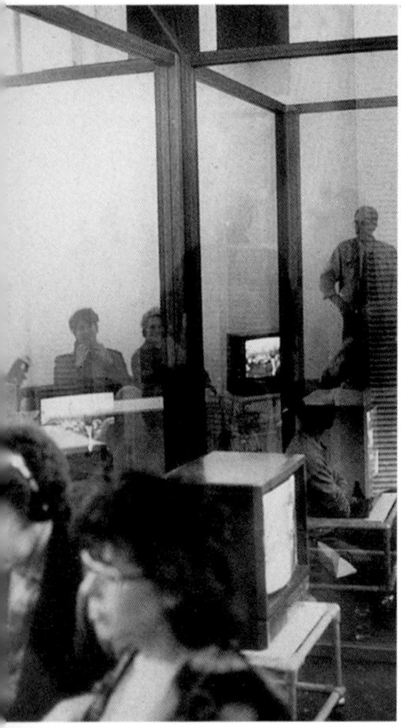

59. **Dan Graham**, *Three Linked Cubes/Interior Design for a Space Showing Videos*, 1986.

spectateurs observaient les interprètes uniquement par le filtre du miroir et de la vidéo, mais pouvaient également se voir eux-mêmes ainsi que les musiciens avec un décalage temporel. Ce dispositif provoquait un sentiment de désorientation chez les spectateurs qui étaient amenés à réfléchir sur leur position même d'observateur. Graham continua à créer des environnements de visionnage, comme *Three Linked Cubes/Interior Design for Space Showing Videos* (1986) présenté dans le cadre de l'exposition *Rooms with a View: Environments for Video* organisée par le musée Guggenheim en 1997 et consistant en un espace composé de verre translucide réfléchissant. Dans une version actualisée de cette œuvre, *New Space Showing Videos* (1995), le spectateur devenait simultanément l'interprète et le public.

Politique, postmodernisme et nouvelle scène

Les pratiques interactives de Graham reflètent les théories de l'internationale situationniste, un collectif d'artistes et d'intellectuels européens dont le principal porte-parole, Guy Debord (1931-1994), exerça une profonde influence sur de nombreux artistes d'Europe occidentale et d'Amérique. L'idée centrale de la pensée situationniste était que la théorie pouvait et devait être le lieu d'« actions esthétiques » menées notamment par des artistes. Sous la houlette de Debord, et plus particulièrement sous l'influence de son essai *La Société du spectacle* publié en 1967, les situationnistes firent campagne, surtout dans leurs écrits, pour la maîtrise par le peuple des espaces urbains. L'une de leurs publications, *De la misère en milieu étudiant… et de quelques moyens pour y remédier* (1966), préfigurait les révoltes estudiantines mondiales de 1968. Certaines œuvres d'artistes comme Dan Graham ou Doug Hall se présentent comme des adaptations des idées professées dans les manifestes situationnistes. Hall fit son entrée

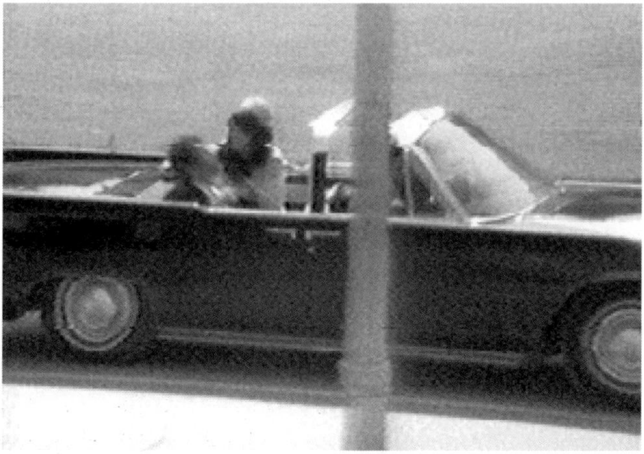

60. **T. R. Uthco** et **Ant Farm** (Doug Hall, Chip Lord, Doug Michels, Judy Procter), *The Eternal Frame*, 1975. Le film 8 mm d'amateur réalisé par Abraham Zapruder lors de l'assassinat du président Kennedy constitue le plan cinématographique le plus minutieusement examiné, image par image, de toute l'histoire du cinéma.

dans le théâtre politique en participant à la fondation du T. R. Uthco, un collectif de performance créé en 1970 à San Francisco. Le groupe se fit connaître par sa collaboration en 1975 avec un autre groupe de surveillance des médias, Ant Farm, à l'occasion de *The Eternal Frame* [60], une reconstitution filmée de l'assassinat de Kennedy. Intégrant spectacle public, projections d'images d'archives de l'assassinat et réactions filmées des spectateurs face à la « reconstitution » de l'événement, cette œuvre constitue un document caustique sur la fascination des Américains pour le mythe, les héros et l'image télévisée.

Hall parodia également la politique américaine dans sa performance vidéo *The Speech* (1982), lors de laquelle, entouré par les « médias » et ses « partisans », il prononçait sur une estrade un discours de tournée électorale au verbiage creux truffé de clichés. Dans *Amarillo News Tapes* (1980) et *This is the Truth* (1982), il conteste la notion même de « vérité » dans le contexte médiatique. Il se consacre aujourd'hui encore à l'analyse de la puissance du langage dans le cadre du « spectacle public ». Assumant entièrement l'absence de tout contenu intellectuel dans son œuvre, Mike Smith (né en 1942) épingle dans ses performances, vidéos et installations, la platitude de la télévision commerciale américaine par le truchement d'un personnage de fiction de son invention, « Mike ». Dénué de toute idée personnelle, Mike est le réceptacle aussi vide qu'opportun de tout ce que peut offrir la télévision. Smith a créé de nombreuses comédies avec ce personnage – dont *Down in the Rec Room* (1979) [61, 62], *Secret Horror* (1980) [64, 65] et *Mike Builds a Shelter* (1985) [63] – dans lesquelles s'exprime son humour conceptuel pince-sans-rire.

Un tel « humour conceptuel » était déjà manifeste à la fin des années 60 et connut une apothéose dans le postmodernisme des années 80. Si la définition du postmodernisme fait encore l'objet de nombreux débats, certaines tendances repérables dans la pratique artistique nous permettent néanmoins de cerner cette notion. En matière de performance multimédia, l'œuvre du Wooster Group est caractéristique de la performance postmoderne. Celui-ci conçoit des environnements scéniques hypercinétiques où moniteurs vidéo, décors mobiles et microphones se télescopent, tandis que les interprètes, accomplissant des mouvements frénétiques, rivalisent avec leur image vidéo pour capter l'attention du public. Puisant dans des textes souvent dus à des dramaturges, comme Eugene O'Neill (*Emperor Jones*, 1994, *Hairy Ape*, 1995) ou Gertrude Stein (dont le *Dr Faustus Lights the Lights* a été utilisé pour *House/Lights*, 1997 [66]), le groupe supprime toute chronologie identifiable en « déconstruisant » ces œuvres ou en les fragmentant. En s'appuyant sur la singularité de O'Neill ou de Stein, ils proposent une œuvre qui incarne parfaitement ce que le sociologue et critique Fredric Jameson qualifie « d'appropriation [par l'artiste postmoderne] de leurs

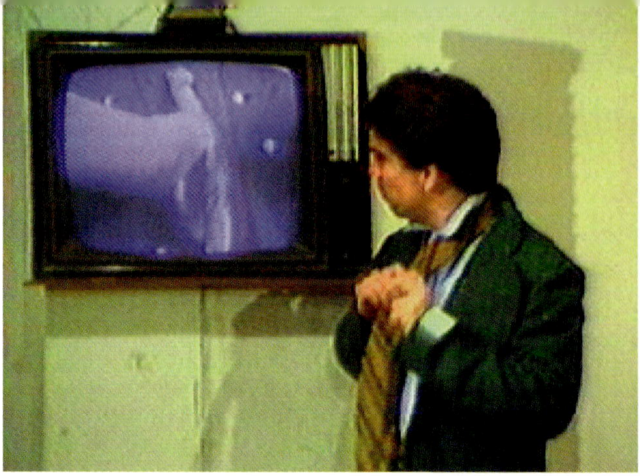

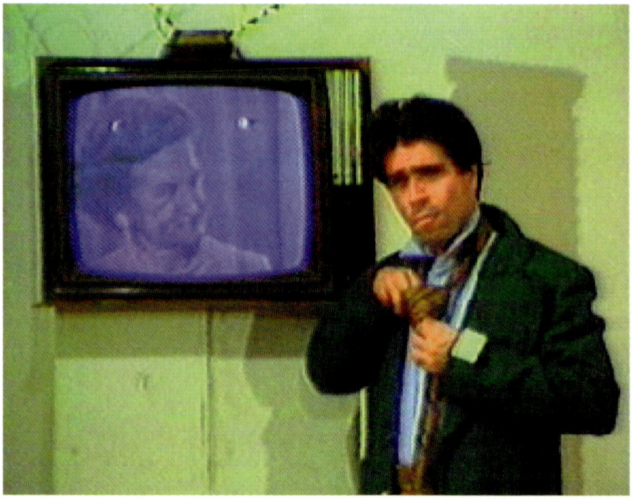

61, 62. (à droite)
Mike Smith, *Down in the Rec Room*, 1979, nouveau montage 1981.

63. (ci-dessous) **Mike Smith**, *Mike Builds a Shelter*, 1985. « Mike », l'alter ego de Mike Smith, absorbe comme une éponge tout ce que proposent les mass media ; il succombe aisément à l'attrait de la publicité, mais tout ce qu'il s'efforce de consommer lui donne des cauchemars.

64, 65. (page ci-contre) **Mike Smith**, *Secret Horror*, 1980.

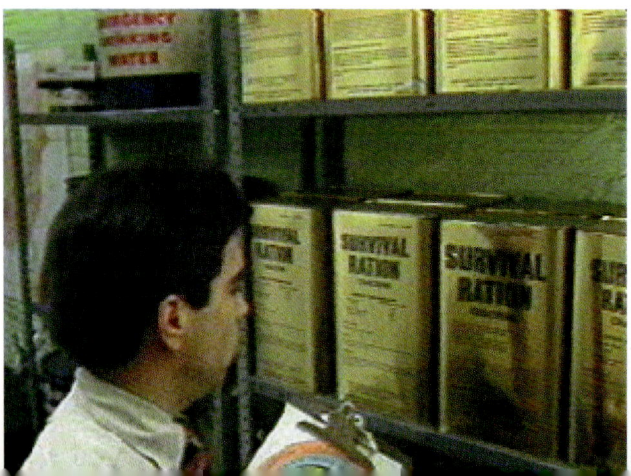

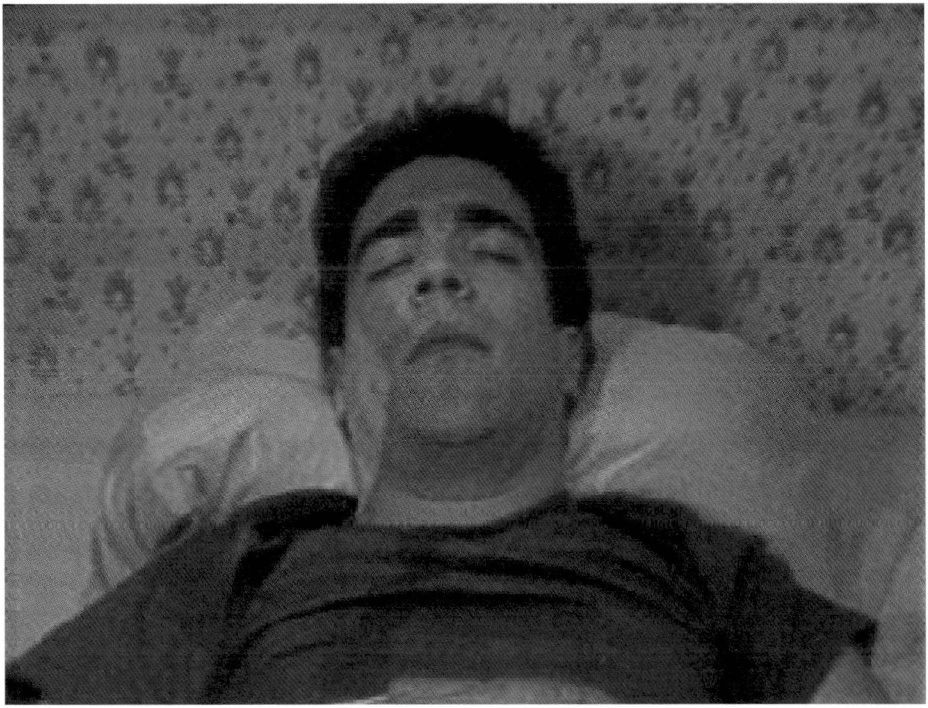

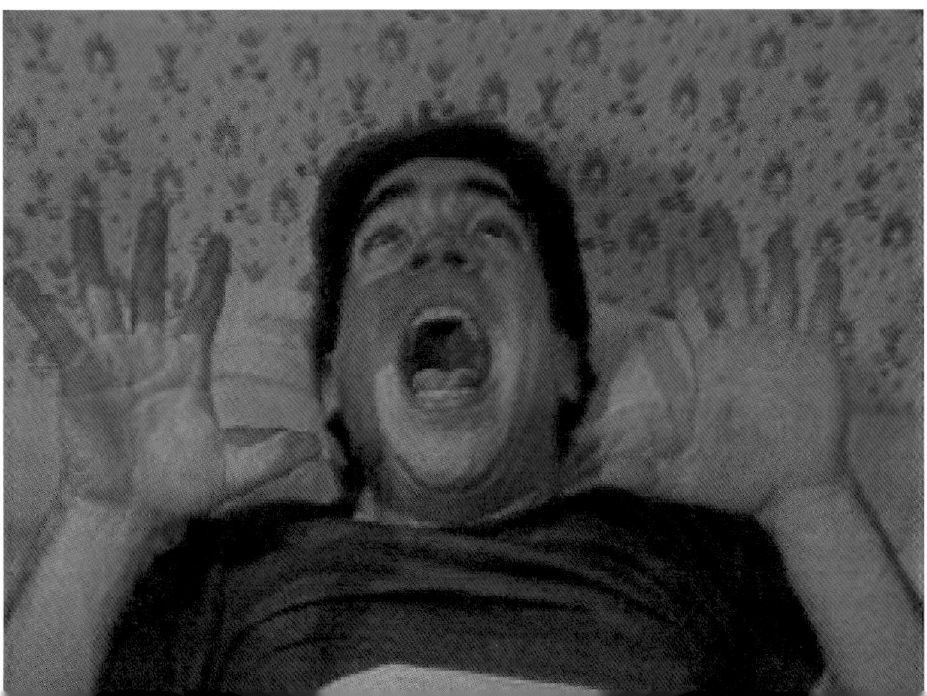

66. **Wooster Group**, *House/Lights*. Performance donnée au Performing Garage, New York, octobre 1998.

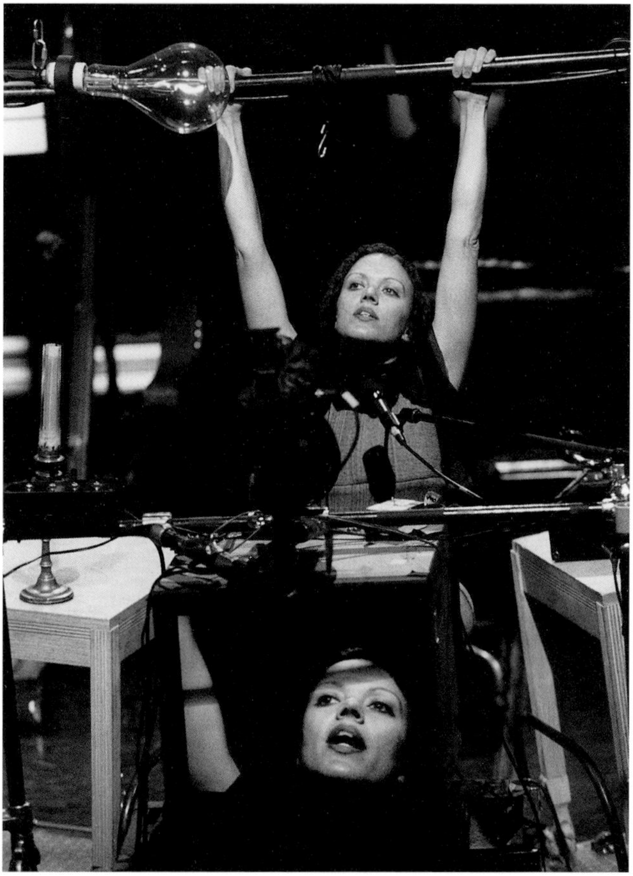

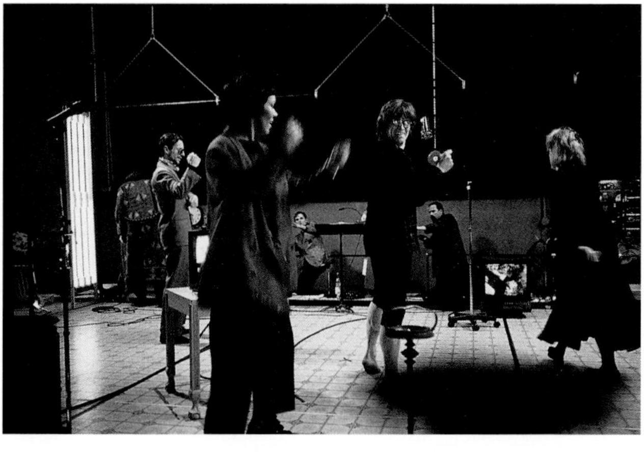

67. **Wooster Group**, *Brace Up !* 1991. Avec les comédiens Willem Dafoe, Kate Valk. Photographie : Paula Court. Avec de multiples moniteurs vidéo et des textes fragmentés, le Wooster Group métamorphose les classiques du théâtre en frénésies médiatiques.

idiosyncrasies et bizarreries pour produire une imitation qui tourne l'original en dérision ». Plutôt que de participer à la banalisation de la culture médiatique, ces artistes – sous la houlette d'Elizabeth LeCompte qui met en scène la plupart de leurs productions – dotent, grâce à leur utilisation sophistiquée de la technologie, cette culture médiatique d'une dimension artistique. En cela, le Wooster Group adopte une démarche très différente de la satire *low-tech* proposée par Mike Smith. Notons que le Wooster Group compte parmi ses collaborateurs l'un des principaux architectes du théâtre postmoderne, Richard Foreman, fondateur du Ontologic Hysteric Theatre et auteur pour le groupe de *Miss Universal Happiness* et de *Symphony of Rats*.

Le théâtre des médias de John Jesurun illustre un dogme du postmodernisme, à savoir ce que le théoricien français Jean Baudrillard a appelé « la mort du sujet ». Commentant tous les sujets, des films anciens à la musique rock en passant par la psychologie populaire, les œuvres théâtrales de Jesurun, qui comportent souvent des images vidéo multiples des comédiens, mettent en scène des personnages perdus dans un univers de mots dénué d'émotions. Les « sujets » ou personnages de Jesurun sont en quelque sorte morts, noyés dans un océan de libres associations et de jargon psychanalytique évoquant quelque bouche désincarnée sortie d'une pièce de Beckett qui radoterait sans discontinuer. Toutefois, à la différence de Beckett dont la fibre poétique s'apparente davantage au romantisme qu'au postmodernisme, Jesurun décrit dans ses mises en scène la paranoïa, le désespoir et l'inutilité, comme dans *Deep Sleep* (1985), où les comédiens sont progressivement « consumés » sur scène par des images filmiques d'eux-mêmes, ou bien *Slight Return* (1994), où le public ne voit que qu'un film vidéo montrant un interprète enfermé dans une pièce équipée d'une caméra de surveillance.

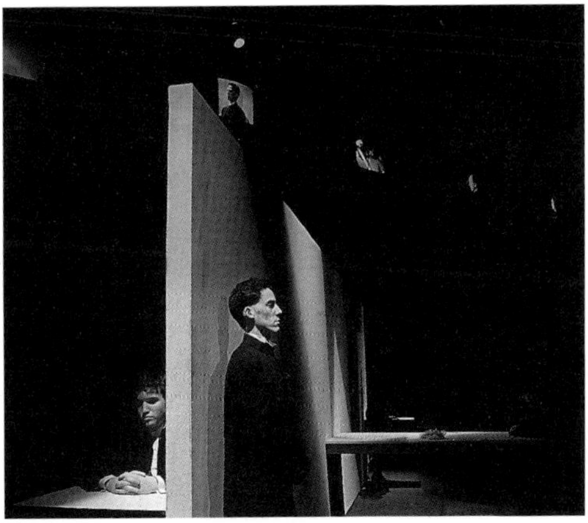

68. **John Jesurun**, *Everything That Rises Must Converge*, 1990.
Photographie : Paula Court.

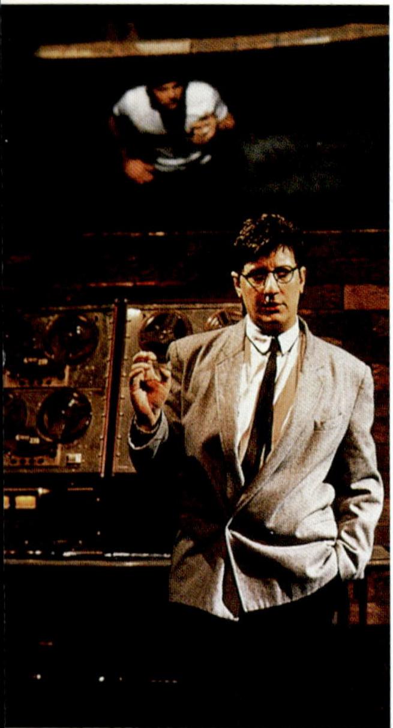

Le Wooster Group et Jesurun ont influencé de nombreux artistes plus jeunes, notamment aux Etats-Unis, et en particulier un autre collectif, la Builders Association. Décrivant sa démarche, celle-ci donne une excellente définition du théâtre des médias postmoderne : « Nous ranimons les textes du théâtre classique en introduisant les nouveaux médias puis en retravaillant ces œuvres dans le contexte chaotique de la culture mondiale contemporaine. » *Jump Cut (Faust)*, pièce que la Builders Association créa en 1997 sur des textes de Jesurun et une mise en scène manifestement inspirée du Wooster Group, comportait des scènes vidéo interactives extrêmement complexes dans lesquelles des personnages du *Faust* de Goethe jouaient à partir des scènes du film muet *Faust* (1926) de F. W. Murnau et réagissaient à des images vidéo filmées en direct par une caméra placée sur scène.

A l'instar de Robert Wilson, le metteur en scène québécois Robert Lepage montre une prédilection pour les grands formats multimédia. Avec sa compagnie Ex Machina, il a créé plusieurs œuvres théâtrales multimédia, notamment *Le Polygraphe* (1990) [69], *Les Aiguilles et l'opium* (1992) [72] ainsi que *Les Sept Branches de la rivière Ota* (1996) [70], création d'une durée de sept heures qui intègre cinéma, vidéo,

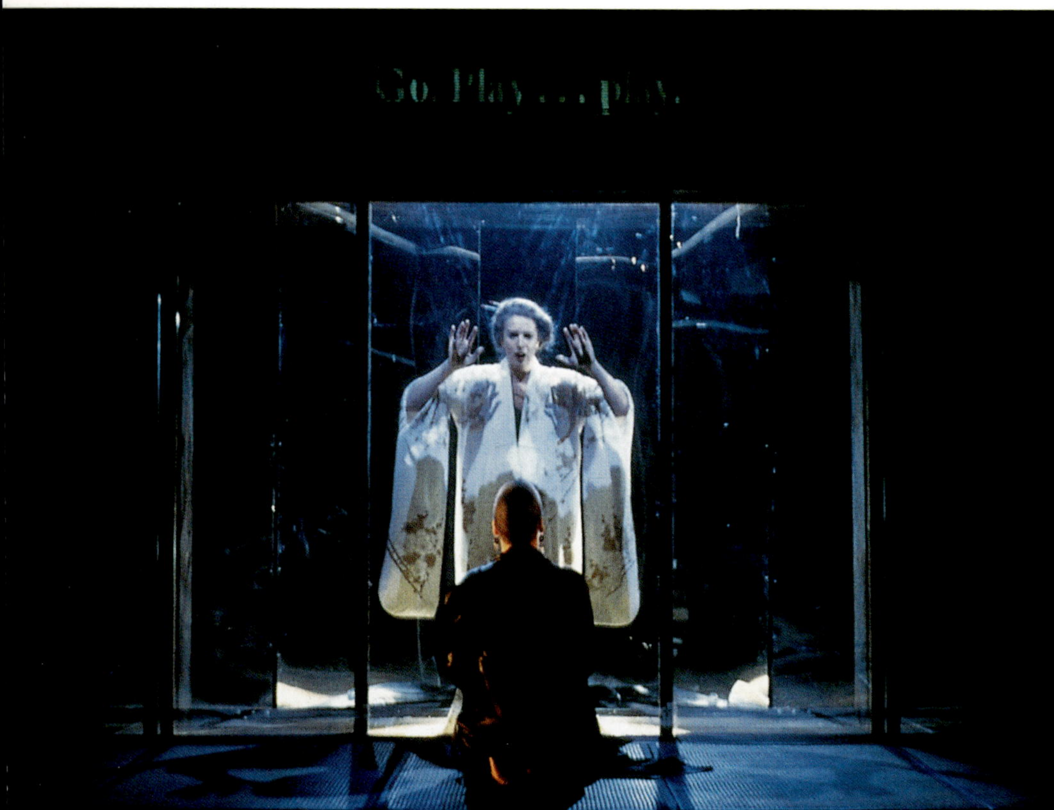

musique et une chorégraphie inspirée du butô et du kabuki japonais. Lepage a composé cette ode au XXe siècle après un séjour à Hiroshima ; c'est une œuvre complexe qui supprime les barrières temporelles en faisant se croiser les existences de personnes ayant connu l'Holocauste ou le bombardement d'Hiroshima, ou encore ayant été confrontées à l'épidémie du sida. « Le théâtre est implicitement lié à la technologie, précise Lepage. Il y a de la poésie dans la technologie, mais nous nous efforçons de l'utiliser de manière à ne pas éclipser l'action sur scène. » La Fura dels Baus, groupe international de performance fondé à Barcelone en 1979, se mit directement aux prises avec les nouveaux médias pour son fantasmagorique *F@ust Version 3.0* (1998) [71]. Des images représentant des corps ensanglantés et le feu de l'enfer étaient projetées sur des écrans géants tandis que des comédiens étaient suspendus aux cintres ou flottaient dans les airs dans des « matrices » mécanisées et remplies d'eau. Les audacieux tableaux ainsi créés illustraient le conte goethéen du pacte conclu entre un homme et le diable.

Lepage a reconnu l'influence sur son travail des techniques d'improvisation du Britannique Peter Brook (né en 1925). Ce metteur en scène a créé avec sa compagnie internationale basée à Paris des pièces de théâtre

69. (page ci-contre) **Robert Lepage**, *Le Polygraphe*, 1990.

70. (page ci-contre, en bas) **Robert Lepage**, *Les Sept Branches de la rivière Ota*, 1996.
Dans les scénographies technologiques du metteur en scène de théâtre et d'opéra Robert Lepage, la vidéo et le cinéma sont autant de personnages intervenant sur scène aux côtés des comédiens.

71. (ci-dessous) **La Fura dels Baus**, *F@ust Version 3.0*, 1998.

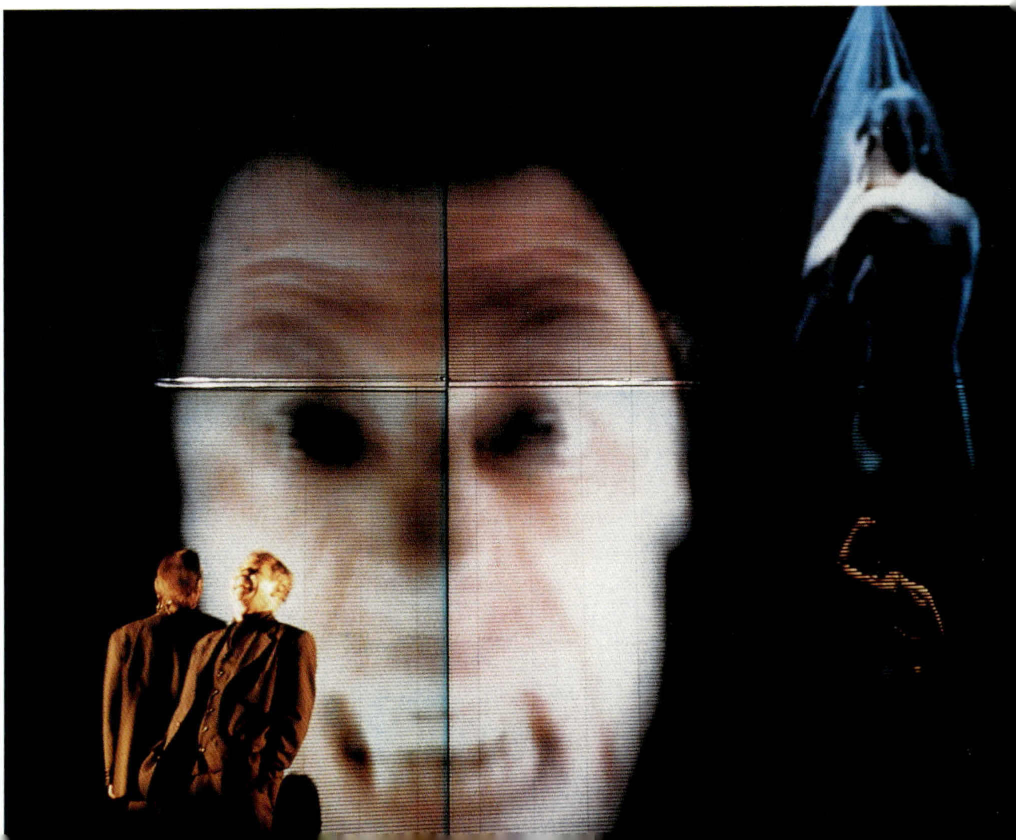

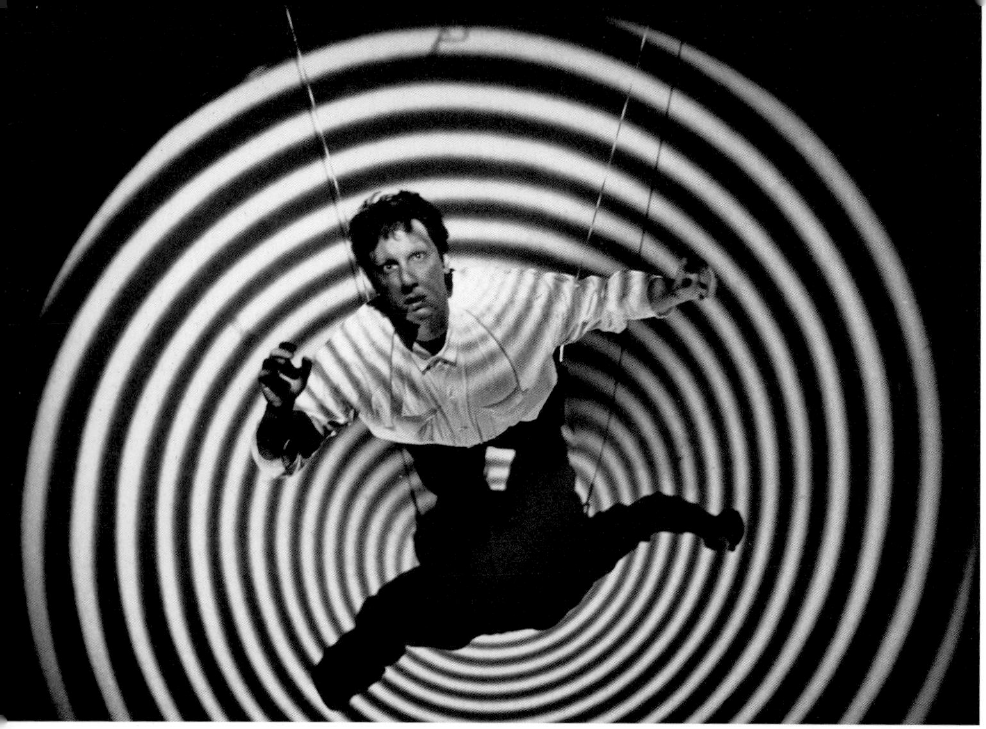

72. (ci-dessus) **Robert Lepage**, *Les Aiguilles et l'opium*, 8-12 décembre 1992.

73. (à droite) **Peter Brook**, *L'Homme qui*, 1992.
Dans l'adaptation par Brook du livre d'Oliver Sacks, *L'Homme qui prenait sa femme pour un chapeau*, les images vidéo fonctionnent comme un dispositif de miroirs pour le personnage principal qui oublie chaque instant dès lors que celui-ci s'est écoulé.

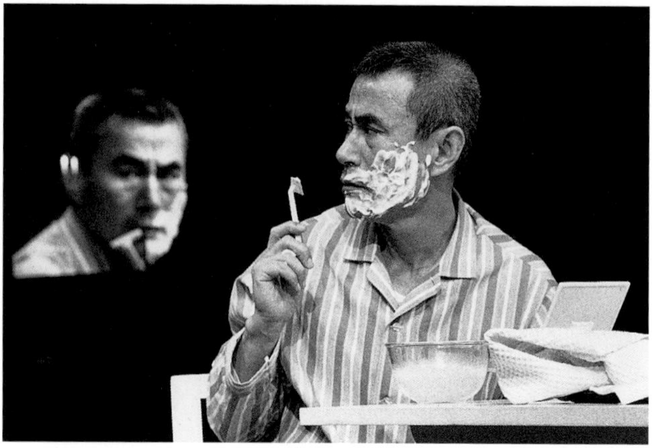

souvent inspirées de textes classiques (comme c'est le cas du *Mahabarata*, épopée de neuf heures élaborée sur plusieurs années dans les années 80). Si Brook a également réalisé des films au début de sa carrière, les nouveaux médias ne jouent pas dans son œuvre un rôle prépondérant. Il a cependant fait un usage considérable de la vidéo de grand format en direct pour sa production de 1992, *L'Homme qui*, une adaptation du livre d'Oliver Sacks, *L'Homme qui prenait sa femme pour un chapeau* [73].

74. (à droite) **Ping Chong**, *Deshima*, 1993.

75. (ci-dessous) **Kristin Lucas**, *Host*, 1997.
La caméra vidéo fonctionne comme un prolongement du corps de Kristin Lucas qui fixe souvent sur sa tête de petites caméras ainsi que des projecteurs lors des performances qu'elle réalise en public.

Parmi les autres compagnies de théâtre expérimental qui ont souvent recours aux nouveaux médias dans leur travail, citons la troupe d'origine tchèque Squat Theater, le groupe japonais Dumb Type et le collectif américain Impossible Theater sans oublier les compagnies rattachées à des espaces « alternatifs », lieux où des artistes comme Ping Chong [74], cinéaste et danseur de formation, ainsi que l'auteur du présent ouvrage, qui

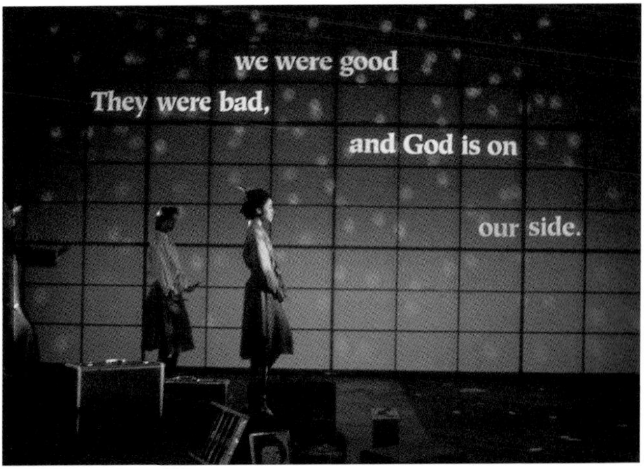

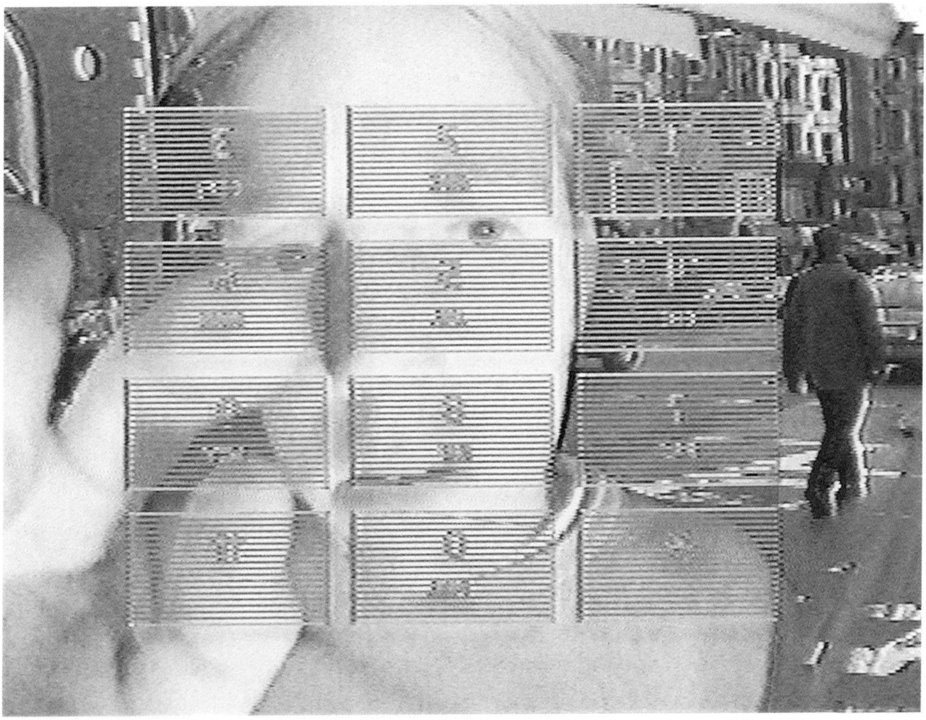

étudia le théâtre et la photographie, ont utilisé les nouveaux médias comme éléments poétiques dans des œuvres abstraites qui mêlaient musique, danse et textes au sein d'environnements visuels.

Si certaines productions de théâtre expérimental ont, au cours des années 80, utilisé les nouveaux médias de manière sophistiquée, de nombreux artistes plus jeunes prônent un genre de spectacle plus sommaire qui s'apparente davantage aux événements Fluxus qu'au théâtre. Kristin Lucas (née en 1969) est représentative aux Etats-Unis de cette génération énergique pour laquelle la caméra vidéo Hi8 fonctionne comme un objet trouvé, autorisant la création de collages (ou « impros vidéo », comme elle se plaît à les appeler) d'une élégante sobriété. Munie d'une caméra ou d'un petit projecteur fixé sur un casque, et souvent vêtue d'une salopette orange,

76. Représentation à Broadway de la comédie musicale *Tommy*, en 1995.
La technologie vidéo est devenue un élément caractéristique des concerts de musique rock, ainsi que d'ambitieuses productions théâtrales commerciales comme *Tommy*, des Who.

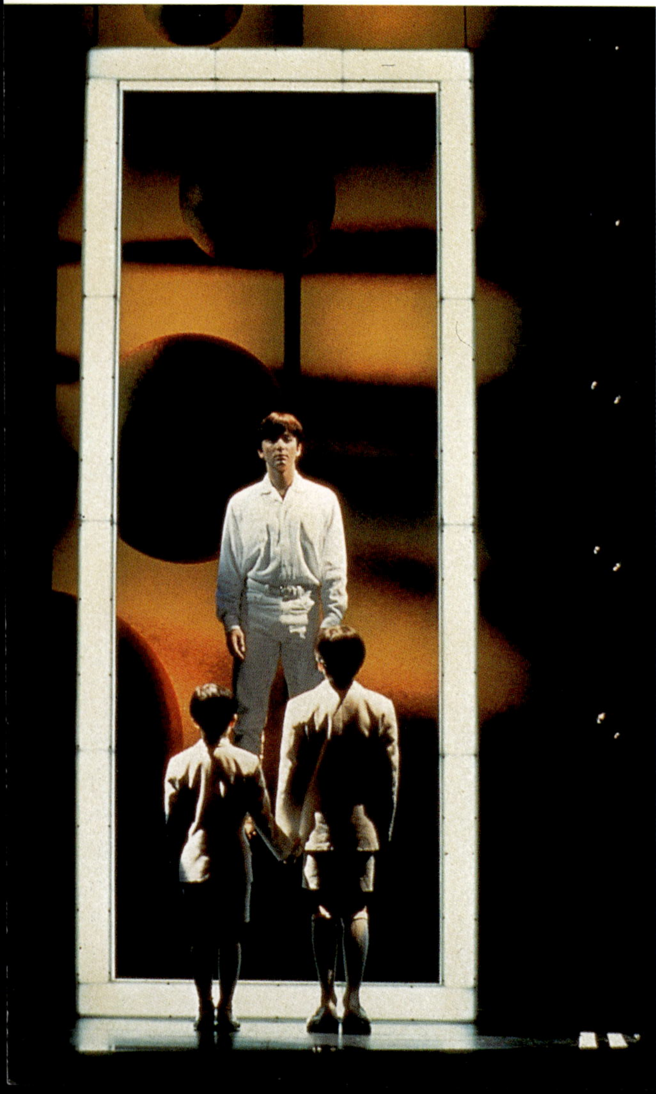

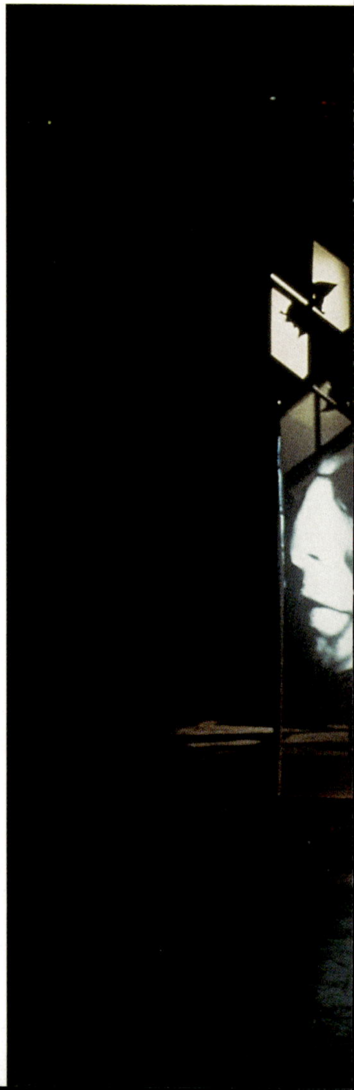

comme dans *Host* (1997) [75], Lucas crée des performances en temps réel projetant sur les murs d'une galerie ou d'une scène de fortune des images récentes de gens rencontrés au hasard.

Les techniques multimédia utilisées de manière spontanée par les troupes de danse et de théâtre expérimentaux à la fin des années 60 sont aujourd'hui monnaie courante dans le contexte des grands concerts de musique rock. Présentée à Broadway en 1995, la comédie musicale *Tommy*, opéra rock composé par les Who dans les années 70, comportait des vidéos diffusées sur des écrans disposés tout autour de l'avant-scène. Aujourd'hui, il est fréquent lors de concerts qu'un écran géant diffuse des images *live* des musiciens ; outre la meilleure visibilité cela renforce le sentiment qu'un événement hypercinétique et important se déroule sur scène.

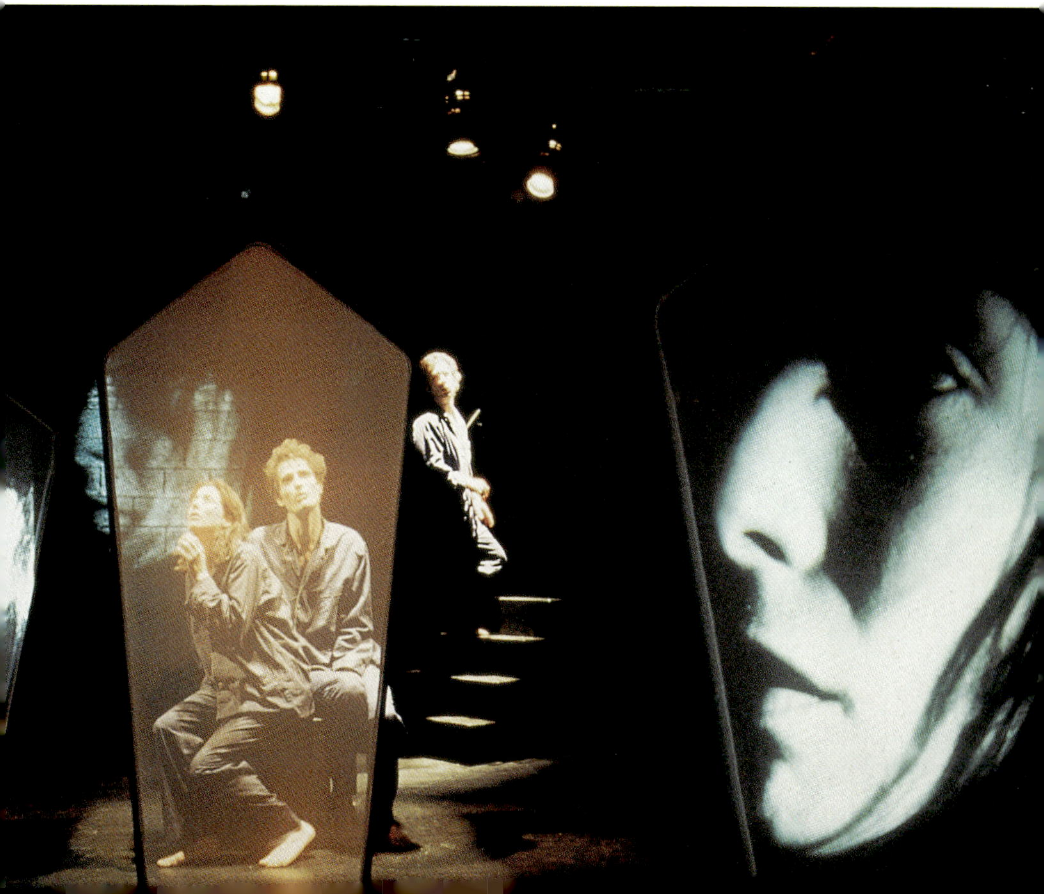

77. (ci-dessous) *Foirades/Fizzles* de Samuel Beckett, adapté et mis en scène par **Michael Rush**, 1994.
Images fixes et animées confèrent des épaisseurs de temps et de mémoire aux voix des personnages de Beckett.

La plupart des spectacles multimédia actuels nécessitent la présence en coulisses de pupitres de commandes numériques qui permettent de lancer films, vidéos, bandes sons et de régler la lumière. La compagnie britannique Complicite, fondée en 1993 par Simon McBurney (né en 1957) et certains de ses collaborateurs, monta, en 2003, un spectacle multimédia intitulé *The Elephant Vanishes.* Cette « pièce » d'une rare sophistication, inspirée des nouvelles de l'écrivain japonais Haruki Murakami, mettait en scène trois histoires qui s'entrecroisent, se répondent et décrivent l'angoisse, la solitude, la dérision et le mal de vivre dans un monde urbain anonyme. Objets, écrans de projection, vidéos et autres moyens technologiques étaient mis à contribution pour représenter l'univers onirique des récits de Murakami.

A propos de ce projet, McBurney a écrit : « Murakami raconte des histoire extraordinaires qui surgissent de la vie urbaine ordinaire et banale. Des gens repassent leurs vêtements, se font à manger, vont travailler, regardent la télé, écoutent Haydn et Mozart, se couchent et ainsi de suite, jour après jour. Or, des choses extraordinaires arrivent à ses personnages. Soudain ils sont frappés d'insomnie et des monstres surgissent du sol ou de la télévision et changent le cours de leur vie. Ces événements qui s'entrecroisent ont pour effet de montrer ce que vivre signifie dans un monde ultra-consumériste et déconnecté tel que le nôtre. » Pour McBurney, le travail de

78. **Complicite**,
The Elephant Vanishes

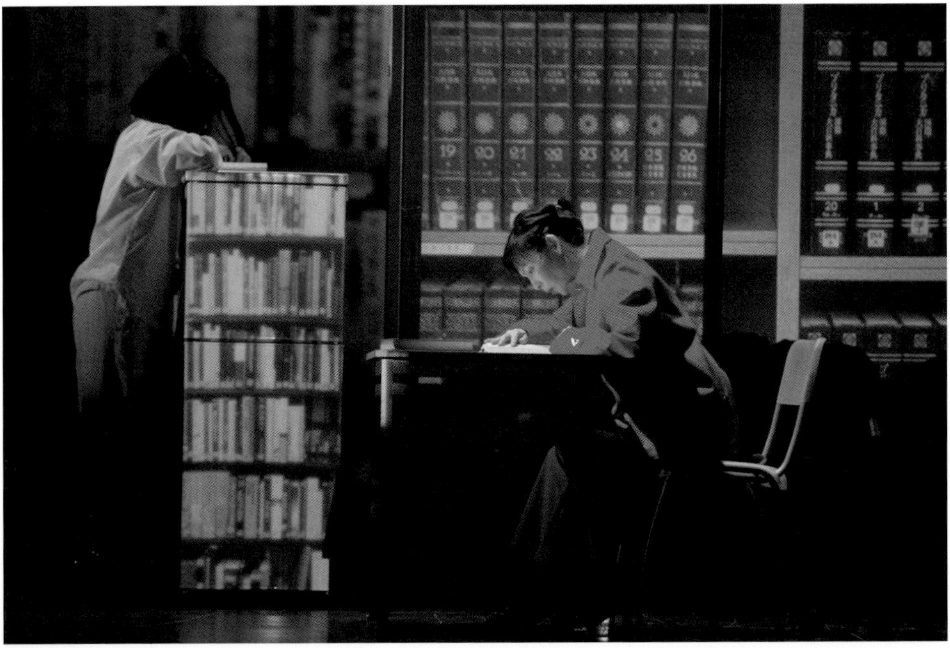

Complicite est une série de « collisions subtiles » entre des récits, des souvenirs, le mouvement, la technologie et des objects ordinaires.

Les artistes américains Paul Kaiser (né en 1956) et Shelley Eshkar (né en 1970) [80] n'ont cessé depuis la fin des années 1990 de faire pénétrer la dance dans l'univers des nouveaux médias grâce à des créations comme *Biped* (1999) et *Motion-e* (2002-2005). Pour *Biped* – dont la chorégraphie est signée Merce Cunningham –, Kaiser et Eshkar créèrent des silhouettes animées numériquement qui étaient projetées sur les danseurs sur scène et avec lesquelles ceux-ci interagissaient. Dans une veine similaire, *Motion-e* est une série de danses virtuelles, qualifiées par Kaiser de « performances en temps réel, interactives et fondées sur la capture du mouvement » et réalisées en collaboration avec le chorégraphe américain Bill T. Jones (né en 1952), Bebe Miller (née en 1950) et Trisha Brown. Cette dernière, qui depuis plus de quarante ans occupe le devant de la scène de la danse expérimentale, est à l'origine d'un des tout premiers spectacles multimédia de danse contemporaine. Pour cette *media danse performance*, intitulée *Homemade* (1966) et conçue en collaboration avec l'artiste et cinéaste Robert Whitman, elle s'attacha sur le dos un projecteur qui diffusait sur un écran situé au fond de la scène des images préfilmées de la danse qu'elle était en train d'exécuter en direct. Cette action auto-réflexive, à la fois spectacle et défi, soulevait plusieurs questions : comment un performeur en chair et en os peut-il espérer concurrencer le mystère et la beauté de l'imagée filmée ? Quelle performance est la plus « vraie », celle qui est filmée ou celle qui est exécutée en directe ? Le danseur filmé est, en quelque sorte, à la fois un fantôme et un compagnon, un reflet et un mirage.

Dans le domaine de la danse contemporaine, l'artiste que l'on associe le plus spontanément avec les nouveaux médias est sans doute Cathy Weis. Créatrice de *Face to Face* (1996) et de *A Bad Spot Hurts Like Mad* (2001), elle met en scène depuis plusieurs années maintenant des chorégraphies accompagnées de projections vidéo interactives.

Tous les artistes ne travaillent pas à un tel niveau de génie technologique, et nombreux sont ceux qui préfèrent des mises en scène plus rudimentaires du point de vue technologique. Oliver Herring (né en 1964) est un artiste d'origine allemande basé aux Etats-Unis qui, en digne héritier de John Cage, croit au potentiel artistique des gestes et objets du quotidien [79]. Dans *Spit Reverse* (2003), une vidéo-performance projetée sur plusieurs écrans, il aborde un de ses thèmes de prédilection, celui des « vocabulaires » sans cesse nouveaux lorsque des gens qui ne se connaissent pas (et qui sont également inconnus de l'artiste) se rencontrent à l'occasion d'une performance

79. **Oliver Herring**, *Gloria*, 2004. Cette sculpture est constituée de milliers de bouts de photos assemblés sur une forme en polystyrène. Le résultat est à la fois hyperréaliste et fantasmagorique. Dans le droit fil des sérigraphies d'après polaroïd de Warhol et des photomontages de Hockney, cette sculpture rend hommage à l'image photographique tout en la déconstruisant.

80. Pages 80-81 :
Shelley Eshkar et **Paul Kaiser**, *Arrival*, 2004. Dans cette vidéo, des petits personnages évoluent dans un décor évoquant à la fois des lieux de la vie de tous les jours et l'univers du jeu vidéo. Le spectateur a la possibilité d'agir directement sur la chronologie de l'action et d'adopter ainsi un point de vue omniscient.

entièrement improvisée. Dans le cas de *Spit Reverse*, les participants ont été filmés en train de cracher de l'eau et le film a été projeté à l'envers. Dans ses projets vidéo, Herring fait fusionner la performance et ses activités de sculpteur et de peintre. Pour lui, tous les médiums, qu'il s'agisse de papier, de Mylar, de bande vidéo ou du corps, peuvent servir son désir d'explorer idées, émotions et nouveaux mode de communication. Ses vidéos expriment une évidente sensibilité picturale et, dans la plupart, depuis *Videosketch #1* (1998) jusqu'à *The Sum and Its Parts* (2002) en passant par *Sleepless Nights* (2001) et *Little Dances of Misfortune* (2001), le corps des performeurs est recouvert de peinture fluorescente ou de motifs qui rappellent certaines toiles de Mondrian. Les performeurs exécutent pendant des heures et des heures d'infimes gestes. Refusant toute manipulation numérique en post-production, il crée ses chorégraphies en filmant image par image, une technique utilisée entre autres par deux grands génies du cinéma, Buster Keaton et Charlie Chaplin.

L'artiste sud-africain Robin Rhode (né en 1976), qui travaille aujourd'hui à Berlin, utilise également cette technique de l'enregistrement image par image pour filmer en vidéo des performances auxquelles il associe le dessin et le mouvement. Dans *White Walls* (2002), par exemple, l'artiste est filmé en train de dessiner dans la rue sur un grand mur une voiture (à la manière d'un Jean-Michel Basquiat des débuts ou d'un Keith Haring). Dans l'animation vidéo, Rhode change la roue du véhicule après avoir soulevé la voiture à l'aide d'un cric : l'illusion est presque parfaite. Cette œuvre évoque la vidéo intitulée *Bird* (1999) de l'artiste indienne Sonia Khurana (née en 1968) dans laquelle, nue et déchaînée, elle exécute une danse énergique comme si elle tentait de prendre son envol.

L'omniprésence de la performance dans l'art des nouveaux médias contemporain est indéniable. Depuis le début des années 1970, nombreux sont les artistes qui utilisent la vidéo pour filmer le corps, souvent le leur. Citons Vito Acconci, Bruce Nauman, Joan Jonas, Robert Rauschenberg, Carolee Schneemann, Nam June Paik, Valie Export, Marina Abramovic et Ulay, Robert Wilson, Martha Rosler, Jurgen Klauke, Gary Hill, Klaus Rinke, Steve McQueen, Lucy Gunning, Tony Oursler, Paul McCarthy, Nayland Blake ou encore Pipilotti Rist.

Le fait que la technologie soit devenue abordable a joué un rôle majeur et a undubitablement influencé la création. Tandis que des artistes filmaient leurs actions ou incorporaient des séquences filmées dans leurs performances ou scénographies, d'autres artistes réalisaient des vidéos qui étaient souvent autant de réactions personnelles à l'égard d'un médium rarement considéré comme artistique : la télévision.

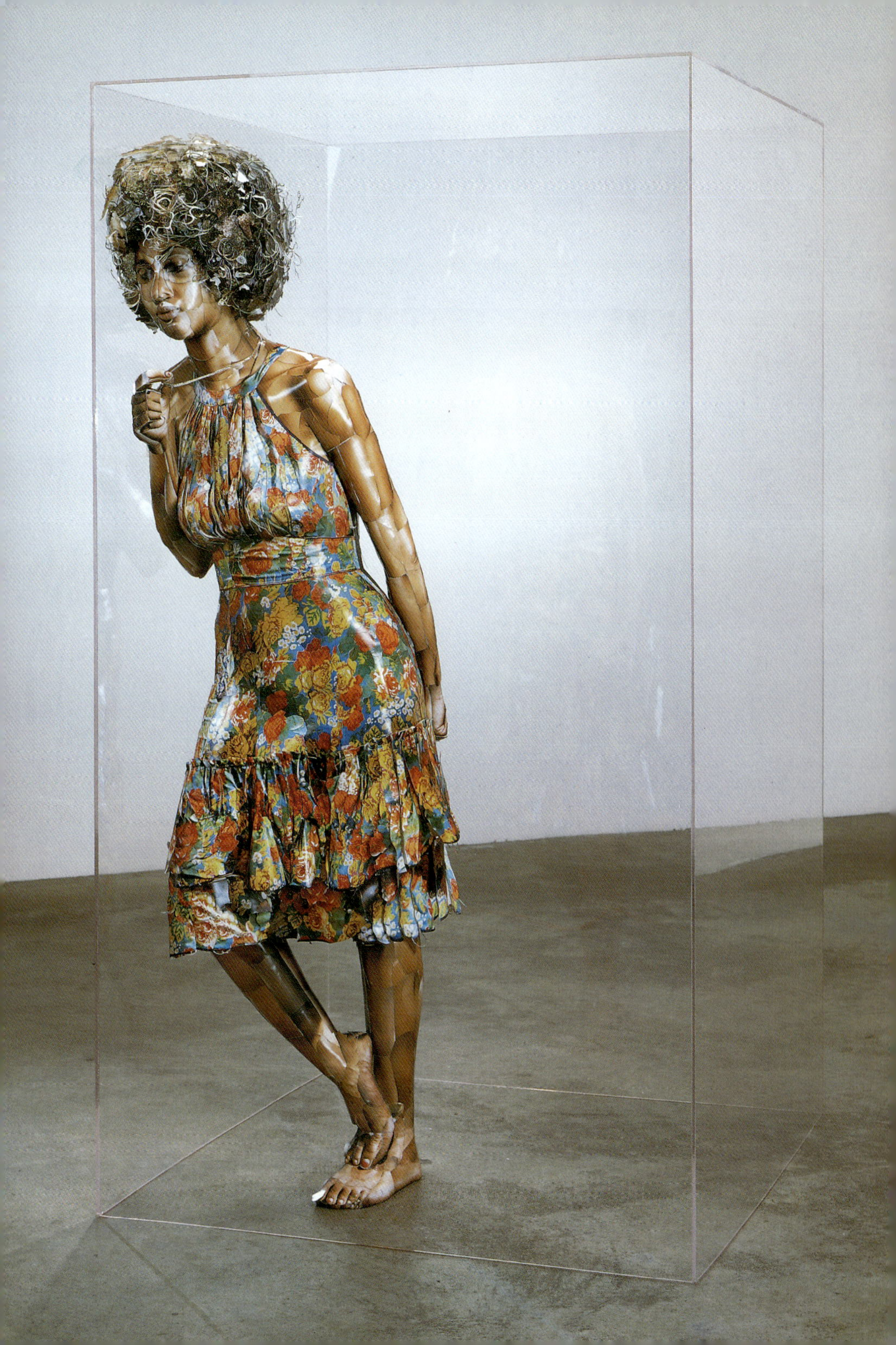

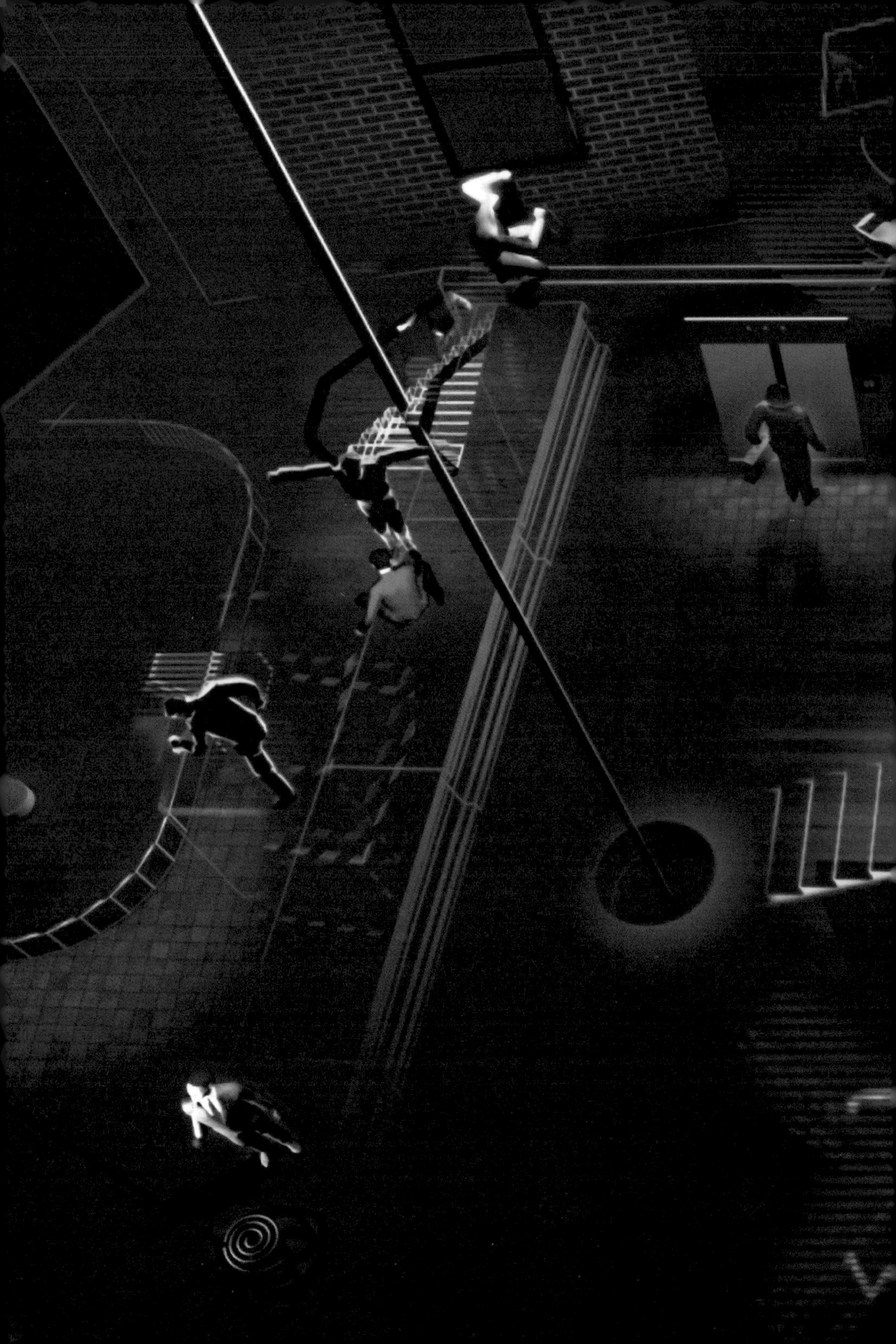

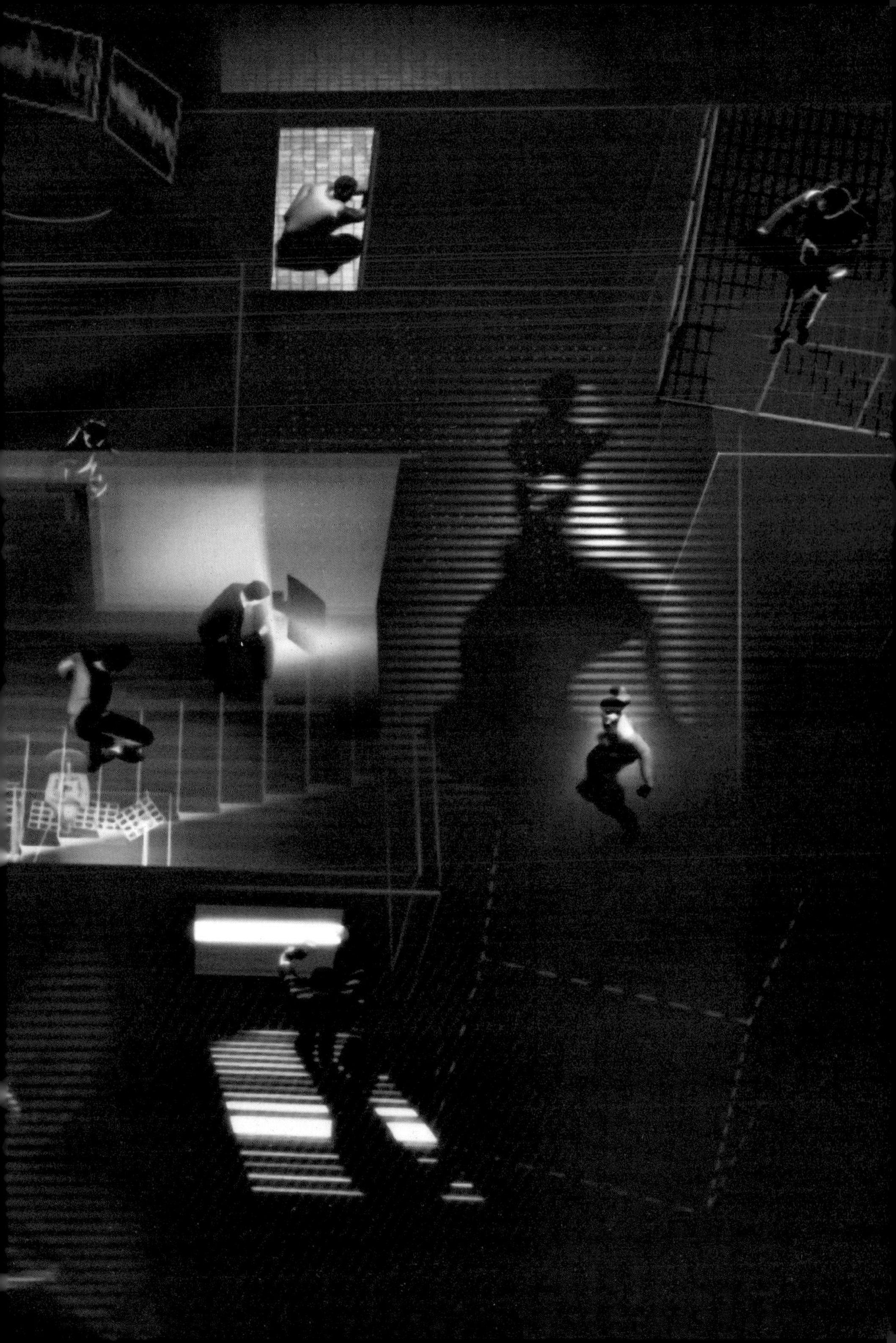

Chapitre 2 L'art vidéo

Un nouveau médium

Si, au milieu des années 60, des critiques débattaient toujours (et débattent encore aujourd'hui) de la viabilité esthétique de la *Fontaine* de Marcel Duchamp (un urinoir qu'il présenta au comité de l'Independent's Show en 1917 et qui fut refusé car considéré inacceptable comme œuvre d'art), les « frontières » de l'art étaient à cette époque déjà si distendues qu'elles n'existaient plus en tant que telles. Il s'avère que des ready-mades comme la *Fontaine* n'avaient été que les prémisses d'une telle évolution. A New York, les happenings d'Allan Kaprow, de Claes Oldenburg et de Jim Dine, les toiles en technique mixte (avec lits, poulets farcis et fils de fer) de Robert Rauschenberg, les installations corporelles de Carolee Schneemann et les néons de Dan Flavin ne sont que quelques exemples représentatifs de la diversité des œuvres d'art présentées à cette époque. L'affirmation du critique Clement Greenberg, selon laquelle la signification de l'art (c'est-à-dire, pour lui, d'une peinture ou d'une sculpture) devait être recherchée dans l'objet même, était remise en question par l'idée que la notion de concept et de contexte se trouvait désormais au cœur de la pratique artistique.

Le minimalisme et son avatar, l'art conceptuel, étaient les formes dominantes de la période, que la critique d'art Lucy Lippard décrivit en ces termes : « Délivrés de toute contrainte quant au statut de l'objet, les artistes purent laisser libre cours à leur imagination. » Dans le domaine des arts plastiques, l'illusionnisme était rejeté au profit d'une simplicité dépouillée. Cette attitude reflétait une orientation artistique toujours plus marquée vers l'abolition des frontières entre l'art et la vie quotidienne, ou, comme l'histoire en est venue à analyser la question, entre un art « majeur » et un art « mineur ». Au-delà des confins du monde de l'art, le média prédominant dans la culture de masse de cette époque était la télévision.

Les ouvrages d'histoire de l'art qui traitent de la période débutent souvent par une analyse du *Flag* (1954-1955) de Jasper Johns, du *Stripe Painting* de Frank Stella (1959) ou des *Brillo Boxes* (1964) d'Andy Warhol, mais jamais par celle de l'art vidéo. Cela peut s'expliquer en partie par le fait que cet art, né vers le milieu des années 60, doit être abordé en analysant le contexte dans lequel il apparut, à savoir un monde dominé chaque jour davantage par les médias, notamment la télévision, contexte sans doute trop éloigné du monde de l'art à proprement parler pour de nombreux critiques. Christine Hill, conservateur au Museum of

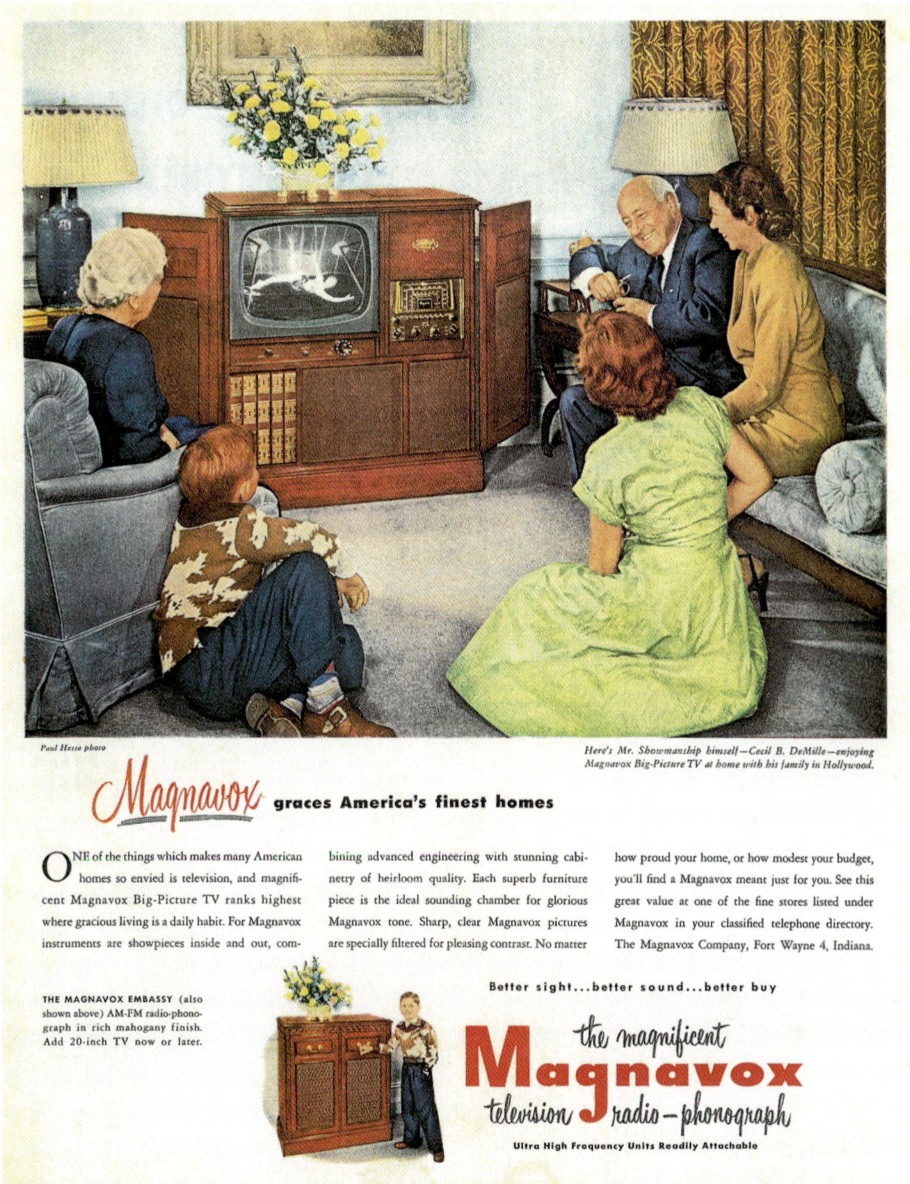

81. Publicité des années 60 pour les téléviseurs Magnavox. En 1960, 90% des foyers américains possédaient un poste de télévision.

Modern Art de San Francisco fait toutefois cette remarque : « La première génération d'artistes vidéo soutenait l'idée fondamentale selon laquelle, afin d'entretenir une relation critique avec une société télévisuelle, il fallait avant tout participer télévisuellement. »

Des images provenant du monde entier, jusque-là exclusivement diffusées dans les films d'actualités projetés dans les salles de cinéma, pénétraient à présent progressivement dans tous les foyers, d'abord en noir et blanc puis en couleurs. L'image animée entrait dans la vie quotidienne : en 1953, les deux tiers des foyers américains possédaient une télévision ; en 1960, cette proportion s'élevait à 90%. Cependant, toujours aux Etats-Unis, malgré quelques exceptions notables, telle l'émission de théâtre filmé *Playhouse 90*, l'« art » devait demeurer l'apanage du cinéma. Une sorte de hiérarchie des médias s'est constituée au cours de ce siècle : le cinéma conserve toujours la première place, suivi par la télévision puis par la vidéo et enfin par les images actuelles transmises par ordinateur ; ces technologies dérivent toutes du théâtre, genre qui a le plus souffert de la perte de public et d'artistes au profit des autres médias.

Dès les années 60, les Etats-Unis assistent à la pleine expansion de leur télévision. Des groupes de surveillance des pouvoirs des médias ainsi que de nombreux artistes commencent à voir la télévision d'un mauvais œil. Les Américains la regardaient jusqu'à sept heures par jour et une nouvelle société de consommation était en train de se former, engendrée par une oligarchie de la publicité, source première du financement de la télévision. L'agitation politique mondiale, les prises de conscience non-conformistes, les révoltes estudiantines ainsi que la révolution sexuelle contribuèrent également à façonner le contexte culturel dans lequel émergea l'art vidéo.

Personne n'a mieux contribué à la compréhension du formidable impact des médias sur la vie quotidienne que Marshall McLuhan (1911-1980) qui, par ses nombreux ouvrages et plus particulièrement *Message et massage*, 1968, influença toute une génération. « Chacun de nos nouveaux médias, écrivait-il en 1960, est d'une certaine manière un nouveau langage, une nouvelle codification de l'expérience réalisée collectivement par de nouvelles habitudes de travail et une prise de conscience collective globale. » Puis en 1969 : « Les nouveaux médias ne sont nullement des manières de nous mettre en relation avec l'ancien monde "réel" ; ils sont le monde réel et refaçonnent à volonté ce qui reste de l'ancien monde. » Ses critiques de la publicité et de la télévision commerciale devinrent des points de ralliement pour les artistes/activistes des années 60.

Bien que les origines précises de l'art vidéo aient été longuement débattues (polémique alimentée notamment par les analyses critiques de féministes américaines comme Martha Gever et Martha Rosler), il est possible de distinguer deux types de pratiques qui eurent cours dès le commencement : d'une part, les documentaires d'inspiration activiste et, d'autre part, les réalisations ressortissant davantage aux vidéos dites d'art. La première catégorie comprend notamment les activités politiques des vidéastes dits de guérilla (indépendants) représentés entre autres par le Canadien Les Levine (né en 1935) et par l'artiste américain Frank Gillette (né en 1941), qui s'introduisirent dans des conventions politiques et autres événements de portée médiatique sans être munis du moindre laisser-passer officiel. Levine fut un des tout premiers artistes à utiliser la vidéo portable 1/2 pouce dès sa commercialisation en 1965. Dans *Bum*, il montrait la vie des sans-abri du quartier new-yorkais de Skid Row, dans le Lower East Side. Frank Gillette lui aussi filmait la vie dans la rue et, en 1968, il réalisa un documentaire de cinq heures sur les hippies rassemblés autour de St Mark's Place à New York. Levine et Gillette filmaient d'une manière brute et improvisée sans jamais esthétiser le propos ni imposer une mise en scène. Présentés tels quels, les sujets n'étaient en rien « artistiques ».

Très vite, de nombreux collectifs vidéo apparurent aux Etats-Unis, dont Videofreex, Raindance Corporation, Paper Tiger Television, à New York, et Ant Farm à San Francisco. Fortement influencés par les réalisations dix ans plus tôt des cinéastes français et américains du cinéma-vérité, ces premiers utilisateurs de la vidéo forgèrent un style qui allait bientôt séduire les chaînes de télévision officielles qui s'en inspireraient pour leurs reportages sur le terrain.

Exemple caractéristique, la chaîne Top Value Television (TVTV) [84] produisit aux Etats-Unis des reportages d'un type inédit lors des conventions démocrates et républicaines de 1972 : plusieurs de ses « correspondants », munis de Portapak 1/2 pouce, noir et blanc, à bande bobine, s'infiltrèrent dans les principales assemblées des deux partis et interviewèrent tout un chacun, hommes politiques ou journalistes des télévisions commerciales, obtenant un regard aussi divertissant que provocateur sur les « coulisses » de la politique américaine et des procédés de collecte de l'information. L'histoire des rapports entre les premières expériences de télévision indépendante (qui bénéficiaient en fait de subventions gouvernementales) et la télévision commerciale traditionnelle suffirait à faire l'objet d'un livre. On se contentera d'observer que vers la fin des années 70, comme le remarque l'historien américain de la vidéo Deirdre Boyle, la télévision telle que la pratiquaient les grands networks américains conscients de sa valeur de divertissement s'était approprié la plupart des techniques de prise de vues et d'interview inventées par la télévision indépendante, débauchant même plusieurs de ses représentants, tel l'activiste/producteur Jon Alpert, qui devint producteur pour NBC Television News.

82. (en haut) **Andy Warhol**, *Factory Diaries:Paul Johnson,* 1965.

83. (au milieu) **Andy Warhol**, *Factory Diaries: Chinese Dinner on Couch,* 1965.
La Factory d'Andy Warhol était le lieu par excellence des expériences artistiques. Au milieu des années 60, Warhol était en possession de sa première caméra vidéo portative qui lui permit d'enregistrer tout ce qui se passait à la Factory, y compris les gens en train de manger, de dormir ou simplement de parler à la caméra.

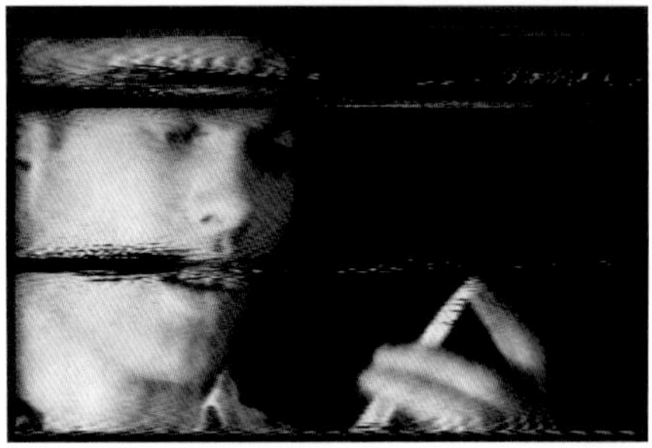

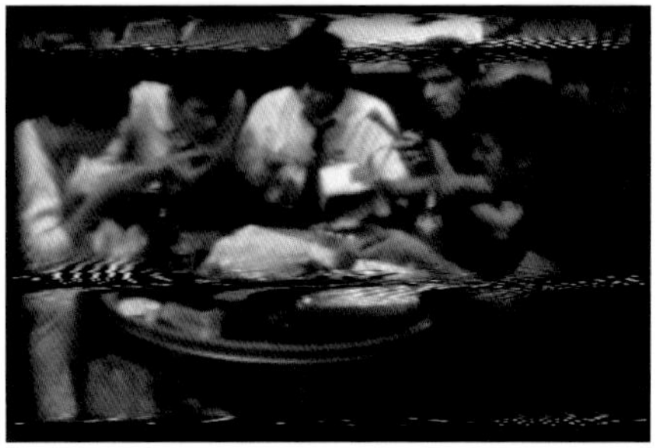

84. (ci-dessous) **TVTV**, *Four More Years*, 1972.
L'aspect techniquement sommaire des reportages réalisés caméra à l'épaule séduisit vite les patrons des rédactions des grandes chaînes de télévision en raison de l'impression d'immédiateté et d'authenticité qu'ils produisaient.

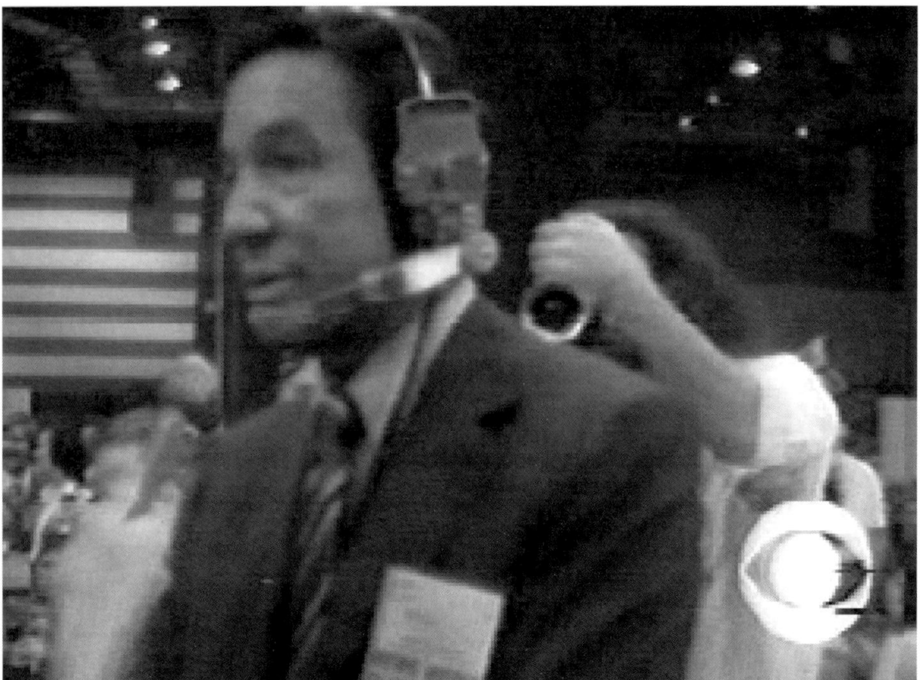

Les ouvrages d'histoire qui s'intéressent à la vidéo surtout en tant que discipline artistique signalent habituellement ce jour de l'année 1965 où Nam June Paik, artiste Fluxus et musicien d'origine coréenne, fit l'acquisition à New York d'un des premiers systèmes vidéo Portapak Sony, puis braqua sa caméra sur le cortège pontifical qui descendait la Cinquième Avenue, ce qui aurait constitué l'acte de naissance de l'art vidéo. Il semblerait que Paik ait filmé le pape d'un taxi et montré le film le soir même dans un établissement très fréquenté par les artistes, le Café à Go Go, et que cela ait été la toute première représentation d'art vidéo.

L'histoire de l'art vidéo continue de s'écrire et c'est ainsi que l'on a pu découvrir récemment qu'Andy Warhol fut très vraisemblablement le premier artiste aux Etats-Unis à créer des œuvres d'« art vidéo » au sens où nous l'entendons aujourd'hui. Warhol fut en effet un des premiers à utiliser une caméra vidéo portative. En 1965, la revue *Tape Recording* lui demanda de tester un magnétoscope portatif Norelco à balayage hélicoïdal, une caméra de télévision télécommandée et une caméra portative Concord MTC 11, toutes deux munies d'un zoom. Warhol réalisa ainsi deux bandes d'une de ses collaboratrices préférées, Edie Sedgwick (bandes dont certaines furent utilisées pour son film *Outer and Inner Space*). Le 29 septembre 1965, quelques semaines avant la présentation de Paik au Café à GoGo, Warhol montra ces bandes tournées avec le matériel prêté par *Tape Recording* lors d'une fête organisée dans un souterrain (l'emplacement se devait d'être « underground »...) appartenant aux chemins de fer et situé sous l'hôtel Waldorf-Astoria à New York.

En quoi le fait de filmer le pape (Paik) ou des « superstars » (Warhol) relève-t-il de l'art vidéo ? Au niveau le plus élémentaire, il s'agit d'art parce que des artistes reconnus (Paik et Warhol) dont les noms sont associés aux arts plastiques, à la musique ou à la performance ont réalisé ces bandes comme un prolongement de leur pratique artistique. A la différence d'un journaliste qui aurait suivi le pape, Paik créa un objet brut, non commercial, qui était son expression personnelle. Paik ne « couvrait » pas la visite du pape. Warhol filmait quant à lui comme il aurait pu sérigraphier ou photographier. Pour Paik, ce fut là le début d'une longue carrrière fondée sur l'utilisation du médium vidéo. Premier « porte-parole » de l'art vidéo, il a un jour déclaré : « De même que la technique du collage a remplacé la peinture à l'huile, le tube cathodique remplacera la toile. »

L'intention de l'artiste, par opposition à celle du producteur télé ou même du réalisateur de films ou de vidéos publicitaires, est ici fondamentale. L'œuvre d'art vidéo n'est pas un produit destiné à la vente ou à la consommation de masse et son esthétique, fût-elle volontairement approximative, exige du vidéaste un point de départ artistique, comme pour toute entreprise esthétique. Il convient de distinguer la vidéo en

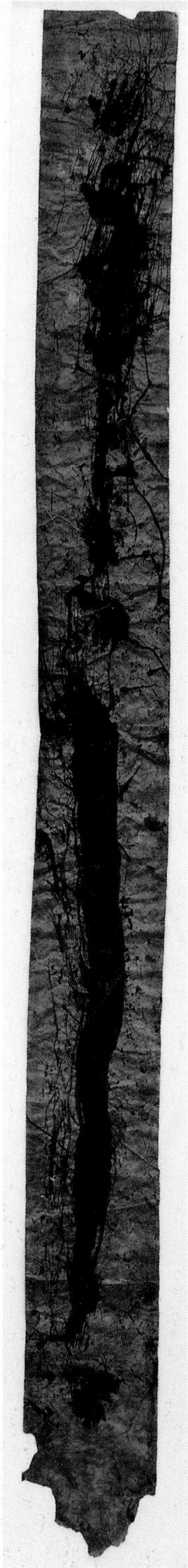

tant qu'art de l'utilisation de la vidéo, aussi habile fût-elle, pour le documentaire, le reportage d'actualité ou tout autre usage appliqué. L'art réside dans l'intention de l'artiste : créer ou concevoir un objet sans subir la contrainte d'un autre dessein. L'intention des vidéastes activistes, en revanche, indépendamment du caractère potentiellement « artistique » de la réalisation, n'était pas de créer un moment d'expression personnelle ne tenant aucun compte de son application pratique (en l'occurrence, ils souhaitaient offrir une alternative au reportage télévisé traditionnel).

Il ne s'agit pas par là de suggérer que la seule analyse historique légitime de l'art vidéo est celle qui débute par ces artistes issus des techniques plus traditionnelles que sont par exemple la peinture ou la musique, qui ont incorporé la vidéo dans une culture artistique essentiellement picturale. Mais, comme le souligne John Hanhardt, conservateur au musée Guggenheim de New York, nous devons admettre que l'institution muséale est devenue l'instance de validation suprême de toutes les œuvres d'art et que les artistes reconnus par ce système sont souvent issus des techniques consacrées de la peinture et de la sculpture.

Paik est à l'évidence représentatif de l'*artiste* vidéo, par opposition à l'activiste ou au journaliste. Natif de Corée, il étudia l'esthétique et la musique au Japon durant les années 50 et s'installa à New York en 1964

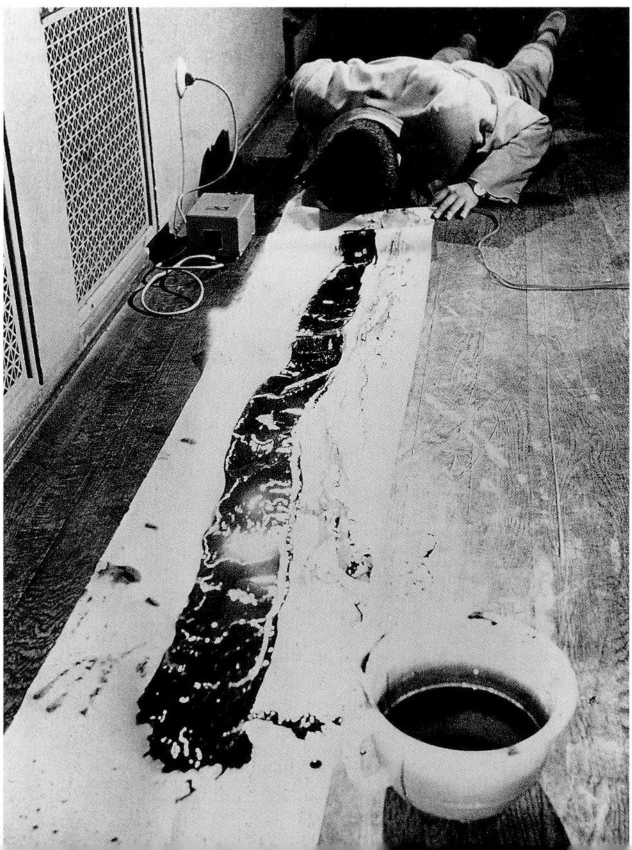

après avoir étudié en Allemagne, précisément, selon lui, à cause de John Cage dont l'œuvre expérimentale dans les domaines tant de la musique que de la performance exerçait une influence considérable sur de nombreux jeunes artistes de l'époque. Paik rencontra donc John Cage en Allemagne ainsi que d'autres artistes Fluxus, et participa à ce que l'on considère comme le premier festival Fluxus, le *Fluxus Internationale Festspiele Neuester Musik* (Festival de musique très nouvelle), qui se déroula dans la salle de concert du Städtisches Museum de Wiesbaden. Paik y « interpréta » une « partition » due au compositeur LaMonte Young, laquelle consistait exclusivement en cette indication : « Tracez une ligne droite et suivez-la. » Paik plongea la tête, les mains et sa cravate dans un bol plein d'encre et de jus de tomate puis les frotta sur une longue bande de papier posée à même le sol. Il revint ultérieurement à cette ligne droite unique dans *Video Buddha* (1968), où un Bouddha est assis face à un écran de télévision diffusant pour seule image une ligne noire horizontale.

Pour Paik et d'autres premiers praticiens de l'art vidéo, notamment Dan Graham, Bruce Nauman, Joan Jonas et John Baldessari, c'était la possibilité de diffuser instantanément l'image qui rendait la vidéo attrayante, outre son coût relativement abordable. La spontanéité et l'instantanéité de la vidéo étaient déterminantes pour ces artistes tous

85. (page ci-contre, à gauche) **Nam June Paik**, *Zen for Head*, 1962.

86. (page ci-contre) **Nam June Paik** interprétant *Composition 1960 #10* de LaMonte Young pour Bob Morris, sous le titre *Zen for Head*, lors du Fluxus Internationale Festspiele Neuester Musik, Wiesbaden, Allemagne, 1962.

87. (à droite) **Nam June Paik**, installation de téléviseurs à la Galerie Parnass de Wuppertal, 1963.
La ligne unique que diffusaient les écrans de télévision de Paik reprenait en fait la toute première image apparue sur le premier poste de télévision à la fin des années 30.

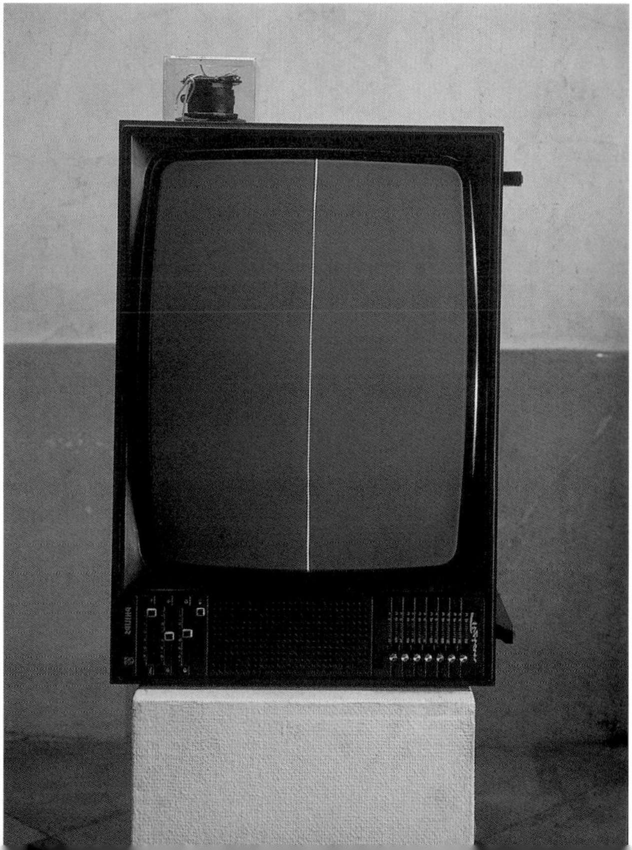

préoccupés par des thèmes relatifs au temps (et souvent aussi à la mémoire). La vidéo enregistrait et révélait l'instant présent, tandis que le film devait être développé et tiré. Dan Graham observait : « La vidéo retransmet des données indigènes dans l'environnement immédiat, présent. Le cinéma est contemplatif et "distancié", il détache l'observateur de la réalité présente et fait de lui un spectateur. » De plus, l'installation de dispositifs de projection à écrans multiples, procédé dans lequel s'illustra surtout Paik, permettait d'exprimer l'impression de chaos et de hasard née de la multiplicité des images se disputant l'attention du public.

La vidéo autorisait également un sentiment d'intimité que le cinéma était incapable de procurer. Utilisée par des artistes comme Vito Acconci et Bruce Nauman qui braquaient littéralement l'objectif de la caméra sur eux-mêmes, lors de situations forgées de toutes pièces (Acconci) ou dans leur atelier (Nauman, Howard Fried), elle devint un prolongement du geste artistique, lequel était jusqu'alors associé à la peinture, et plus particulièrement aux expressionnistes abstraits qui avaient insisté sur l'acte physique même de peindre. Grâce à la vidéo, il devenait possible d'enregistrer le geste de l'artiste et de donner à voir son corps attelé à l'acte de création.

Lorsqu'il fit l'acquisition de son Portapak, Paik s'intéressait déjà à la télévision et l'utilisait dans ses œuvres, comme l'atteste son installation

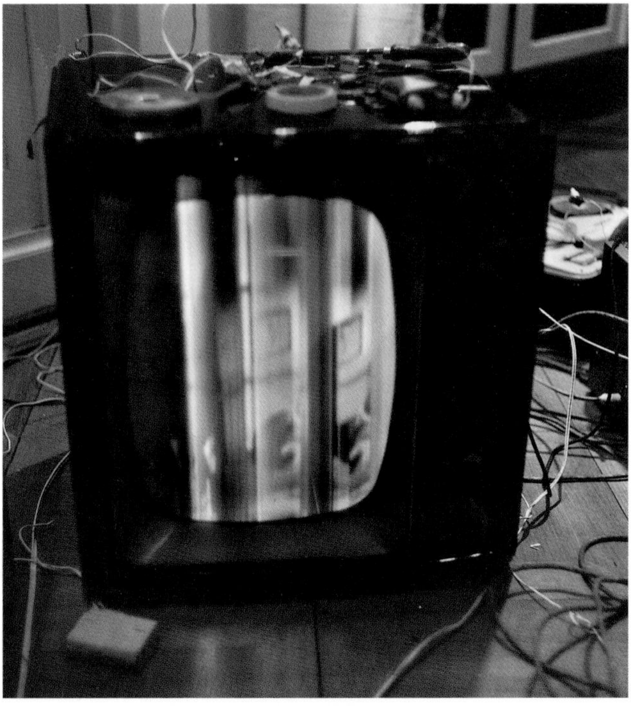

88. **Nam June Paik**, *Zen for TV*, 1963-1975.

de 1963 présentée à la Galerie Parnass de Wuppertal, en Allemagne, pour laquelle il remplit l'espace de la galerie avec des téléviseurs. Certains étaient posés droit, d'autres sur le côté, disposition qui répondait à une volonté de perturber la relation habituelle du téléspectateur au récepteur de télévision. Les images déformées diffusées par les écrans de cette première sculpture médiatique n'étaient pas dues à Paik, qui s'attachait essentiellement à la reconfiguration et au déplacement du téléviseur hors de son environnement habituel – le salon. Cette préoccupation n'a cessé depuis lors d'être au cœur de son œuvre.

C'est en 1963 également que l'artiste allemand Wolf Vostell (1932-1998) disposa des postes de télévision au centre de ce qu'il appelait ses couvertures de magazine « Dé-coll/ages », annonçant que désormais un artiste s'était approprié le téléviseur. Auparavant, lors de son premier *TV Dé-coll/age* (1958) [89], il avait placé six téléviseurs dans une boîte en bois, derrière une toile blanche. « Nous déclarons le téléviseur sculpture du XXe siècle », proclama-t-il à l'époque de l'exposition, avec autant d'assurance que Paik prédisant la mort de la toile. Leur enthousiasme des débuts devint le point de ralliement du nouvel art électronique. Vostell et Paik avaient recontextualisé le récepteur, inaugurant ainsi une nouvelle manière de voir le petit écran qu'ils avaient isolé de son lieu familier et commercial, le foyer. A présent que le médium télévisuel était pour ainsi

89. **Wolf Vostell**,
TV Dé-coll/age n°1, 1958.

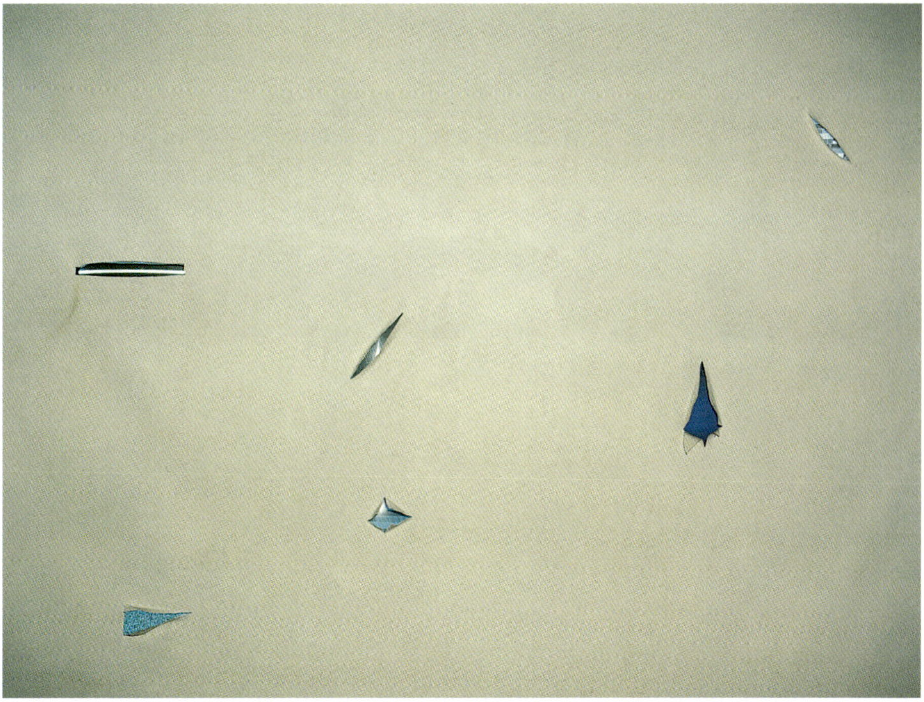

Ci-dessous, dans le sens des aiguilles d'une montre, en partant du haut et de la gauche :

90. **Douglas Davis,** *Video against Video*, 1972.

91. **Douglas Davis,** *Street Sentences*, 1972.

92. **Douglas Davis,** *Talk Out*, 1972.

93. **Douglas Davis,** *Studies in Black and White Videotape*, 1971.

dire libéré de la mainmise des producteurs commerciaux, des artistes pouvaient se l'approprier et créer pour lui un nouveau contenu non motivé par des considérations commerciales.

L'attitude critique envers la télévision a occupé une place centrale dans l'art vidéo de ses débuts jusqu'au milieu des années 80. Comme les cinéastes Fluxus avant eux, les vidéastes entreprirent de commenter, souvent avec une ironie propre au postmodernisme, les conflits culturels auxquels la télévision et sa popularité donnaient lieu. *Television Delivers People* (1973) de Richard Serra (né en 1939) montre un texte défilant à l'écran qui condamne la télévision, considérée comme un divertissement industriel ; cette critique culturelle est soulignée par la diffusion en fond sonore de *musak*, une fade musique industrielle hybride servant à sonoriser les ascenseurs et les centres commerciaux. Dans une série de bandes vidéo datant du début des années 70, notamment *Studies in Black and White Videotape 1* (1971) [93], *Talk Out* (1972) [92] et *Street Sentences* (1972) [91], l'artiste et critique américain Douglas Davis (né en 1933) s'attaque aux idées reçues concernant l'utilisation par la télévision du temps et de l'espace, en brisant le « quatrième mur » et en s'adressant directement au spectateur. A l'instar d'Acconci, il démystifie le caractère supposé intime de la télévision et révèle le dispositif de distanciation dont il s'agit en réalité. Taka Imura (né en 1937) se consacra à partir du début

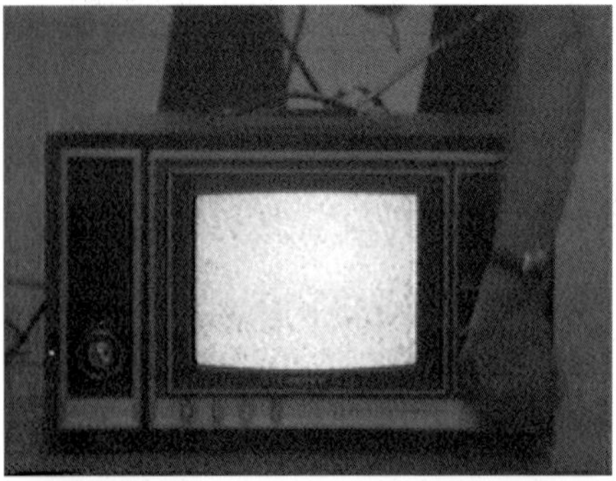

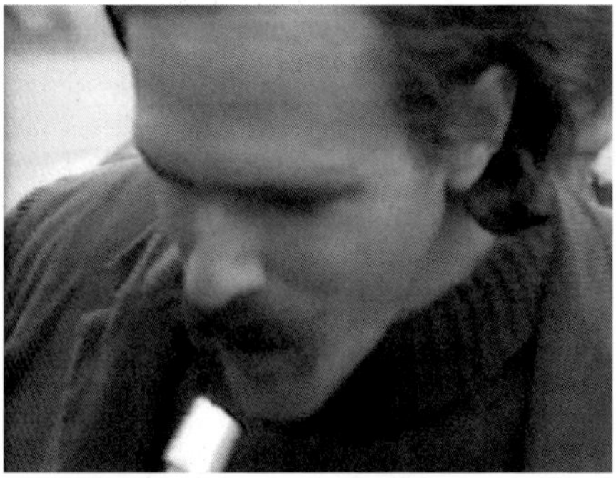

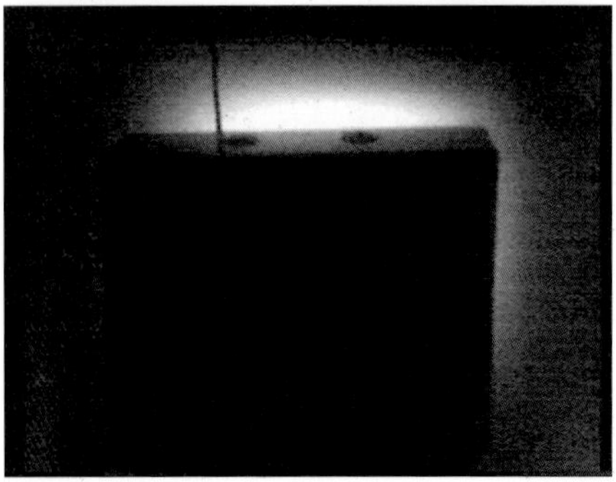

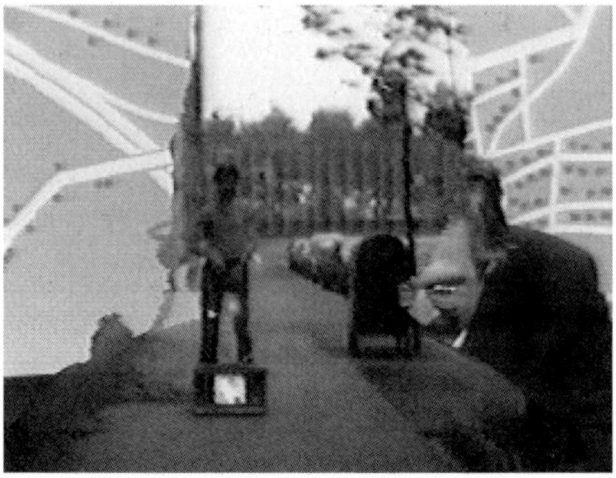

94. **Mako Idemitsu**, *HIDEO, It's Me, Mama*, 1983. Plus de quinze ans avant le film *The Truman Show*, où la vie du personnage principal est filmée à son insu par une chaîne de télévision puis diffusée dans le monde entier, Mako Idemitsu a créé un personnage, Hideo, constamment observé et critiqué par sa mère qui apparaît sur des écrans vidéo où qu'il aille.

des années 70 à la nature illusoire du langage et de l'image enregistrée, à travers des vidéos conçues de manière à altérer la perception : dans *Double Portrait* (1973), à l'aide d'un dispositif de diffusion différée du son et de lecture inversée de l'image, il met à nu la discutable « réalité » des images électroniques.

Dans *Das Softiband* (1980) de l'artiste allemand Klaus vom Bruch (né en 1952), des publicités télévisées abrutissantes viennent interrompre d'horribles images de guerre ; la répétition sans fin d'une publicité pour des mouchoirs en papier alors que des séquences d'archives de guerre rivalisent avec elle pour capter l'attention du spectateur souligne la puissance de banalisation de la télévision, s'agissant même des événements les plus poignants.

La critique de la culture et des médias est l'aspect dominant des vidéos de l'artiste japonais Mako Idemitsu (né en 1940) ; celles-ci décrivent une situation kafkaïenne dans laquelle les membres d'une famille sont torturés par une mère qui ne cesse de les observer, où qu'ils aillent, par l'entremise d'un téléviseur. Idemitsu décrit le conformisme corseté de la société japonaise à travers les soap-opéras mélodramatiques diffusés sans interruption à l'arrière-plan de ses récits psychologiques, comme dans *HIDEO, It's Me, Mama* (1983) [94] ou dans la trilogie *Great Mother* (1983-1984).

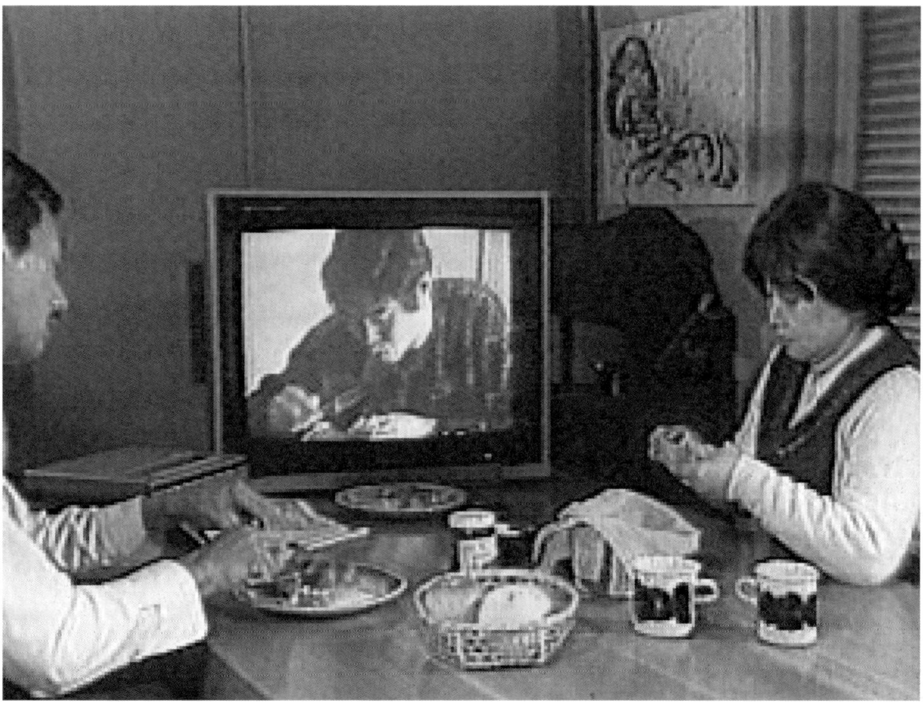

95. **Ed Emschwiller**,
Thermogenesis, 1972.

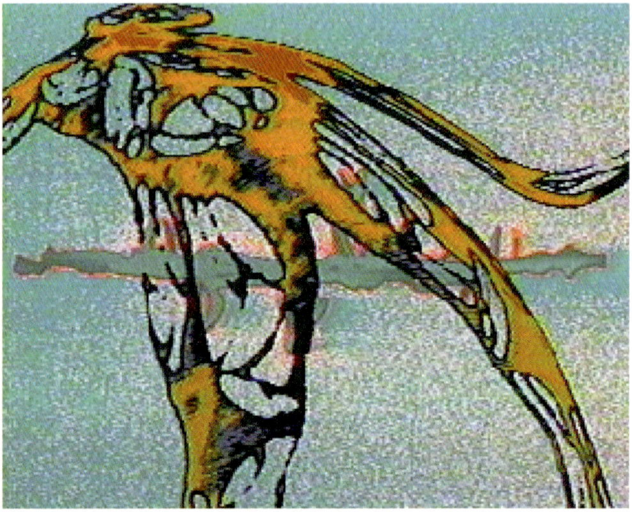

96. **Keith Sonnier**,
Animation II, 1974.

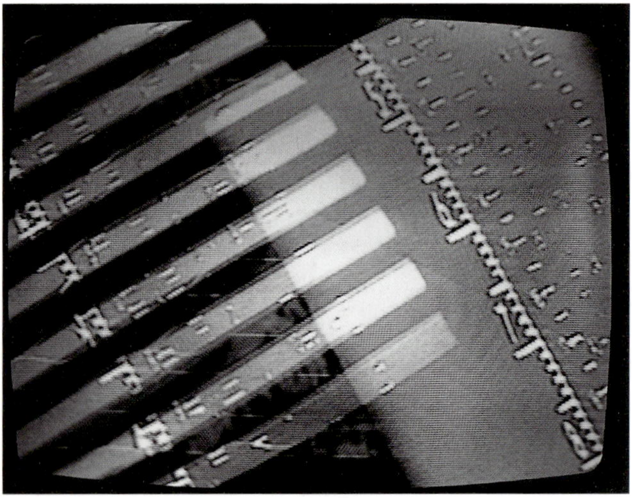

Plusieurs artistes vidéo de la première génération ne se contentèrent pas de critiquer la télévision et s'attaquèrent à la technologie même de la caméra, créant ainsi un moyen d'expression novateur qui allait être à la fois utilisé par d'autres artistes et récupéré tant par les médias dominants que par la publicité. L'Américain Ed Emschwiller (1925-1990), peintre expressionniste abstrait, cinéaste et enseignant, exploita le potentiel des synthétiseurs vidéo et des systèmes informatiques qu'il mit en œuvre dans des stratégies artistiques et électroniques aussi originales que personnelles. En 1972, il réalisa sur la base de dessins en noir et blanc, avec le concours des ingénieurs de l'entreprise Dolphin – l'une des premières sociétés américaines à travailler dans le domaine de l'imagerie numérique –, *Thermogenesis* [95], une œuvre vidéo dont les images dansaient dans un environnement sonore créé à l'aide d'un synthétiseur Moog avec la collaboration de Robert Moog lui-même. Pour *Scape-mates*, réalisé quelques mois plus tard la même année, il utilisa l'animation numérique afin de créer une chorégraphie quasi psychédélique faisant évoluer des éléments figuratifs et abstraits.

Dan Sandin, dont l'intérêt pour la vidéo s'éveilla lors de son engagement dans les mouvements de contestation étudiants de la fin des années 60, conçut en 1973 un synthétiseur analogique de traitement d'images vidéo, l'« Image Processor » (IP). Sandin l'utilisa pour animer une spirale linéaire formée de points qu'il faisait évoluer au rythme d'un accompagnement sonore composé de bourdonnements électroniques et de bruissements d'eau vive (*Spiral PTL*). Dans un esprit résolument abstrait, l'artiste américain Keith Sonnier (né en 1941) utilisa l'un des premiers modèles de scanner informatique, le « Scanimate », pour créer des collages d'images d'une grande sensualité. Ses œuvres *Painted Foot: Black Light* (1970) et *Color Wipe* (1973) manifestent une expérimentation formelle considérable en termes de couleurs et de lumières ; *Animation II* (1974) [96] rassemble des formes abstraites et des couleurs en une métaphore des propriétés de la peinture.

Parmi les premiers artistes qui innovèrent dans la technologie de l'art vidéo, Steina et Woody Vasulka sont des figures incontournables. Ce couple qui émigra aux Etats-Unis en 1965 (elle naquit en Islande en 1940, lui en Tchécoslovaquie en 1937) quitta la télévision commerciale pour se consacrer au perfectionnement de la technique vidéo en créant des procédés spécialement destinés aux artistes, plus particulièrement

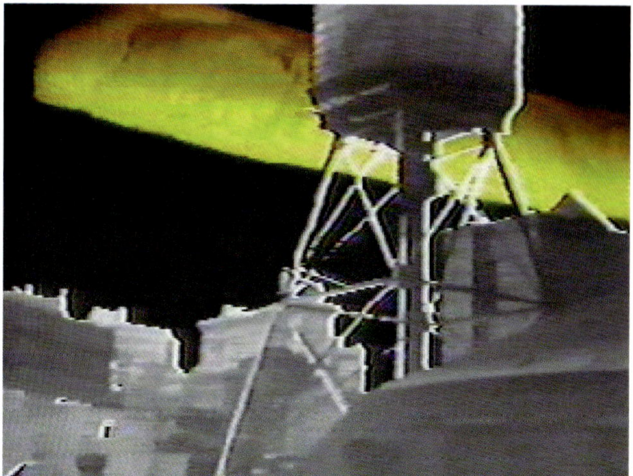

97. **Steina et Woody Vasulka**, *Golden Voyage*, 1973.

en matière de traitement numérique et électronique de l'image. S'inscrivant dans la tradition séculaire de l'approfondissement par les artistes des outils mêmes de leur technique, les Vasulka se passionnèrent pour la compréhension des mécanismes internes de la vidéo.

A l'instar de certains peintres qui s'impliquent dans l'élaboration de la substance même de leur palette, ces novateurs explorèrent le médium vidéo d'une façon assez comparable à la démarche des artistes abstraits ou des coloristes. Contrairement aux ingénieurs électroniciens des télévisions commerciales, ils s'intéressaient au fonctionnement artistique des mécanismes de la vidéo et non à la question de l'amélioration de la transmission et de la diffusion des images. Les Vasulka incarnaient en quelque sorte l'idée que l'art vidéo était à la télévision ce que la peinture en atelier était aux premières formes de dessins ou de peintures publicitaires. Avec des œuvres comme *Home* (1973), où les techniques de colorisation et d'imagerie électronique habilement utilisées conférèrent un éclat plus séduisant aux objets quotidiens, ou comme *Golden Voyage* (1973) [97], un hommage à Magritte, les Vasulka inventèrent de nouveaux moyens de manipulation électronique permettant de modifier les perceptions du spectateur, tout comme l'avaient fait un siècle auparavant, dans le domaine de la peinture, le pointillisme et l'impressionnisme. *Vocabulary* (1973-1974) résulte de leurs expérimentations en matière de traitement numérique de l'image ; les images obtenues étaient proches de celles qui flottent aujourd'hui sur tous les écrans d'ordinateur et de télévision. Utilisant l'image d'une main filmée en gros plan comme métaphore de la création artistique, les deux artistes façonnèrent une sculpture électronique lumineuse à travers laquelle se formaient d'autres objets dotés d'une existence propre.

Artiste qui a exercé une influence dans la presque totalité des domaines de l'art vidéo, Paik a contribué avec l'ingénieur électronicien Shuya Abe à la mise au point d'une des premières nouvelles technologies vidéo, le synthétiseur Paik/Abe, un système de traitement et de colorisation de l'image. *Suite 212* (1975, réédité en 1977) est le journal du séjour de l'artiste à New York. Consistant pour l'essentiel en un monumental collage électronique d'images modifiées aux couleurs étourdissantes, cette œuvre a ouvert la voie aux investigations ultérieures de Paik dans le domaine de l'image et de la culture ; *Butterfly* (1986) [101], collage chatoyant d'images et de musique, en est un exemple classique.

Emboîtant le pas à Paik et aux Vasulka, plusieurs vidéastes ont utilisé les nouvelles technologies dans des œuvres critiquant ces mêmes technologies. Max Almy (née en 1948), une artiste de Los Angeles, utilise pour ses interprétations postmodernes d'un monde déshumanisé l'animation par ordinateur et les effets numériques. Avec *Leaving the 20th Century* (1982) [102-104], elle crée un paysage futuriste où toute relation

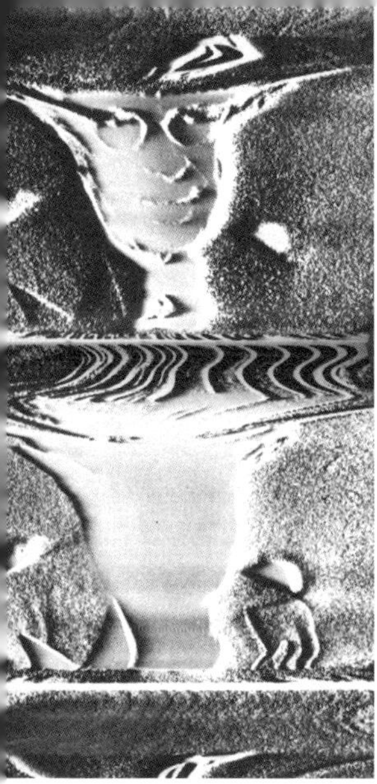

humaine ou tentative de communication est vouée à l'échec ; cet exemple précoce d'art vidéo numérique montre un voyage imaginaire dans le temps accompli grâce au processeur d'un ordinateur.

Certains artistes tirèrent aussi profit de la télévision ; aux Etats-Unis comme en Europe, les chaînes de télévision publiques encouragèrent les expérimentations en accordant l'accès à des studios et des régies vidéo entièrement équipés. A partir de la fin des années 60, WGBH, la chaîne publique de Boston, subventionnée par la Rockefeller Foundation, produisit le New Television Workshop sous la direction de Fred Barzyk ; en 1969, six artistes (Paik, Allan Kaprow, Otto Piene, James Seawright, Thomas Tadlock et Aldo Tambellini) créèrent dans ses studios des œuvres vidéo pour une émission de diffusion nationale intitulée *The Medium is the Medium.* C'était la plus importante diffusion dont ait bénéficié jusque-là la nouvelle pratique de l'art vidéo.

Robert Zagone créa, dans les locaux de la télévision publique KQED de San Francisco, *Videospace* (1968), œuvre qui met en scène d'étranges formes abstraites en désagrégation grâce à des techniques de feed-back à caméras multiples. Sa vidéo *Untitled* (1968), qui montre un danseur représenté en strates successives, reproduit un état onirique et évoque une chronophotographie de Muybridge dans une version actualisée et animée. Les artistes suédois Ture Sjölander, Lars Weck et Bengt Modin produisirent un programme de télévision expérimentale intégrant films, diapositives et bandes vidéo dans un processus de déformation des images intervenant lors de leur retransmission de la bande vidéo à la télévision (*Monument*, 1967). Découvrant ces images, l'historien Gene Youngblood fit ce commentaire : « Nous voyons apparaître les Beatles, Chaplin, Picasso, la Joconde, le roi de Suède et d'autres personnages célèbres défigurés par une sorte de maladie électronique démentielle. » *TeleTapes* (1981) de Peter d'Agostino (né en 1945), œuvre produite par

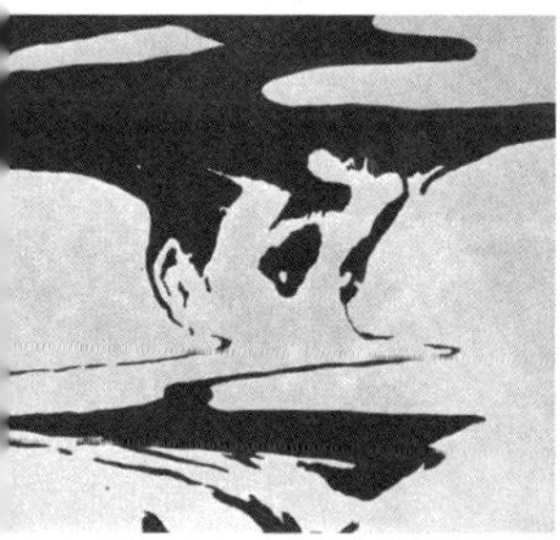

98, 99. **Ture Sjölander, Lars Weck** et **Bengt Modin**, *King of Sweden* (en haut) et *Charlie Chaplin* (ci-dessus). Deux vidéoclips aux images déformées extraites du film *Monument*, 1967. Nombre des innovations dans le domaine de ce qui deviendra l'animation numérique furent le fait de vidéastes qui très tôt conçurent des techniques de création d'images électroniques.

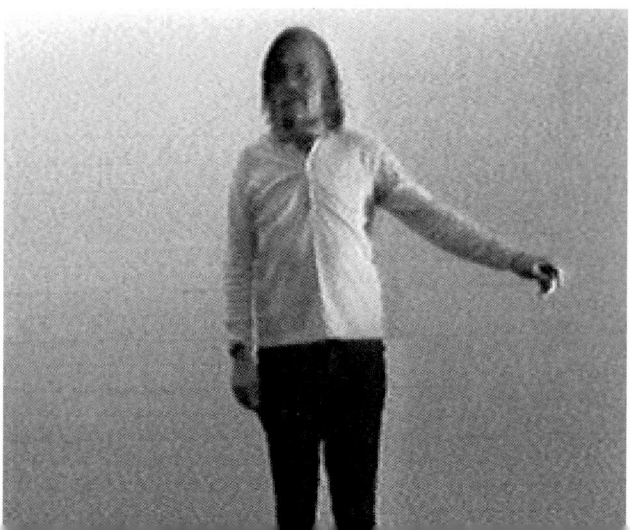

100. **John Baldessari**, *I Am Making Art*, 1971. Plusieurs artistes conceptuels comme John Baldessari réalisèrent des vidéos dépouillées, dont l'absence intentionnelle de raffinement visait les prétentions des beaux arts.

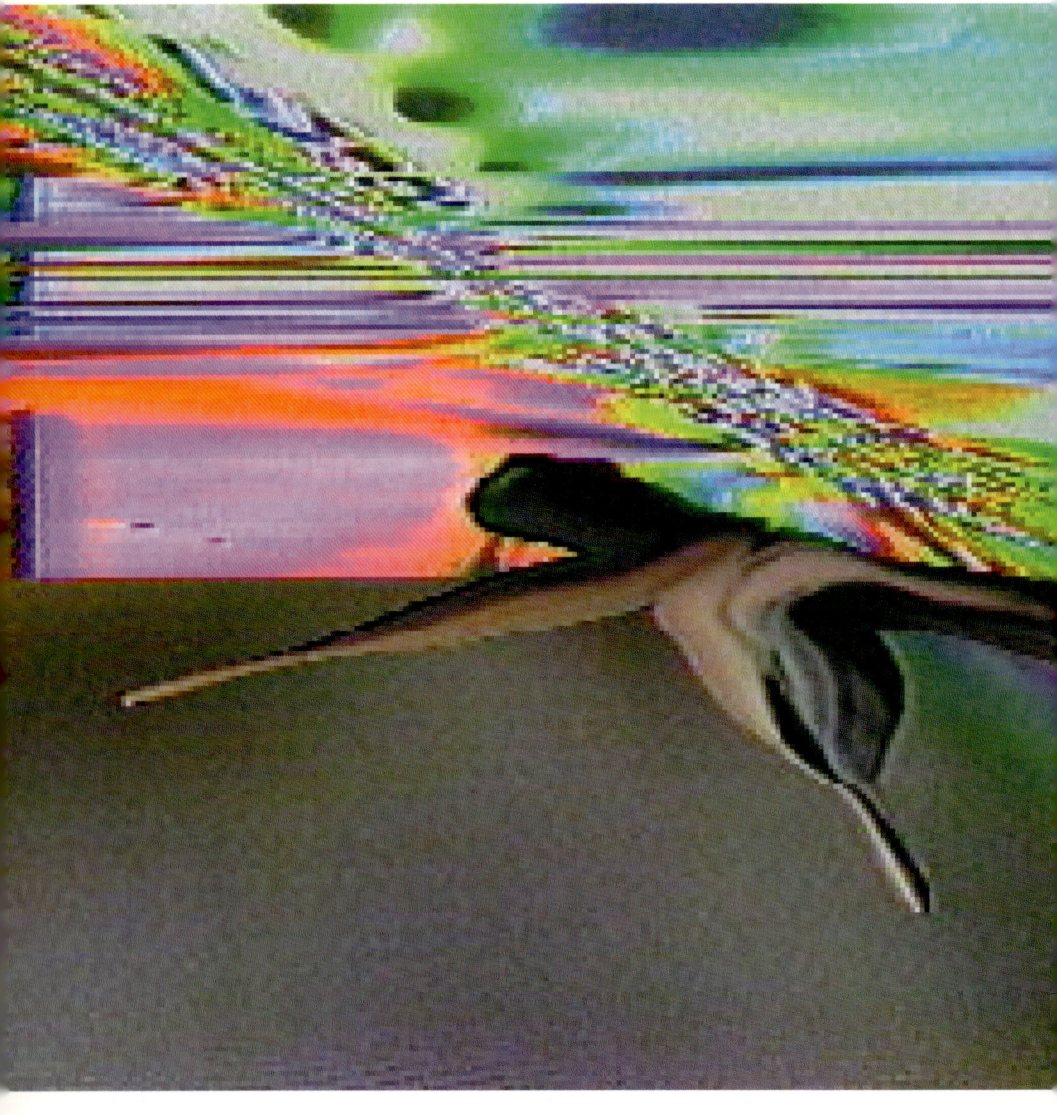

101. **Nam June Paik**, *Butterfly*, 1986.

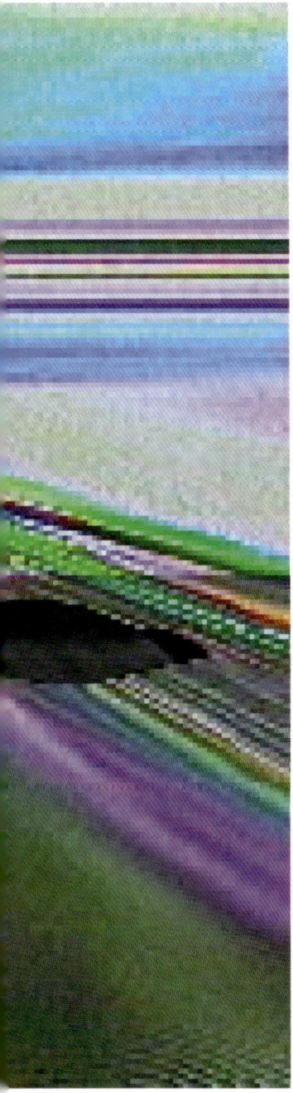

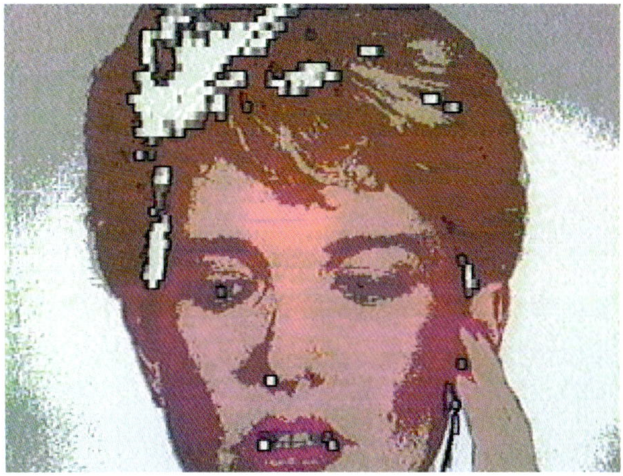

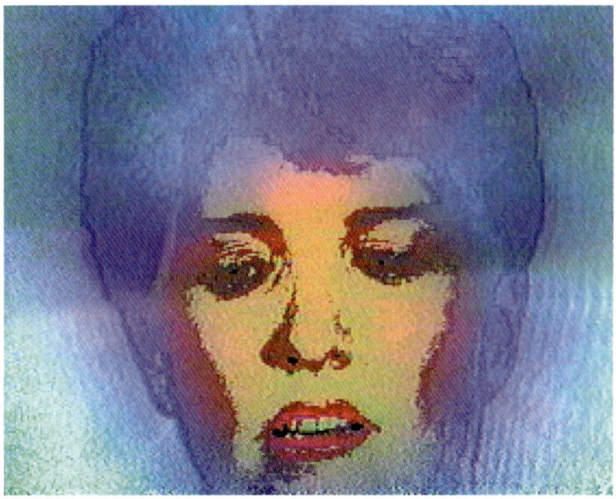

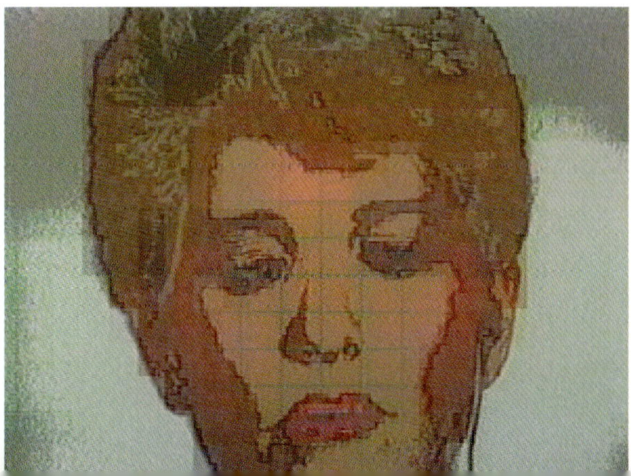

102-104. **Max Almy**, *Leaving the 20th Century*, 1982.

l'influent Television Laboratory de la chaîne publique new-yorkaise WNET, incorpore des jeux de cartes, des trucages et toutes sortes d'effets télévisuels destinés à mettre le spectateur en confrontation avec la « réalité de l'expérience » et la « réalité de la télévision ».

La vidéo conceptuelle

Certaines explorations dans l'art vidéo ont en outre été le fait d'artistes conceptuels ou minimalistes influencés par l'art de la performance. En effet, la plupart des premières œuvres vidéo sont, d'un certain point de vue, l'enregistrement d'une performance ou d'une action. Artiste conceptuel californien qui au début des années 60 utilisa la photographie et le langage dans son travail, John Baldessari (né en 1931) réalisa une série de vidéos en noir et blanc filmées sommairement mais rigoureuses sur le plan conceptuel, la plupart datant de 1971. Dans *I Am Making Art* [100], il se filme vêtu d'une chemise blanche et aussi échevelé qu'à l'accoutumée, debout devant un mur de briques blanc. Tout en esquissant de petits gestes discrets (résolument non chorégraphiques), il répète inlassablement les mots du titre. Durant près de vingt minutes, il accomplit consciencieusement un mouvement après l'autre à mesure qu'il démystifie systématiquement toutes les prétentions de l'art « majeur » (tel l'expressionnisme abstrait) et même certaines de l'art dit « mineur » comme les performances des années 60.

Autre artiste californien lié au mouvement conceptuel, Howard Fried (né en 1946) a réalisé la série *Inside the Harlequin* (1971) anticipant de vingt ans le travail de Matthew Barney ; ces projections multi-écrans montrent Fried suspendu à des câbles par un harnais en train d'escalader les murs de son atelier, lequel est présenté comme un lieu à pénétrer et à conquérir entièrement.

Outre ses performances présentées dans le chapitre précédent, Vito Acconci a analysé en 1971 la place du corps dans l'art et dans la vie à

105. **Vito Acconci**, *Theme Song*, 1973.
Les notions de spectateur et de voyeur sont étroitement associées dans ces monologues ironiques enregistrés en vidéo, lors desquels Acconci invite crûment le spectateur à le rejoindre à l'intérieur de la caméra.

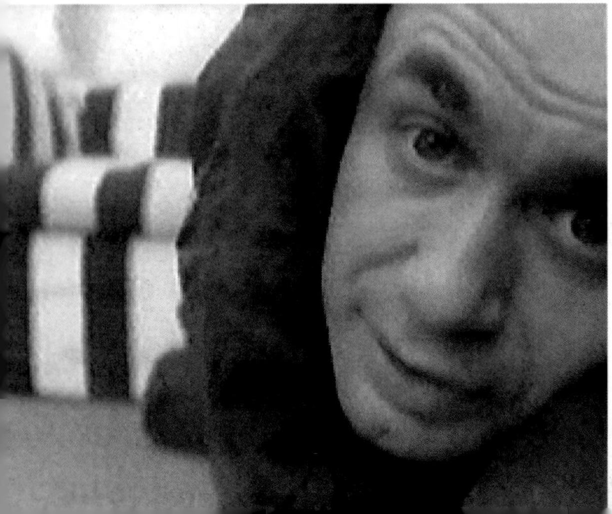

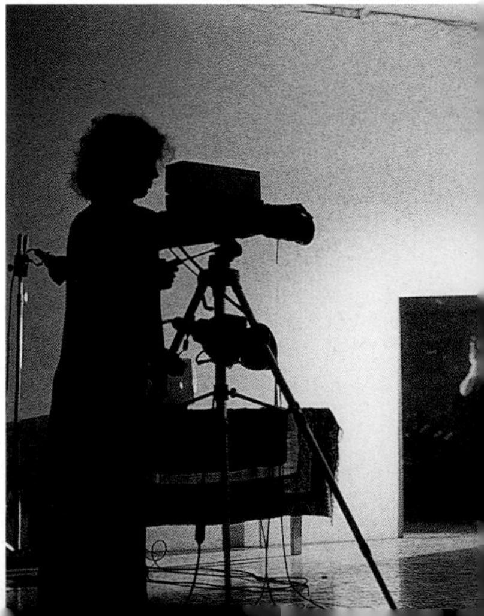

l'occasion de plusieurs vidéos monocanal noir et blanc. Seul à l'intérieur d'une boîte, ou dans l'angle d'une pièce, il braquait la caméra sur lui et, s'adressant directement au spectateur, invitait celui-ci à des jeux de langage psychologiques qui exploraient la relation du spectateur (ou du voyeur) au sujet regardé. Acconci fabriquait ainsi (et montrait) le sentiment illusoire d'intimité que procure le média télévisuel. Dans *Theme Song* (1973) [105], l'artiste est allongé sur le sol, à quelques centimètres de la caméra, devant un canapé rayé noir et blanc, et tente de convaincre le spectateur de le rejoindre. « Je vous veux à l'intérieur de moi », implore-t-il sans discontinuer, tout en fumant une interminable cigarette et en changeant de position. Dans *Filler* (1971), il est assis dans une boîte en carton face à la caméra, toussant à intervalles irréguliers, comme s'il lançait quelque appel pathétique au spectateur. Intentionnellement ou non, les performances vidéo narcissiques d'Acconci sont un parfait repoussoir pour ceux qui, obsédés par la célébrité, règlent leurs habitudes sur l'exemple de la télévision populaire.

106. (ci-dessous) **Joan Jonas**, *Organic Honey's Vertical Roll*, 1972. Copyright 1976, Babette Mangolte, tous droits de reproduction réservés.

107. (à droite) **Joan Jonas**, *Organic Honey's Vertical Roll*, 1973.
Jonas, comme Acconci, bouleverse la relation entre le spectateur et l'image télévisée en déjouant tout sens de la perspective grâce à l'emploi de plusieurs miroirs.

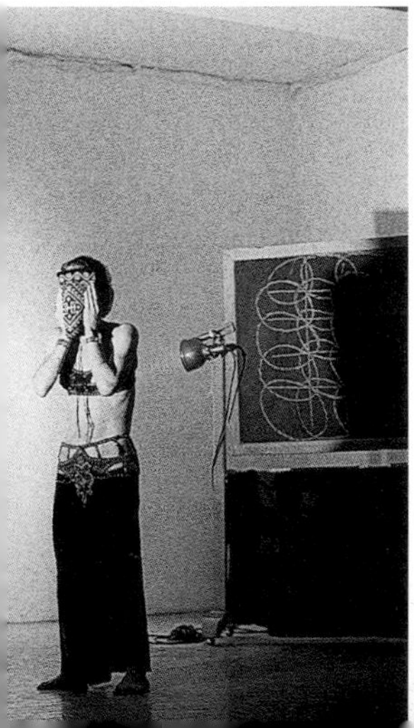

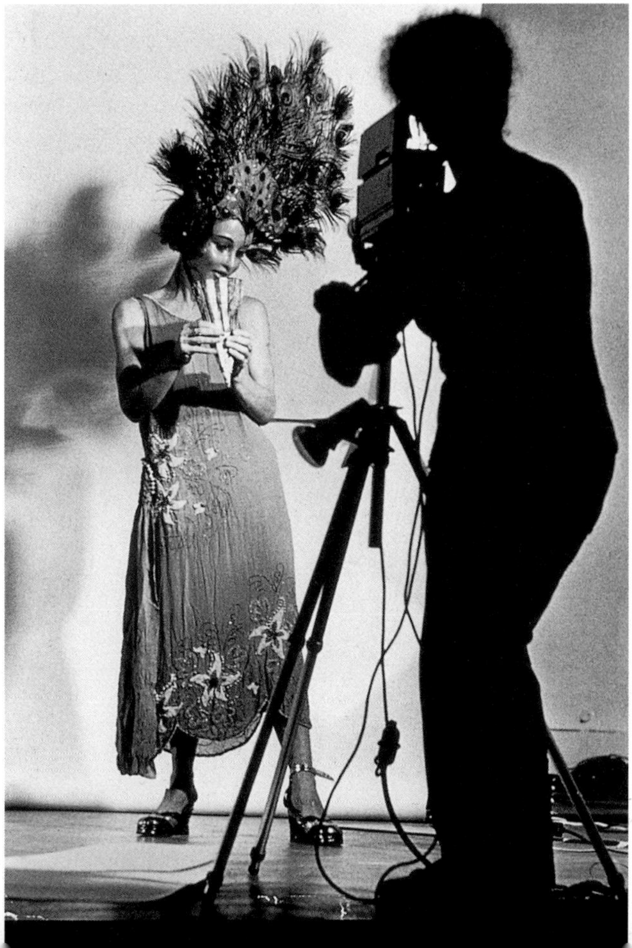

108. (ci-dessous) **Joan Jonas**, *Left Side, Right Side*, 1972. Comme Acconci, Jonas bouleverse la relation entre le spectateur et l'image télévisée, en brouillant tout sens de la perspective par l'utilisation de miroirs multiples. « Dès le début de mon travail, explique Joan Jonas, j'ai utilisé le miroir comme une métaphore de mes recherches, et comme dispositif de modification de l'espace [...] ce qui permet également de refléter le public, de l'amener dans l'espace. »

109. (page ci-contre, en haut) **Hannah Wilke**, *Gestures*, 1973. Ce qui ressemble de prime abord à une publicité pour une crème de beauté devient une grotesque parodie de l'idéalisation de l'image féminine.

Si Acconci révélait l'intimité trompeuse de l'image télévisée d'un point de vue masculin, plusieurs artistes femmes attirèrent l'attention dans les années 70 sur la manière dont les femmes étaient couramment représentées à la télévision, au cinéma et dans le domaine de la pornographie. « The personal is political » (Ce qui est personnel est politique) : ce célèbre slogan féministe contribua à ouvrir le discours artistique afin qu'il englobe le point de vue féminin. L'identité sexuelle, la sexualité (homosexuelle et hétérosexuelle) et le rôle de la femme dans l'art et dans la société devinrent des sujets omniprésents dans l'art.

L'importante œuvre vidéo de Joan Jonas, artiste célèbre pour ses performances, en est venue à définir le médium dans sa complexité. *Vertical Roll* (1972) [106-107], œuvre dont le titre fait référence à l'interruption d'un signal électronique provoquant la diffusion incessante d'une seule image à l'écran, fait appel au pouvoir de la répétition, si souvent constaté en chorégraphie et en sculpture minimaliste, pour fragmenter et désorienter la perception du corps féminin. Jonas est filmée tantôt en danseuse du ventre, tantôt en star de cinéma des années 30, mais son image disparaît sans cesse sous l'effet du brouillage visuel. Pendant toute la durée de l'œuvre, l'artiste brandit une cuillère, métaphore élémentaire de la vie domestique, avec laquelle elle heurte ce qui semble être le devant de la caméra, afin de déconcerter davantage encore le spectateur et de communiquer la fureur qui l'anime.

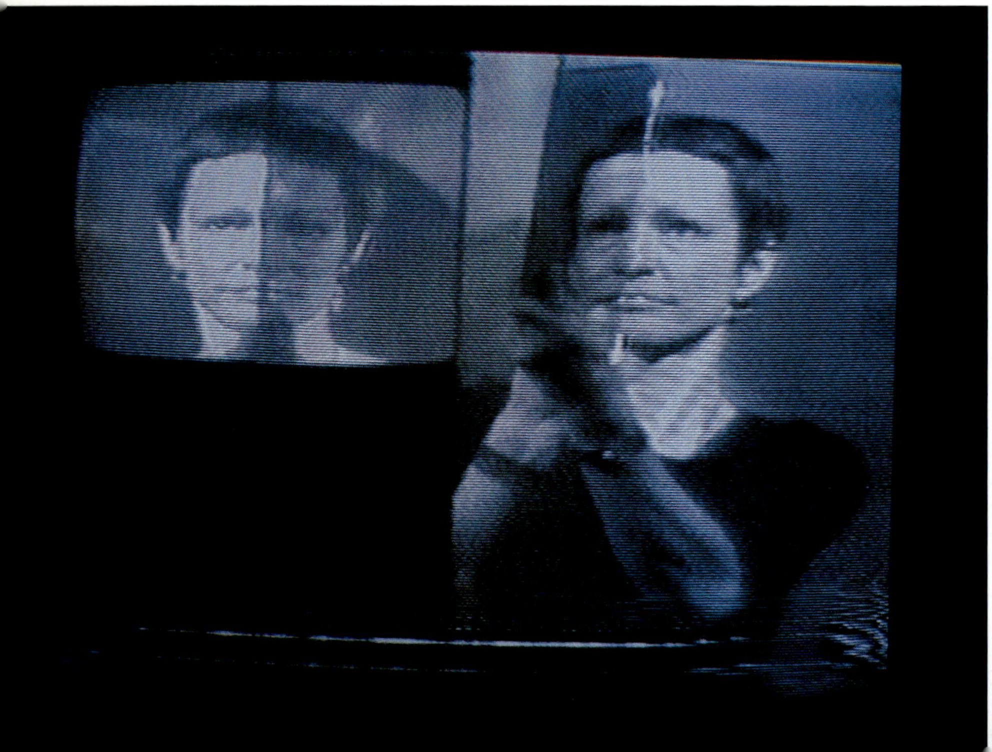

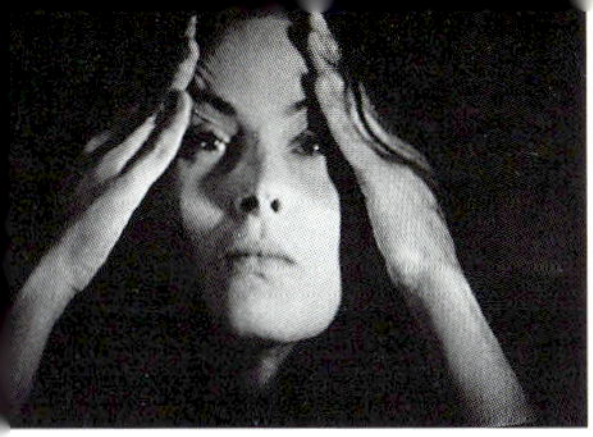

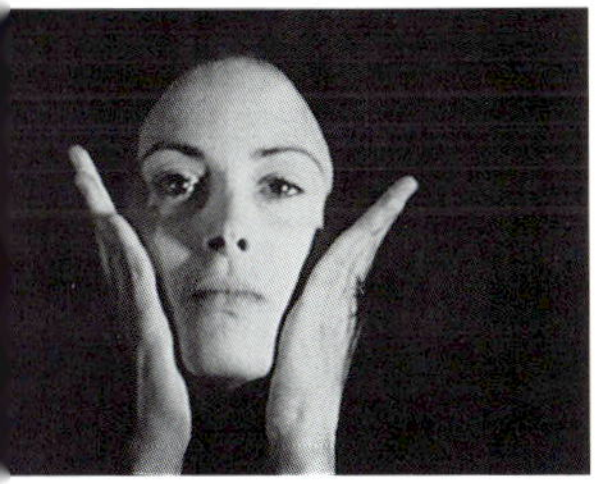

Pour *Left Side, Right Side* (1972) [108], œuvre composée sur un mode plus léger, Joan Jonas a réalisé des trucages avec la caméra et un miroir afin de brouiller la perception de la gauche et de la droite, déjà troublée lorsqu'on regarde une image inversée. L'artiste accentue le dilemme en répétant sans discontinuer : « Voici mon côté gauche, voilà mon côté droit », jusqu'à ce que le spectateur ne puisse plus les distinguer. Comme Acconci, elle réalise des œuvres qui s'interrogent sur le médium même auquel elles recourent, et brouille la perspective conventionnelle tout en créant un remarquable paysage féministe personnel grâce à une « mise en scène » de son corps très différente de celle que créent les médias traditionnels pour représenter le corps féminin. « La vidéo, précise-t-elle, m'a permis d'élaborer mon propre langage, un langage poétique. Il me semblait que je devais entrer dans la vidéo, que je devais l'explorer comme un élément spatial, avec moi à l'intérieur. »

L'artiste allemande Hannah Wilke (1940-1993) explore également la dynamique de l'artiste et de son corps par rapport aux représentations conventionnelles de la femme. Dans *Gestures* (1973) [109], elle focalise la caméra sur son visage filmé en gros plan et accomplit des gestes sexuellement évocateurs avec les doigts et la langue. Ces mimiques prennent un tour progressivement grotesque à mesure que l'artiste se déforme le visage, démystifiant ainsi le corps féminin tel qu'il est représenté à l'écran. *Now* (1973) de l'Américaine Lynda Benglis (née en 1941)

110. (ci-dessous)
Dara Birnbaum, *Technology Transformation: Wonderwoman*, 1978-1979.
Birnbaum s'empare d'un célèbre personnage de série TV et déconstruit le mythe de la « super-femme ».

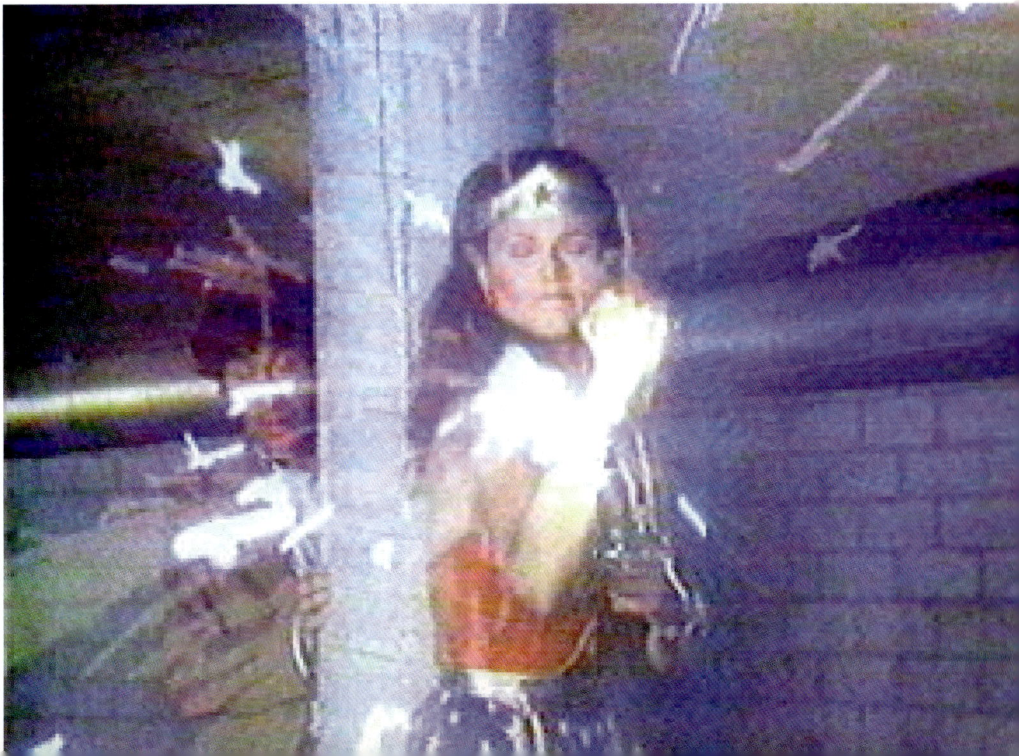

procède du même esprit. Des images préenregistrées de son visage filmé en gros plan étaient diffusées tandis qu'elle se produisait en temps réel devant la caméra, interagissant ainsi avec sa propre image et explorant les possibilités de ce nouveau médium tout en critiquant l'usage qui en est fait pour représenter de manière dégradante le corps féminin.

Technology Transformation: Wonderwoman (1978-1979) [110] de Dara Birnbaum (née en 1946) a été réalisé en recyclant des images extraites d'une série télévisée populaire aux Etats-Unis durant les années 70, *Wonderwoman*. L'artiste dénonce de cette manière le mythe de la femme admirablement faite, à la fois amante parfaite et travailleuse irréprochable. Ayant soigneusement isolé certaines séquences au moment du montage, Birnbaum fait tourbillonner et tournoyer Wonderwoman dans une orgie d'images aussi répétitives que fragmentées qui déconstruisent au sens propre le mythe télévisé traditionnel.

Souvent négligée dans les panoramas historiques consacrés à l'art médiatique féministe, l'artiste d'origine cubaine Ana Mendieta (1948-1986) a créé, durant ses études au département « Intermédia » de l'université d'Iowa, des performances, des vidéos et des films qui exprimaient la relation viscérale qu'elle percevait entre la terre et son propre corps. Elle se produisait devant la caméra, déformant son corps en l'appuyant contre de grandes plaques de verre, ou s'aspergeant de grandes quantités de sang d'animal puis imprimant certaines parties de son corps sur du papier ou d'autres surfaces. Son film *Burial Pyramid* (1974), tourné

111. **Ana Mendieta**, *Body Tracks (Blood Sign #2)*, 1972-1974. Dans de nombreuses performances, Ana Mendieta met en scène son corps ensanglanté comme métaphore spirituelle du sacrifice.

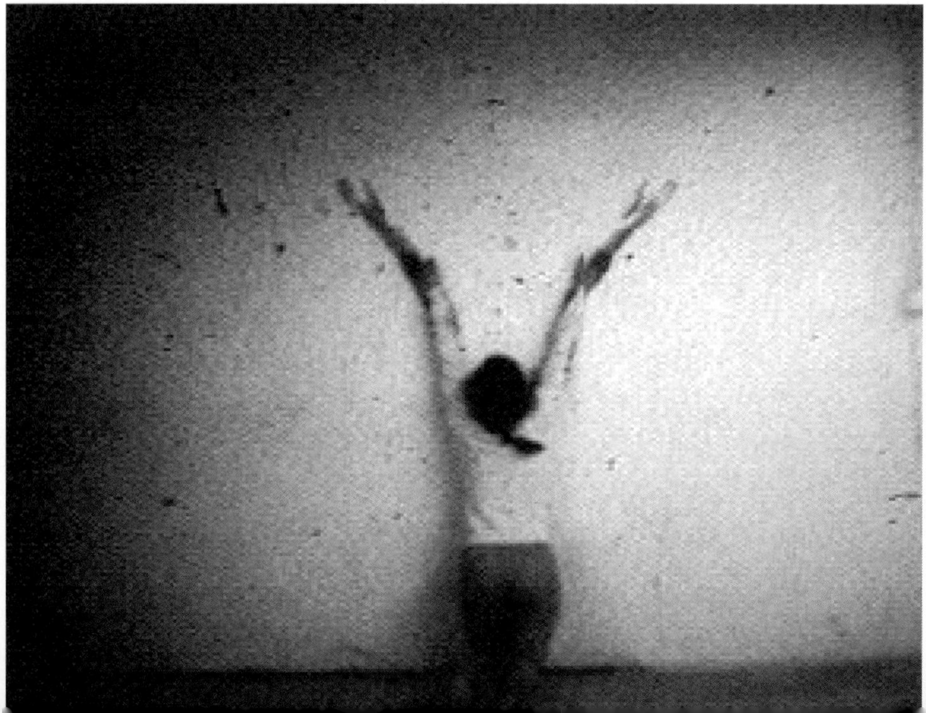

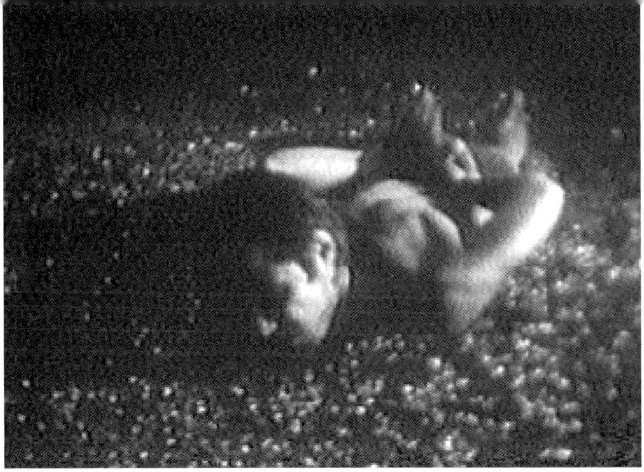

112. **Chris Burden**,
Through the Night Softly, 1973.
Burden a souvent mis en question le processus de création artistique en utilisant son corps comme œuvre d'art dans des situations extrêmes, comme ramper sur des tessons de verre ou se faire tirer une balle dans le bras.

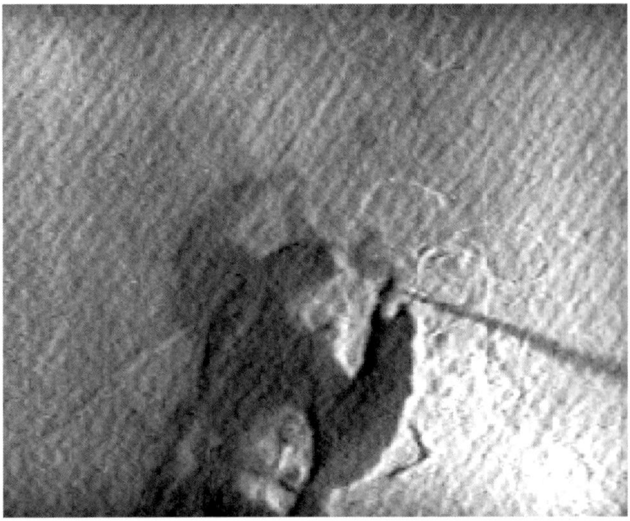

113. **Peter Campus**,
Dynamic Field Series, 1971.

sur un site désolé du Mexique, à El Yaagul, montre un amas de rochers qui commence à vaciller comme sous l'effet d'un tremblement de terre, puis les rochers se désunissent et laissent apparaître Mendieta qui, nue et allongée sur le dos, déplace les blocs par les mouvements de son corps. Ces performances vidéo commencées en 1972 sont regroupées dans la série *Body Tracks* (1974) [111].

Les investigations portant sur le corps ne furent pas le fait exclusif d'artistes femmes. Les performances violentes mettant en scène un corps exposé au danger réalisées par l'Américain Chris Burden (né en 1950) subvertissaient toutes les idées relatives au processus de création de l'art « majeur ». Son travail visait à choquer les spectateurs et à créer ainsi un type inédit de relation entre le performer et un public impliqué dans les actions extrêmes de l'artiste. Les premiers films et vidéos de Burden sont

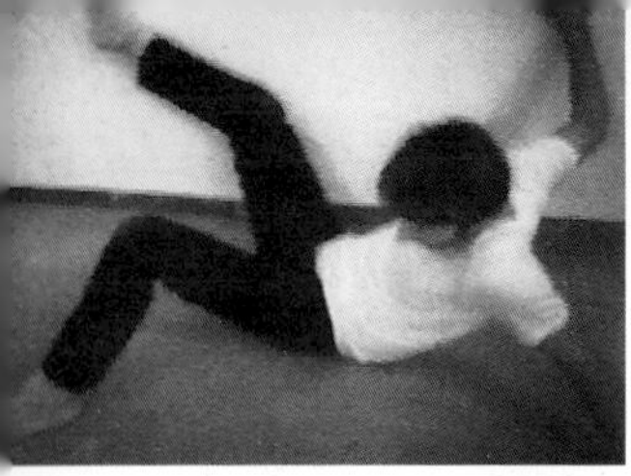
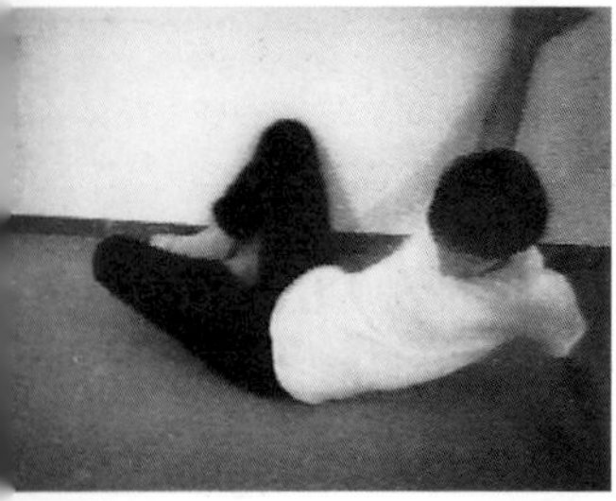
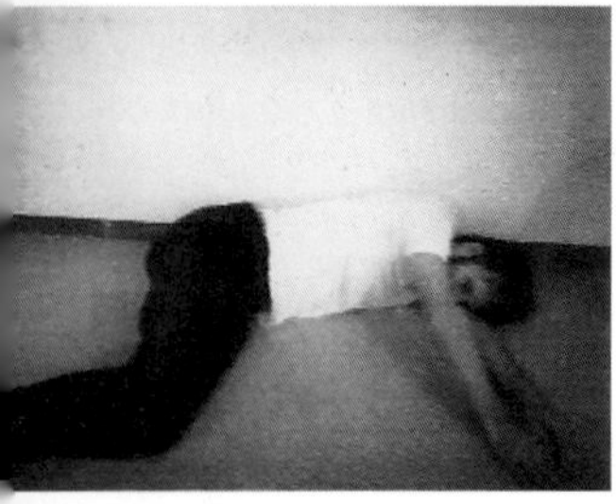

les enregistrements de ses performances, comme *Shoot* (1971), lors de laquelle il se fit tirer une balle dans le bras, ou bien *Through the Night Softly* (1973) [112] où, allongé sur le ventre, les mains liées dans le dos et vêtu d'un simple short, il rampait sur un sol jonché de tessons de verre. La vidéo *Icarus* (1973) le montre étendu nu et scotché au sol de son atelier, face à quelques amis conviés à tenir le rôle de spectateurs/témoins ; on le voit échapper de justesse à de graves brûlures après que le feu avait été mis à des rideaux se situant tout autour de lui. Burden enregistra lui-même le commentaire de ces vidéos, d'une voix qui ne laisse percer aucune trace d'ironie. Ce jeune casse-cou conceptuel était manifestement convaincu que ses actions périlleuses étaient autant de révélations psychologiques sur les relations de son propre corps avec le monde et l'art.

Comme Burden, Peter Campus (né en 1937) fut l'un des premiers praticiens de l'art vidéo qui sondèrent l'identité personnelle et spatiale par le biais de la performance vidéo. Ses *Dynamic Field Series* (1971) [113] le montrent dans son atelier en train d'exécuter divers exercices d'endurance, comme de grimper à la corde ; la caméra le filme sous une telle diversité d'angles que le spectateur ne peut distinguer le réel de l'imaginaire. Ses *Three Transitions* (1973) sont considérées comme un classique de l'art vidéo ; utilisant ce médium pour créer une métaphore du moi intérieur et du moi extérieur, Campus crée des illusions de transformation : il apparaît en train de se poignarder dans le dos, d'effacer la surface de son visage ou de se hisser à travers son propre dos ouvert.

Bruce Nauman (né en 1941) réalisa lui aussi des vidéos mettant en scène son propre corps, comme *Wall/Floor Positions* (1968) [114-116] où il adopte des poses sculpturales contre le mur et sur le sol de son atelier, conviant le spectateur à une rencontre voyeuriste avec l'artiste

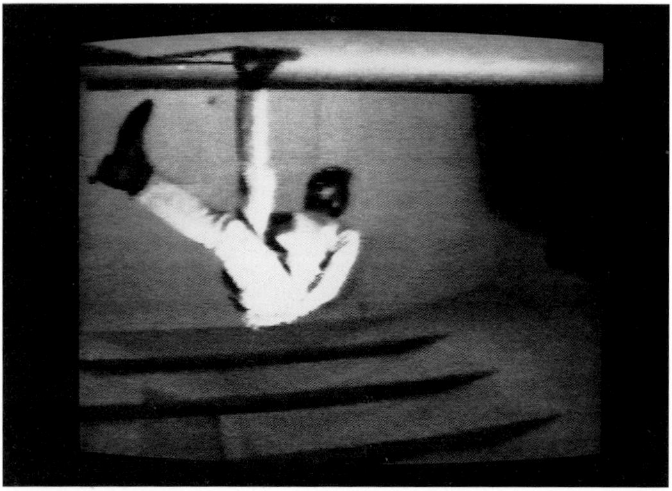
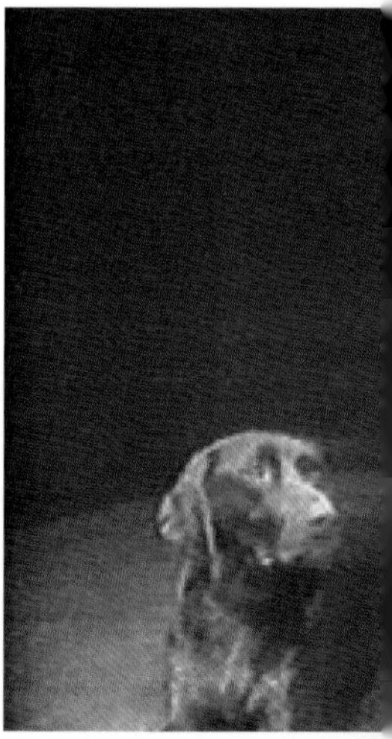

114-116. (page ci-contre)
Bruce Nauman, *Wall/Floor Positions*, 1968.

117. (page ci-contre, en bas)
Bruce Nauman, *Revolving Upside Down*, 1968.
Associant dans son travail la performance et la sculpture, Nauman établissait une relation entre les activités, aussi ordinaires fussent-elles, qu'il effectuait dans son atelier et sa sculpture : « Il s'agit pour moi de me rendre à l'atelier et de m'impliquer dans une activité quelconque. Parfois, il apparaît que cette activité nécessite la fabrication de quelque chose, et parfois cette activité constitue l'œuvre. »

118. (ci-dessous)
William Wegman, *Selected Works: Reel* 6, 1975.

119. (ci-dessous, à droite)
Juan Downey, *Moving*, 1974.
Juan Downey, comme d'autres artistes, a utilisé la vidéo en guise de journal intime ou d'archives visuelles pour conserver ses pensées et impressions personnelles.

dans son espace de travail qu'il délimite à l'aide de son corps. Ses nombreuses bandes vidéo qui se présentent comme des mises en scène littérales de leur titre (*Bouncing in the Corner no. 1* – « Rebondir dans le coin » ; *Revolving Upside Down* – « Tourner, la tête en bas » [117] ; *Stamping in the Studio* – « Taper du pied dans l'atelier » ; toutes de 1968) révèlent le corps comme matériau sculptural à mesure que l'artiste se déplace dans l'atelier. Ces vidéos montrent également une pratique courante parmi les premiers vidéastes, celle qui consistait à laisser simplement la bande se dérouler jusqu'à la fin, façon de rejeter délibérément toute idée de montage au sens conventionnel du terme ; du reste, il fallut attendre 1975 pour que soient commercialisés des bancs de montage à des prix plus abordables.

Nauman est un bon exemple d'artiste pour qui la vidéo n'était que l'une des techniques de sa pratique artistique ; comme d'autres créateurs de sa génération, il recherchait avec constance et acharnement de nouveaux modes d'expression pour « découvrir comment continuer ». Dédaignant l'idée d'un simple remaniement des problèmes traditionnels de la peinture, Nauman « s'intéressait à ce que pouvait être l'art, et pas simplement à ce que pouvait être la peinture ». Le matériau devenait par conséquent à la fois insignifiant et primordial, en ce sens qu'il n'y avait aucune restriction concernant ce qui pouvait être utilisé pour la création artistique.

L'Américain William Wegman (né en 1943) s'est laissé tenter, quant à lui, par une exploration de l'identité plus humoristique tout en s'appropriant l'exubérance d'un médium d'évolution récente. Il s'est fait connaître par les photographies aussi comiques qu'attendrissantes de ses chiens ; il commença à filmer son chien Man Ray en vidéo à la fin des

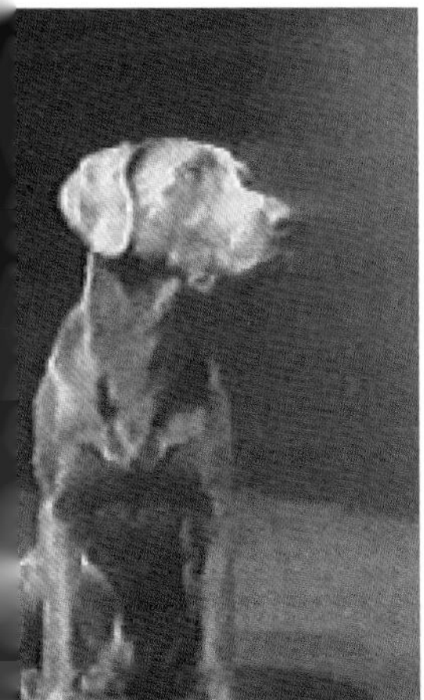

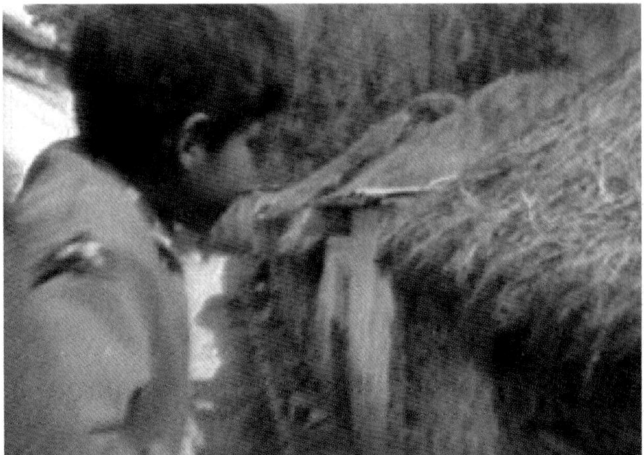

années 60 et juxtaposa les mouvements de celui-ci avec des textes traitant de la vie et de l'art, créant ainsi un corpus d'œuvres où perse l'ironie. Dans *Selected Works: Reel 6* (1975) [118], Man Ray et un autre chien fixent leur attention sur un objet déplacé hors champ : les deux chiens assis tournent la tête d'un côté et de l'autre, tels les spectateurs d'un match de tennis. Wegman évoque fréquemment l'histoire de l'art moderne dans son travail, apparaissant par exemple en travesti dans une séquence de *Split Sandwich* (1970), comme Duchamp sous les traits de son personnage fictif Rrose Selavy ; *Man Ray Man Ray* (1978) est une « biographie » de l'artiste interprétée par le chien du même nom.

Parmi les vidéastes importants de la première génération, d'autres ont utilisé la vidéo afin de produire une sorte de journal intime. Andy Warhol acquit un Portapak Sony en 1970. Il filma avec cet appareil ses activités dans son atelier jusqu'en 1976. Intitulée *Factory Diaries*, cette œuvre montre des centaines d'heures de travail de l'artiste. Juan Downey (né en 1940), artiste chilien qui vit depuis de nombreuses années à New York, utilise la vidéo pour analyser le mode de vie qu'il s'est choisi en tant qu'artiste – la discontinuité culturelle. Dans *Moving* (1974) [119], il voyage, son Portapak à l'épaule, à travers les Etats-Unis puis l'Amérique du Sud (Pérou, Bolivie) jusqu'à l'extrémité australe de son Chili natal, créant un journal vidéo qui relate la quête de son moi perdu.

Plusieurs autres artistes des années 70 reprirent l'usage conceptuel du langage dans leurs vidéos. Dans celles de Gary Hill (né en 1951), qui se tourna vers cette technique en 1973, langage et textes jouent un rôle essentiel comme chez d'autres la musique. Dans *Electronic Linguistics* (1977) [120], il tente de traduire visuellement un son électronique en

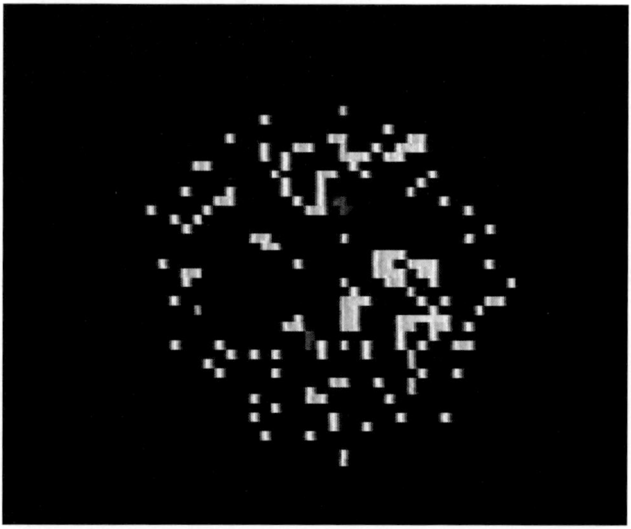

120. **Gary Hill**,
Electronic Linguistics, 1977.
Les mots, les sons, les images et les mouvements sont tous des langages selon Hill. Celui-ci cherche dans la plupart de ses œuvres à traduire visuellement les efforts de l'homme pour parvenir à la conscience par divers langages.

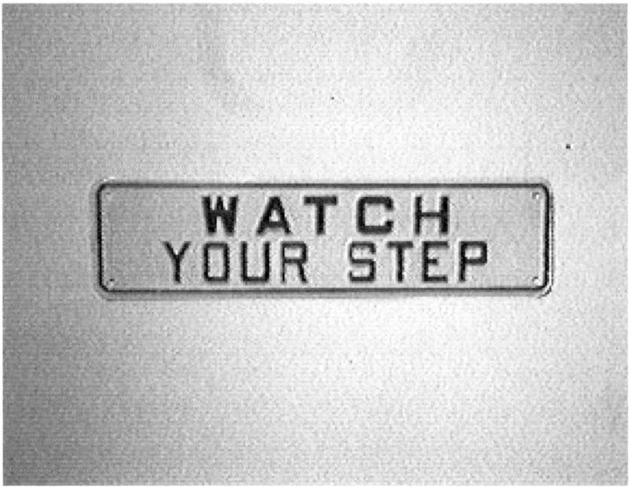

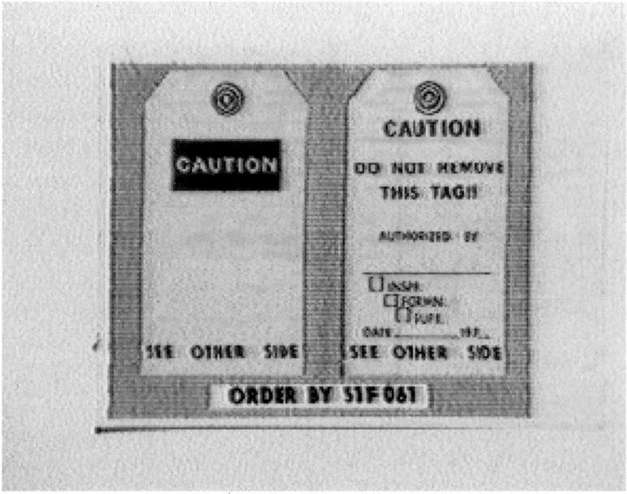

121, 122. **Ken Feingold**, deux photogrammes extrait de *Purely Human Sleep*, 1980. Feingold exhume les angoisses inconscientes provenant des informations, de la publicité et de la télévision qui envahissent nos existences.

représentant à l'écran une succession rapide de formes (lignes, courbes) produites électroniquement. Hill considère que l'image est un langage qu'il réinvente continuellement grâce à l'art vidéo.

Cet artiste nous fournit une transition permettant d'aborder la génération de vidéastes ayant atteint sa maturité à partir de la seconde moitié des années 80. Tandis que le prix des caméras et du matériel vidéo en général continuait de baisser et que leur utilisation se généralisait, l'art vidéo cessa d'être un art de réaction à la télévision ou simplement une autre forme d'expression des tendances qui existaient dans les arts plastiques (l'art conceptuel, le body art, le process art…), et commença à se forger une identité propre. Emergèrent des artistes qui n'étaient pas des sculpteurs, des photographes ni des peintres intéressés par la vidéo (à l'instar d'un Serra ou d'un Baldessari), mais principalement des vidéastes. Bien que Hill fût à l'origine sculpteur, il se convertit entièrement à la vidéo et, même si l'influence de la sculpture continue de transparaître dans ses installations, c'est dans le domaine de l'art électronique qu'il a mené ses principales explorations.

Ken Feingold (né en 1952) a débuté sa carrière dans les arts électroniques par la vidéo et la poursuit avec des œuvres complexes recourant à l'informatique. Si l'iconographie de Hill dérive souvent des écrits philosophiques de Wittgenstein, les vidéos du début des années 80 de Feingold (*Water Falling From One World to Another*, 1980, *Purely Human Sleep*, 1980 [121, 122], et *Allegory of Oblivion*, 1981), qui ont pour thème central l'intimité entre le langage et l'image, le moi et l'autre, reflètent son intérêt pour la psychanalyse lacanienne et pour la sémiotique. Feingold utilisait des symboles du langage pour représenter la vie à l'ère postmoderne qui était montrée comme un univers « fracturé par la philosophie, les informations et l'art ».

Les explorations intellectuelles du langage, du son et de l'image apparaissent également dans le travail de Robert Cahen (né en 1945), l'un des plus importants vidéastes français. Elles puisent dans l'œuvre de

123. **Robert Cahen**, *Juste le temps*, 1983.
Les images de Cahen semblent souvent appartenir au genre cinématographique et non à la vidéo, mais le vidéaste parvient à combiner la profondeur de la texture du film avec l'immédiateté de la transmission que permet la vidéo.

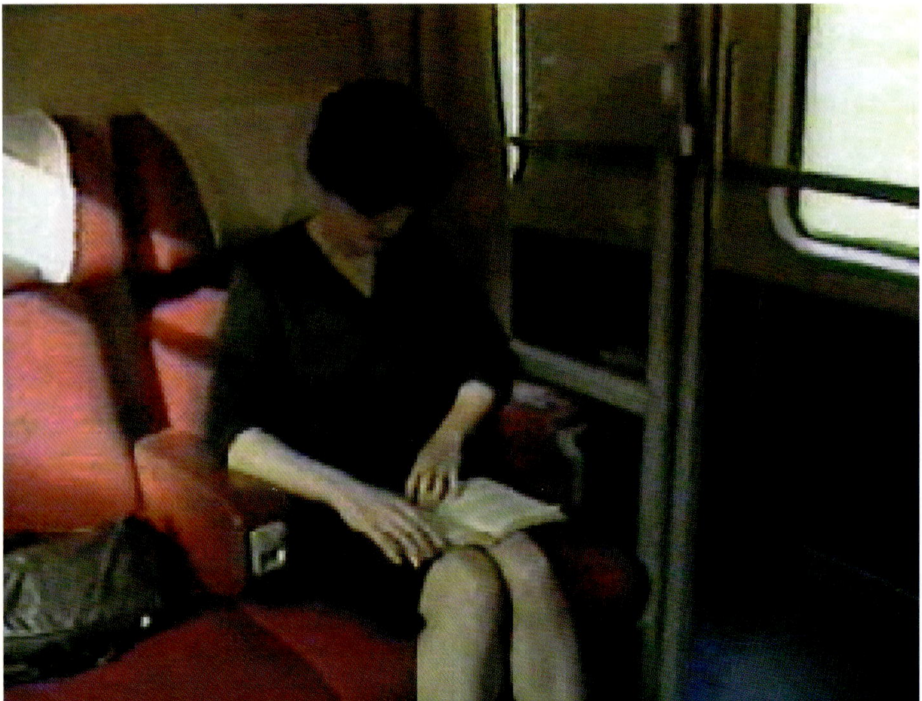

Jean-Luc Godard réalisée à partir des années 60. Les affinités de Cahen avec le cinéaste sont patentes dans des vidéos comme *Juste le temps* (1983) [123] et *Boulez-Répons* (1985). La première œuvre montre une femme assise dans un train. On voit un paysage abstrait formé d'images multiples qui apparaissent et disparaissent derrière la vitre du compartiment. Pour la seconde, qui intègre une composition de Pierre Boulez *(Répons)*, Cahen met en œuvre des techniques de traitement électronique qui immergent la musique dans des images d'eau, de ciel et d'arbres.

Les vidéastes des années 80-90 se sont beaucoup illustrés dans des narrations personnelles traduisant une quête d'identité (plus particulièrement culturelle ou sexuelle) et de liberté politique. Ce type d'évolution reflète souvent des réalités économiques : en Europe de l'Ouest, en Amérique du Nord et au Japon, pays où certains artistes ont connu une période de paix et de prospérité économique relatives alors que d'autres s'estimaient exclus, la vidéo a été utilisée pour communiquer leur profond désir de parvenir à une égalité sociale (il s'agit des femmes et des minorités sexuelles et raciales). A l'Est en revanche (en Europe de l'Est, au Moyen-Orient et en Extrême-Orient), les luttes politiques demeurent au premier rang des préoccupations artistiques et économiques. Pour des

124. **V. Bukatin**, **B. Galeyev** et **R. Sayfullin**, *Peintre électronique*, 1975-1980.
Le groupe soviétique d'art et de technologie SKB Promotei est parvenu à créer des vidéos expérimentales visuellement très intéressantes à une époque où dans ce pays les recherches artistiques avant-gardistes étaient officiellement désapprouvées.

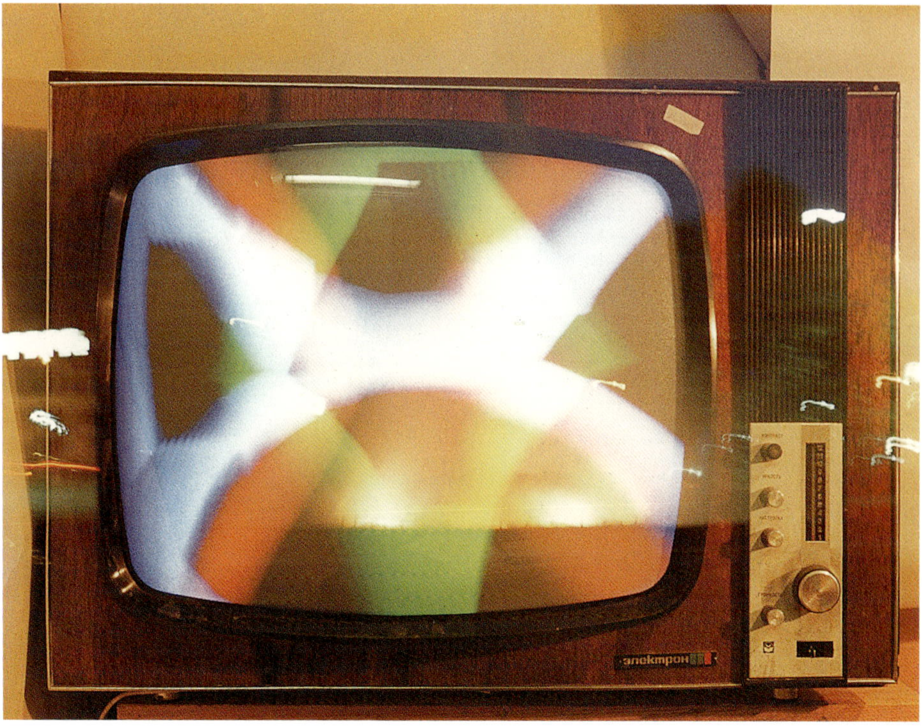

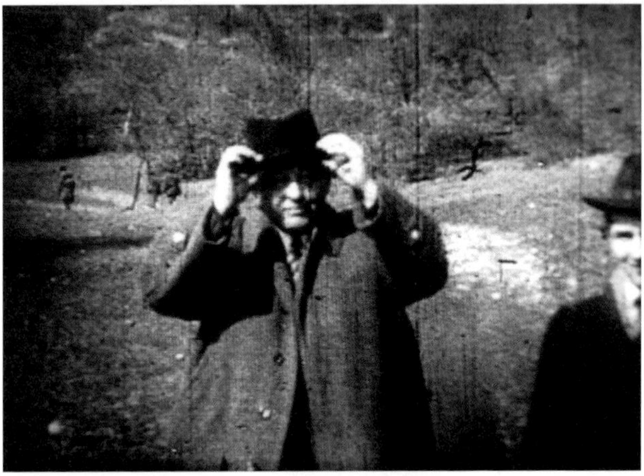

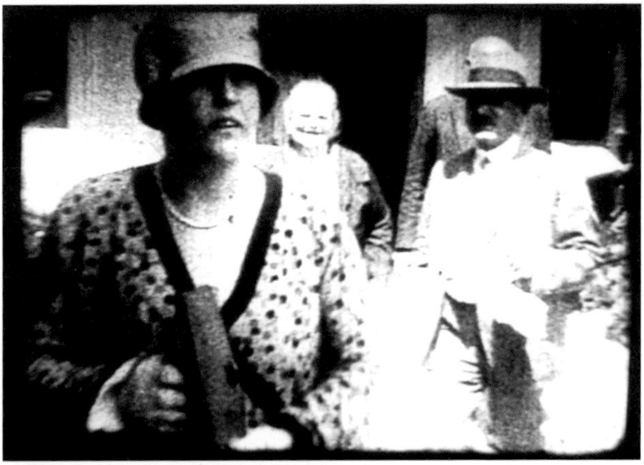

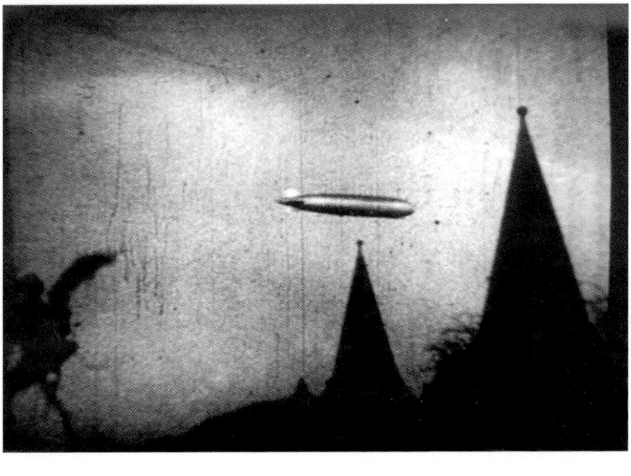

125-127. **Péter Forgács**,
Hongrie privée : la famille Bartos,
1988.
Le vidéaste Péter Forgács a rassemblé des documents exceptionnels relatifs à la vie quotidienne sous Staline.

motifs économiques, mais surtout en raison de différences artistiques, l'art vidéo ne suscita de vocation artistique dans l'ancienne Union Soviétique qu'à partir des années 90, après la chute du communisme. Selon Bulat Galeyev, l'un des fondateurs du groupe d'art et de technologie SKB Promotei, l'Union Soviétique ne considérait pas la vidéo comme un « art » ; ceci dit, son utilisation comme outil de surveillance peut également avoir été un facteur dissuasif. Le groupe de Galeyev réalisa toutefois diverses expériences avec le moniteur vidéo pour une série d'œuvres intitulée *Peintre électronique* (1975-1980) [124], où des images de couleur étaient programmées par des générateurs électroniques placés dans le moniteur. Leur *Sonate spaciale* (1981) est une exploration abstraite du corps immergé dans l'espace intersidéral. En Hongrie, Péter Forgács a réalisé à partir de 1988 un documentaire consacré à la vie quotidienne sous Staline, *Hongrie privée : la famille Bartos* [125-127], en utilisant des séquences filmées par Zoltan Bartos, le fils aîné de la famille.

En Chine communiste, l'art vidéo émerge lentement et prend principalement une forme documentaire. Des artistes comme Ma Liuming, Li Yongbin et Wang Jinsong sondent l'individu dans un pays où l'anonymat a été valorisé au détriment de l'affirmation du moi. *Tiananmen Square* (1991), de Shi Jian et Chen Jue, est une série de bandes vidéo montrant le quartier de la place Tian An men, à Pékin, théâtre de la révolte étudiante de 1989 ; le gouvernement chinois interdit la distribution nationale et internationale de cette œuvre jusqu'en 1997, année où elle fut présentée au Museum of Modern Art de New York.

Démarches introspectives

Bill Viola (né en 1951) débuta sa longue exploration du moi physique et spirituel avec ses bandes vidéo monocanal des années 70 et 80. Peut-être plus que tout autre vidéaste, Viola considère la vidéo comme un médium profondément personnel qui recèle une gamme complète de potentialités expressives. Comme un jeune peintre expérimente sur la toile l'effet de diverses combinaisons de couleurs, pour sa vidéo *Information* (1973) Viola manipula les composants électroniques d'un magnétoscope et provoqua une erreur technique (un signal qui ne cesse de s'interrompre) afin de créer une séquence d'images qu'il pouvait maîtriser de l'extérieur. Viola a étudié la musique et l'acoustique et il place le son et les interactions de la lumière et de l'obscurité au centre de son œuvre. Il se filme avec un haut-parleur dans le dos (*Playing Soul Music to My Freckles*, 1975) ou montre sa propre image qui se reflète dans une tasse de café et disparaît progressivement à mesure qu'il avale la boisson (*A Non-Dairy Creamer*, 1975). Le moi et le non-moi – concepts fondamentaux du mysticisme oriental qui intéressent Viola depuis longtemps – ont joué un rôle essentiel dans toute son œuvre jusqu'à une période très récente.

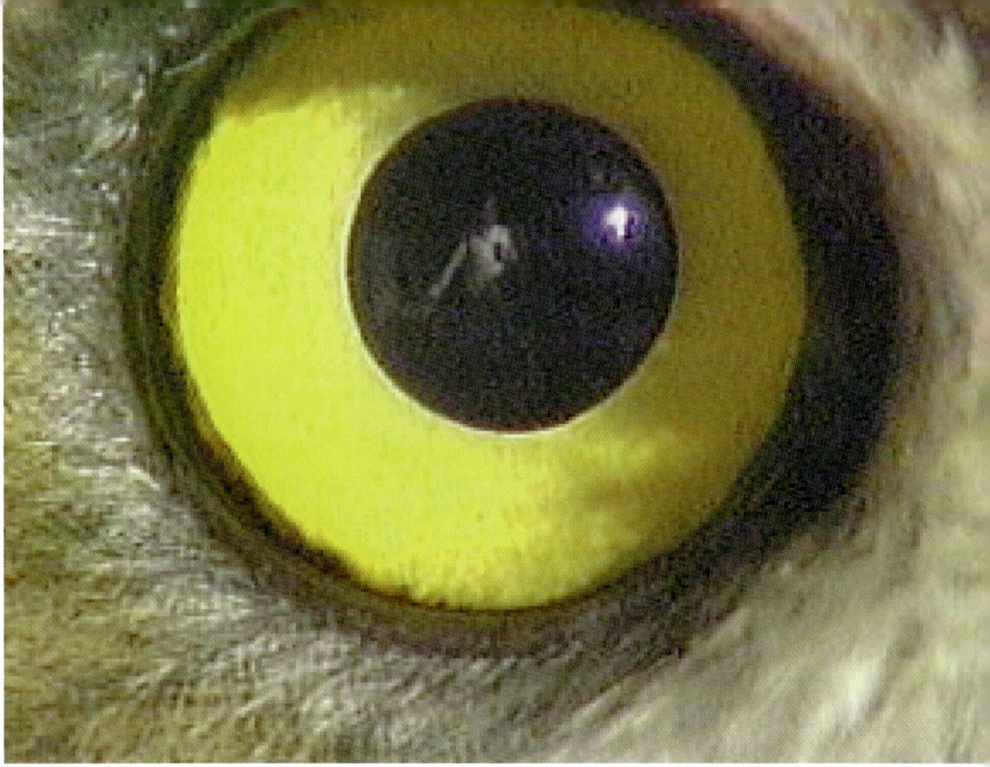

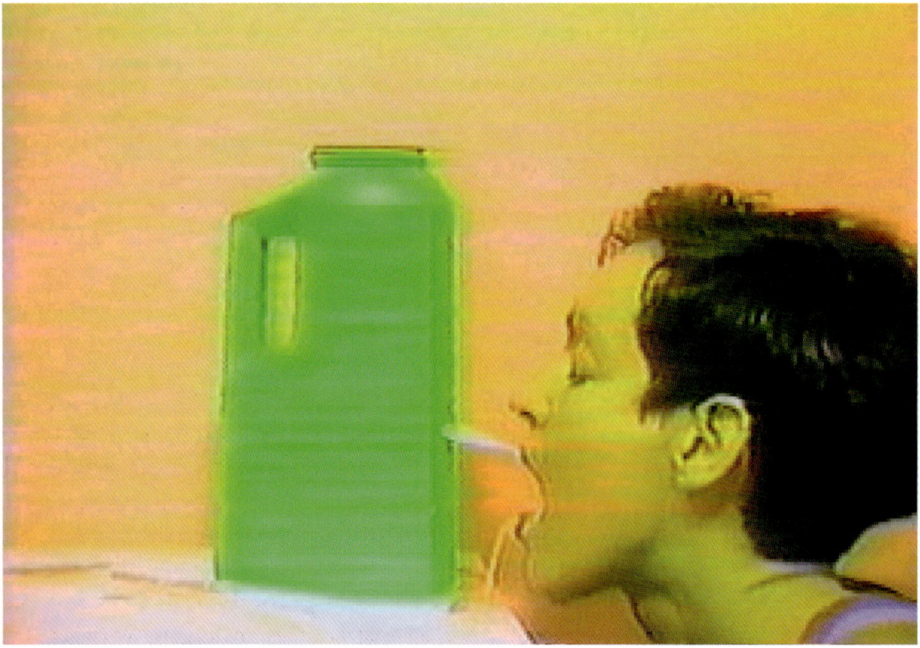

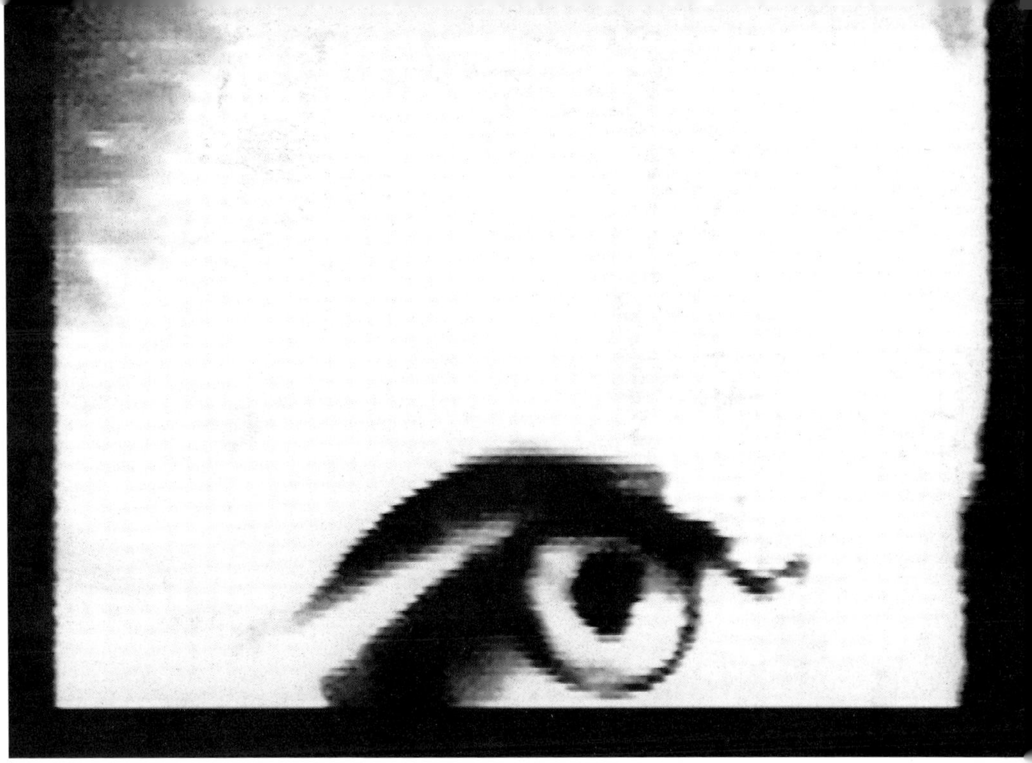

L'image de l'artiste se reflétant dans l'œil d'une chouette dans *I Do Not Know What It Is I Am Like* (1986) [128] est devenue sa marque distinctive. Inspirée d'un texte sanskrit qui cherche le lien unissant tous les êtres vivants, cette quête de la connaissance de soi menée par l'artiste est exprimée sous la forme d'un voyage métaphysique en cinq parties.

On trouve, notamment dans l'œuvre de plusieurs artistes femmes, un retour au style technologiquement rudimentaire d'artistes tels qu'Acconci ou Jonas. Plusieurs artistes – la Suissesse Pipilotti Rist (née en 1962), les Américaines Cheryl Donegan, Sadie Benning (née en 1973) et Phyllis Baldino (née en 1956) – placent résolument le corps dans la sphère personnelle/politique. Dans *I'm Not the Girl Who Misses Much* (1986) [1-3] qui évoque les premières œuvres de Marina Abramovic, Rist accomplit face à la caméra une danse frénétique, tout en répétant les mots du titre (qui désigne également une chanson populaire). A mesure que les rotations de l'artiste deviennent de plus en plus grotesques, cette critique de MTV prend la forme d'un commentaire caustique sur l'avilissement du corps féminin dans la culture populaire. A la fois plus paisible et d'esprit plus ironique, *Head* (1993) [129] de Cheryl Donegan, parodie de films pornographiques, montre l'artiste en train d'émettre des gémissements de plaisir exagérés tandis qu'elle avale un liquide blanc qui jaillit d'une bouteille de détergent

128. (page ci-contre, en haut) **Bill Viola**, *I Do Not Know What It Is I Am Like*, 1986.
Depuis 1975, Viola procède à une rigoureuse introspection par le truchement de la vidéo. Ici l'artiste filme sa propre image qui se reflète dans l'œil d'une chouette.

129. (page ci-contre, en bas) **Cheryl Donegan**, *Head*, 1993.

130. (ci-dessus) **Sadie Benning**, *If Every Girl Had a Diary*, 1990.
A l'âge de seize ans, Sadie Benning a utilisé une caméra pour enfant afin de réaliser le « journal intime » de son éveil sexuel.

en plastique. Sa vidéo *Line* (1996) est une œuvre d'une composition rigoureuse qui s'inspire de l'intrigue du *Mépris* de Godard (où Brigitte Bardot incarne un personnage qui doit faire face à des réalisateurs à l'égocentrisme exacerbé) pour caricaturer l'affectation masculine dans les milieux artistiques.

Le travail de diariste de Sadie Benning, artiste américaine qui se définit comme vidéaste lesbienne, renoue avec l'esprit d'improvisation des premières œuvres d'art vidéo par le biais de récits très personnels conçus à partir de la fin des années 80. Munie d'une caméra pour enfant de marque Fisher-Price, Benning filme les sentiments d'une jeune femme parvenue à l'aube de sa maturité sexuelle dans des vidéos comme *A New Year* (1989), *If Every Girl Had a Diary* (1990) [130] et *Flat is Beautiful* (1998). *Living Inside* (1989) raconte la période de trois semaines au cours de laquelle, à l'âge de seize ans, elle avait quitté le lycée et se filmait seule dans sa chambre ; la candeur et le pathétique s'unissent dans ce conte de l'adolescence vécue comme une exclusion. Phyllis Baldino aborde les

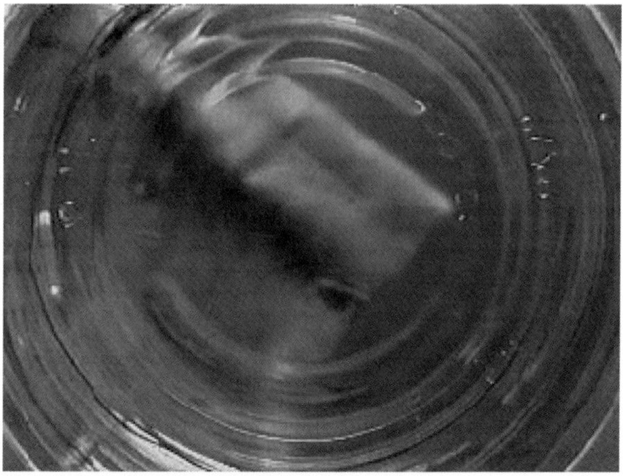

131. **Seoung Cho**, *robinson or me (From the Far East)*, 1996.

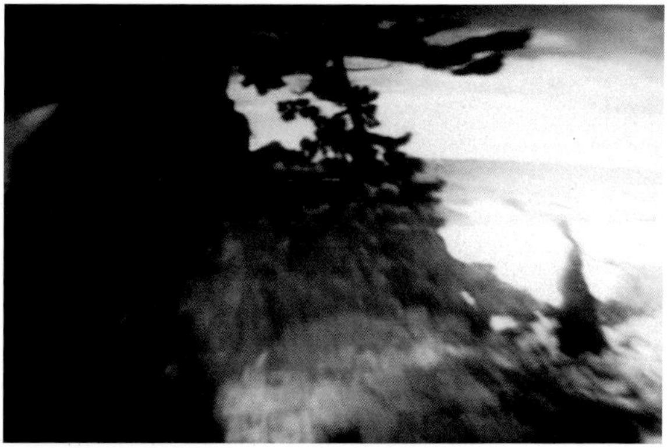

132. **Alexandre Sokourov**, *Oriental Elegy*, 1996.

incongruités d'une existence plus adulte dans des performances vidéo au cours desquelles elle construit et déconstruit des objets quotidiens face à la caméra qui la filme sans discontinuer. Dans *Cosmetic/Not Cosmetic* (1993-1994) elle met en cause un stéréotype de l'obsession féminine – le maquillage – et détruit un vanity-case à l'aide une perceuse.

Plusieurs vidéastes de sexe masculin semblent avoir pris une orientation plus lyrique dans des œuvres qui traitent des questions d'identité. Moins colérique, leur travail exprime souvent le languissement. Le Coréen Seoung Cho sonde la vie domestique d'une façon réfléchie et imagée. Dans *robinson or me (From the Far East)*, 1996 [131], des activités ritualisées (boire du thé, prendre une douche) deviennent des métaphores de la solitude. Le travail du Britannique George Barber (*Withdrawal*, 1996) et celui du Canadien Nelson Hendricks (*Window*, 1997) se caractérisent par une quête d'identité provoquée chez ces artistes par le sentiment d'être immergés dans un monde où ils ne sont par à leur place. Une profonde recherche du moi marque les vidéos du cinéaste russe Alexandre Sokourov (né en 1951), plus particulièrement *Oriental Elegy* (1996) [132], un paysage onirique filmé dans les brumes d'une lointaine île japonaise où les personnages semblent comme en suspens entre la vie et la mort. Sokourov et Viola, qui représentent tous deux le « haut de gamme » de la production vidéo, emploient des procédés technologiques complexes proches de la technique cinématographique (associant à l'occasion le film et la vidéo) pour créer des œuvres extrêmement raffinées. L'art vidéo est passionnant notamment parce qu'il regroupe en proportion égale des œuvres à budgets importants et d'autres aux moyens plus modestes, du moins dans les festivals, musées et galeries. Les conservateurs de musée manifestent un grand intérêt pour les œuvres conceptuelles usant d'une technologie primitive qui relèvent souvent de la performance ; en témoigne par exemple l'exposition *Young and Restless* organisée par le MoMA de New York en 1997, qui présentait plusieurs vidéos à petit budget dues à de jeunes artistes femmes (notamment Cheryl Donegan, Kristin Lucas et Alix Pearlstein) qui utilisent la caméra de manière directe et personnelle. Plusieurs vidéastes britanniques, notamment Sam Taylor-Wood (née en 1967) et Gillian Wearing (née en 1963), tirent également tout le parti possible du format de la vidéo monocanal, réalisant des œuvres provocatrices et souvent drôles. Dans *Brontosaurus* (1995) de Taylor-Wood, un homme nu danse seul sur une musique au rythme frénétique. Avec *I'd Like to Teach the World to Sing* (1996) [133], Wearing réalise une sorte de contre-publicité en filmant des femmes d'origine ethnique et d'âge différents qui jouent de la musique en soufflant dans des bouteilles de Coca-Cola.

Il semblerait que la production de vidéos monocanal attire moins les artistes aujourd'hui, lesquels préfèrent projeter sur les murs d'une pièce

Pages 118-119 :
133. **Gillian Wearing**,
I'd Like to Teach the World to Sing, 1996.
Pour ses publicités télévisées remaniées, Wearing fait appel à des amateurs, comme pour cette interprétation personnelle d'un spot publicitaire pour Coca-Cola.

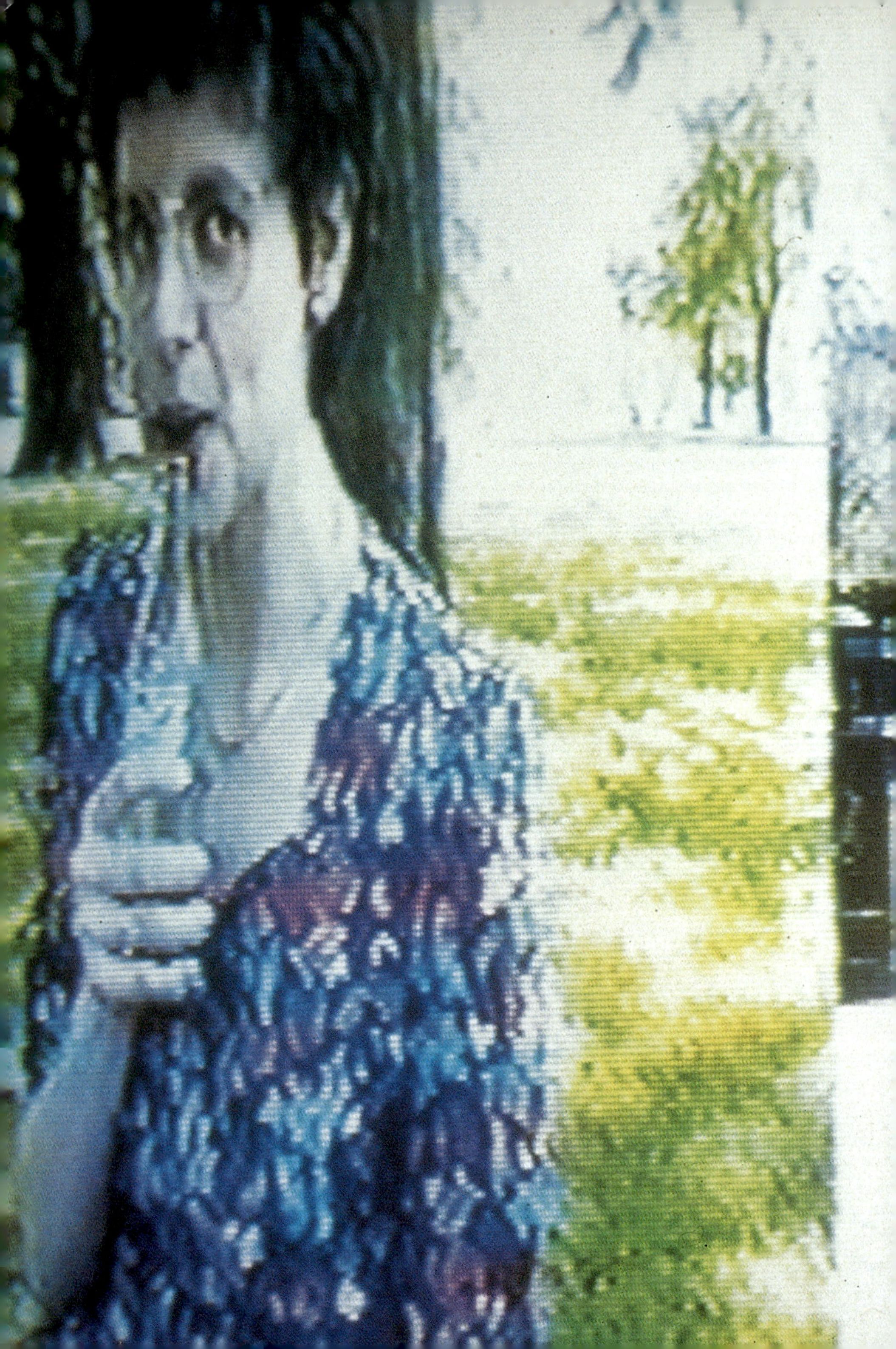

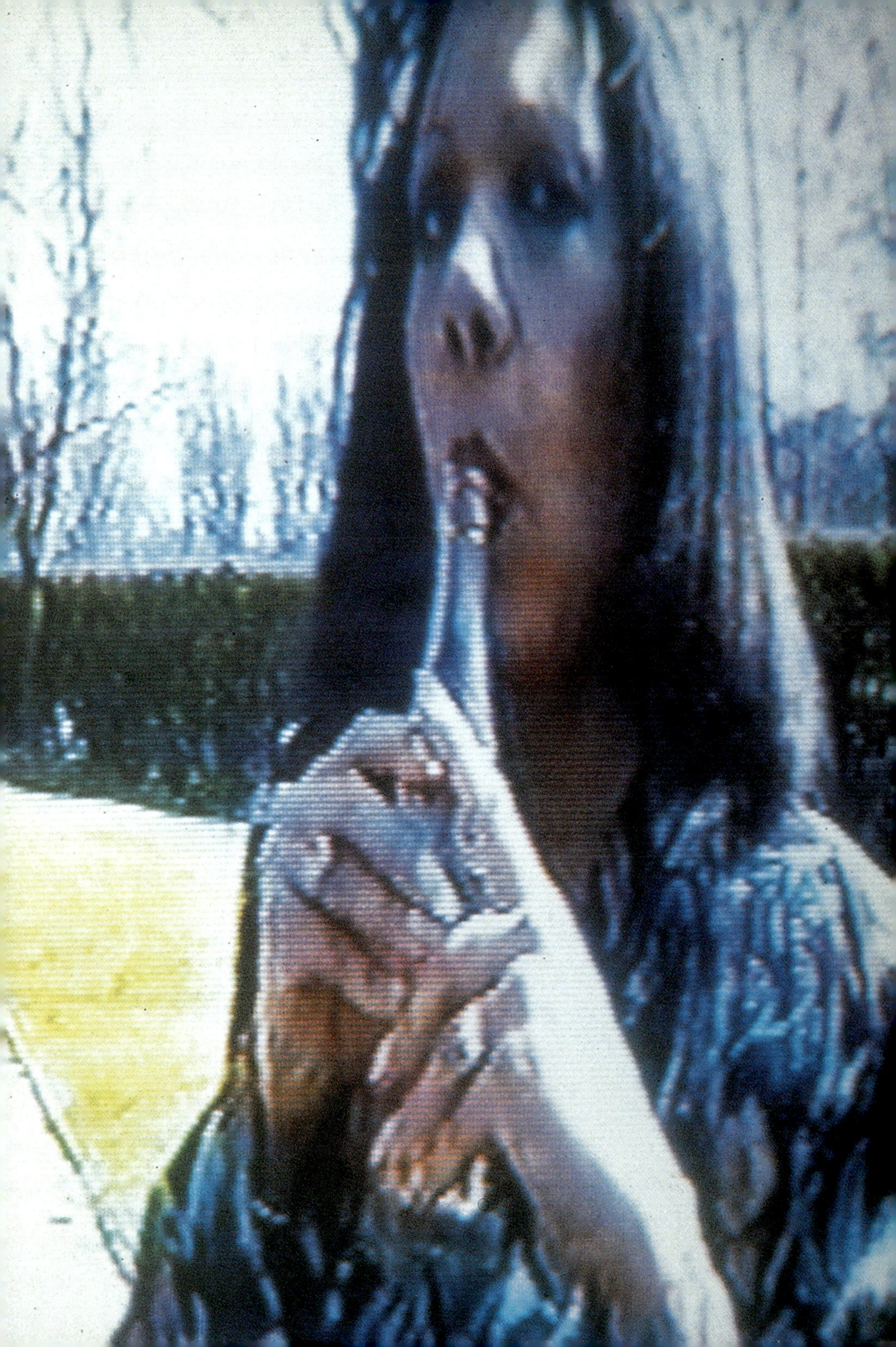

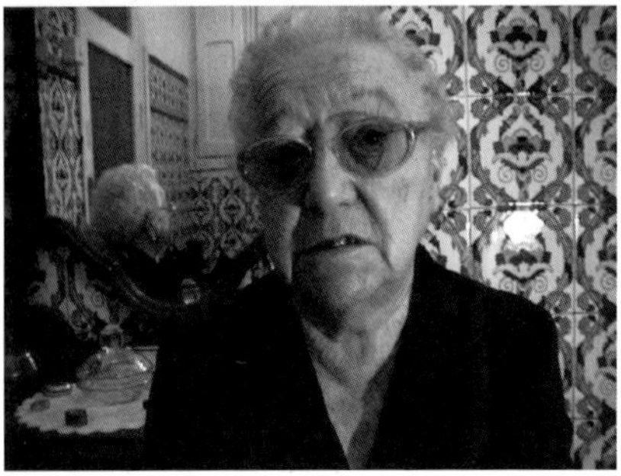
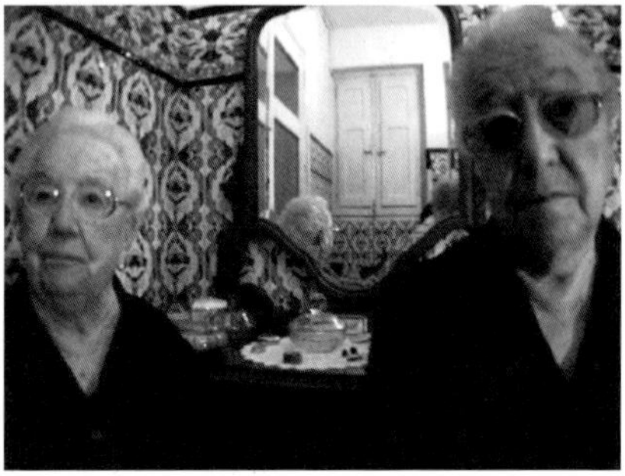

134–136. (ci-dessus) **Pedro Ortuño**, *Reina 135*, 2001. Malgré l'omniprésence de projections à grande échelle, beaucoup d'artistes préfèrent – pour des raisons à la fois artistiques et économiques – le format monocanal pouvant être diffusé sur un téléviseur. Ces images sont extraites d'une vidéo présentée lors de l'exposition « Monocanal » organisée au Museo Nacional Centro de Arte Reina Sofía de Madrid en 2003.

137. (page ci-contre, à droite) **Douglas Gordon**, *Fog*, 2002.

Pages 122-123 :
138. **Mariko Mori**, *Miko no Inori*, 1996.

des œuvres par ailleurs généralement réalisées avec une caméra numérique, ou du moins montées grâce à un équipement numérique. *Floater* (1997) d'Anna Gaskell (née en 1969) est une vidéo projetée sur le sol qui montre le corps d'une jeune fille (qu'on prend d'abord pour une poupée à taille réelle) flottant, sans vie, dans l'eau. Petit à petit, le corps se retourne et se met à flotter sur le dos tandis que la tête s'arc-boute vers la caméra qui filme alors en plan serré la bouche ouverte de la jeune fille. Bien que nous sachions que celle-ci est morte, l'artiste fait en sorte que nous en doutions. Ce jeu avec la frontière entre certitude et incertitude est présent dans de nombreuses œuvres de Gaskell. En projetant la vidéo sur le sol, l'artiste fait prendre conscience au spectateur que son regard s'apparente à celui d'un voyeur.

L'artiste japonaise Mariko Mori (née en 1967) crée, au travers de ses œuvres, un univers futuriste habité de jeunes femmes vêtues de costumes qui les font ressembler à un mélange de rock-stars à la Grace Jones et de poupées Diva Starz. Dans *Miko no Inori* (1996), l'artiste, portant un costume d'astronaute blanc et une perruque argentée, fait rouler dans ses mains une boule de cristal [138]. Que ce soit dans ses installations, photographies ou vidéos, Mori semble incarner l'artiste de l'évasion spatiale par excellence tant ses costumes et gadgets paraissent conçus pour des expéditions dans l'espace. En fait, elle a particulièrement les pieds sur terre : ses fantasmes et rêves s'adressent aux personnes prisonnières du quotidien. Mori propose un moyen de se sentir unique dans un monde homogénéisé. Enfin, l'installation intitulée *Fog* (2002) de l'artiste écossais Douglas Gordon (né en 1966) peut-être vue comme un éloge de la vidéo monocanal. Dans cette œuvre [137], des images d'un jeune homme entouré de brouillard sont visibles des deux côtés d'un grand écran de projection. Il s'agit en fait de la même vidéo mais les projections ne sont pas synchronisées, ce qui donne à l'œuvre l'aspect d'une étrange étude sur l'identité – thème récurrent dans l'œuvre de Gordon.

Qu'il s'agisse de narrations, d'expérimentations formelles, de brèves saynètes humoristiques ou de vastes méditations, l'art vidéo a acquis

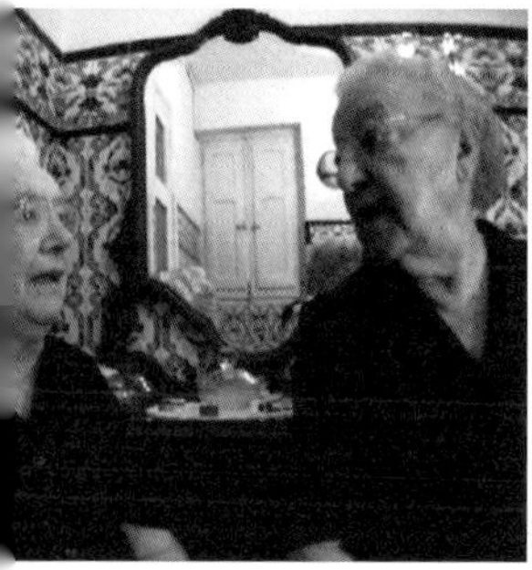

dans le monde de l'art une légitimité voire une stature qui semblaient très improbables aux yeux de beaucoup, même dans les années 80. Les possibilités apparemment infinies et le prix accessible de la vidéo attirent de plus en plus de jeunes artistes qui ont été élevés à une époque de saturation médiatique ; elle représente un moyen de participer et de réagir à la médiatisation excessive, mais aussi de communiquer sans peine un message d'ordre personnel.

Les dimensions physiques des œuvres et les moyens mis en œuvre pour les réaliser n'ont cessé de se développer tandis que les thèmes sont devenus de plus en plus personnels ou individualistes. Plusieurs des artistes cités dans ce chapitre se consacrent aujourd'hui à la création d'installations complexes qui leur permettent de maîtriser non seulement l'image, mais aussi le contexte du visionnage de l'image grâce à des environnements entièrement conçus par eux.

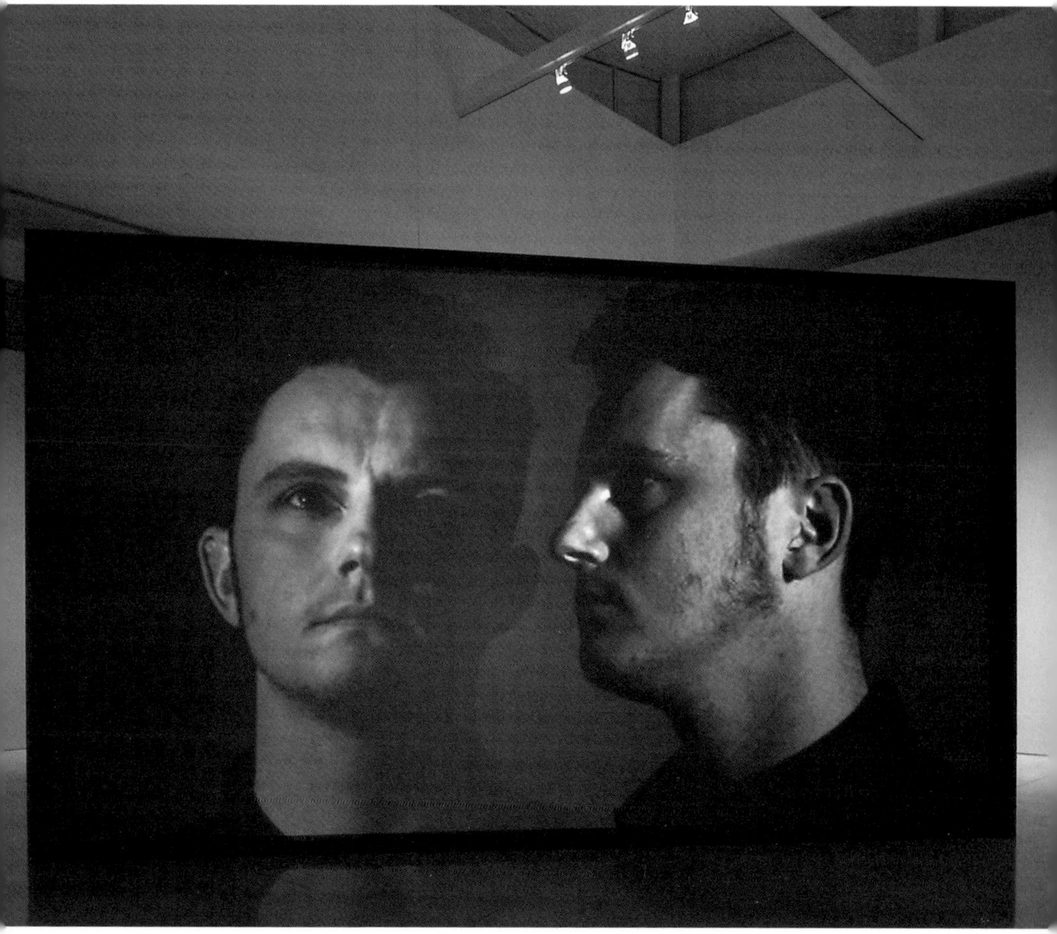

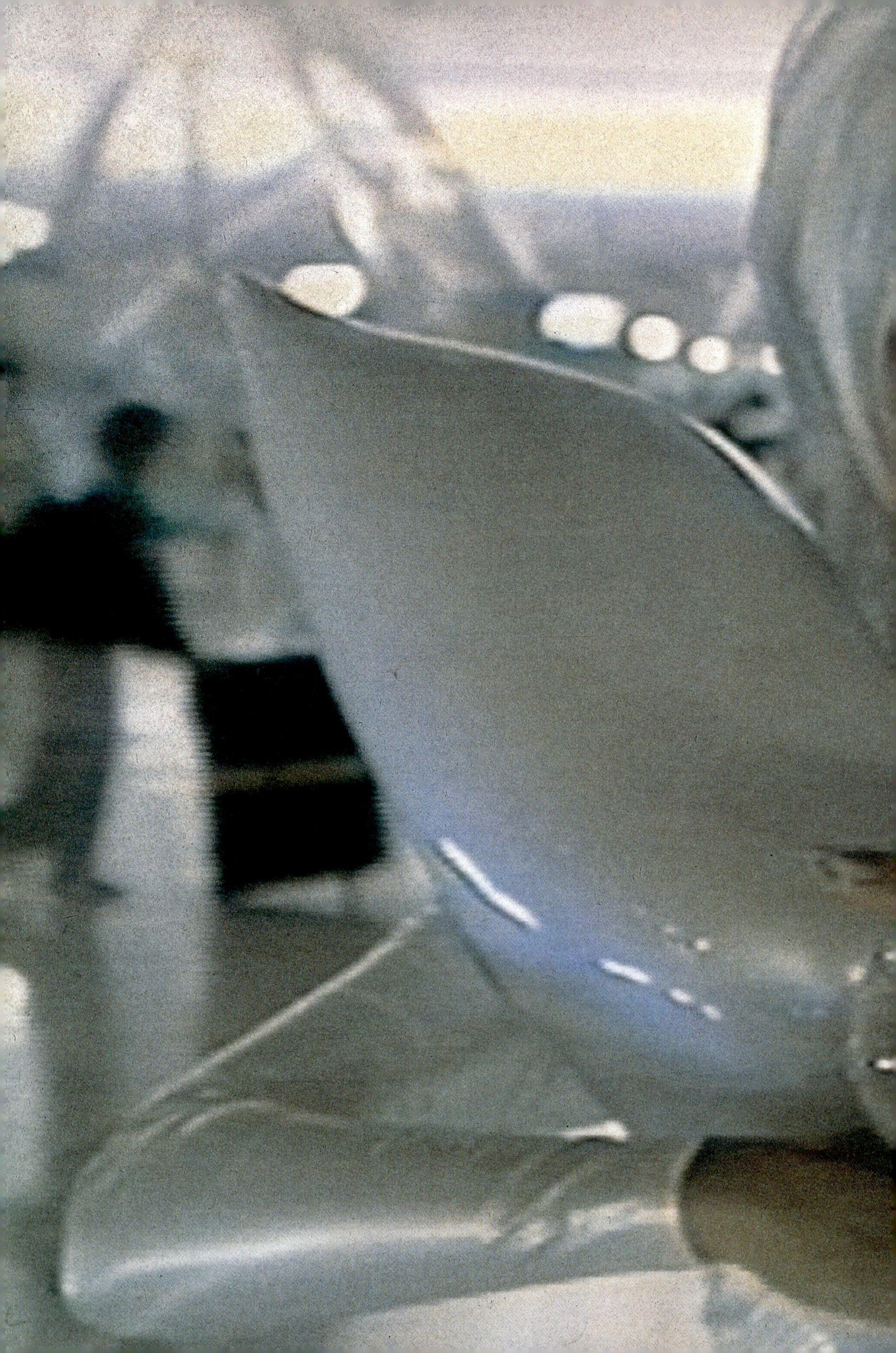

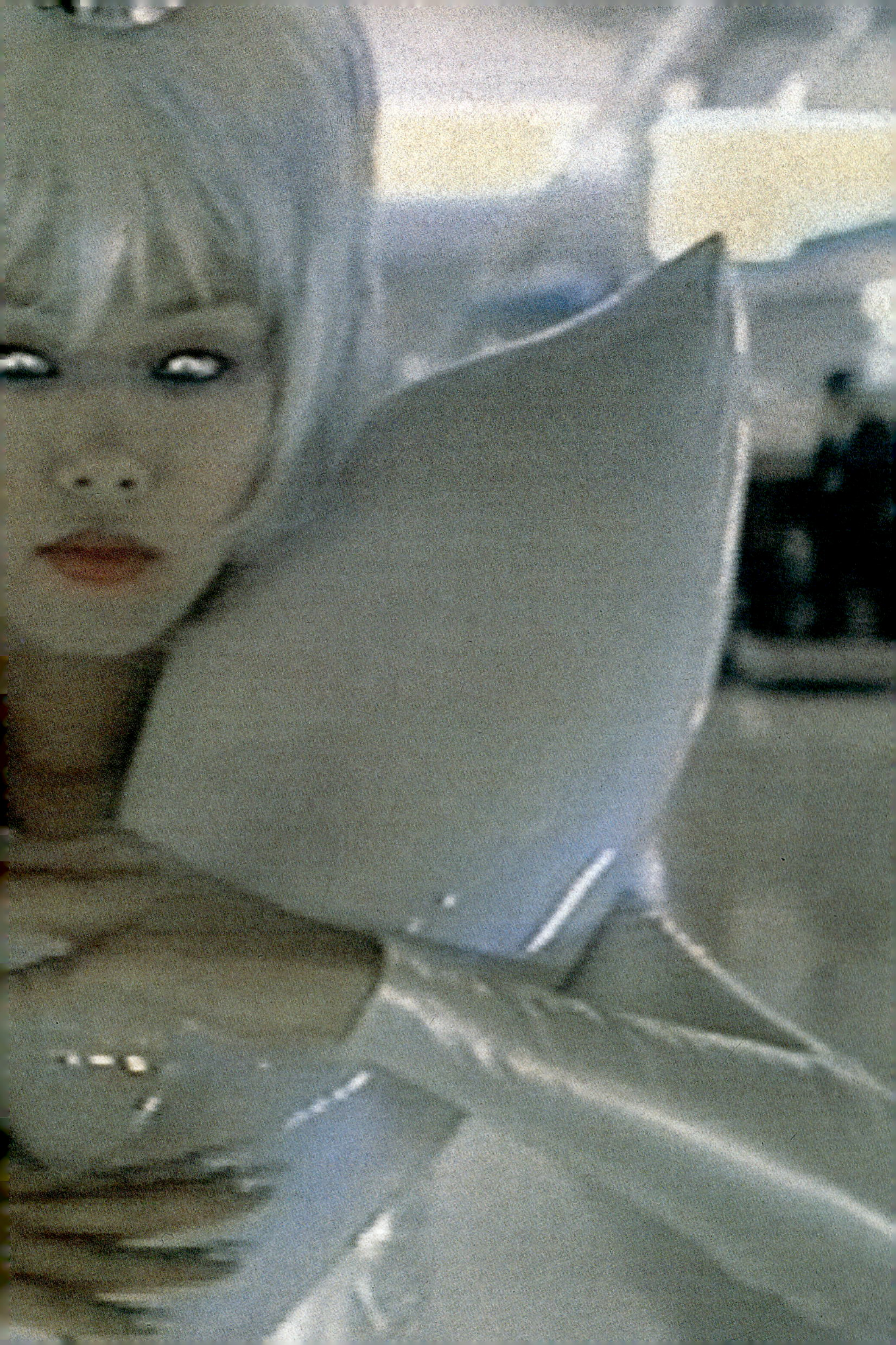

Chapitre 3 Les installations vidéo

Il est possible de faire remonter les origines de l'art de l'installation aux triptyques peints des églises de la Renaissance et à la fondation des « musées » en Occident au XVIIIe siècle. Des espaces destinés exclusivement à la présentation de l'art se développèrent tandis qu'émergeait une nouvelle conception de l'art, dont la contemplation devenait possible à l'extérieur des demeures des riches mécènes. Les diptyques et les triptyques vidéo ne sont pas sans rappeler, en termes de présentation, les multiples parties du retable d'Issenheim disposées dans un lieu de culte public, bien que le terme d'installation ne soit sans doute pas approprié pour qualifier cette œuvre. Dans l'esprit des créateurs d'installations actuels, qui conçoivent leurs œuvres comme autant de prolongements du moi, la présentation et l'environnement physiques de leur art font désormais partie de l'œuvre même. Ces artistes accordent au contexte une importance suprême et afin de le maîtriser, ils créent de manière explicite un environnement constituant l'œuvre d'art dans sa totalité. Le critique Brian O'Doherty précise dans son ouvrage *Inside the White Cube: The Ideology of the Gallery Space* (1970) : « A mesure que le modernisme avance en âge, le contexte devient le contenu. Par un retournement particulier, l'objet introduit dans la galerie d'art "encadre" cette dernière et ses lois. » Paradoxalement, alors que la plupart des artistes d'installation, influencés par l'artiste belge Marcel Broodthaers (1924-1976), font preuve d'une attitude critique envers l'institution muséale typique des années 60 et du début des années 70, ce sont les musées et les galeries d'art qui les soutiennent ; cet « art contextuel » requiert en effet lui-même un contexte institutionnel pour être vu. Ancrée à la fois dans la définition élargie de « l'espace sculptural » à laquelle a participé l'art de la performance et dans une mouvance qui prône l'implication accrue du spectateur dans l'art, l'installation représente un pas de plus franchi dans l'acceptation de tout aspect ou matériau du quotidien dans la création.

Les liens de l'installation avec la sculpture ont également facilité sa réception par les musées et les critiques d'art. Comme le suggère la critique américaine Cynthia Chris, « il n'est pas impossible que les installations vidéo aient été gracieusement annexées au lexique de la critique des arts plastiques en raison de certaines de leurs attaches avec la sculpture et d'autres pratiques familières ».

Comme certaines formes d'installations qui prolongent le processus créatif au-delà de l'atelier vers l'espace social, l'installation

« médiatique », au sens où l'entend Gary Hill, est une reconnaissance de l'espace situé hors de l'écran du moniteur vidéo. Mais, aspect non moins important, l'installation permet une exploration du temps, notion centrale pour les vidéastes, bien plus développée. Si le temps peut être manipulé de nombreuses façons dans le cas d'une vidéo monocanal, les possibilités se trouvent considérablement élargies avec les installations vidéo, car celles-ci mettent en œuvre plusieurs moniteurs ou surfaces de projection, et souvent plusieurs bandes vidéo, multipliant ainsi le nombre d'images.

Sculptures vidéo et « Surveillance art »

Les installations vidéo multimédia sont apparues en même temps que l'art vidéo monocanal, voire un peu avant. Les *TV Dé-coll/ages* (commencés en 1958) [89] de Wolf Vostell seraient aujourd'hui considérés comme des installations ; l'un d'entre eux, par exemple, se composait de plusieurs téléviseurs diffusant des images déformées disposés sur des meubles dans la vitrine d'un grand magasin parisien. Comme d'autres artistes Fluxus de la période, Vostell remettait en question à la fois les matériaux de l'art et les pratiques culturelles, en l'occurrence l'omniprésence de la télévision dans la vie quotidienne. Analysant son travail, Vostell précisait : « Duchamp a déclaré que les ready-made étaient de l'art, et les futuristes ont déclaré que des bruits étaient de l'art – l'une des caractéristiques essentielles de mes efforts et de ceux de mes collègues est de déclarer art l'événement total, intégrant bruit/objet/mouvement/couleur/psychologie – une fusion d'éléments de sorte que la vie (l'être humain) peut devenir art. » Vostell jetait ainsi les bases fondamentales de ce que la critique américaine Lucy Lippard appellerait plus tard la « dématérialisation de l'objet d'art » : une œuvre dont la forme matérielle est secondaire par rapport aux concepts ou aux idées qui lui sont sous-jacents. Enracinée dans cette approche conceptuelle et agrégeant les pratiques de la performance, de l'art corporel et de l'art sonore ainsi que d'autres aspects des pratiques Fluxus, l'installation multimédia se développa à la fois en réponse au processus d'intégration d'objets et d'idées multiples dans la sphère de l'art et en défi par rapport aux institutions médiatiques dominantes, principalement la télévision et son alliée, la publicité. Ce concept d'« événement total » dont parle Vostell, qui reflète l'influence de la performance sur l'art vidéo, reconnaissait le fait que l'art prend place dans un contexte. Et le contexte devint vite contenu à mesure que des effets relevant de la sculpture étaient incorporés à la présentation vidéo.

Nam June Paik a toujours envisagé ses œuvres dans une optique sculpturale. Lors de son exposition organisée en 1963 à la Galerie Parnass (Wuppertal) [87], il présenta, posés à même le sol, des téléviseurs dont les écrans diffusaient des images déformées, l'artiste cherchant à rompre la béatitude du spectateur devant le téléviseur. « La télévision nous a attaqués toute notre vie, maintenant nous ripostons », aurait-il affirmé. L'intérêt de Paik pour l'image télévisée est manifeste dans la plupart de ses sculptures vidéo, de *Video Jungle* (1977) à *Electronic Superhighway*, son imposante contribution à la Biennale de Venise de 1993 pour laquelle des dizaines de moniteurs empilés du sol au plafond avaient envahi le pavillon allemand, diffusant un flot d'images semblant extraites de quelque banque de données universelle, images triviales ou politiques, ou encore montrant la nature ou des explosions nucléaires.

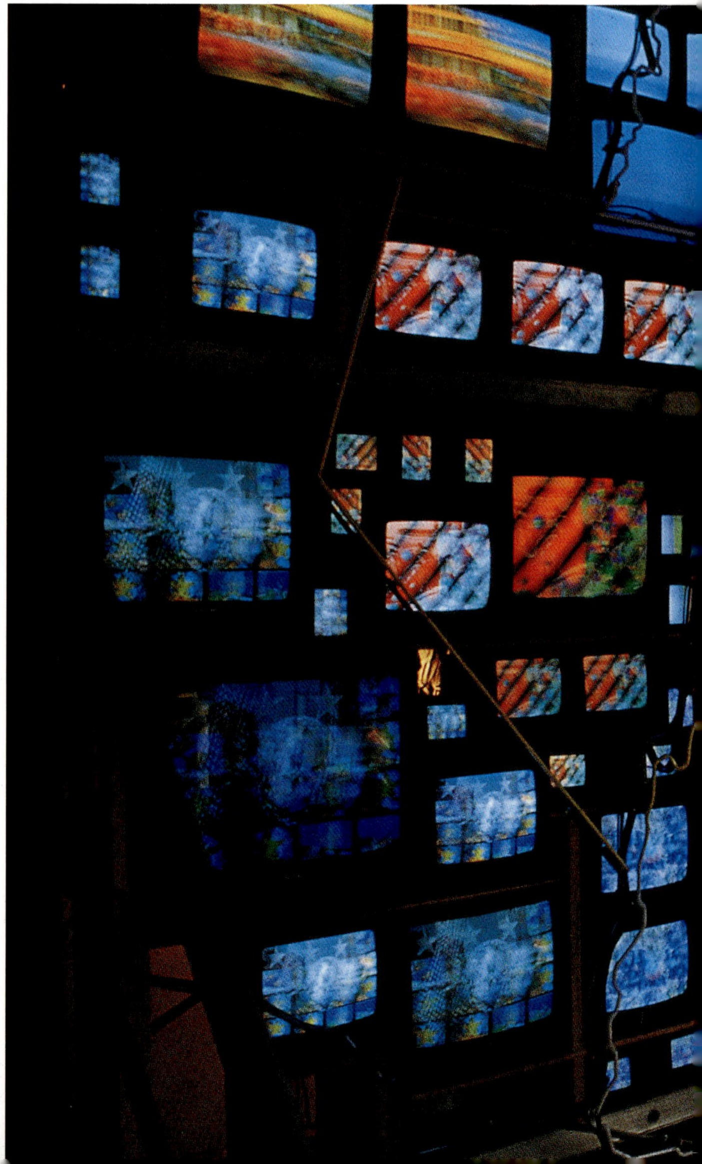

139. **Nam June Paik**, *Electronic Superhighway*, 1995. La partie continentale des Etats-Unis est composée de 313 téléviseurs, l'Alaska de 24 téléviseurs et Hawaii d'un téléviseur par île. S'ajoutent 50 lecteurs de disques laser, environ 60 amplificateurs de distribution vidéo, 20 ventilateurs, une caméra vidéo, un échafaudage, les « frontières d'Etat » tracées en acier et néon, et un système de sonorisation de 200 watts. L'œuvre de Paik est jonchée de détritus de la culture médiatique, mais ses images ne cessent d'afficher des avertissements attirant l'attention sur les guerres et les crises culturelles.

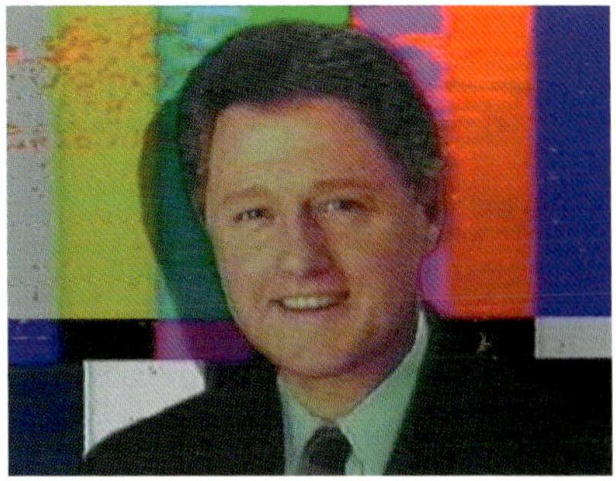

140. **Nam June Paik**, *Electronic Superhighway*, 1993. Extrait du « catalogue vidéo » de Paik réalisé pour l'exposition itinérante aux Etats-Unis *The Electronic Superhighway* inaugurée au Museum of Art de Fort Lauderdale, en Floride.

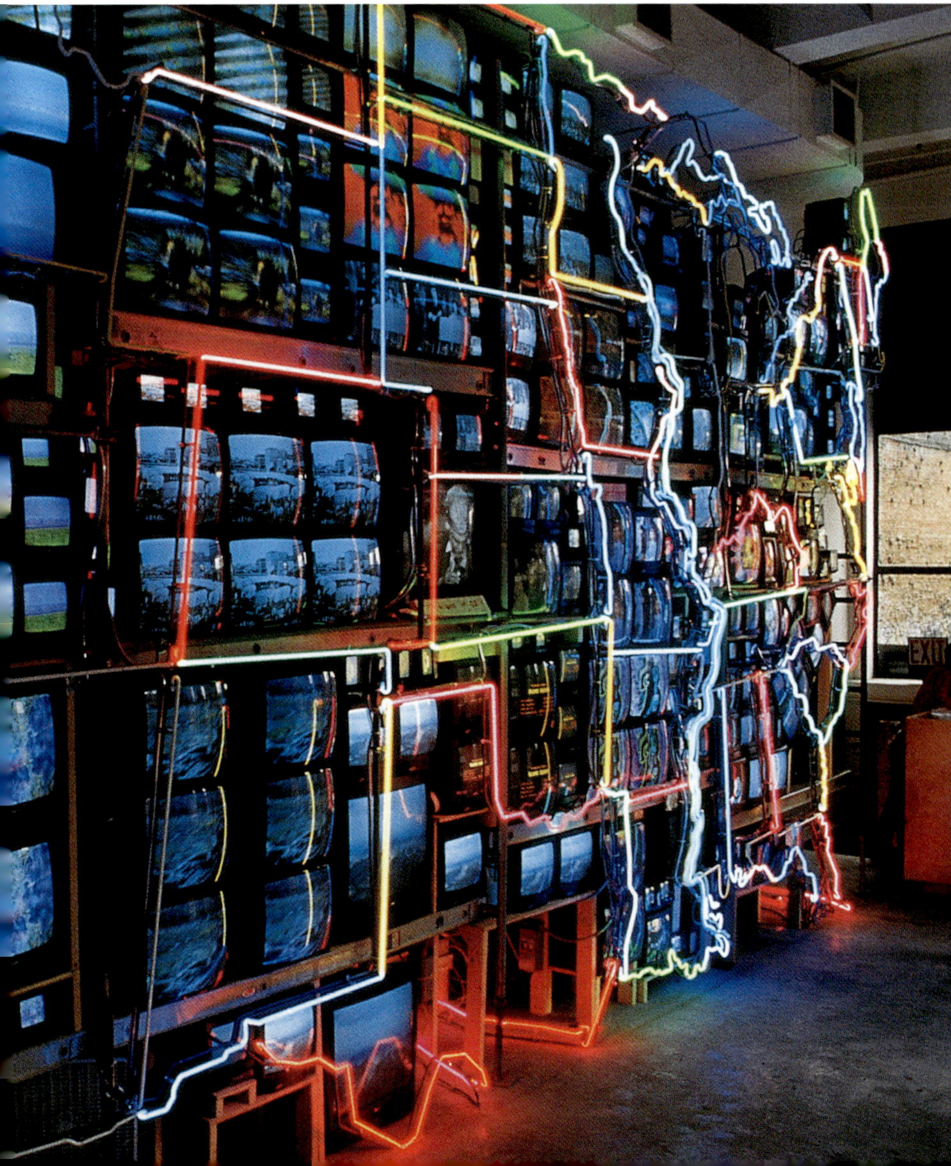

Shigeko Kubota (née en 1937), qui participa au mouvement Fluxus aux côtés notamment de John Cage et de Paik, a créé un grand nombre d'œuvres qui vont du sculptural au journal intime (avec par exemple le carnet vidéo de son voyage en Europe au début des années 70, *Europe on Half an Inch a Day*, 1972). Elle intègre souvent dans son travail diverses références à l'histoire de l'art, comme dans son hommage à Marcel Duchamp, *Duchampiana: Nude Descending a Staircase* (1976) [141], où l'image d'une femme nue se déplace d'écran en écran sur une série de moniteurs disposés en escalier. L'influence de Paik est également visible dans le travail de l'artiste new-yorkais Ray Rapp (né en 1948) dont les étranges sculptures vidéo, qui intègrent souvent plusieurs téléviseurs, font notamment référence à Marcel Duchamp, Richard Artschwager, Joseph Beuys et Meret Oppenheim. Dans *Fur Wrap* (1997), on découvre l'image vidéo d'un artiste qui transpire dans

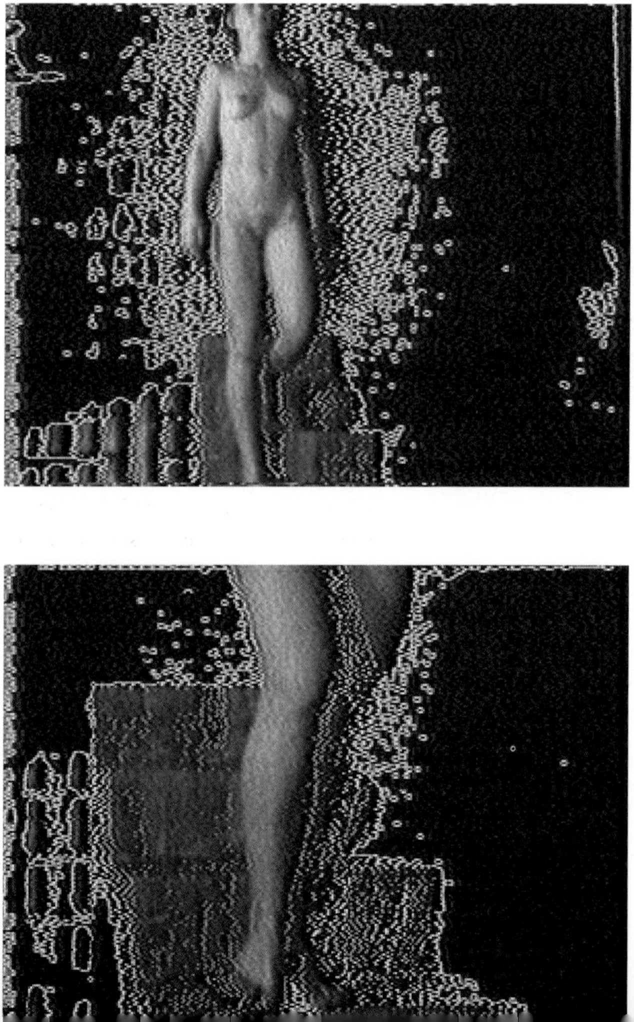

141. **Shigeko Kubota**, *Duchampiana: Nude Descending a Staircase*, 1976.
Membre actif du mouvement artistique international Fluxus, Kubota rend ici hommage à Marcel Duchamp et à John Cage qui ont tous deux fortement influencé les artistes Fluxus.

142. **Ray Rapp**,
TV Furniture, 1997.

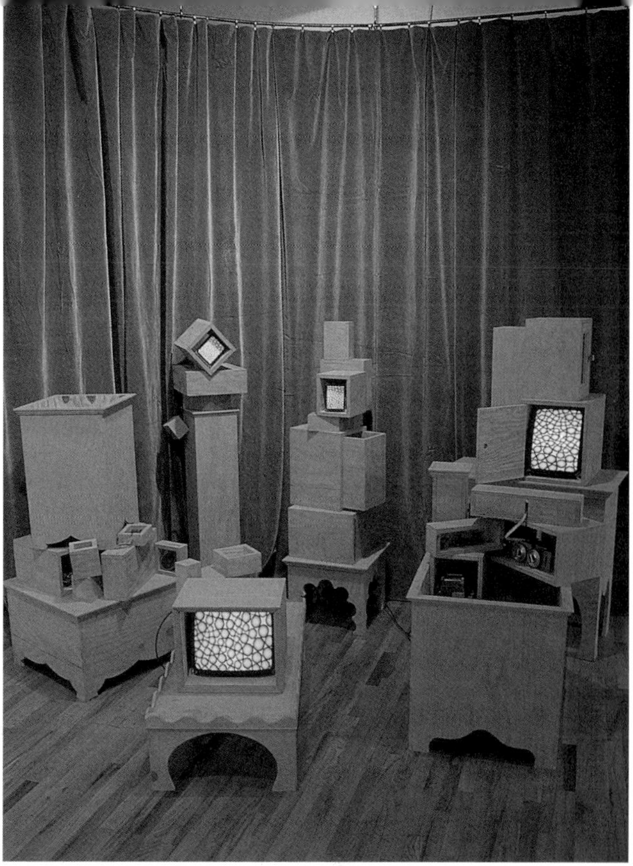

un téléviseur désassemblé et enveloppé de fourrure, allusion au *Déjeuner en fourrure* (1936) de Meret Oppenheim.

Certaines des premières installations vidéo engageaient la participation du spectateur, même involontaire, par le truchement de caméras de surveillance. La première installation de Les Levine, *Slipcover* (1966), présentée à l'Art Gallery de Toronto, montrait dans une série de moniteurs des images enregistrées des spectateurs eux-mêmes. Entièrement inédite, cette expérience était à la fois étrange et passionnante. Bruce Nauman, l'un des premiers vidéastes, comme nous l'avons vu, à créer des vidéos monocanal, exposa *Performance Corridor* en 1968 [143]. Deux parois parallèles s'élevant du sol au plafond formaient un étroit tunnel au fond duquel deux moniteurs vidéo étaient placés l'un sur l'autre ; le spectateur avance dans le couloir vers les images qui se révèlent des prises de vue simultanées de lui, filmées par des caméras de surveillance. L'impact de la vidéo s'appuie sur le sentiment d'angoisse suscité par l'exiguïté de la construction. Découvrant *Video Corridor*, la toute première installation vidéo qu'elle ait jamais vue, la critique Margaret Morse écrivit :

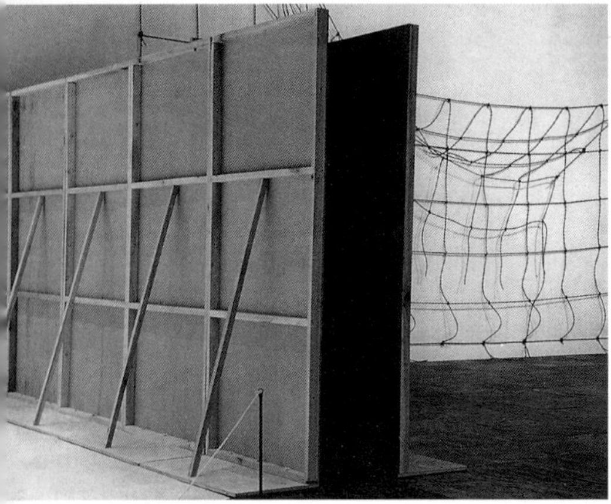

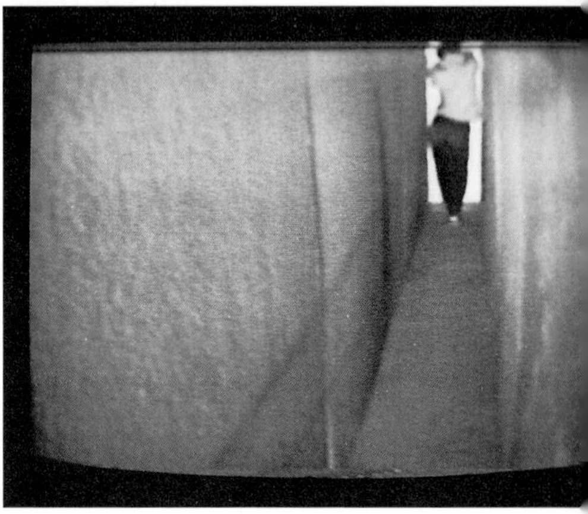

143. (ci-dessus) **Bruce Nauman**, *Performance Corridor*, 1968.

144. (ci-dessus, à droite) **Bruce Nauman**, photogramme de *Walk with Contrapposto*, 1968.

« C'était comme si mon corps s'était désolidarisé de mon image, comme si le fondement de mon orientation dans l'espace se dérobait sous mes pieds. » Nauman poursuivit son exploration de la vidéo surveillance au début des années 70 dans des œuvres comme *Corridor Installation* (1970), présentée à la Nicholas Wilder Gallery, à Los Angeles. L'espace de la galerie était divisé par plusieurs murs en six couloirs dont trois seulement étaient franchissables. Les visiteurs cherchant leur chemin dans ce labyrinthe étaient filmés, systématiquement de dos, par des caméras vidéo installées au sommet des murs, et leur image était diffusée par des moniteurs disposés tout au long des passages.

Peter Campus, un des artistes vidéo de la première génération – comprenant Nauman et Acconci – qui exercèrent une grande influence, aborda les aspects psychologiques de la perception dans des installations interactives comme *Negative Crossing* (1974) ; les visiteurs sachant qu'ils étaient filmés en vidéo exécutaient devant un miroir diverses actions qui étaient ensuite projetées sur de grands écrans.

La technique de la vidéo surveillance fut également employée par l'artiste allemand Dieter Froese (né en 1937) dans *Not a Model for Big Brother's Spy Cycle* (1987), qui utilisait un système de télévision en circuit fermé et deux vidéos préenregistrées [145]. Les spectateurs étaient filmés lorsqu'ils pénétraient dans l'espace de l'installation et leur image était diffusée par des moniteurs tandis qu'ils regardaient d'autres personnes interrogées sur leurs activités politiques.

L'intérêt pour la vidéo surveillance résultait non seulement des révélations diffusées dans les médias sur les pratiques de maintien de l'ordre, mais également de la nature même de la télévision qui semble continuellement observer le spectateur alors même que ce dernier la regarde. Les installations de « Surveillance art » abordaient directement cette

145. (page ci-contre) **Dieter Froese**, *Not a Model for Big Brother's Spy Cycle* (Unpräzise Angaben), 1987.

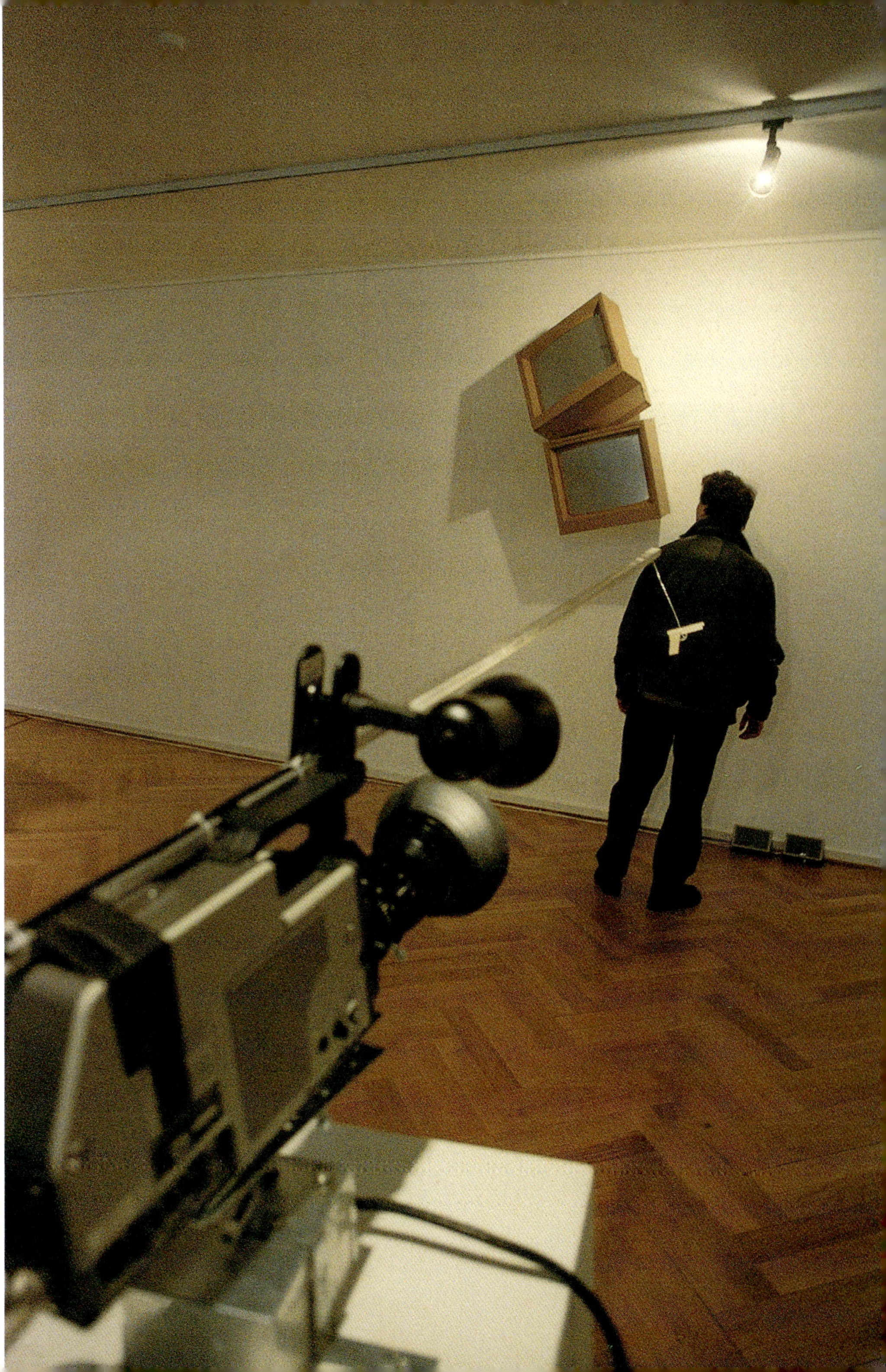

réflexivité propre à la télévision et renvoyaient au spectateur qui s'abandonnait à un rapport passif au petit écran la responsabilité de ce comportement. Les installations vidéo contribuèrent activement à stimuler le spectateur pour qu'il réagisse à l'objet regardé. En montrant les spectateurs eux-mêmes, les artistes les impliquaient volontairement de manière directe, allant parfois même jusqu'à les mettre en colère ou les choquer. Mais, surtout, le spectateur devenait un performer, basculement qui révolutionnait l'expérience de visionnage. Contrairement au public des happenings, dans lesquels sont mis en œuvre des stratégies performatives, le spectateur d'une œuvre installée dans un musée ne s'attend pas à y participer. L'intimité de l'acte du visionnage est violée et, qu'il le veuille ou non, l'observateur devient l'observé, vu non seulement par lui-même mais aussi par les autres.

Médium fondé sur le temps (l'enregistrement et la diffusion pouvant être simultanés), la vidéo autorise de nombreuses manipulations de l'expérience temporelle. On ne perçoit jamais mieux le temps présent qu'en se voyant soudain sur l'écran d'un moniteur au milieu d'une exposition. Le décalage temporel peut en outre fournir une expérience immédiate du temps qui vient juste de s'écouler, comme lorsque l'image d'un spectateur enregistrée quelques instants plus tôt apparaît sur un

146. **David Goldenberg**, *Microwave and Freezerstills*, 1992.
Les caméras de surveillance désormais omniprésentes dans nos sociétés contemporaines (dans les magasins, les banques, les parkings, etc.) ont fait leur apparition dans les galeries d'art dans les années 70, anticipant la réalité à venir.

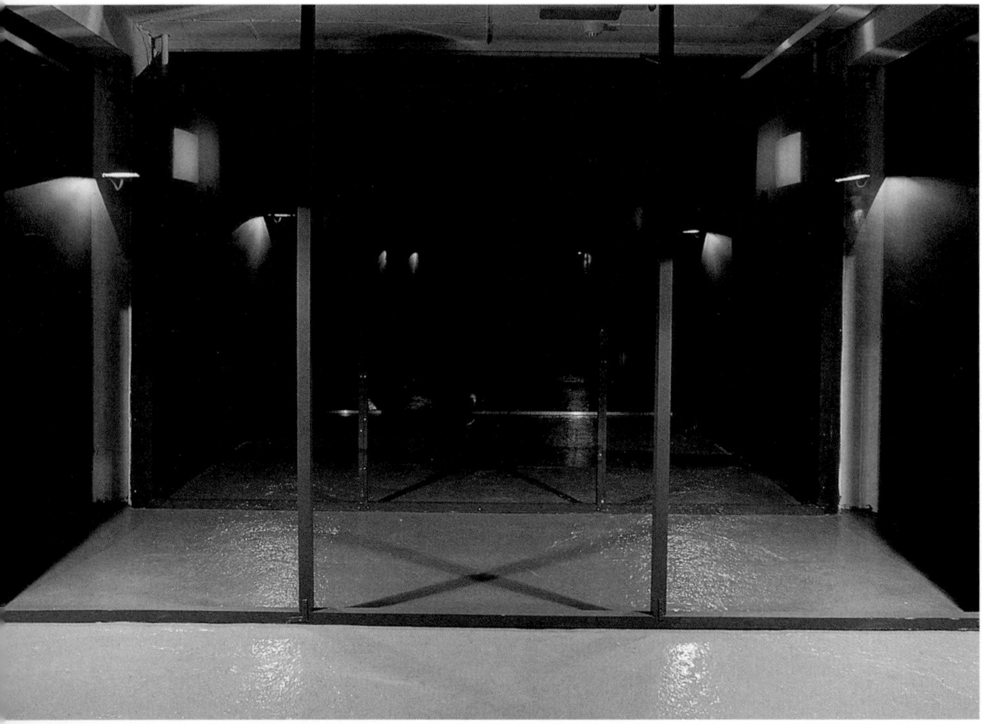

moniteur, tandis que son image présente est diffusée sur un autre. Lors d'une exposition organisée en 1992 par le Museum of Installation de Londres, David Goldenberg avait installé ses caméras vidéo de sorte que les spectateurs puissent voir leurs propres images dans des pièces tapissées de miroirs sans pouvoir y pénétrer : le passé, le présent et l'avenir s'effondraient dans un maelström de projections de soi.

La frontière est mince entre le simple regard, le voyeurisme (prendre plaisir à regarder quelqu'un de manière soutenue) et l'espionnage (observer et analyser secrètement les actions d'autrui). La surveillance, forme d'espionnage fondée sur l'utilisation de la vidéo, a séduit non seulement les régimes autoritaires mais aussi de nombreux artistes. Technique mise au point par les militaires, la vidéo surveillance souligne aux yeux des artistes ce que le regard photographique peut avoir d'inquiétant, voire de sinistre, lorsque son propos est d'observer un sujet sans que celui-ci le sache ou en ait donné l'autorisation.

Les émissions récentes de télé-réalité, telles que *Loft Story* ou *Koh Lanta*, montrent des participants qui acceptent que des caméras filment le moindre de leurs gestes dans l'espoir de remporter le jeu et l'importante somme d'argent qui récompense le vainqueur. La surveillance ne serait donc plus quelque chose de sinistre mais le moyen, pour certains d'entre nous du moins, de s'enrichir rapidement. Nous sommes tous, en revanche, « plus que jamais sous surveillance », pour reprendre les mots du théroricien des médias Thomas Levin, « car lorsque nous prenons de l'argent au distributeur automatique avec notre carte de crédit, quand nous appelons avec notre portable ou utilisons notre carte d'abonnement sur l'autoroute, lorsque nous surfons sur le web ou simplement marchons dans la rue, nous laissons des traces ». C'est là, dans ces traces, que l'art surgit.

Lorsque Nauman et Acconci braquèrent pour la première fois la caméra sur eux-mêmes, au cours de ce que nous pourrions appeler des performances d'autosurveillance, ils créèrent des œuvres éminemment solitaires où s'exprimait leur intérêt pour la sculpture, la poésie et la performance. Dans *Following Piece* (1969), Acconci espionne l'autre et soi-même tandis qu'il suit un homme vaquant à ses occupations quotidiennes. Tout comme Dan Graham, Bruce Nauman et Peter Campus, Acconci s'intéresse à la frontière qui sépare les sphères publique et privée et à ses points de rupture.

La Filature (1981) de Sophie Calle représente une parfaite fusion des techniques de modification de la perception mises au point par Nauman et des auto-performances d'Acconci. Calle avait demandé à sa mère d'embaucher un détective privé qui la suivrait et rédigerait un rapport sur ses activités afin, selon l'artiste « de fournir une preuve photographique de [son] existence ». Cette performance, parfaitement élaborée et manigancée, offre plusieurs niveaux de lecture : l'artiste en tant que sujet, le voyeur en tant qu'artiste, le spectateur témoin de la valeur toute relative des images en tant que preuves.

L'artiste britannique Jamie Wagg (né en 1958) a créé des photographies de surveillance extrêmement troublantes à partir d'une bande vidéo qu'il a manipulée pour obtenir de grands tirages d'une extrême beauté. On y voit deux garçons, dont les silhouettes sombres apparaissent sur un fond orange vif, déambuler parmi la foule avant d'assassiner brutalement le jeune enfant qui les accompagne.

John Crandall (né en 1960) s'est servi de caméras ainsi que de techniques et de systèmes utilisés par l'armée pour identifier ou suivre une cible et surveiller les frontières afin de créer des installations à écrans multiples comme *Drive* (1998-2000) ou *Heatseeking* (1999-2000) qui traitent de la présence de techniques sophistiquées d'espionnage dans la vie de gens ordinaires. Dans son film intitulé *Trigger* (2002), l'artiste a fait appel à un système de synchronisation du regard qui aligne automatiquement l'arme et le regard de son utilisateur [147-149]. « Dans ce cas, explique Crandall, voir devient littéralement tirer. Face à de tels systèmes de plus en plus automatisés, le statut de de la personne qui regarde est indéterminé : l'arme-caméra est-elle activée par un homme ou non ? Où est le corps qui est lié au viseur ? Humains et machines sont de plus en plus intégrés et les frontières qui les séparent sont de plus en plus difficiles à tracer. »

Julia Scher (née en 1954) s'intéresse quant à elle depuis plusieurs années à démasquer les jeux de pouvoir inhérents à la vidéo de surveillance au travers d'installations qu'elle présente dans des musées et des galeries d'art. Les visiteurs sont invités à imprimer une copie de leur propre image ou de celle d'une autre personne telle qu'elle apparaît sur une demi-douzaine de moniteurs de surveillance. Ils peuvent se regarder ou choisir d'observer les autres personnes présentes ou

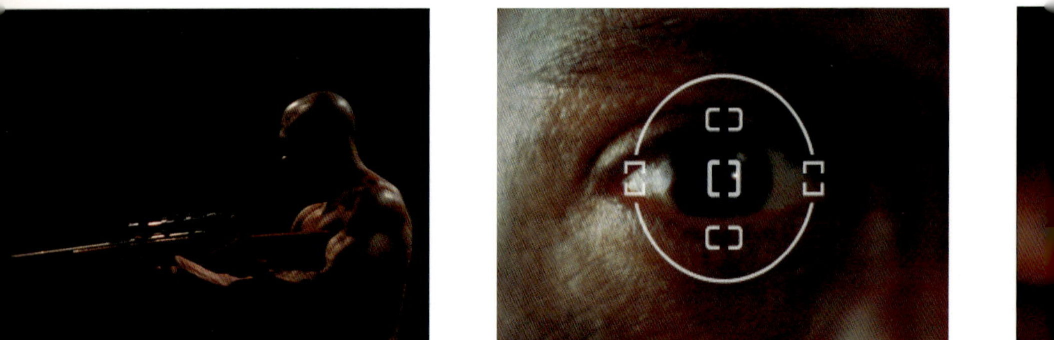

147–149. **Jordan Crandall,** *Trigger*, 2002.

150. **Julia Scher,** *Security by Julia II,* 1989.

151. **Julia Scher,** *Security by Julia IX,* 1990.

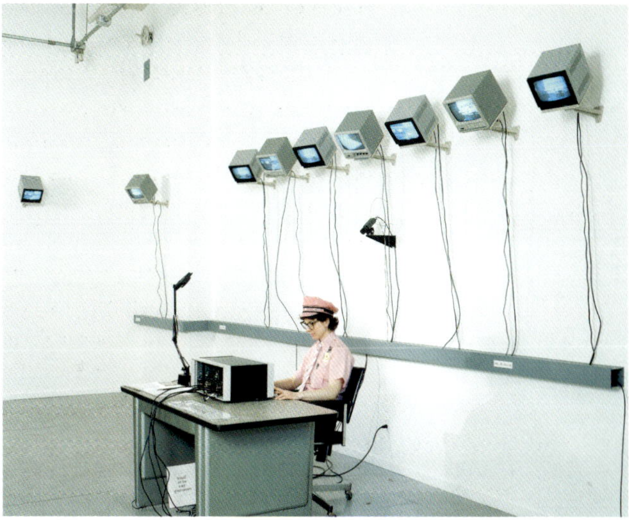

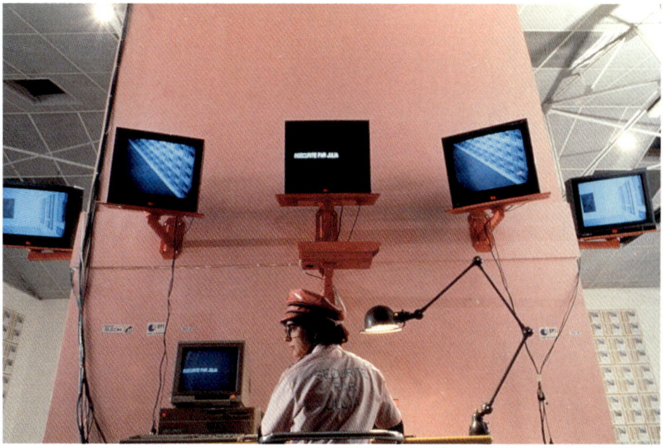

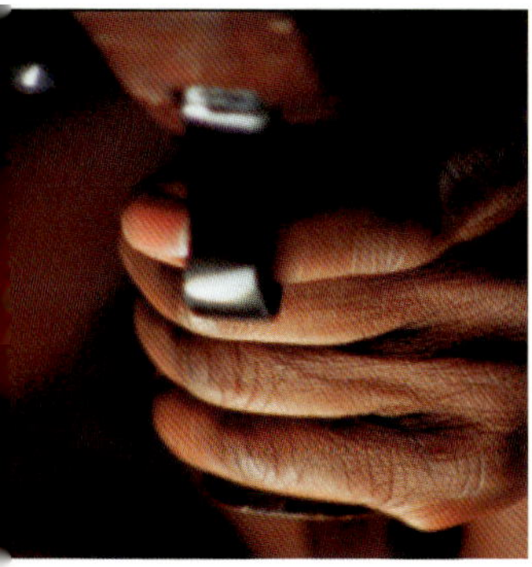

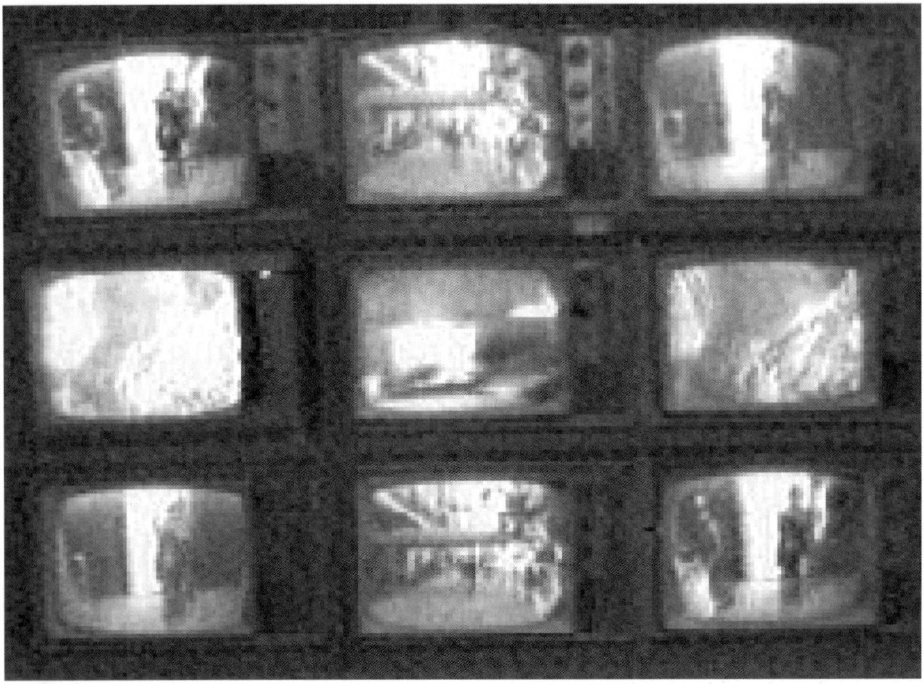

152. **Frank Gillette**, en collaboration avec **Ira Schneider**, *Wipe Cycle*, 1969.
Cette œuvre avait recours à un système vidéo en circuit fermé qui filmait les visiteurs de la galerie, les intégrant ainsi à l'information diffusée par les moniteurs.

encore se demander qui est en train de les regarder depuis un endroit non visible d'eux, ou le tout à la fois.

Vidéo et contestation politique

Si Doug Hall et Sally Jo Fifer préviennent dans leur ouvrage *Illuminating Video* (1990) que l'art vidéo défie toute classification en termes d'histoire de l'art traditionnelle, on peut cependant facilement distinguer dans le domaine de l'installation vidéo plusieurs tendances. Les installations multi-écrans à forte connotation politique dues aux artistes américains Les Levine et Frank Gillette par exemple, et les œuvres des cinéastes documentaristes John Reilly, Arthur Ginsberg et Skip Sweeney, présentant un lien étroit avec les premières installations sculpturales de Vostell et de Paik.

Comme s'ils répondaient à l'injonction de Saint-Simon, qui exhortait les artistes de son temps à constituer l'avant-garde de la conscience politique, les artistes des années 60 et 70 réagirent au contexte d'agitation politique de multiples manières, notamment en créant des performances, des événements et des installations, formes qui favorisaient l'interactivité en matière de création et de contemplation de l'art.

L'installation que créa Frank Gillette en collaboration avec Ira Schneider, *Wipe Cycle* (1969) [152], présentée dans le cadre de l'importante exposition *TV as a Creative Medium* organisée par la

Howard Wise Gallery de New York, résultait de ses expériences avec l'image en feed-back et le décalage temporel. Montrant à la fois des informations préenregistrées et le spectateur filmé en direct, Gillette défiait la tradition de l'expérience passive du visionnage. « La fonction la plus importante de *Wipe Cycle*, expliqua Schneider au critique Gene Youngblood, fut d'intégrer le public dans l'information. Il s'agissait d'un système de feed-back en direct qui permettait au spectateur de se voir lui-même non seulement maintenant dans le temps et l'espace, mais également huit et seize secondes auparavant [...]. Je cherchais ainsi à démontrer que l'on est tout autant un élément d'information que les gros titres des journaux du lendemain matin. »

Aux Etats-Unis, certains membres de groupes vidéo underground, comme TVTV ou Global Village, ont créé des installations intégrant leurs réalisations. C'est le cas notamment de John Reilly, co-fondateur de Global Village, qui, en 1974, créa une installation multi-écrans à partir de ses très controversées *Irish Tapes*. Il s'agissait d'une œuvre puissante dans laquelle le spectateur était bombardé d'images du conflit en Irlande du Nord, et qui permettait au passage à son auteur d'exploiter le plus d'images possible parmi les centaines d'heures de bandes non montées qu'il avait filmées. A mesure que la vidéo était de plus en plus utilisée

153. **John Reilly** et **Stefan Moore**, photogramme de *The Irish Tapes*, 1974.

154. **Dara Birnbaum**, *PM Magazine*, 1982.

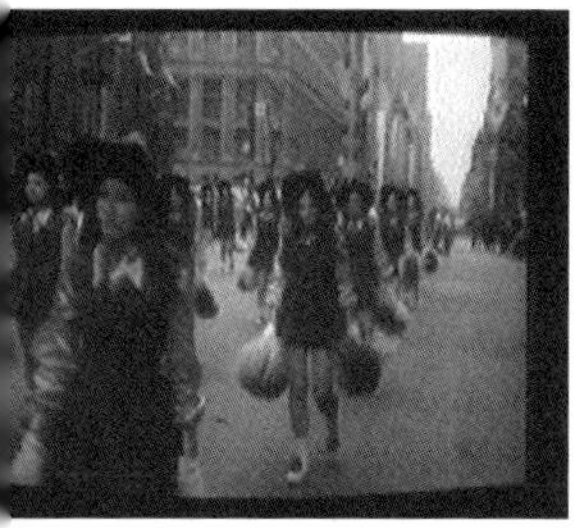

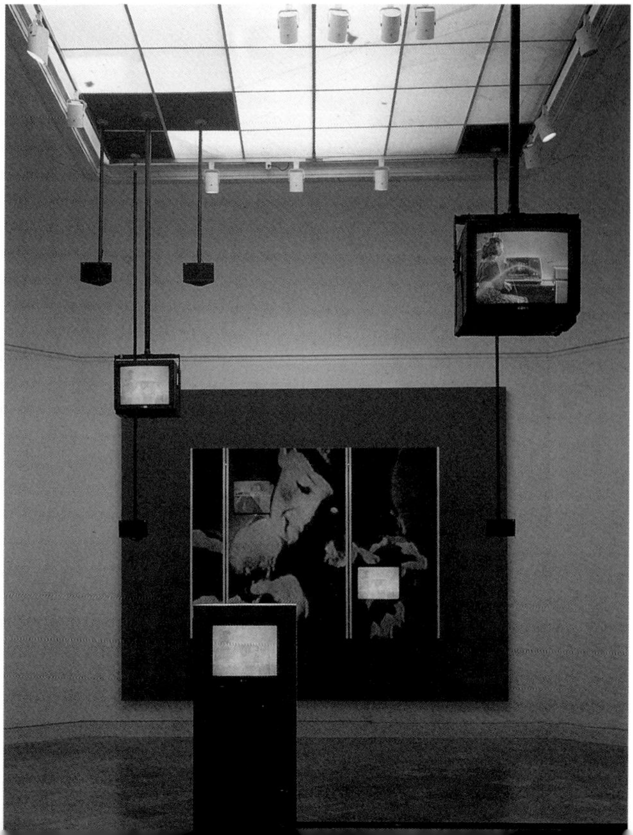

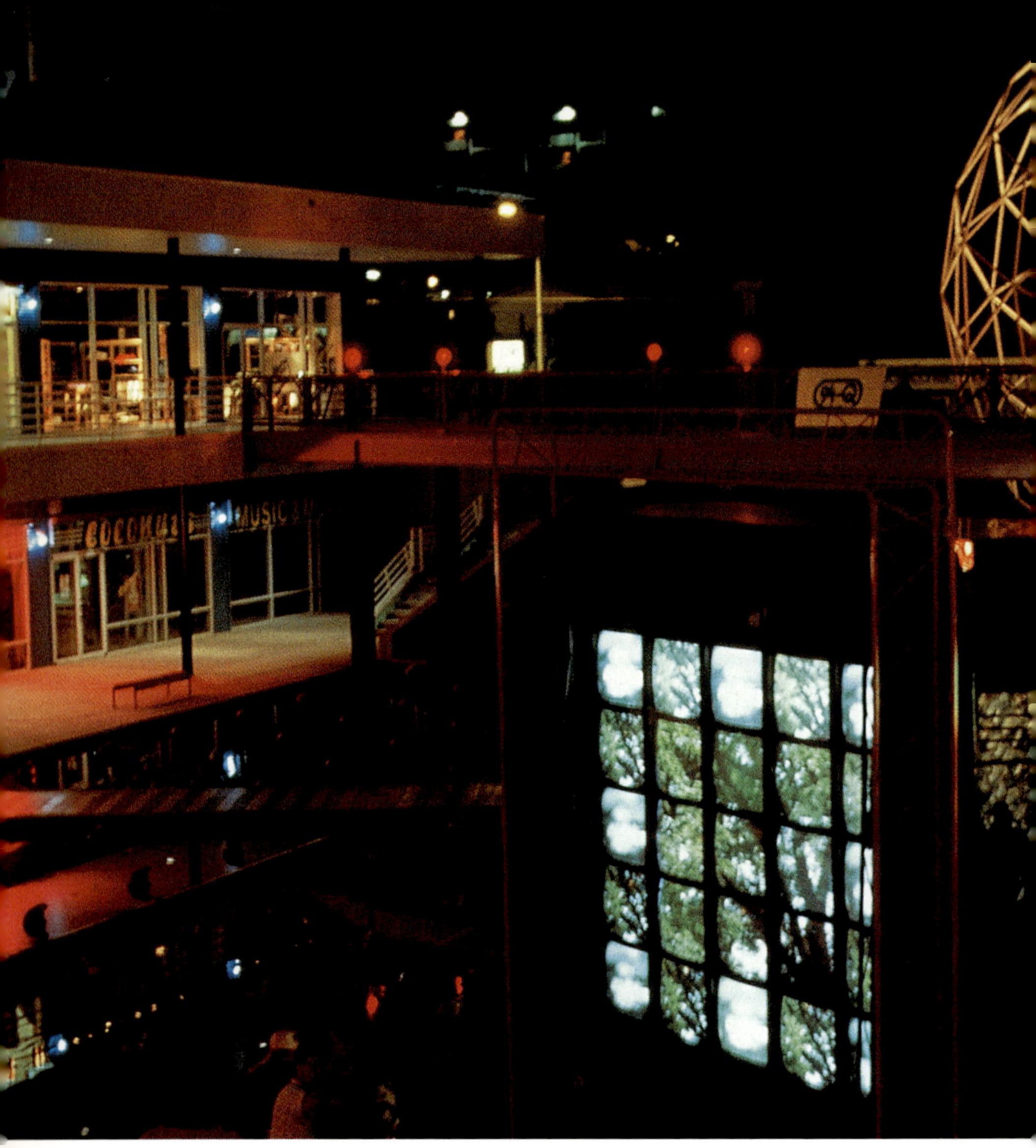

dans les installations, la distinction entre artistes et activistes s'estompa et de nombreux artistes s'adonnèrent à la critique des médias et de la société dans le cadre de leur art. Dara Birnbaum, dont la vidéo déjà mentionnée *Technology Transformation: Wonderwoman* lui valut une grande attention, a créé plusieurs installations qui traitaient soit de la politique de la télévision, comme *PM Magazine* (1982-1989) [154] – un véritable assaut d'images banales empruntées aux mass media – soit de la politique mondiale, comme *Tiananmen Square: Break-In Transmission* (1990) – œuvre au rythme rapide qui analysait le rôle de la télévision

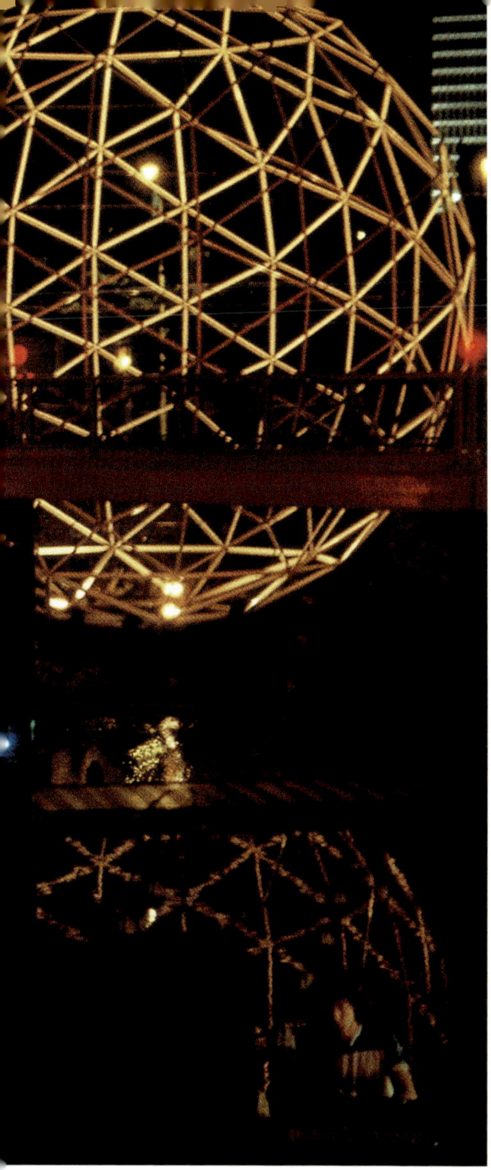

155. **Dara Birnbaum**,
Rio Videowall, 1989.
Le mur d'écrans qui constitue cette installation est ici visible dans son contexte, la place publique du centre commercial *Rio Shopping/Entertainment Complex*, à Atlanta aux Etats-Unis. Avec cette œuvre multi-écrans de Birnbaum, l'art vidéo abandonne la confidentialité des musées et entre dans l'arène publique.

dans le soulèvement très médiatisé de 1989. Birnbaum fut l'une des premières vidéastes à créer des « murs » vidéo, prenant exemple sur les empilements de téléviseurs des magasins d'électroménager. Son *Rio Videowall* (1989), présenté dans un centre commercial d'Atlanta, est une installation vidéo permanente en plein air composée de 25 moniteurs [155]. La monumentalité structurelle de telles installations confère une importance nouvelle à l'union de la sculpture et de l'architecture dans cette discipline ; en outre, l'image vidéo animée élargit la notion de champ de la sculpture en lui accordant davantage de fluidité et de dynamisme.

156. (ci-dessous) **Fabrizio Plessi**, *The Bronx*, 1986. Suggérant que la mort est le sort de toute chose, même pour les machines, Fabrizio Plessi envisage ici la fin de la technologie.

157. (page ci-contre) **Judith Barry/Brad Miskell**, *Hard Cell*, 1994. Des moniteurs d'ordinateurs mis au rebut servent à diffuser des conversations entre humains et machines enregistrées en vidéo.

Pages 142-143 : 158. **Judith Barry/Brad Miskell**, *Hard Cell*, 1994 (détail).

La fonction publique de l'art et des médias a été minutieusement examinée dans les installations de l'artiste américaine Judith Barry (née en 1954). Issue du mouvement féministe des années 70, elle aborda la question de l'identité féminine dans des vidéos comme *Kaleidoscope* (1979) où les membres d'une famille ordinaire débattent du féminisme. Son répertoire thématique s'est ensuite élargi pour venir englober des installations de grandes dimensions mettant en œuvre toute la gamme des technologies modernes. Dans *Hard Cell* (1994) [157, 158], des moniteurs vidéo, des projecteurs, des ordinateurs au rebut, un défibrillateur et d'autres déchets de l'ère moderne se déversent hors d'une caisse de transport délabrée. L'Italien Fabrizio Plessi (né en 1940) a créé pour la Biennale de Venise de 1986 un véritable cimetière pour vieux téléviseurs avec son installation *The Bronx* [156]. Cette installation montrait vingt-six téléviseurs disposés l'écran vers le haut dans des conteneurs rouillés. Des pelles encastrées à la verticale dans ces moniteurs se reflétaient dans l'image d'eau bleue que ceux-ci diffusaient. Plessi considère la caméra portable comme un simple élément de sa pratique artistique, au même titre que la peinture ou le bois. « La télé est un matériau que l'artiste soumet à ses idées poétiques », précise-t-il à propos de son œuvre, et plus particulièrement au sujet de son installation *Matria Prima* (1989). *Development Plan to Build Albania* (1992), de l'Américain Peter Fend (né en 1950),

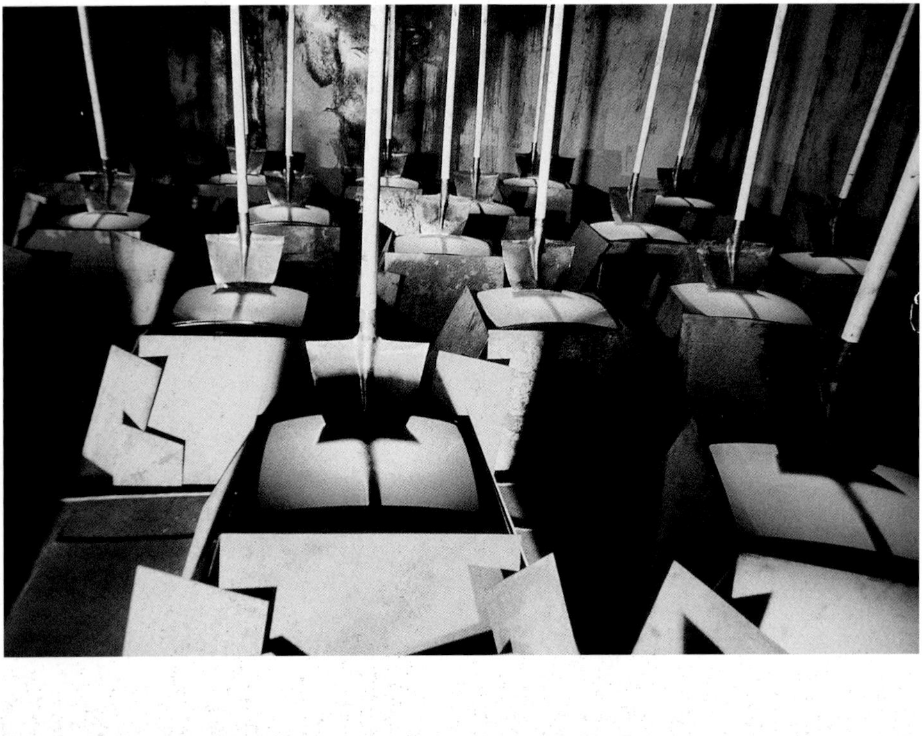

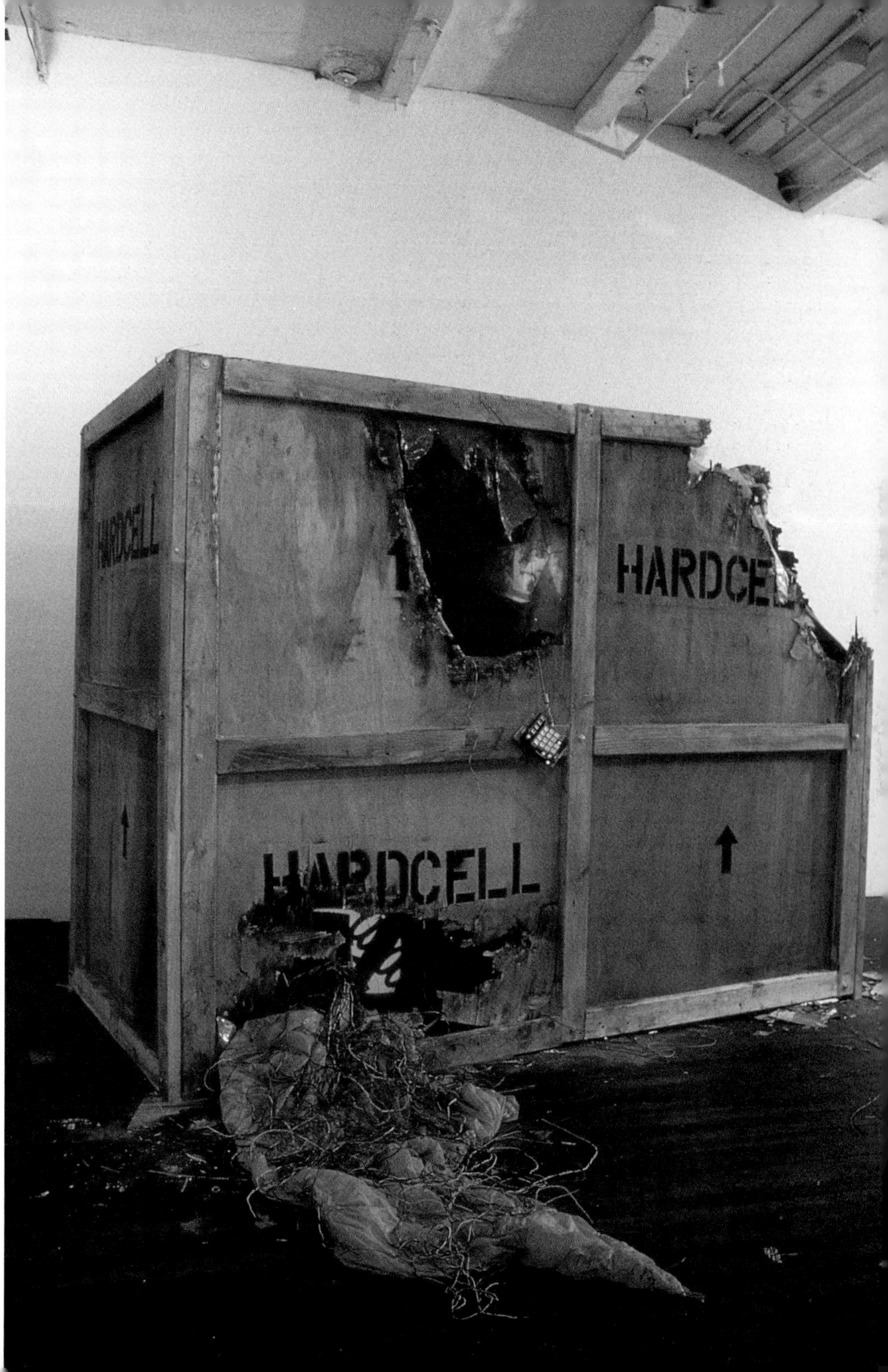
HARDCELL
HARDCELL
HARDCELL

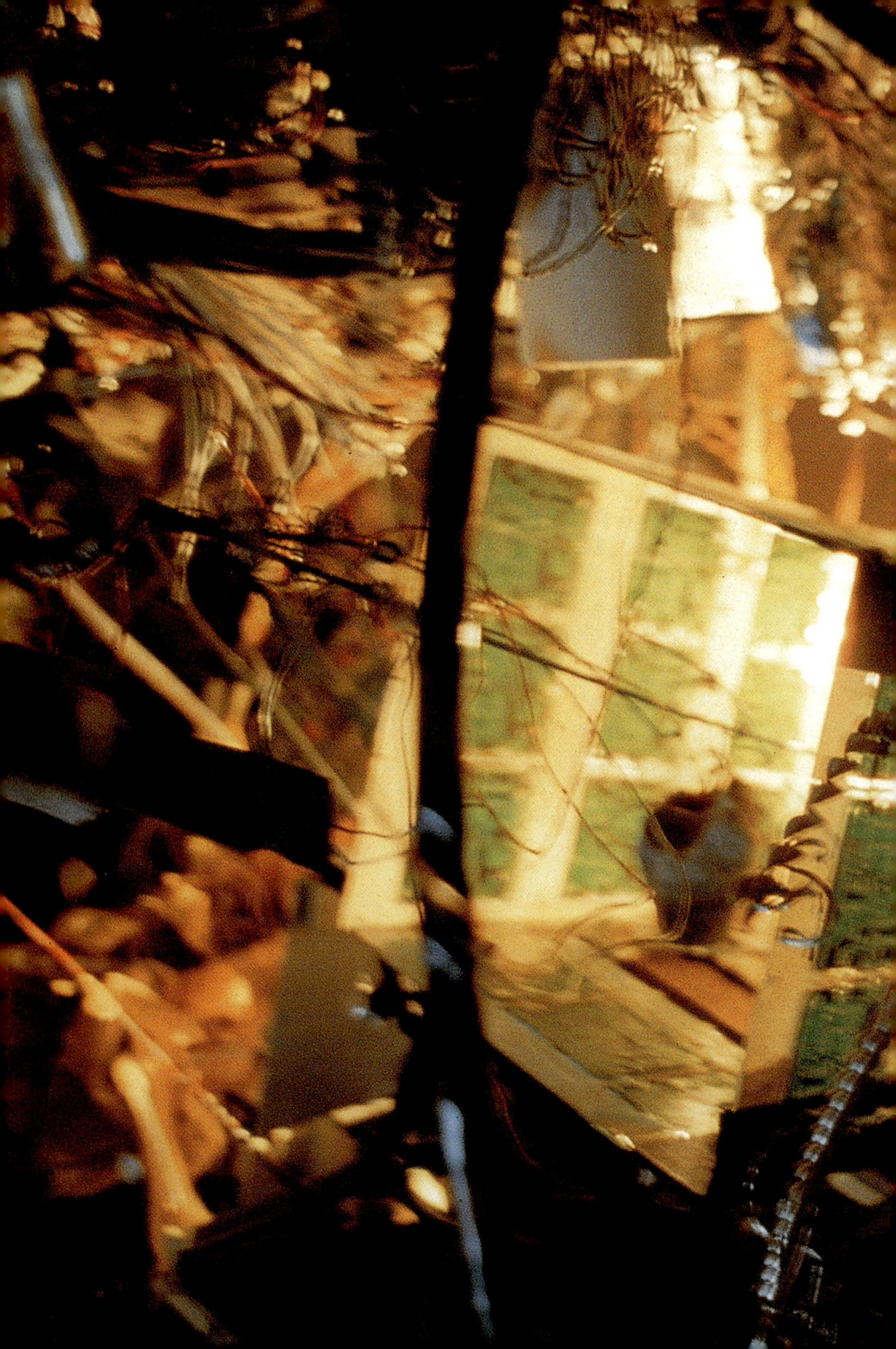

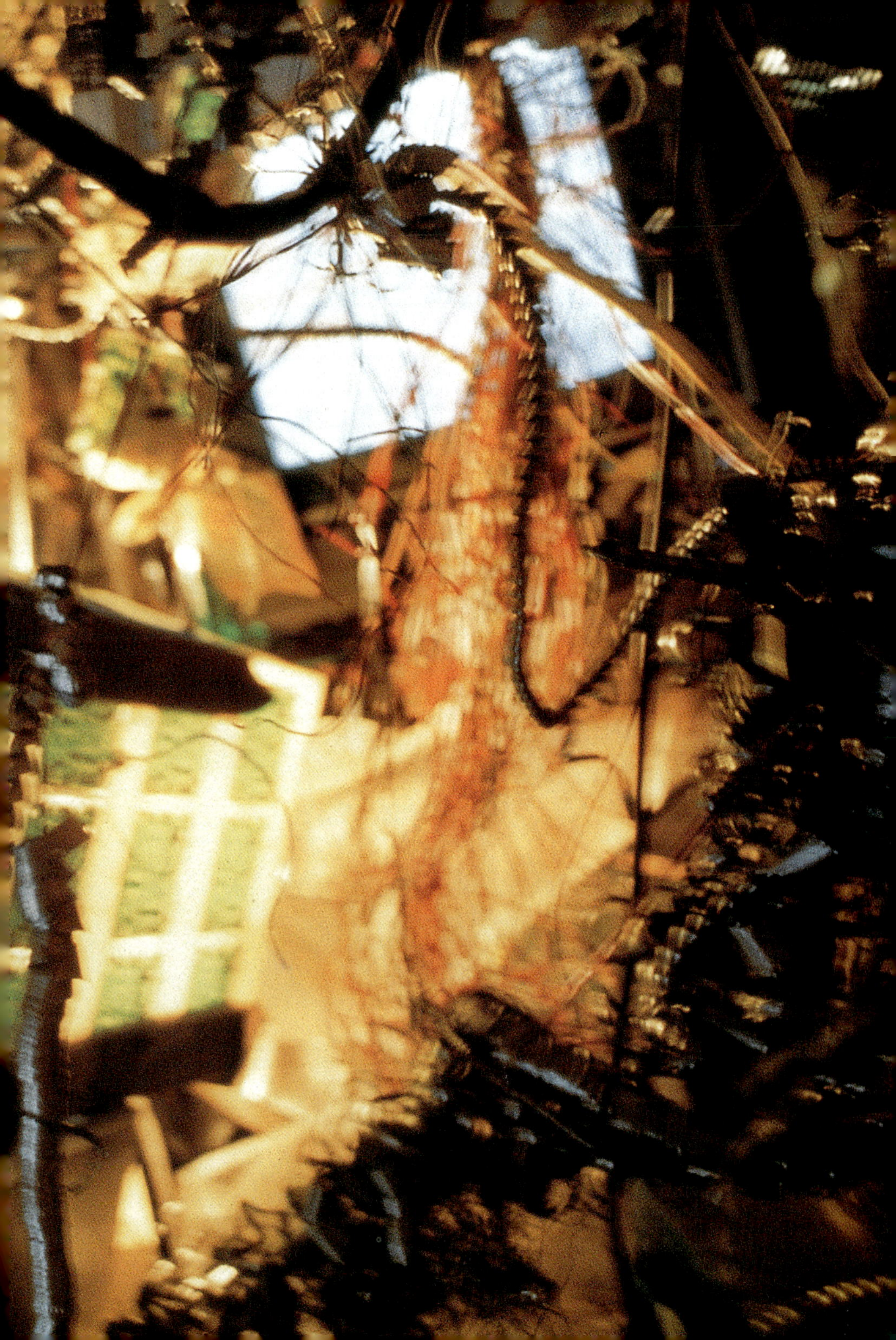

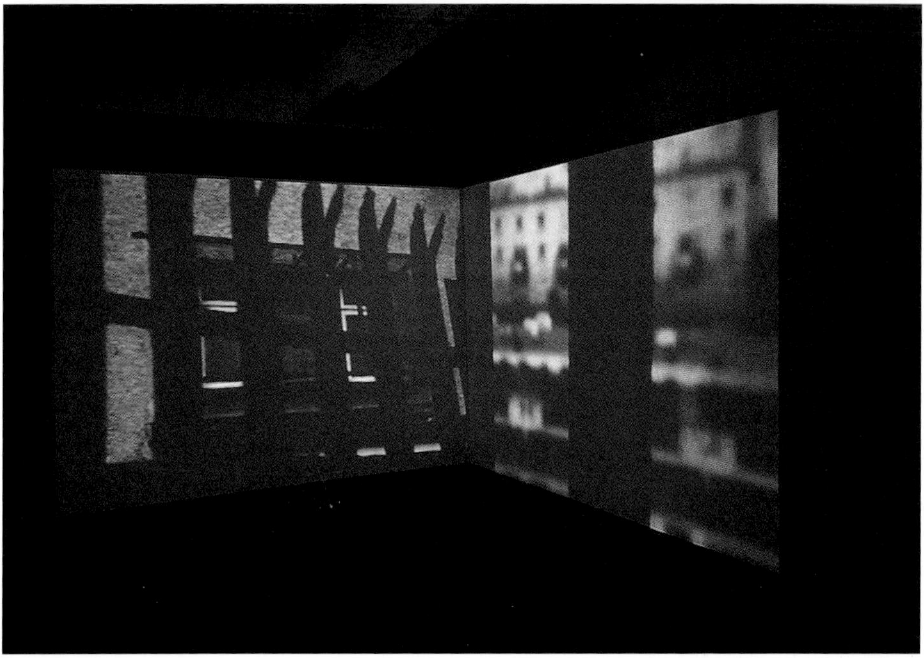

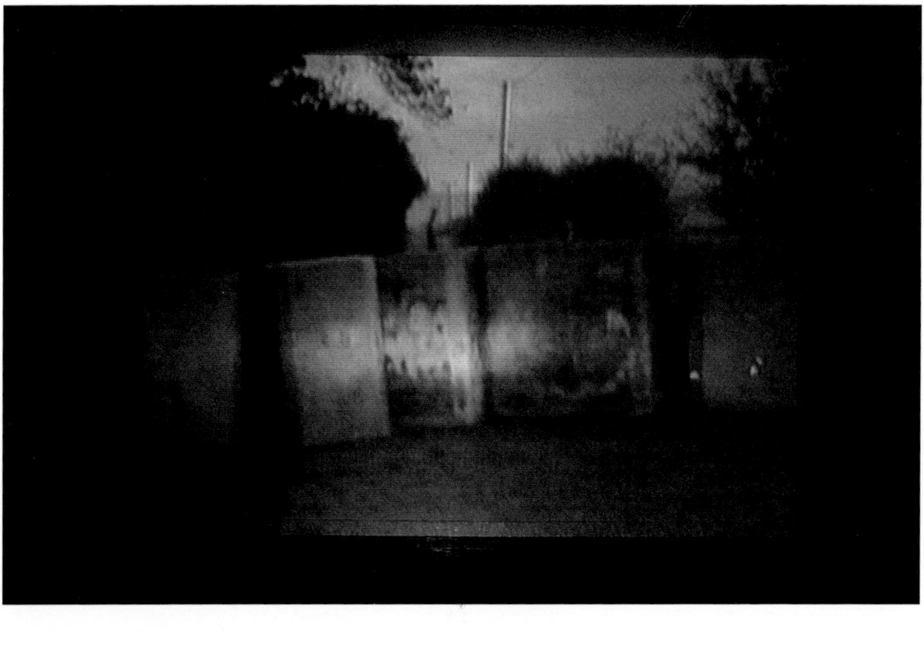

comporte de nombreux moniteurs vidéo qui diffusent en direct, par liaison satellite, des images d'Albanie et de Yougoslavie. Fend considère ses installations comme des « espaces de travail » pour une redistribution mondiale du pouvoir et des ressources.

Les troubles politiques d'Irlande du Nord sont au centre des installations *At the End of the Day* (1994) [160] et *Somewhere Else* (1998) [159] de l'artiste irlandais Willie Doherty. Ses projections murales de grandes dimensions où figurent des carcasses d'automobiles incendiées, des routes ne menant nulle part, où l'on est plongé dans une obscurité absolue, sont accompagnées de phrases en voix-off diffusées en boucle illustrant le pathétique de la guerre.

L'artiste canadien Stan Douglas (né en 1960) reconstitue dans son installation subtile et froide intitulée *Evening* (1994) le rituel des soirées passées en famille devant le journal télévisé durant les années 60 et 70, prenant directement pour cible les médias populaires contemporains. Sur un arrière-plan de séquences d'archives d'époque, les acteurs/présentateurs de Douglas ne cessent de sourire, indifférents aux horreurs (guerre du Viêtnam, émeutes raciales) qu'ils sont parfois amenés à commenter.

La mondialisation des informations télévisées (la chaîne CNN, de Ted Turner peut par exemple être captée dans la quasi-totalité des pays) signifie qu'aujourd'hui l'image d'un événement mondial (les enfants mourant de faim en Somalie, la guerre en Irak, la mort de la

159. (page ci-contre) **Willie Doherty**, *Somewhere Else*, 1998.

160. (page ci-contre, en bas) **Willie Doherty**, *At the End of the Day*, 1994.
Les vidéos de Doherty montrent les traces laissées par la guerre dans son Irlande natale.

161. (ci-dessous) **Fabrice Hybert**, installation présentée dans le pavillon français de la Biennale de Venise de 1997.
Hybert a reconstitué un studio de télévision pour cette installation-performance.

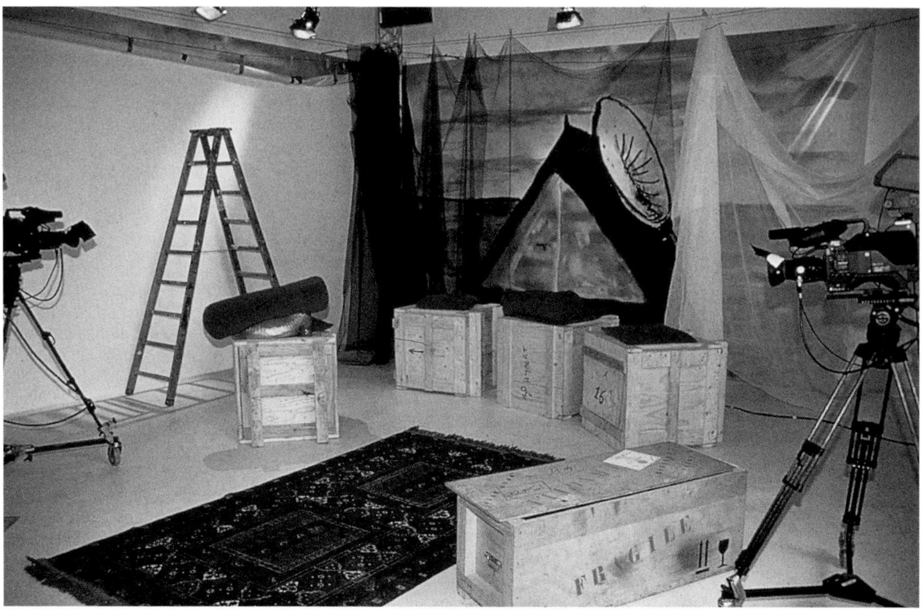

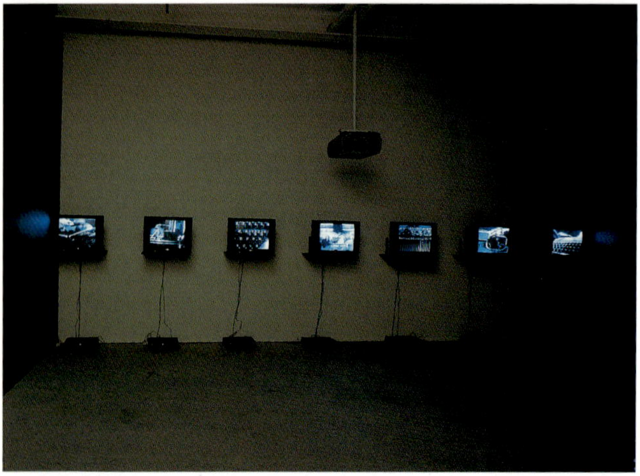

162. **Marcel Odenbach**, *Eine Faust in der Tasche Machen* (Serrer le poing dans la poche), 1994.
L'installation multi-écrans évoque un environnement sculptural qui se démarque habilement de l'atmosphère « living-room » liée à la présence d'un téléviseur unique.

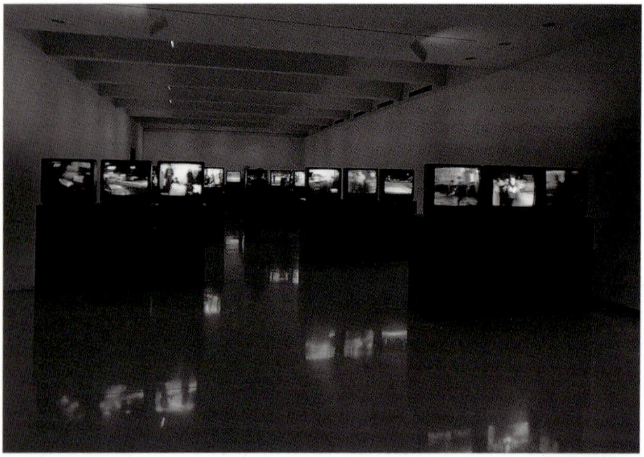

163. **Chantal Akerman**, *Bordering on Fiction : Chantal Akerman's « D'Est »*, 1993/1995.
Huit groupes de trois moniteurs diffusent une déconstruction vidéo du film *D'Est*.

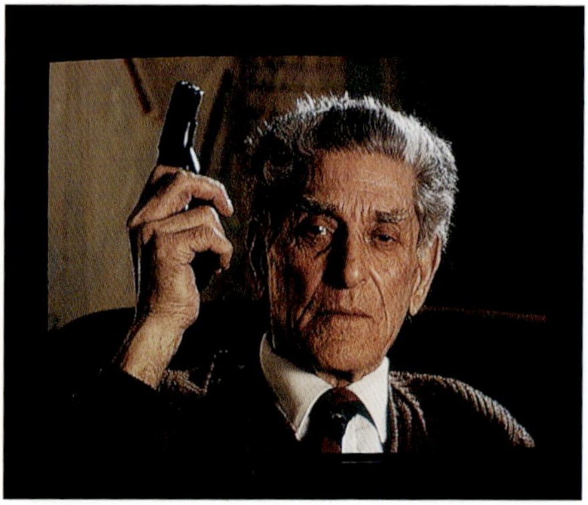

princesse Diana) est instantanément reconnaissable dans le monde entier. De nombreux artistes de stature internationale expriment leur intérêt pour cette question dans leurs installations vidéo. Le Français Fabrice Hybert (né en 1961) a recréé pour la Biennale de Venise de 1997 un véritable studio de télévision, avec ses moniteurs, son mobilier, sa salle de montage, sa régie, etc. [161]. Présent dans sa propre installation, Hybert menait des entretiens, créait des publicités et participait à des « réunions de production » dans son studio construit dans le pavillon français.

Eine Faust in der Tasche Machen (Serrer le poing dans la poche), installation vidéo créée en 1994 par l'artiste allemand Marcel Odenbach (né en 1953), montrait comment l'Allemagne, les Etats-Unis, l'Angleterre, la France, l'Italie, la Tchécoslovaquie et le Mexique conduisirent les opérations de maintien de l'ordre durant les soulèvements politiques de 1968. Sept moniteurs alignés diffusaient des séquences d'actualités télévisées de l'époque de chacun des pays ; celles-ci étaient entrecoupées d'archives cinématographiques représentant les autodafés de livres du Troisième Reich. La cinéaste belge Chantal Akerman (née en 1950) a employé cette stratégie multi-écrans pour une déconstruction vidéo de son film 35 mm *D'Est* réalisé en 1993. Elle disposa vingt-quatre moniteurs en huit groupes de trois et y diffusa des extraits du « carnet de voyage » qu'elle avait réalisé lors d'un séjour en Europe de l'Est, région d'origine de ses parents et grands-parents. On y voyait les détails monotones de la vie quotidienne des gens se rendant à pied à leur travail, attendant le bus ou patientant dans les files d'attente devant les magasins, filmés depuis la vitre baissée d'une automobile roulant au pas. Dans son projet vidéo toujours en cours, *Xenology: Immigrant Instruments* (commencé en 1992), l'artiste d'origine polonaise Krzysztof Wodiczko (né en 1943) met en relation des entretiens réalisés avec des immigrants et des images de ces personnes filmées dans le

164–166. (ci-dessous, de gauche à droite) **Marina Abramovic**, *Balkan Baroque (Father)*, 1997.

Marina Abramovic, *Balkan Baroque (Marina Abramovic)*, 1997.

Marina Abramovic, *Balkan Baroque (Mother)*, 1997. Dans ses installations multi-écrans, Marina Abramovic réagit de manière très personnelle aux conflits ethniques qui déchirent son pays natal, l'ex-Yougoslavie.

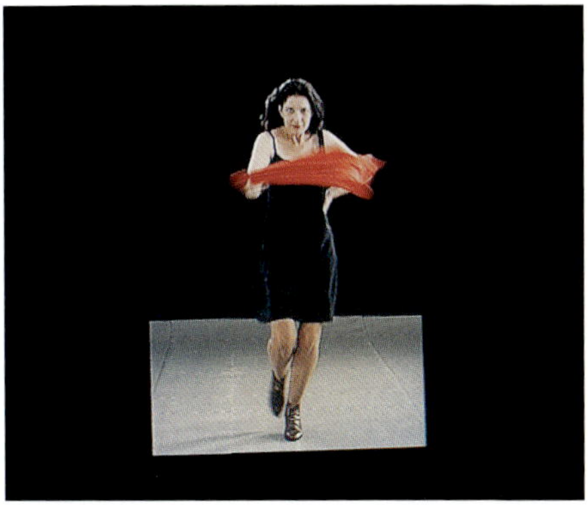

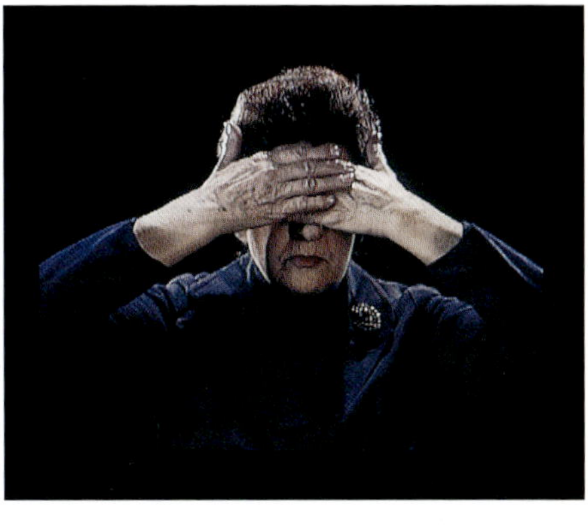

métro ou se tenant devant des bâtiments publics de leur nouveau pays d'adoption. L'artiste turque Sukran Aziz dans son installation *Reminiscences* (1998) aborde l'expérience de l'immigration sous un autre angle : des entretiens vidéo réalisés avec plusieurs personnes à Istanbul, New York, Paris et dans d'autres villes sont projetés sur les murs, tandis que des centaines de minuscules haut-parleurs suspendus au plafond et dissimulés dans des récipients métalliques diffusent des conversations préenregistrées portant sur la mémoire et le déplacement.

Douglas Gordon réexamine des documents d'archives cinématographiques ; il extrait des images et les dissèque, parfois en les projetant au ralenti, révélant ainsi différents aspects psychologiques et socioculturels de l'histoire. Son installation *Hysterical* (1995) « recyclait » un film médical du début du siècle dans lequel une femme masquée souffrant apparemment d'hystérie était brutalisée par les médecins censés la soigner [167]. Pour *Through the Looking Glass* (1999), Gordon utilise un extrait du film *Taxi Driver* de Martin Scorsese d'une durée de 71 secondes qu'il projette, avec un léger décalage, sur les deux murs opposés

167. **Douglas Gordon**, *Hysterical*, 1995.

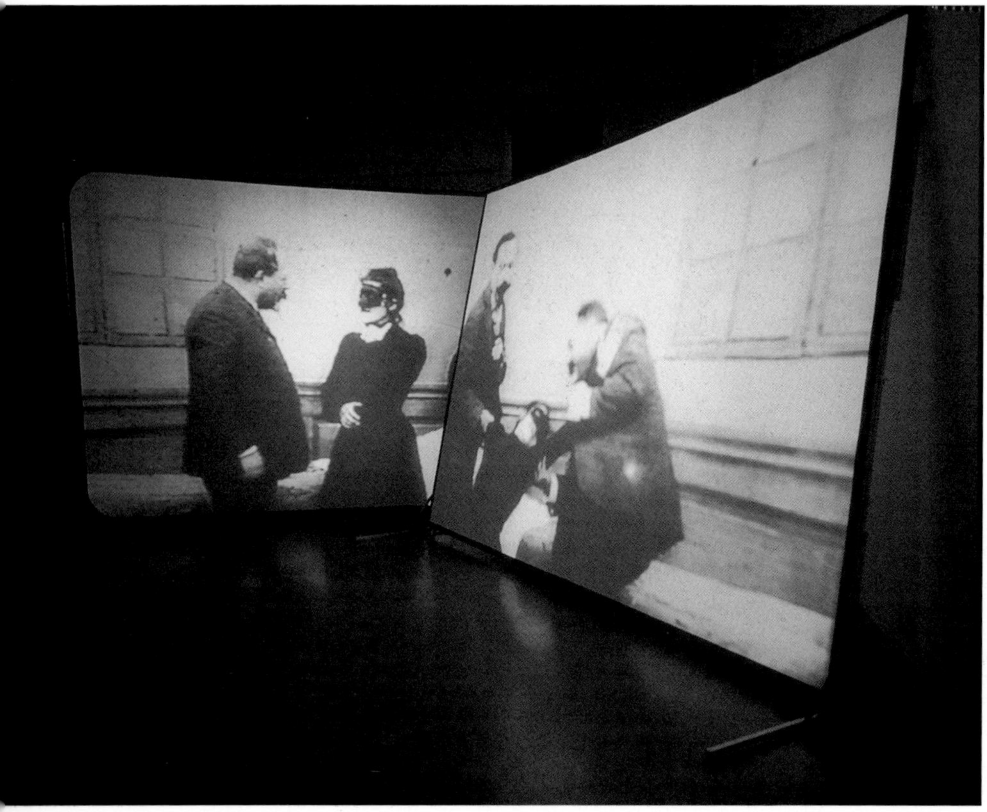

d'une galerie. Dans cette scène, Travis Bickle, qu'incarne Robert De Niro, se tient devant un miroir et apostrophe un ennemi imaginaire avec la fameuse phrase *« You talking to me ? »* tandis qu'il fait surgir un pistolet de sous sa manche et le braque sur le miroir. Du fait de la disposition des écrans, le spectateur se trouve pris au centre d'une violente altercation.

Abordant une multitude de questions sociales ou critiques dans son art pluridisciplinaire, la musicienne/artiste Laurie Anderson s'attaquait à notre rapport à la technologie moderne dans *Dancing in the moonlight with her wigwam hair* (1996), une installation vidéo et sonore présentée au musée Guggenheim de New York ; elle faisait notamment intervenir des perroquets parlants [168], un film d'animation, des téléphones, une maquette d'avion articulée et une vidéo illusionniste montrant l'artiste dans un cirque d'images et de sons, métaphore de la concurrence protéiforme à laquelle se livrent les éléments du monde moderne pour capter notre attention. Cette installation, mélange de Fluxus et de Pop art, répondait à la thèse du critique d'art américain Thomas Hess selon laquelle un art si théâtral requiert un public pour le parachever.

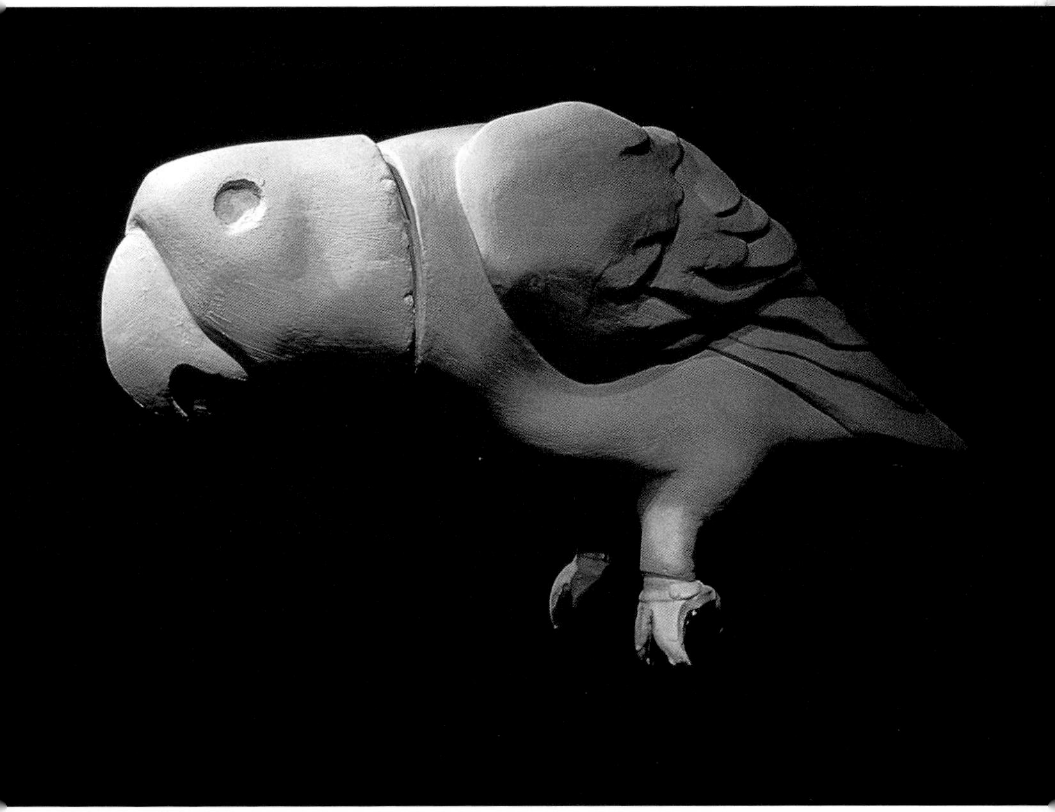

168. **Laurie Anderson**, *Your Fortune One $ Animatronic parrot*, extrait de *Dancing in the moonlight with her wigwam hair*, 1996.

Marina Abramovic (née en 1946 à Belgrade) présenta *Balkan Baroque* [164–166] à la Biennale de Venise de 1997. Comprenant trois écrans et trois grands récipients en cuivre remplis d'eau, l'installation faisait apparaître l'artiste sur l'un des écrans en train de donner une conférence sur des rats qui massacrent les représentants de leur propre espèce ; des images de ses parents occupaient les deux autres écrans. Abramovic abandonnait progressivement son rôle de conférencière pour endosser celui d'une séductrice dansant de manière frénétique ; alors que ses parents étaient demeurés silencieux et immobiles durant la conférence, le père dirige à présent un pistolet contre sa tempe tandis que la mère se couvre les yeux. L'Iranienne Shirin Neshat (née en 1957) a abordé avec *Turbulent* (1998) les inégalités de traitement entre les hommes et les femmes dans son pays. Deux vidéos étaient diffusées sur les murs opposés d'une salle ; la première montrait un homme en train de chanter devant un public masculin enthousiaste, la seconde, une femme portant le tchador qui se tenait dos à la caméra devant une salle vide et émettait un chapelet de notes qui se muaient en gémissements tandis que ses mains battaient l'air.

L'installation est devenue un extraordinaire moyen de transmettre un message politique car, grâce à ses dimensions et à sa complexité visuelle, elle constitue un environnement riche en significations que le spectateur peut physiquement pénétrer.

L'image poétique

« Comme Jean Cocteau, je suis un poète qui a également réalisé des films », a écrit en 1967 le cinéaste expérimental Stan Brakhage. Citant cette remarque, le critique américain David James soutient que le cinéma d'avant-garde des années 50 et du début des années 60 doit être analysé en recourant aux termes propres à la poésie. Le traitement de l'ambiance par la couleur, par les longs plans-séquences, voire par la fragmentation et la duplication des images, tout ceci, affirmait-il, avait

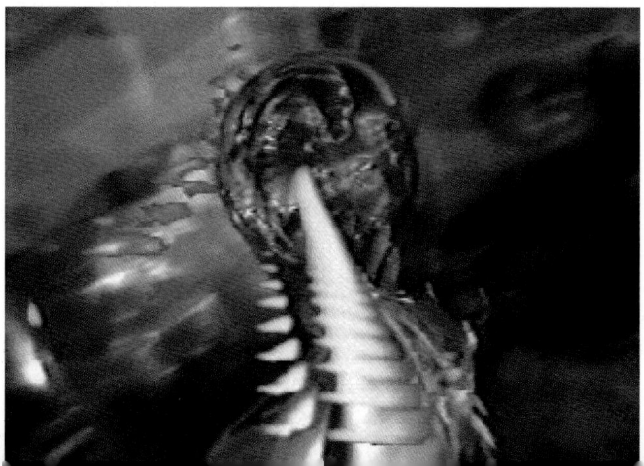

169 **Steina et Woody Vasulka**, en collaboration avec **Bradford Smith**, *Progeny*, 1981.

sa source dans la poésie symboliste française. On pourrait en dire autant des installations vidéo empreintes de lyrisme de Bill Viola, de Mary Lucier ou de Steina et Woody Vasulka, qui reflètent leur intérêt pour ce qui touche à la mémoire, à la perte, au mysticisme et à l'esthétique.

Avec Woody et Steina Vasulka, les méditations poétiques prirent place dans l'installation et ce, avant même que ce terme ne devienne usuel. Au sein de The Kitchen, lieu d'exposition et de performance fondé à New York par eux en 1971, les Vasulka créèrent des « environnements », selon le mot de Steina, composés de moniteurs et de caméras multiples. Dans *Machine Vision* (1976), deux caméras vidéo placées sur une platine motorisée interagissaient avec deux miroirs et deux moniteurs, créant un champ de vision impossible à obtenir à l'œil nu. Steina fit sur cette œuvre le commentaire suivant : *J'étais horrifiée par l'idée que si l'on tient la caméra, on contrôle l'image que voit le spectateur ;*

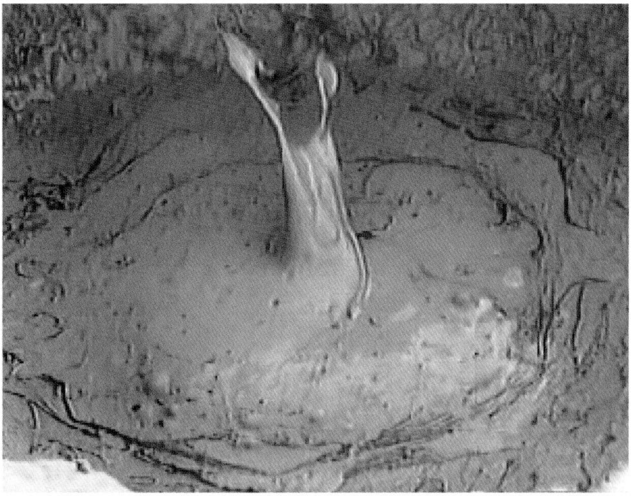

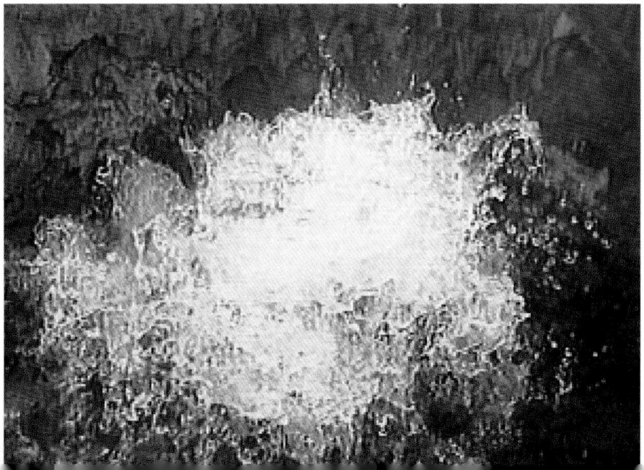

170, 171. **Steina Vasulka**, *Orka*, 1997.

172. **Bill Viola**,
Stations, 1994 (détail).
Dans cette installation vidéo à cinq canaux, des corps immergés dans l'eau flottent mollement, comme en suspension dans l'espace. Ces images, projetées sur des écrans de toile, se reflètent dans les dalles de granit poli posées au sol.

aussi ai-je placé la caméra sur un pied, puis quitté la pièce. Grâce à la platine, l'image bougeait continuellement sans l'intervention d'un caméraman. Je voulais que les gens songent au « point de vue », qu'ils aient conscience qu'ils se trouvaient dans un espace dominé par la machine.

Le temps passant, Steina, qui travailla de nombreuses années sans Woody, parvint à une expression plus lyrique. L'installation qu'elle créa pour la Biennale de Venise de 1997, *Orka* [170, 171] – « force » en islandais – est un hommage à son pays natal. Des images de grand format étaient projetées sur trois écrans à double face ainsi que sur des miroirs placés selon une disposition étudiée ; les images représentaient des vagues déferlantes, de la lave en fusion et toutes sortes d'oiseaux en plein vol. Une bande sonore assourdissante reproduisait les bruits correspondant. L'Estonien Jaan Toomik évoque sa patrie dans un même esprit avec son installation *The Sun Rises, The Sun Sets* (1997) ; l'image du soleil se levant sur la mer Baltique et se couchant sur la lagune de Venise ricoche d'un miroir vers le fond d'une casserole en fer blanc puis sur un mur.

Peut-être plus que toute autre, l'œuvre de Bill Viola représente la tendance lyrique de l'art des installations vidéo. A partir du début des

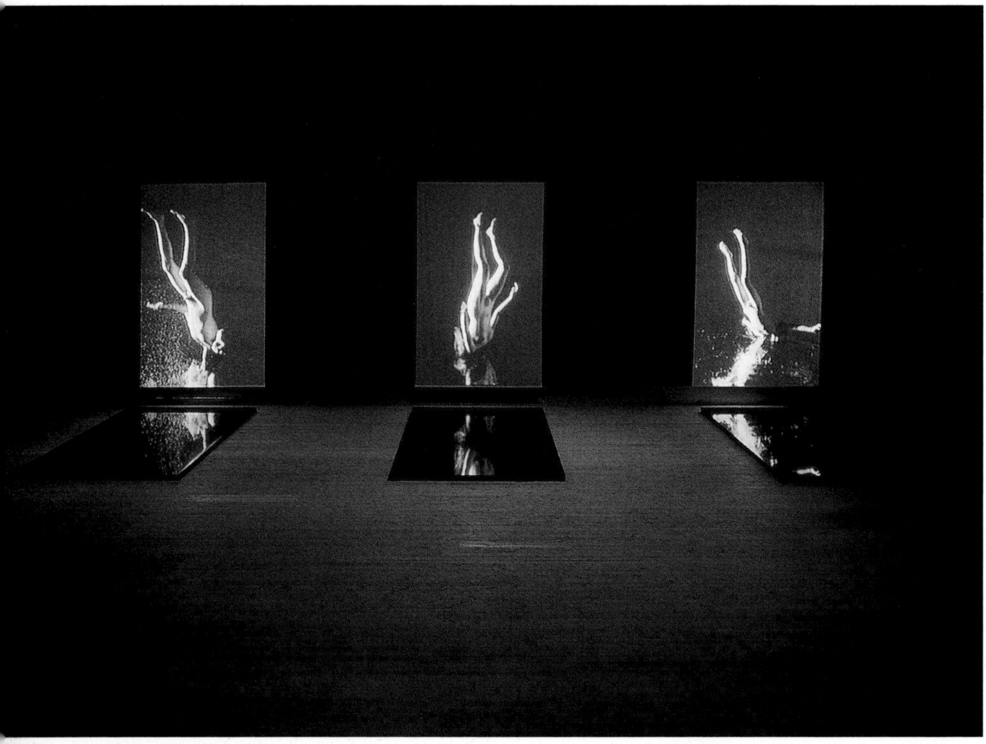

173, 174. **Bill Viola**, *The Messenger*, 1996. Un homme émerge de l'eau, inspire profondément puis sombre à nouveau, évoquant le cycle de la naissance et de la mort.

années 70, Viola a créé un grand nombre de bandes vidéo monocanal et d'installations qu'il décrit comme autant de poèmes visuels dans lesquels il s'attaque aux questions d'identité et aux préoccupations d'ordre spirituel dans le monde moderne. Depuis le milieu des années 80, Viola se consacre presque exclusivement à la création d'installations. Ses recherches sur la lumière et la forme ainsi que son intérêt pour les textes religieux (le Coran, les textes bouddhiques et le soufisme) s'expriment dans des projections d'images de grandes dimensions. Pour *Slowly Turning Narrative* (1992), il utilisa une surface de projection réfléchissante pivotante afin d'évoquer un esprit constamment plongé dans ses pensées ; l'intention de l'artiste était que « la salle et toute personne s'y trouvant deviennent un écran de projection continuellement changeant, accumulant des images et des reflets » comme si ceux-ci étaient vus à travers l'esprit de l'homme représenté sur le mur tournant. Dans *Stations* (1994) [172], installation vidéo à cinq canaux gérée par ordinateur, des images sont projetées sur des écrans de tissu et viennent se refléter sur des dalles polies posées perpendiculairement à même le sol ; dans cette représentation des stations du chemin de croix, des corps basculent dans l'eau ou semblent flotter dans le vide. *Fire*,

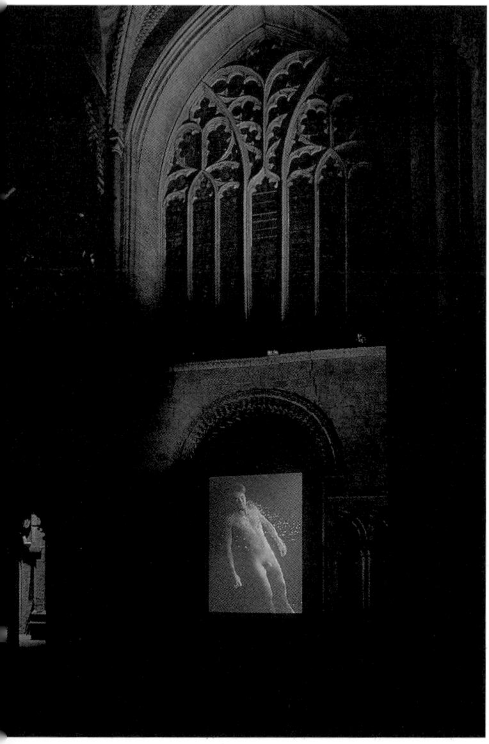

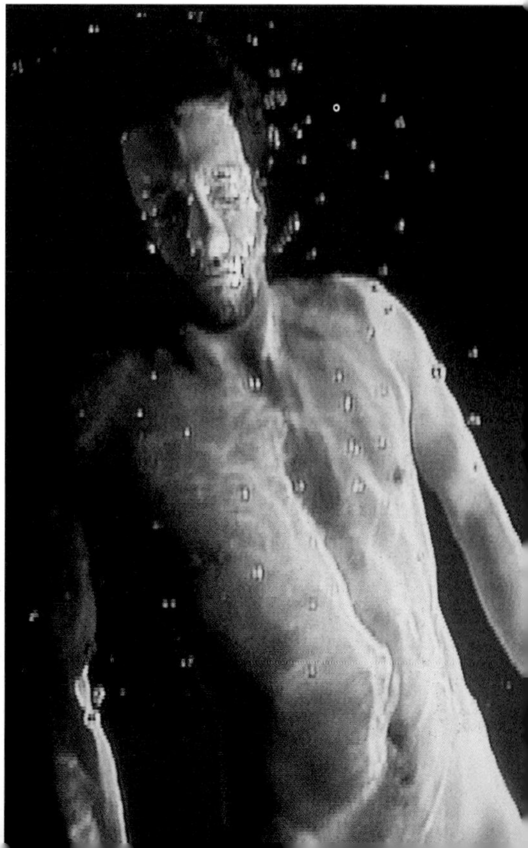

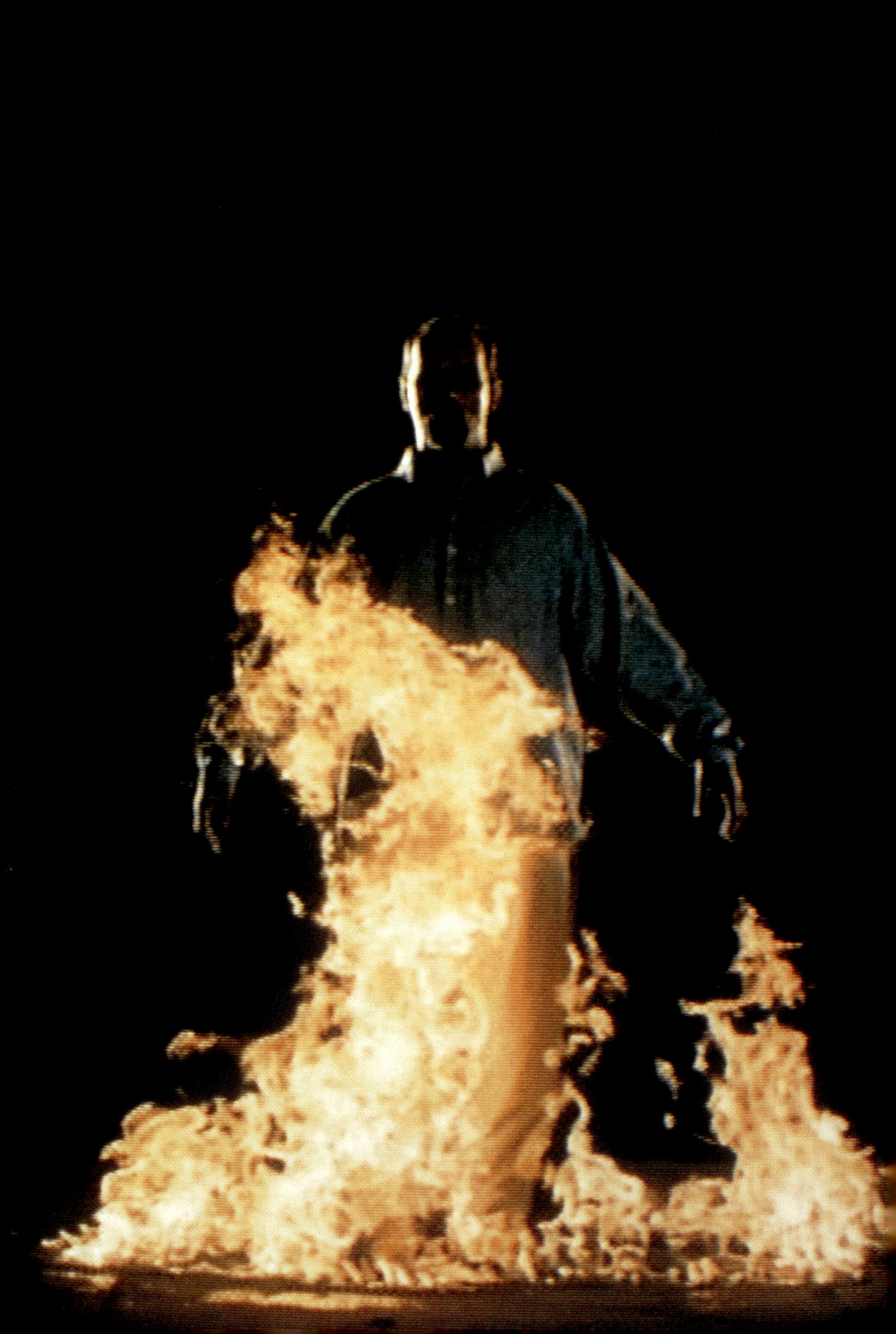

175. (page ci-contre) **Bill Viola**, *The Crossing*, 1996 (détail).

176. (ci-dessous) **Bill Viola**, *The Stopping Mind*, 1991. Le temps qui passe est un thème récurrent dans l'œuvre de Viola. Ici, des images fixes apparemment paisibles s'animent soudainement et violemment dans un bruit assourdissant tandis que l'artiste cherche de manière visuelle à « arrêter la marche du temps ».

Water, Breath (1996) est une installation en trois parties ; l'une, intitulée *The Messenger* [173, 174], initialement projetée au plafond de la cathédrale de Durham en Angleterre, montre l'homme en relation et/ou en conflit avec les trois éléments fondamentaux. Dans l'œuvre telle qu'elle fut présentée à l'origine sous la coupole de l'église, le spectateur était également englouti dans l'image projetée et dans les sons accompagnant ce rituel. Viola a reproduit cette installation dans un musée, où elle fait face à une autre de ses œuvres, *The Crossing* [175], laquelle consiste en deux projections s'élevant du sol au plafond qui représentent un homme progressivement consumé par des flammes ou en train de se noyer à mesure que l'eau s'accumule goutte à goutte. Quand bien même ces images sembleraient épouvantables, l'œuvre de Viola laisse toujours le sentiment d'une rédemption possible. Le ralenti de l'image, la violence des sons, la somptuosité des couleurs et les dimensions imposantes, tout concourt à créer une expérience filmique de l'homme immergé dans la nature.

La rétrospective de l'œuvre de Bill Viola, organisée en 1997 au Whitney Museum of American Art de New York, a démontré l'inspiration

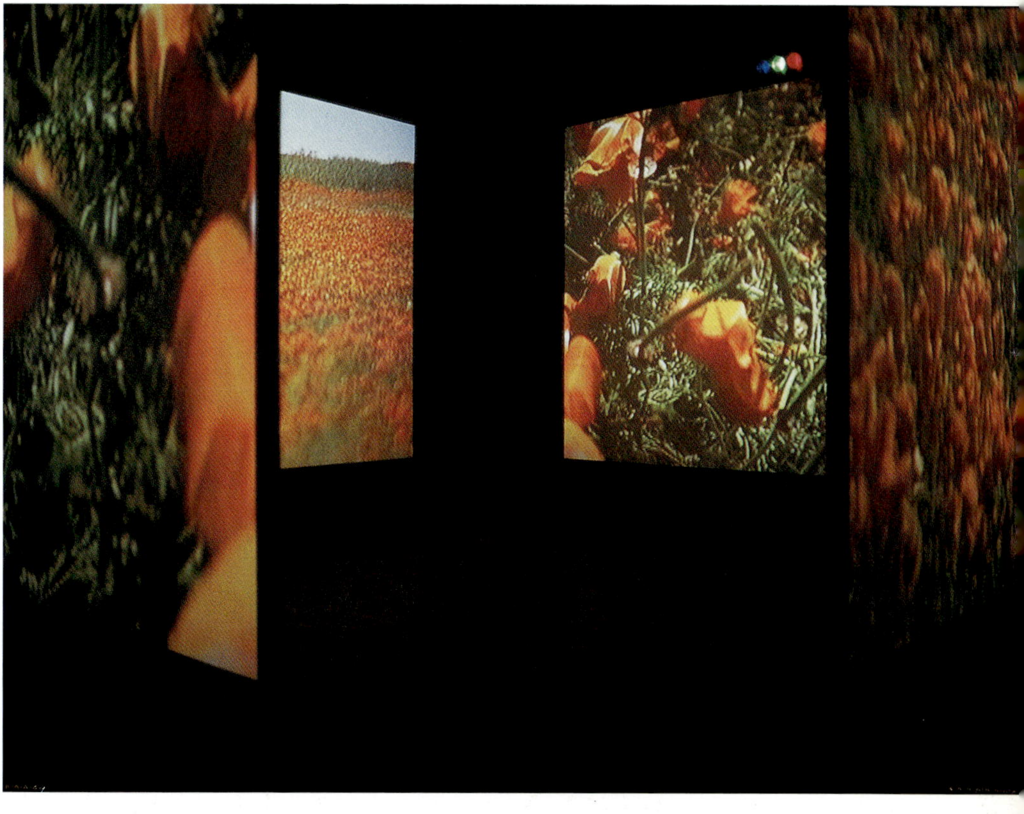

romantique adaptée à l'ère de l'art électronique de cet artiste. A l'instar du pionnier de l'art vidéo, Nam June Paik, il a étudié la musique et la création sonore et toute son œuvre accorde une égale importance au son et à l'image. *The Stopping Mind* (1991) [176], première installation que le visiteur rencontrait dans la rétrospective du Whitney, se composait de quatre écrans ; une voix à peine audible qui murmurait des phrases sur le corps et la perte de sensation tandis que les images (arbres et prairies filmés en gros plan), d'abord figées, s'animaient soudain puis s'immobilisaient. De violentes explosions sonores accompagnaient le mouvement. Cette œuvre préfigurait la suite de l'exposition : des conflagrations inattendues d'images et de sons qui éveillaient l'esprit du spectateur à de nouvelles manières de percevoir l'instant présent. L'influence de Godard et de Beckett semble patente chez Viola dont l'un des thèmes de prédilection est l'homme seul, écrasé par l'énormité de la nature, une nature qui parfois le consume, comme c'est le cas dans *The Crossing*. Selon les anciens mystiques, qui ont

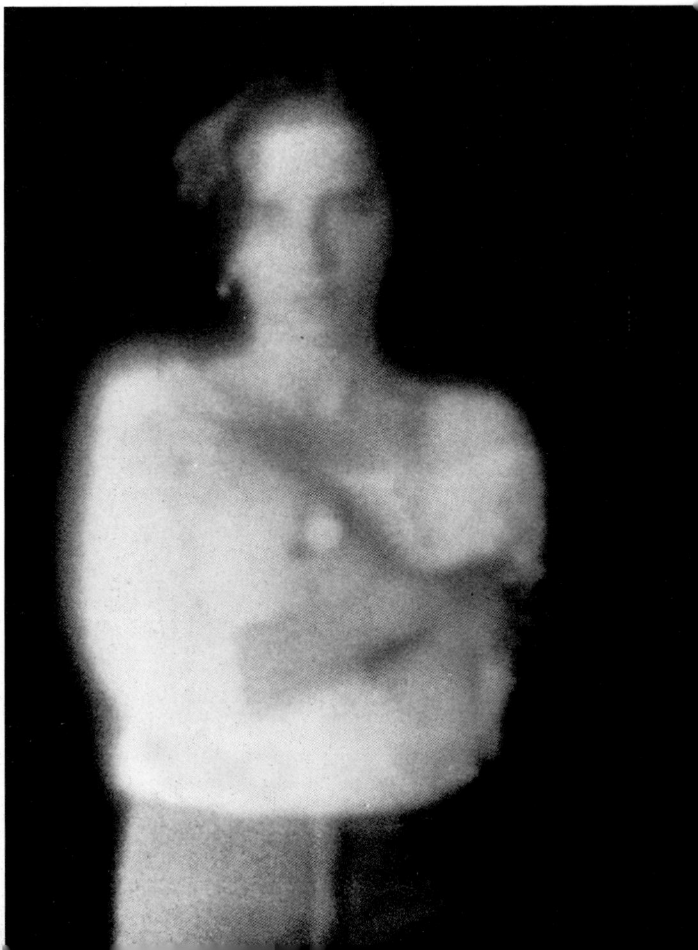

177. **Gary Hill**, *Tall Ships*, 1992. Hill met ici en œuvre une technologie interactive : la présence de visiteurs dans l'étroit espace d'exposition déclenche la projection d'images sur les écrans suspendus dans la galerie.

fortement influencé Viola, le feu et l'eau symbolisent l'amour qui consume tout, anéantissant l'ancien moi dans une nouvelle union contemplative, ce qui est explicite dans *Room for St John of the Cross* (1983), une reconstitution imaginaire de la cellule où saint Jean de la Croix fut emprisonné au XVIe siècle sous l'Inquisition. Une voix récite en espagnol les poèmes du carme mystique lorsque soudain une montagne est agitée de secousses et un grondement de tremblement de terre se fait entendre. La même année, Viola se cloîtra dans une chambre où il tenta de rester éveillé durant trois jours ; la chronique vidéo de cet enfermement qu'il s'imposa, *Reasons for Knocking at an Empty House*, montre à quel point il est éprouvant de faire l'expérience du temps qui passe. « Mon travail, précisa-t-il, est centré sur un processus de découverte et de prise de conscience personnelles. La vidéo est une partie de mon corps ; elle est intuitive et inconsciente. »

Selon Gary Hill, sa première installation vidéo *Hole in the Wall* (1974) représente sa transition de la sculpture à la vidéo ; il se filma en train de

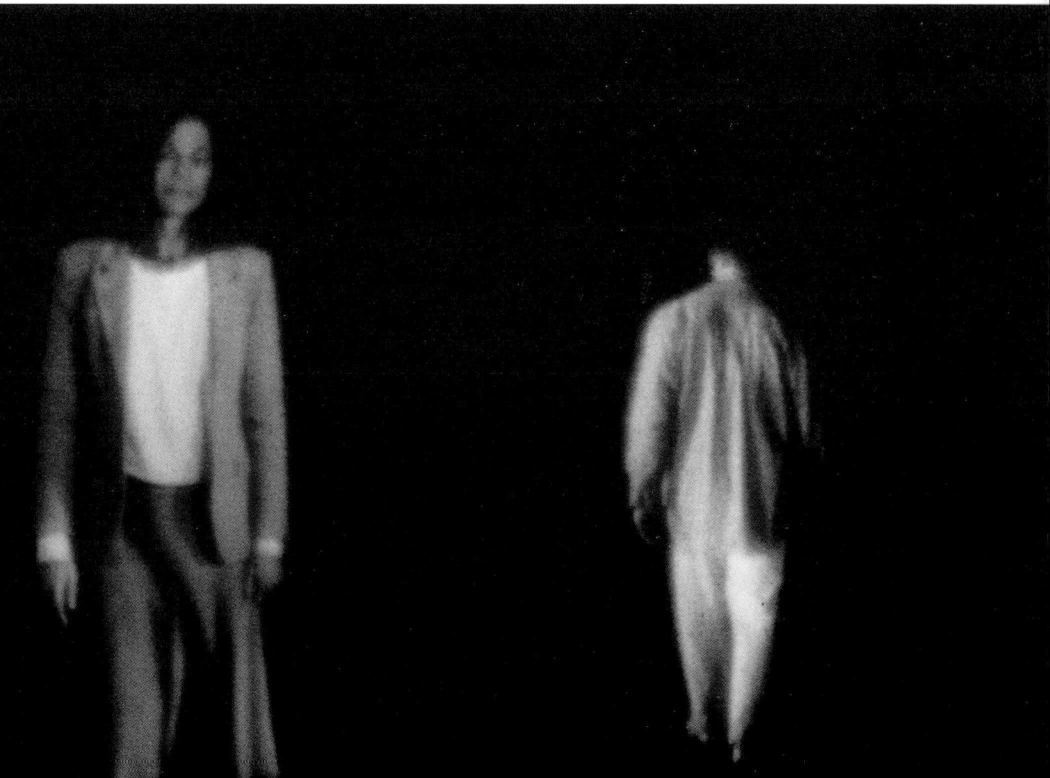

178. **Mary Lucier**,
Last Rites (Positano), 1995.
Disposant des meubles, des photographies et des vidéos dans un espace construit comme un rêve, Mary Lucier évoque des détails de la vie de sa mère aux Etats-Unis et en Italie.

détruire le mur d'une galerie puis montra la vidéo de cette action sur un moniteur placé dans l'ouverture ainsi créée. Là où une sculpture aurait pu être installée, il plaça, selon ses propres termes, « la mémoire vidéo d'une performance ». Hill s'est toujours intéressé à la poétique du langage et de l'image. D'une grande rigueur intellectuelle, ses œuvres multi-écrans comportent maintes références à la sémiotique, à la philosophie de Wittgenstein, à la théorie postmoderne française et à l'histoire du cinéma. *Tall Ships* (1992) [177] est une installation interactive

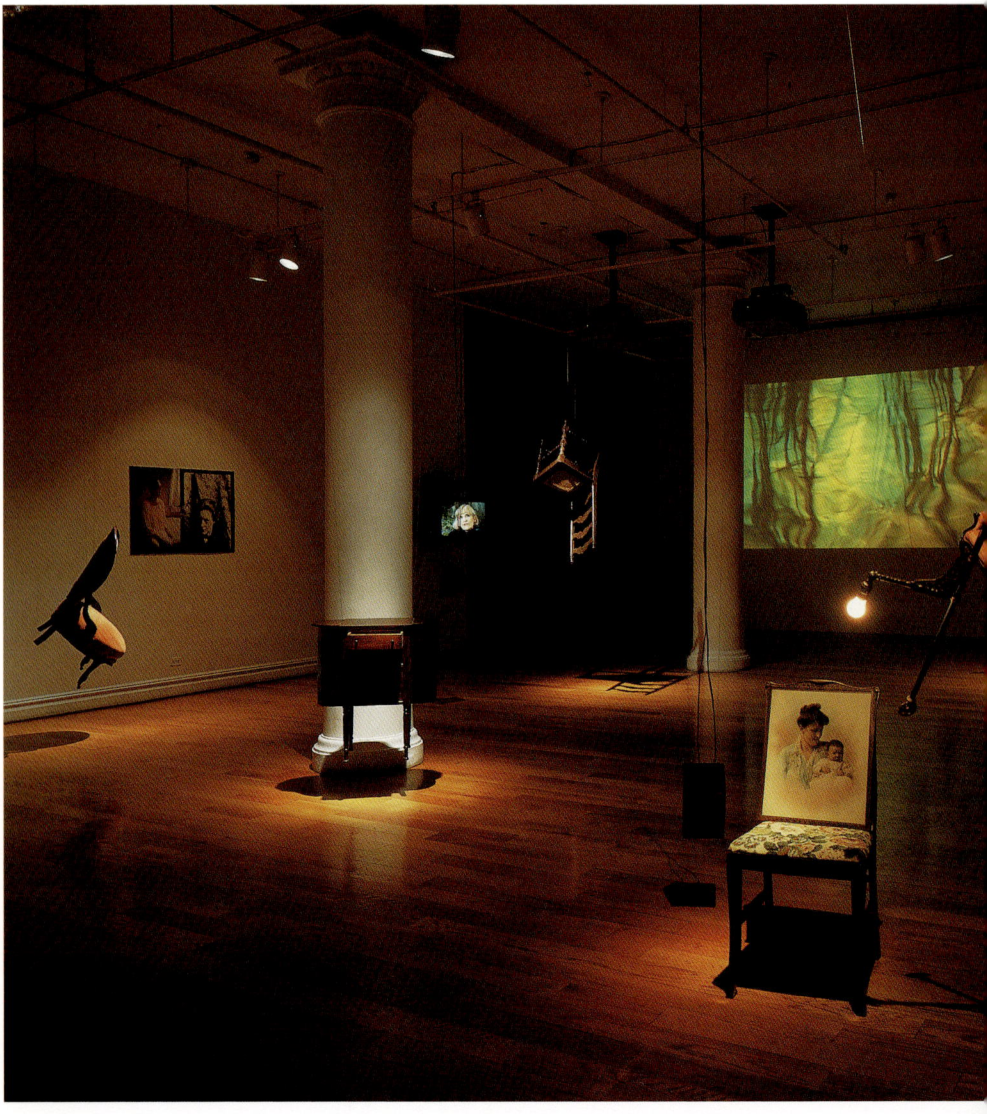

179. **Mary Lucier**,
Ohio at Giverny, 1983.
L'artiste rend ici hommage à son lieu de naissance, opérant un parallèle avec la célèbre maison de Monet à Giverny.

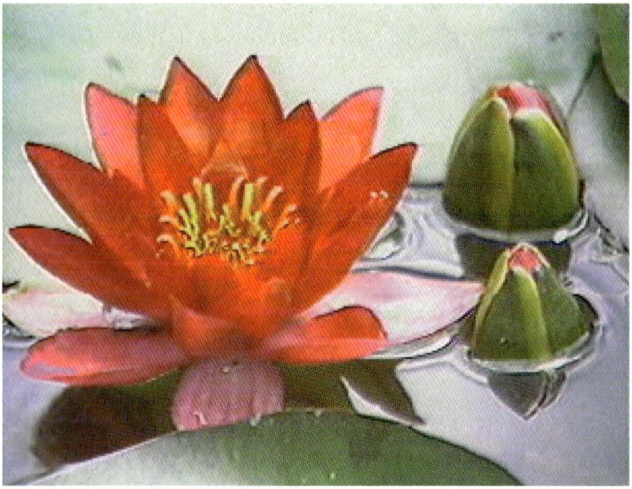

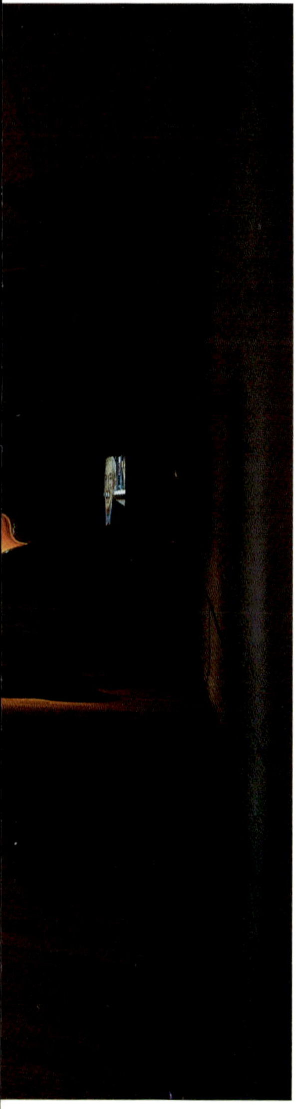

composée de multiples surfaces de projection faisant apparaître les images de diverses personnes et se déclenchant dès l'entrée du visiteur dans la salle de l'installation. A mesure que ce dernier progresse dans l'espace, des personnages surgis de nulle part s'approchent de lui et murmurent des phrases presque inaudibles.

Le langage, l'image et l'inconnu sont les paramètres caractéristiques des installations vidéo de l'Américaine Susan Hiller (née en 1940). Son installation *Wild Talents* (1997), qui occupait deux angles du mur d'une galerie, était inspirée des dons de télékinésie et de télépathie du célèbre médium polonais Stefan Ossowiecki et présentait des extraits de films américains et européens des années 60 à nos jours, principalement de films d'épouvante mettant en scène des enfants dotés de pouvoirs surnaturels. Fondée sur la stratégie minimaliste de la répétition, l'installation de Hiller déployait un rituel hypnotisant à la confluence des croyances religieuses populaires et des mass media.

La lumière et les paysages (tant intérieurs qu'extérieurs) baignent les installations vidéo de l'Américaine Mary Lucier (née en 1944). Dans des œuvres comme *Ohio at Giverny* (1983) [179] et *Wilderness* (1986), elle rend hommage à Monet et aux luministes américains du XIXe siècle. Dans deux œuvres antérieures, *Dawn Burn* (1975) et *Bird's Eye* (1978), elle braquait un rayon laser directement sur l'objectif de la caméra pour brûler le tube vidicon, avant de modifier la focale de l'optique et de déplacer le laser pour « enregistrer » des variations de lumière. Elle liait ainsi son travail technologique aux recherches sur la lumière auxquelles s'étaient livrés les impressionnistes. *Oblique House (Valdez)*, 1993, montrait l'intérieur vide d'un ancien magasin de concessionnaire automobile de Rochester, dans l'Etat de New York, transformé par l'artiste en une maison de placoplâtre où les « fenêtres » étaient en fait des moniteurs vidéo. Le sujet de cet environnement architectural était selon ses termes « les images et le son : à l'extérieur, la maison est aveugle ; à l'intérieur, des récepteurs de télévision font office de fenêtres donnant non sur des paysages extérieurs, mais plutôt sur l'âme humaine ».

Quête identitaire

Suivant l'exemple des premiers vidéastes qui travaillèrent en vidéo monocanal (Joan Jonas, Vito Acconci, Hannah Wilke, Dara Birnbaum), les artistes actuels utilisent l'installation vidéo lorsqu'ils désirent approfondir une démarche introspective. Seule la caméra vidéo permet à l'artiste de se filmer en temps réel et, placée dans un environnement construit, telle une installation, elle offre une vision plus large, plus complexe de cette introspection et participe à la création d'une nouvelle réalité. Comme l'affirme avec aplomb l'artiste australienne Tracey Moffatt (née en 1960) : « Je ne cherche pas la vraisemblance [...]. Je ne cherche pas à capter la réalité ; je cherche à la créer moi-même. »

L'environnement de l'installation vidéo ménage également la possibilité d'une plus grande participation du spectateur au processus d'« achèvement de l'objet d'art », pour reprendre la formule célèbre de

180. **Adrian Piper**, *What It's Like, What It Is #3*, 1991. Dans ses installations qui se présentent souvent comme des confrontations, Piper s'attaque aux stéréotypes raciaux. Des personnages filmés en vidéo s'adressent directement au spectateur, défiant ses présomptions et ses préjugés.

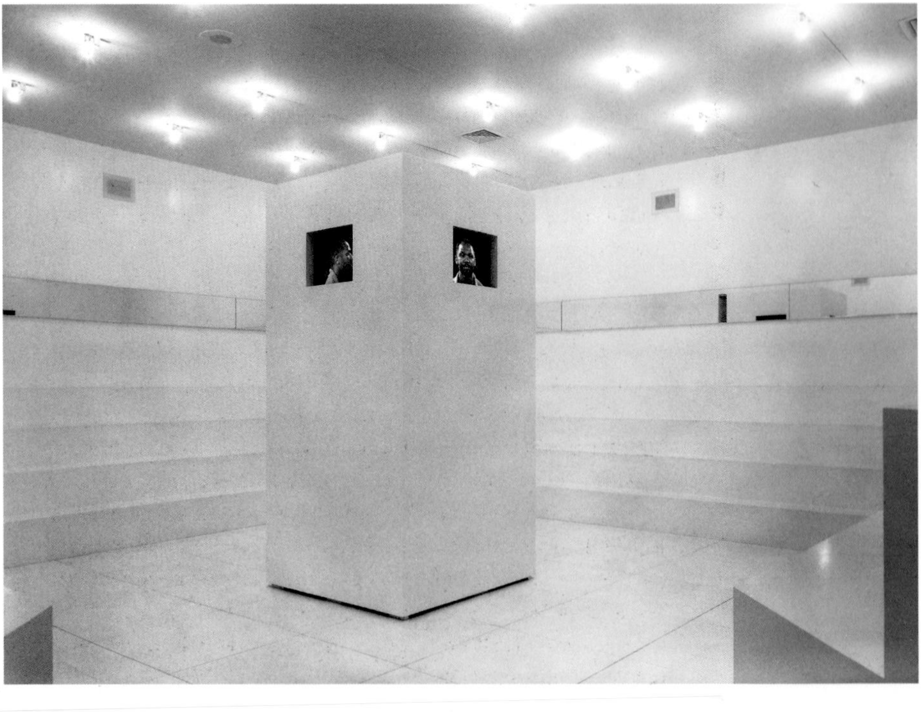

Marcel Duchamp. Dans de nombreuses installations, le spectateur pénètre physiquement l'œuvre d'art pour en faire l'expérience. Pour les artistes qui consacrent leur travail à la question de l'identité, cette suprême fusion du spectateur et de l'objet regardé est particulièrement pertinente. L'effondrement des frontières reflète également l'influence sur certains artistes des courants psychanalytiques d'inspiration freudienne et lacanienne en vigueur dans les milieux de la critique d'art durant les années 70. Si l'on ajoute à cela le principe, cher à l'art conceptuel, selon lequel l'artiste est responsable du contexte de son art, on obtient le nouveau réalisme de l'art de l'installation dans lequel le trivial et le personnel sont réinventés de manière très directe.

Parallèlement au développement des potentialités techniques des nouveaux médias, l'incorporation d'éléments sonores, visuels ou scénographiques au service de la narration du récit de l'artiste est devenue plus courante. Certains critiques et artistes jugent que cette évolution a rapproché la pratique de l'art de celle du théâtre. Il n'est pas étonnant cependant, étant donné l'influence qu'ont eu sur le développement de l'art de la fin du XXe siècle les performances, les actions Fluxus et les happenings, que la « théâtralité » ait fait son entrée dans l'art des installations multimédia, particulièrement dans le cas de ces artistes dont le travail peut être qualifié de lyrique et poétique, ou même de politique.

Adrian Piper (née en 1948), qui a étudié les beaux-arts et la philosophie, crée des œuvres qui se situent à la croisée de plusieurs thèmes majeurs de l'art contemporain. Son travail traite de l'identité sexuelle et raciale, de la présence et de l'absence, du texte et de l'image, et fait appel depuis la fin des années 60 à la performance, au son, au dessin et au photomontage et, depuis les années 80, à l'installation vidéo. Femme noire à la peau très claire, intéressée à l'origine par un art conceptuel purement rationnel, Piper a finalement abandonné ses sculptures sévères pour des installations provocatrices qui sont autant de moyens de contestation directe des préjugés du spectateur. Pour *What It's Like, What It Is #3* (1991) [180], elle intégra la vidéo à sa forme d'expression première, la sculpture minimaliste. Elle construisit une colonne blanche abritant quatre moniteurs qui montraient la tête d'un homme noir filmé sous différents angles. Les spectateurs étaient assis sur des gradins blancs disposés tout autour de la colonne (une référence aux Romains regardant les lions dévorer les chrétiens, selon Piper, mais un symbole également de la sculpture minimaliste de la fin des années 60 sur laquelle le public s'assied). L'homme répond avec force aux habituelles insultes racistes : « Non, je ne suis pas paresseux », « Non, je ne suis pas vulgaire », « Non, je ne suis pas en rut », etc.

Dans cette installation quasi totémique, Piper fait intervenir les différents éléments d'ordre intellectuel, artistique, ethnique et personnel qui constituent son identité. *Out of the Corner* (1997) déjouait également les stéréotypes raciaux et ethniques : dix-sept moniteurs montraient des « têtes parlantes » qui adressaient directement au spectateur des questions embarrassantes.

L'installation multi-écrans intitulée *Stefan's Room* (2004) de l'artiste turc Kutlug Ataman (né en 1961) propose un dispositif sculptural assez complexe puisqu'il comporte cinq écrans suspendus au plafond à des angles différents. Selon l'artiste, cette mise en scène contribue à exprimer l'identité de son personnage, Stefan, jeune Berlinois obsédé

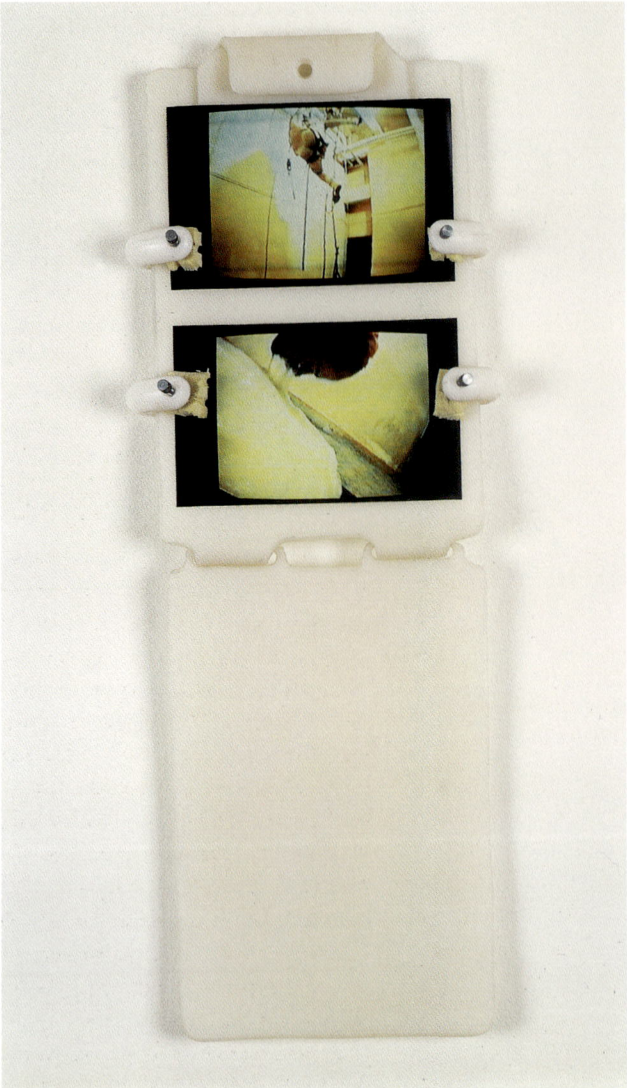

181. **Matthew Barney**, *Field Dressing (orifill): Manual A*, 1989.

182. **Matthew Barney**, photogramme de *Cremaster* 5, 1997.
Barney abandonna rapidement la réalisation de vidéos d'inspiration années 70, filmées dans une galerie ou un atelier (page ci-contre), pour des œuvres fantastiques à la mise en scène complexe bénéficiant d'une partition orchestrale et d'une luxueuse cinématographie.

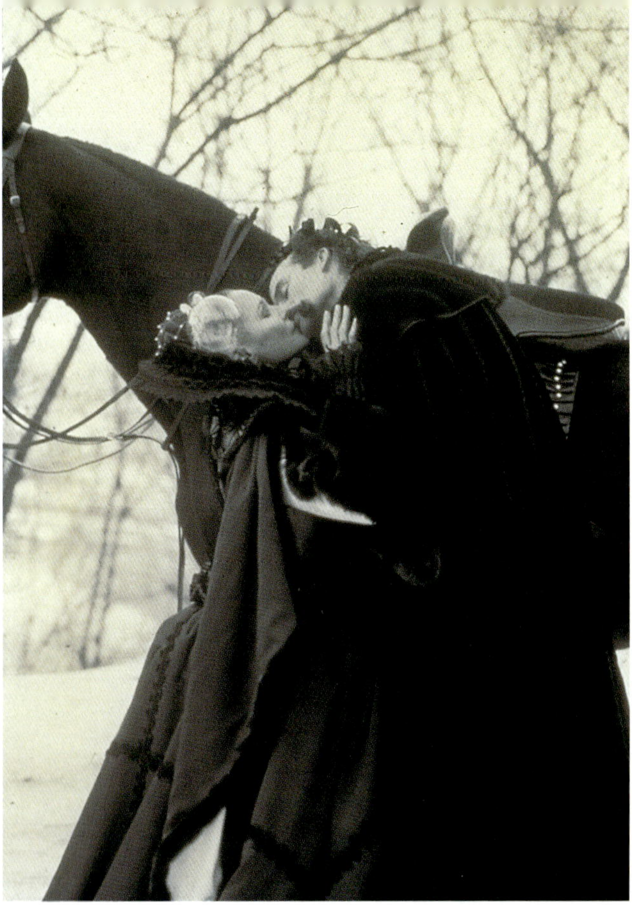

par les mites dont il conserve non moins de 30 000 spécimens dans son appartement. Cette œuvre est un portrait coloré mais très troublant d'une personne vivant seule parmi des milliers d'insectes morts.

Parmi tous les artistes d'installations vidéo qui abordent les questions de l'identité, Matthew Barney (né en 1967) est sans doute celui qui a bénéficié de la plus grande attention à l'échelle internationale grâce à ses explorations surréalistes de l'identité masculine qui débordent les limites conventionnelles. Barney abandonna rapidement ses vidéos noir et blanc inspirées de Nauman et d'Acconci, qui le montraient par exemple nu en train d'escalader les murs de son atelier – *Field Dressing (orifill)*, 1989 –, pour les somptueuses vidéos en couleurs et les installations de sa série *Cremaster*. Dans cette œuvre, commencée en 1994, des fées, des satyres et d'autres créatures mythiques, vêtus de costumes recherchés, interprètent des scénarios à caractère privé exprimant les préoccupations de Barney relatives aux parties du corps et aux sécrétions corporelles, aux relations hétérosexuelles et homosexuelles, à l'athlétisme et à l'alchimie. Le mot « cremaster » (qui désigne le mince muscle suspenseur du testicule) évoque quelque monde cloîtré, conçu pour l'activité sexuelle et animé par le fantasme et le désir. Avec Barney, les explorations du corps menées dans le domaine de l'art en cette fin du XXe siècle atteignent des proportions baroques en termes de coûts de réalisation des costumes, des maquillages, des prothèses, des images cinématographiques fantastiques et des bizarreries sculpturales qui suggèrent la quête haletante de l'identité et du plaisir sous le regard constant de la mort inexorable. *Cremaster 5* (1997), en particulier, avec ses costumes noirs sophistiqués et sa musique ténébreuse, respire une atmosphère de longues funérailles, malgré les images de néréides jouant sous l'eau.

Le groupe japonais Dumb Type, fondé en 1984 par des élèves des Beaux-Arts de l'université de Kyoto et dirigé par Teiji Furuhashi (né en 1960) jusqu'à sa mort en 1995, se caractérise par un travail associant

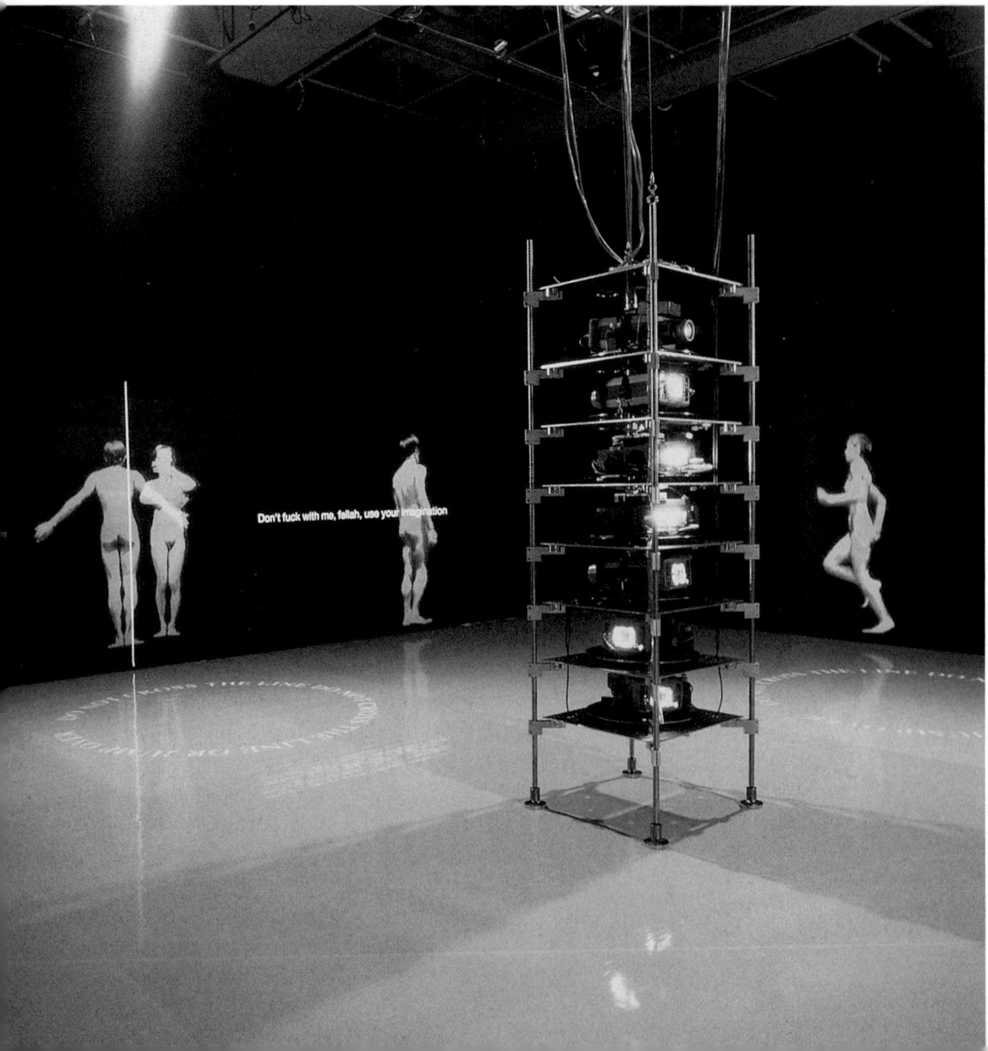

183. **Teiji Furuhashi** et **Dumb Type**, *Lovers*, 1994-1995.
Des corps nus courent, sautent, tombent et s'approchent du spectateur dans cette installation interactive où plane le spectre du sida.

une forte théâtralité et des technologies de pointe. Leurs spectacles d'inspiration butô et leurs installations vidéo spectaculaires abordent les questions de l'identité sexuelle et culturelle. *Lovers* (1994-1995), installation multicanaux sur disques laser gérée par ordinateur, montre cinq hommes et femmes nus se déplaçant d'un mur à l'autre de l'espace selon une chorégraphie où ils ne se rejoignent jamais [183]. Des phrases apparaissent sur les murs (« L'amour est partout », « Ne baise pas avec moi, mon pote, utilise ton imagination »), des voix murmurent des paroles incompréhensibles, des corps émergeant de l'obscurité font face au spectateur puis reculent dans l'espace. L'ombre du sida, dont est mort Furuhashi, plane sur cette installation.

Grâce aux progrès technologiques effectués dans le domaine des dispositifs de projection et d'affichage de l'image, les installations vidéo ont pu dès la fin des années 80 adopter les dimensions les plus diverses,

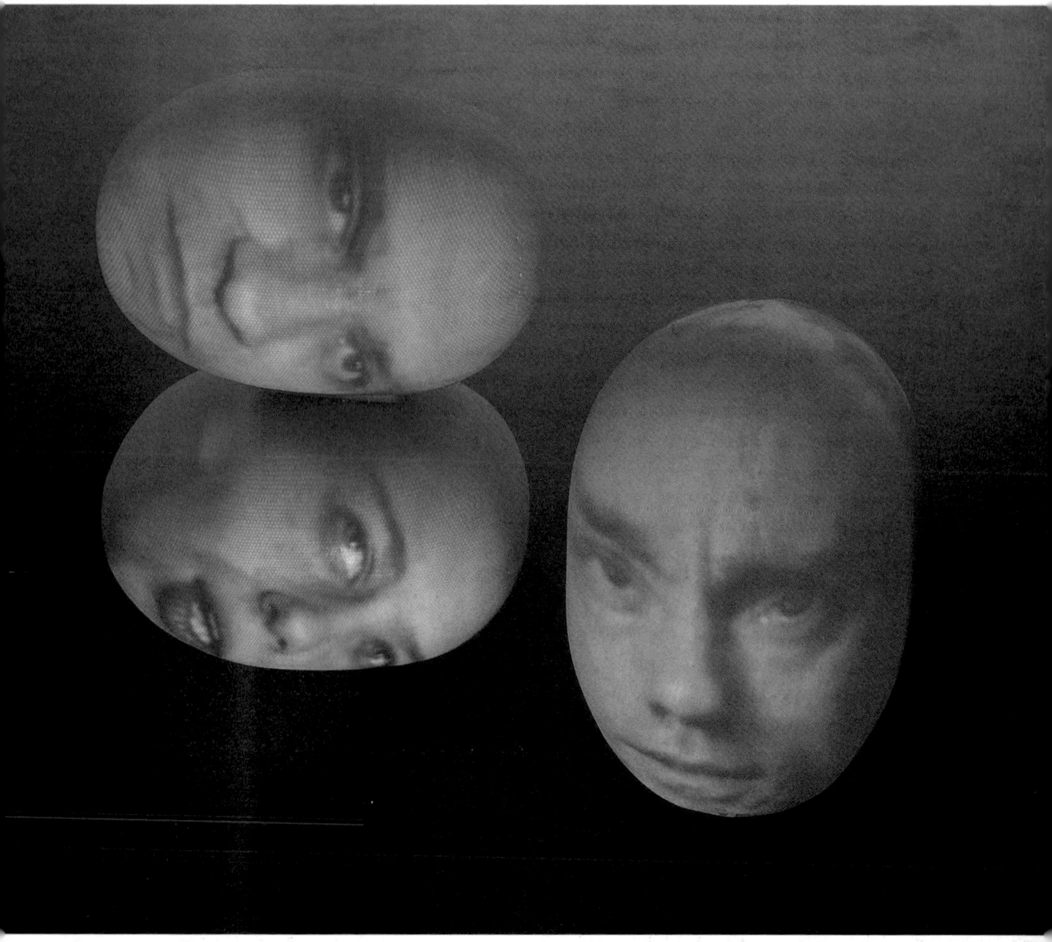

184. **Tony Oursler**, *Mansheshe*, 1997.
Les images vidéo des installations d'Oursler chargées de résonances politiques mais pleines d'humour ne sont pas diffusées par un moniteur comme c'est l'usage mais projetées sur la surface d'objets du quotidien.

185. (ci-dessous)
Oursler et Kelly,
The Poetic Projects
(version de Barcelone), 1997.
Image de l'installation : Patrick Painter Inc., Santa Monica, Californie. Oursler et Kelly offrent ici une vue d'ensemble de la culture des années 70, époque où ils commençaient à se faire connaître sur la scène artistique californienne.

186. (page ci-contre, en haut)
Oursler et Kelly, *The Poetic Projects* (version de la Documenta), 1997. Image de l'installation : Documenta X, Kassel, Allemagne.

des minuscules projections de Tony Oursler sur de petits ovales suspendus aux monumentales images murales de Bill Viola et de Steve McQueen. Oursler (né en 1957) affronte directement l'identité du spectateur dans des installations comme *Mansheshe* (1997) [184], où plusieurs petites « têtes parlantes » hybrides sont projetées sur des formes ovoïdes suspendues à des perches. Les visages regardent directement la caméra (celle-ci devenant le spectateur) et débitent des aphorismes portant sur l'identité sexuelle, les croyances religieuses et les rapports humains. Du travail d'Oursler émane un charme théâtral manifeste qui dissimule par des projections aussi humoristiques qu'excentriques une ironie mordante ; du point de vue formel, Oursler cherche à extraire l'image de l'écran de télévision pour la projeter dans le monde réel.

L'œuvre de plusieurs artistes de la fin du XXe siècle aborde des questions relatives à l'identité féminine. L'Américaine Amy Jenkins (née en 1966) emprunte une technique utilisée par Tony Oursler et, avant lui,

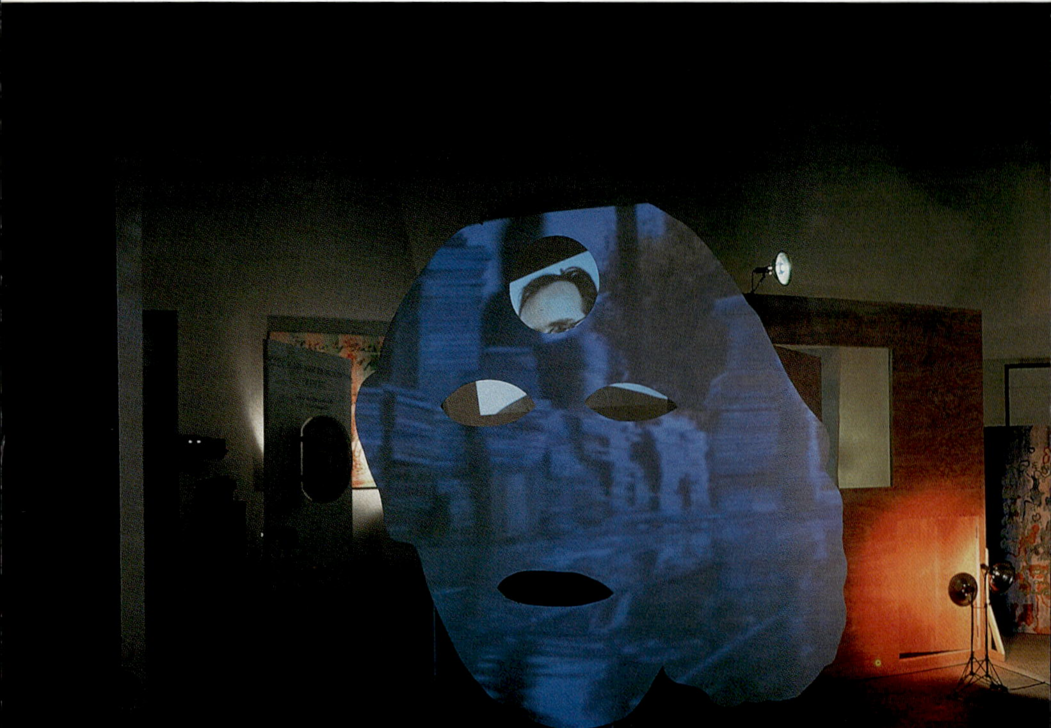

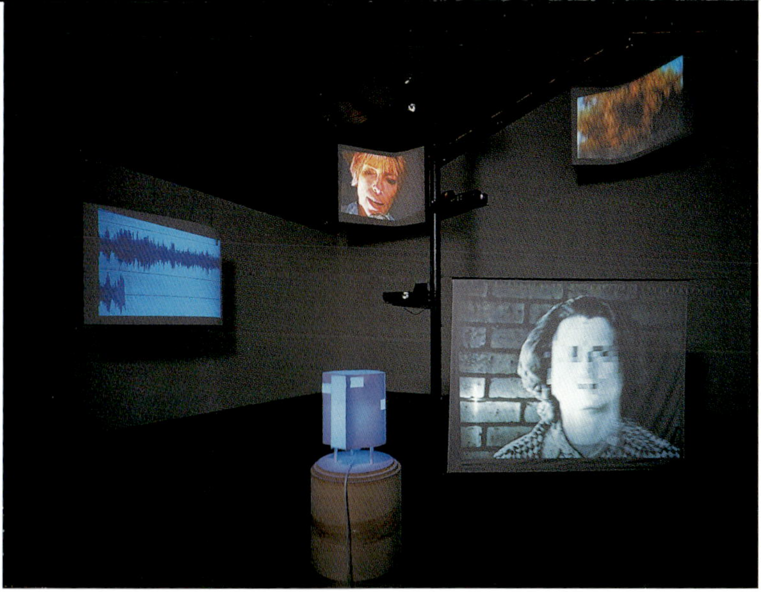

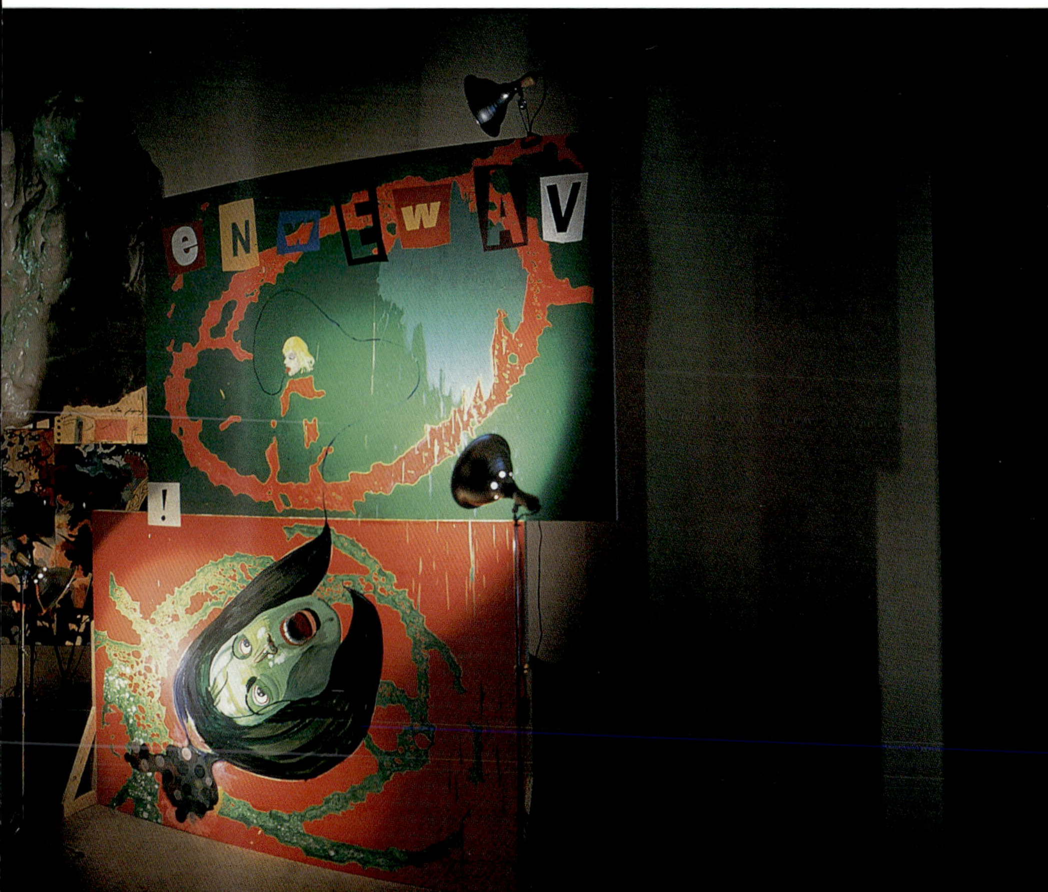

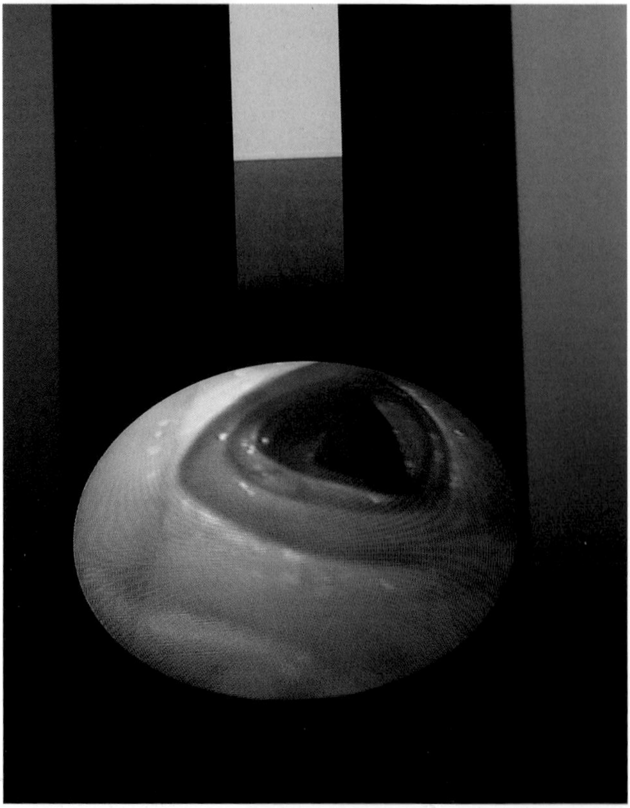

187. **Mona Hatoum**,
Corps étranger, 1994.

par l'artiste technologique et performer américain Robert Whitman, qui consiste à projeter des images sur des objets du quotidien. Dans *Ebb* (1996) [189], une baignoire devient le réceptacle d'une eau rouge sang qui est en fait une image projetée sur la surface de porcelaine ; une femme entre dans la baignoire et le sang reflue dans son corps, à l'inverse du flux menstruel. L'œuvre rappelle les images obsédantes d'Ana Mendieta qui, à la fin des années 60 et au début des années 70, se photographiait et se filmait en vidéo dans diverses situations assez risquées. L'artiste d'origine palestinienne Mona Hatoum (née en 1952) a utilisé une caméra endoscopique pour filmer ses organes internes, images qu'elle a ensuite projetées sur une sorte d'écran circulaire placé à même le sol au centre d'une structure. En pénétrant dans cette installation, le spectateur a l'impression de traverser le système reproducteur de l'artiste ; peut-être s'agit-il d'une sorte d'hommage à *The Dinner Party* (1974-1979) de Judy Chicago, imposante installation où certaines des assiettes sur la table contiennent des formes en porcelaine évoquant le sexe féminin.

Dans son installation vidéo intitulée *Yvonne* (1997) [188], l'artiste allemande Rosemarie Trockel (née en 1952) donne une vision plus légère du quotidien au travers d'images d'enfants en train de jouer et de fil d'étoffe se déroulant et, allusion aux photographies de Diane Arbus, par le biais de séquences montrant des fillettes sautillant dans une cour, entrecoupées d'images d'une femme couverte de tarentules. Tracey Moffatt, quant à elle, fit pénétrer le regard féminin dans la citadelle masculine du voyeurisme avec son installation vidéo *Heaven* (1997). Conférant à l'utilisation de son caméscope un style alerte et désinvolte, Moffatt a filmé de jeunes hommes en train de se déshabiller avant de se jeter dans les vagues. Le film, qui donne l'impression d'avoir été réalisé sans montage, semble être le simple enregistrement d'une banale après-midi passée à la plage, dans le vestiaire en plein air du produit visuel australien idéalisé, le surfeur.

L'installation de Pipilotti Rist intitulée *Ever is Over All* (1997) se compose de deux grands écrans qui se rejoignent à l'angle d'un mu. L'artiste a juxtaposé des images de fleurs rouges à longues tiges qui se

188. **Rosemarie Trockel**, *Yvonne*, 1997.

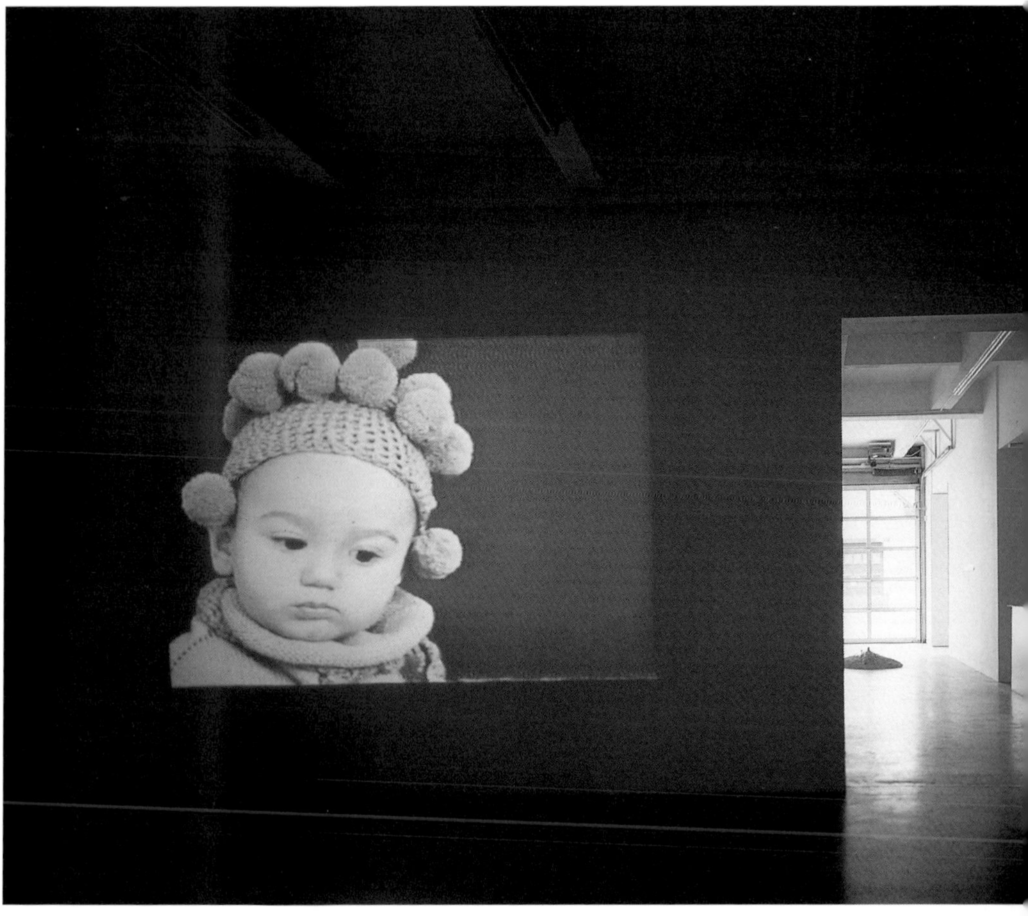

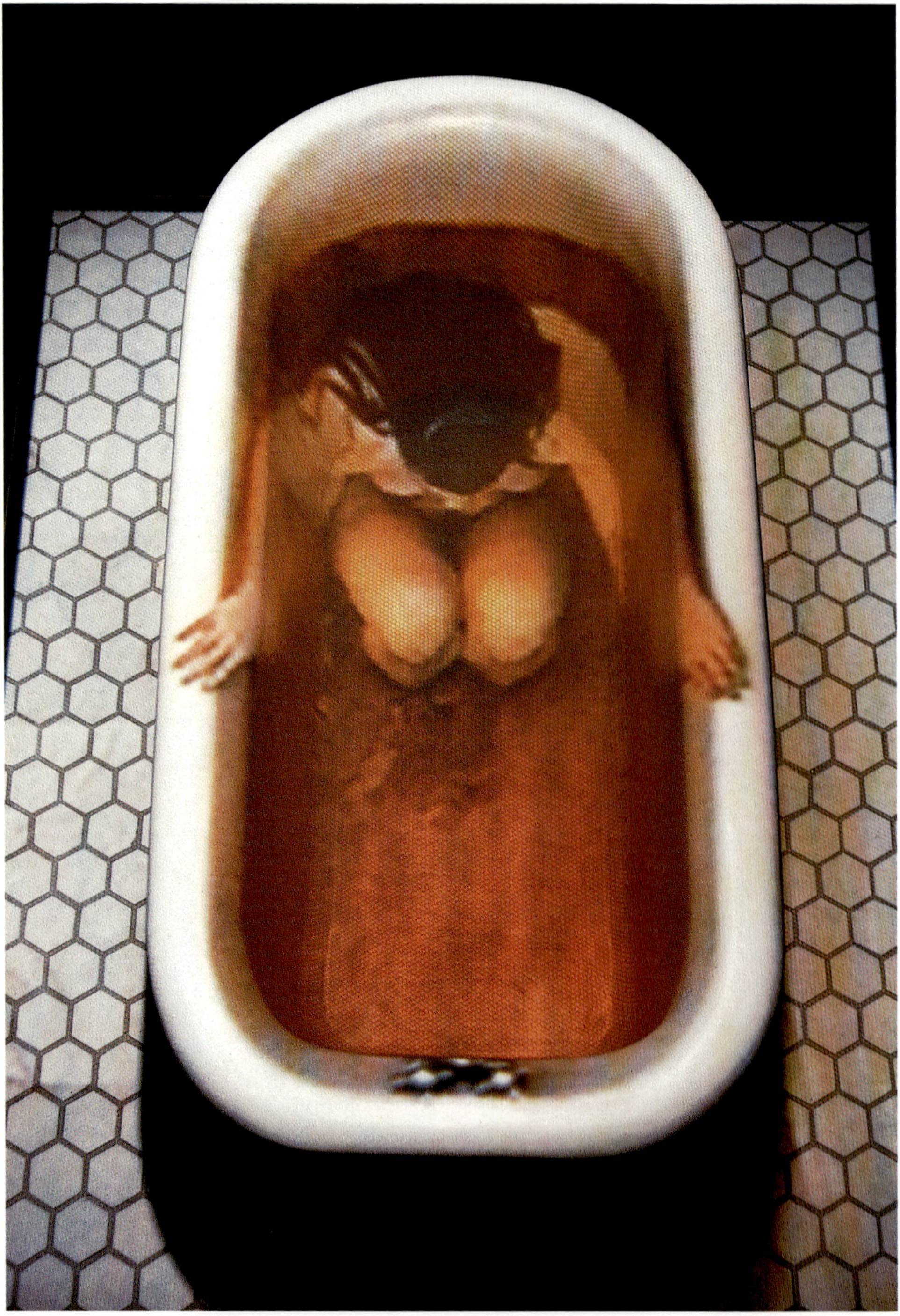

189. (page ci-contre)
Amy Jenkins,
Ebb, 1996.
Une baignoire en porcelaine devient une surface de projection dans cette exploration de l'identité féminine.

190. (ci-dessous) **Stephanie Smith** et **Edward Stewart**,
Intercourse, 1993.

transforment lentement et les mouvements d'une femme qui marche dans la rue en paradant et en chantonnant tout en fracassant des vitres de voitures [192-193]. Le scénario de cette œuvre se situe dans la même veine féministe que celui de *I'm Not the Girl Who Misses Much* [1-3], installation vidéo frénétique de 1986. Rist continue d'utiliser le dispositif des deux écrans accrochés perpendiculairement à l'angle d'un mur, notamment dans des installations comme *Meadow Saffron or Fall Time Less* (2004), méditation sur son enfance à St Gallen en Suisse.

Les Ecossais Stephanie Smith et Edward Stewart brouillent quant à eux les relations entre les sexes dans leurs installations *Intercourse* (1993) [190] et *Sustain* (1995) qui explorent les questions de la domination et de la soumission, de la violence et du désir, se filmant tandis qu'ils se livrent à des rituels de caractère privé.

Représentant de la nouvelle vague de jeunes vidéastes britanniques qui ont émergé à la fin des années 90 (laquelle comprend Keith Piper, né en 1960, et Sonia Boyce, née en 1962), Steve McQueen (né en 1966) s'est consacré à la création de nouvelles représentations de l'homme noir dans

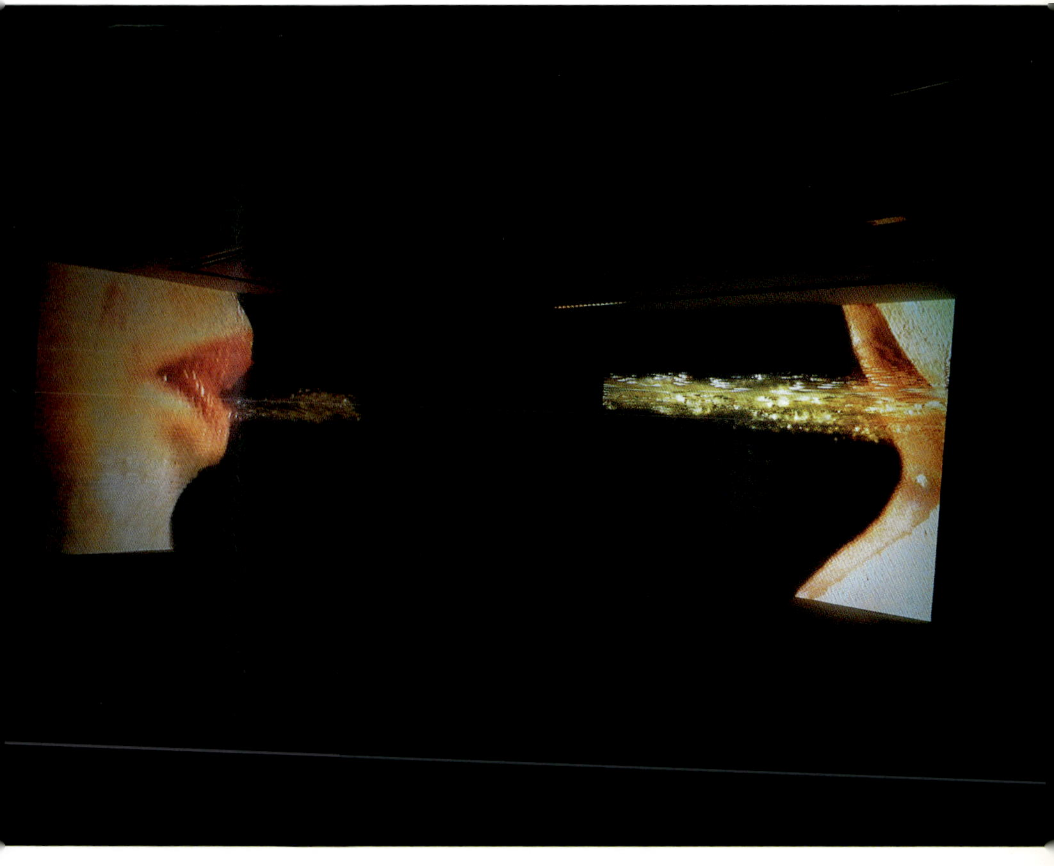

191. **Stephanie Smith** et **Edward Stewart**, *Sustain*, 1995.

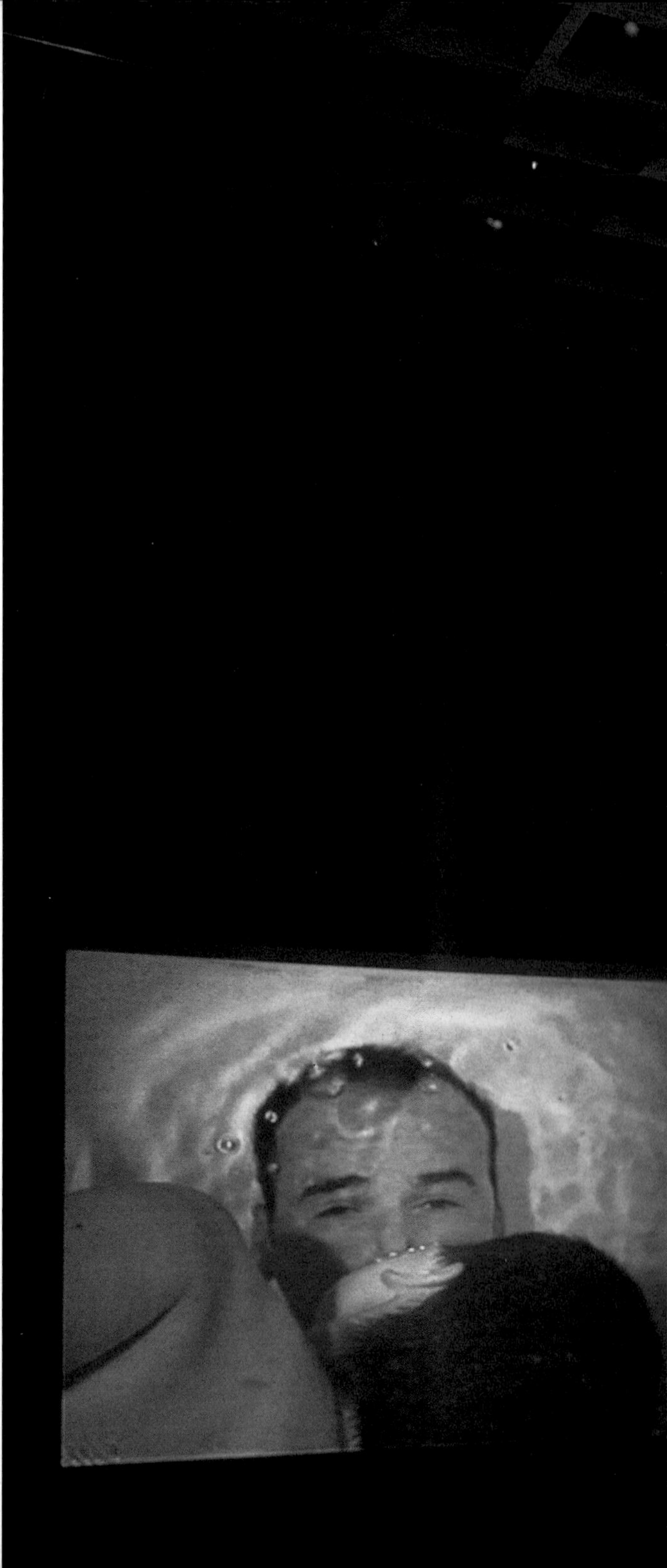

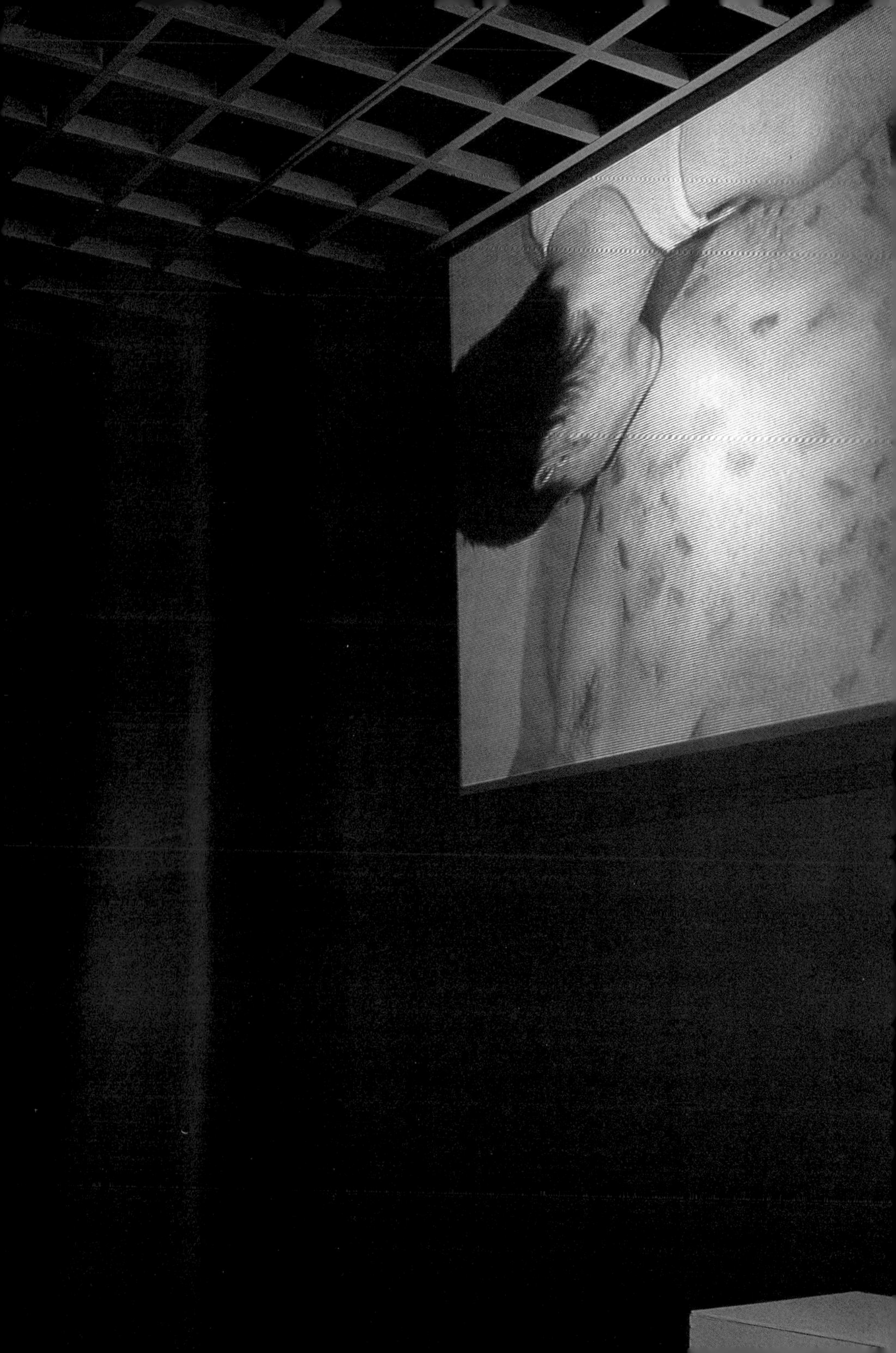

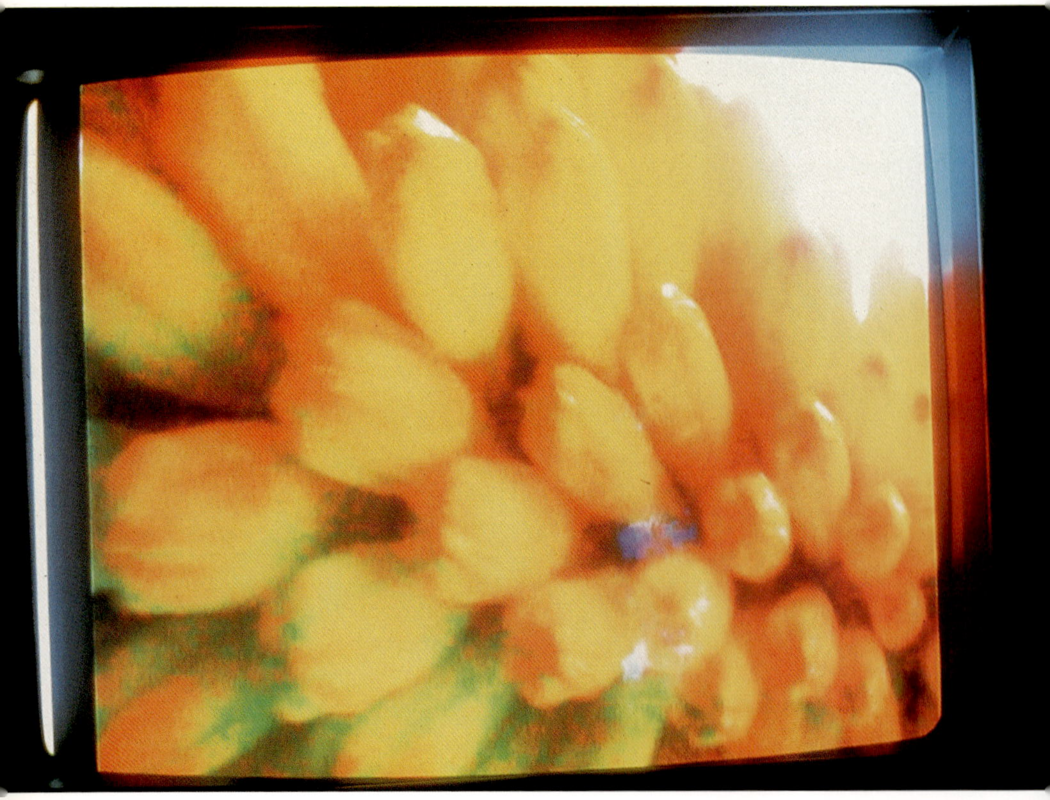

192, 193. **Pipilotti Rist**, deux photogrammes de *Ever is Over All*, 1997. Rist juxtapose des images champêtres aux couleurs éclatantes et la violente désinvolture d'une femme fracassant les vitres de voitures dans une rue paisible et pimpante de Suisse.

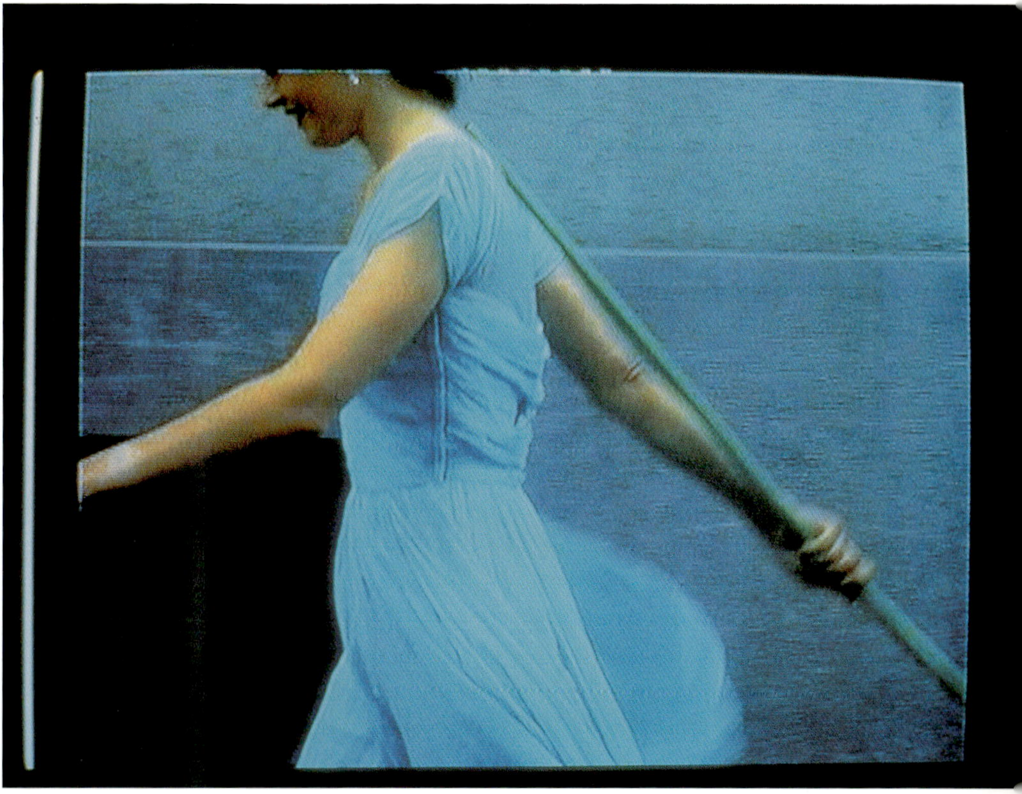

des installations combinant vidéo et cinéma. Dans des projections murales de grandes dimensions comme *Bear* (1993) [194], où deux hommes nus (dont l'un est McQueen) s'affrontent dans un match de boxe qui est autant un pas de deux enjoué qu'un combat, et *Five Easy Pieces* (1995), récit énigmatique et fragmenté, McQueen ironise sur l'image que donnent les médias de l'homme noir, à savoir soit celle d'un athlète de haut niveau soit celle d'un délinquant. En dotant ses personnages d'une personnalité plus complexe, McQueen tente de combler les « espaces vides », selon les termes de l'historien américain du cinéma Ed Guerrero, qui existent entre ces deux extrêmes. McQueen apparaît en personnage monumental dans *Deadpan* (1997), court film où il s'approprie un grand moment comique du film *Steamboat Bill Junior* (1928) de Buster Keaton pour en faire l'éloge de la détermination des Noirs.

Vers le milieu des années 90, les caméras vidéo numériques sont devenues plus abordables pour le grand public, évolution que certains ont considéré comme une « cinématographisation » de la vidéo. Aidée par la mise sur le marché d'un matériel de montage plus perfectionné, la production vidéo a resserré ses liens avec le cinéma. Les artistes qui, comme Barney, projettent sur des murs ou des écrans des œuvres vidéos essentiellement monocanal et qualifient ce travail d'« installation » – par opposition aux environnements multi-écrans ou multi-objets qui figurent habituellement dans les installations – incarnent la tendance

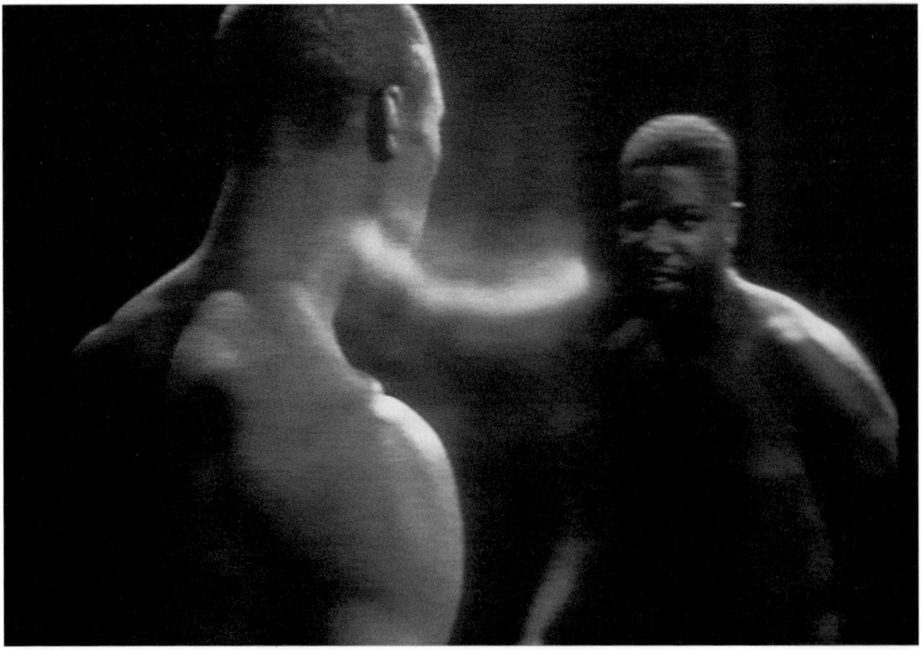

194. **Steve McQueen**, *Bear*, 1993.
Les projections muettes et en grand format de McQueen encerclent le spectateur avec des représentations puissantes et complexes de l'homme noir, souvent incarné par l'artiste lui-même.

tournée vers l'imitation de l'expérience du visionnage cinématographique sur grand écran. En réalité, Barney a présenté *Cremaster 5* dans une salle de cinéma, tandis que l'« installation » proprement dite, qui comprend principalement les accessoires et décors provenant de cette œuvre mixte film/vidéo, a été montrée dans des lieux d'exposition. Pour d'autres artistes, comme McQueen ou Rist, la projection d'une bande vidéo sur un mur de galerie demeure la forme de présentation la plus souhaitable, car elle situe l'œuvre dans un contexte artistique quand bien même elle évoquerait par son échelle le cinéma. Mais certains, comme l'artiste canadien Rodney Graham (né en 1949), utilisent déjà des caméras de format cinémascope pour réaliser de courts récits personnels présentés sous la forme d'installations. Pour *Vexation Island* [195], œuvre luxuriante créée pour la Biennale de Venise de 1997, Graham raconte l'histoire de Robinson Crusoé en neuf minutes, à la manière de certains artistes conceptuels des années 70, et la rattache aux théories de Deleuze sur la violence. Son utilisation minutieuse de procédés bien connus – répétition, ralenti, changements de points de vue...– distingue ce film des pratiques narratives du cinéma commercial traditionnel et le rapproche de celles d'un Warhol ou d'un Godard.

Contrairement à certaines prédictions, dont les miennes, la vidéo en tant que médium a triomphé. Le numérique a donné un nouveau souffle à un genre que d'aucuns pensaient qu'il disparaîtrait avec la cassette vidéo. Le cinéma est désormais un art de la vidéo et de nombreux cinéastes, tous genres confondus, filment en vidéo numérique. *Time Code* (2002), *Russian Ark* (2002) et les films de George Lucas qui précèdent sa célèbre trilogie *La Guerre des étoiles* sont quelques exemples récents de films tournés intégralement ou majoritairement en vidéo puis, dans certains cas mais pas toujours, transférés sur pellicule pour la projection. Cette évolution représente un véritable défi pour les vidéastes. Qu'est-ce qui, aujourd'hui, permet de distinguer l'art vidéo du cinéma ? Certains artistes produisent, en effet, des installations qui font clairement appel au genre cinématographique (on pense, entre autres, à Shirin Neshat, Eija-Liisa Ahtila, Steve McQueen, Isaac Julien). Est-ce le lieu de présentation de l'œuvre qui permet de faire la différence ? Sa valeur commerciale ? L'intention de l'artiste ? Si les artistes se contentent d'imiter le cinéma, l'art vidéo n'a pas d'avenir. Dans son essai « Battle of the Images » (2000), le critique Raymond Bellour a déclaré que le cinéma est aujourd'hui assiégé par d'autres systèmes d'images (jeux vidéo, installations vidéo, etc.). L'art vidéo est engagé dans une bataille similaire car les vidéastes doivent sans cesse produire des œuvres qui se distinguent du cinéma. Face à l'omniprésence du numérique, le vidéaste numérique doit se définir un espace de création propre, un espace où récits, perceptions et attentes visuelles sont sans cesse déjoués.

Pages 178-179 :
195. **Rodney Graham**, *Vexation Island*, 1997.
Graham a filmé ce court métrage en Cinémascope, ce qui contribue à brouiller davantage encore les frontières entre le cinéma artistique et commercial.

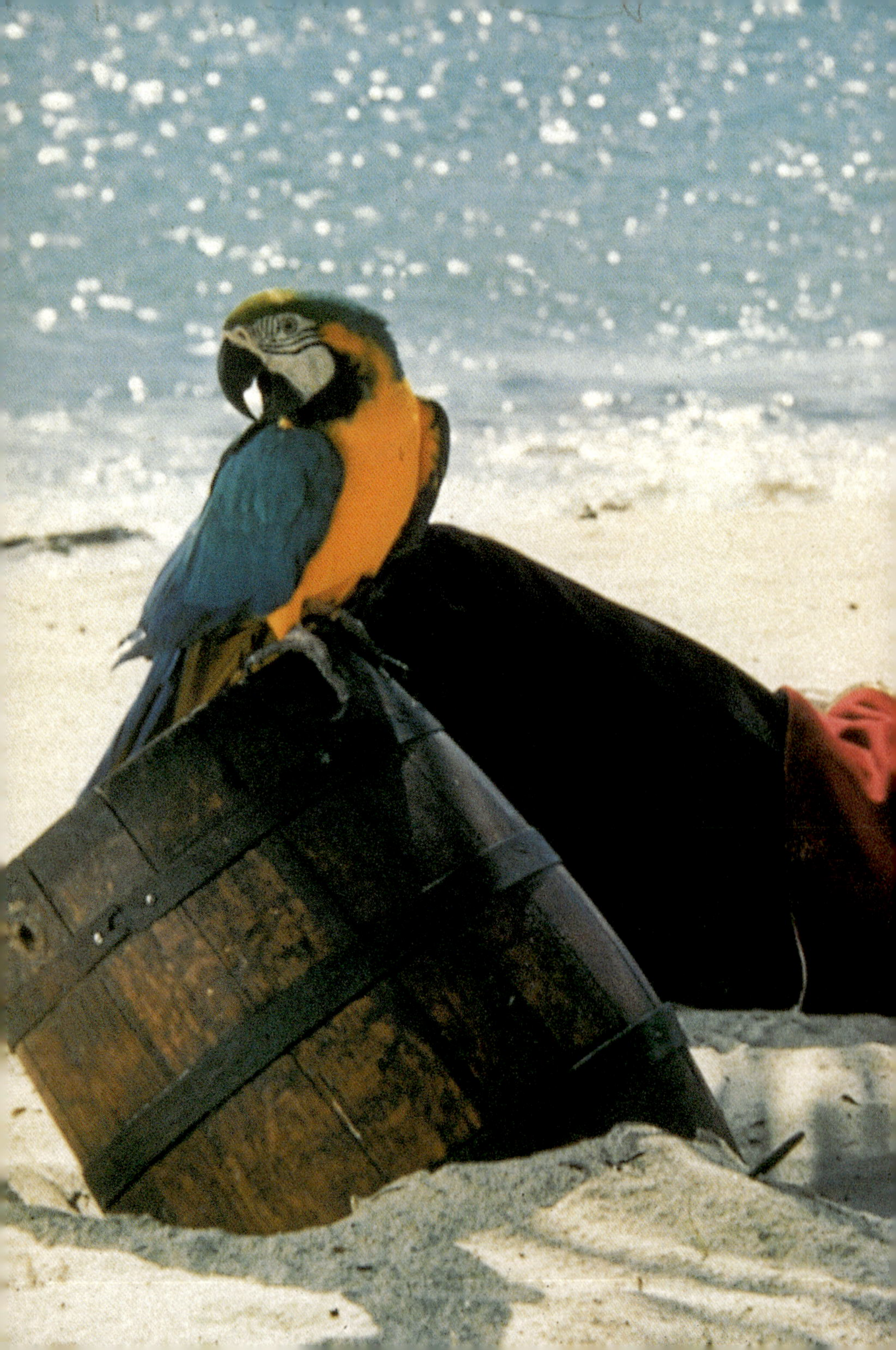

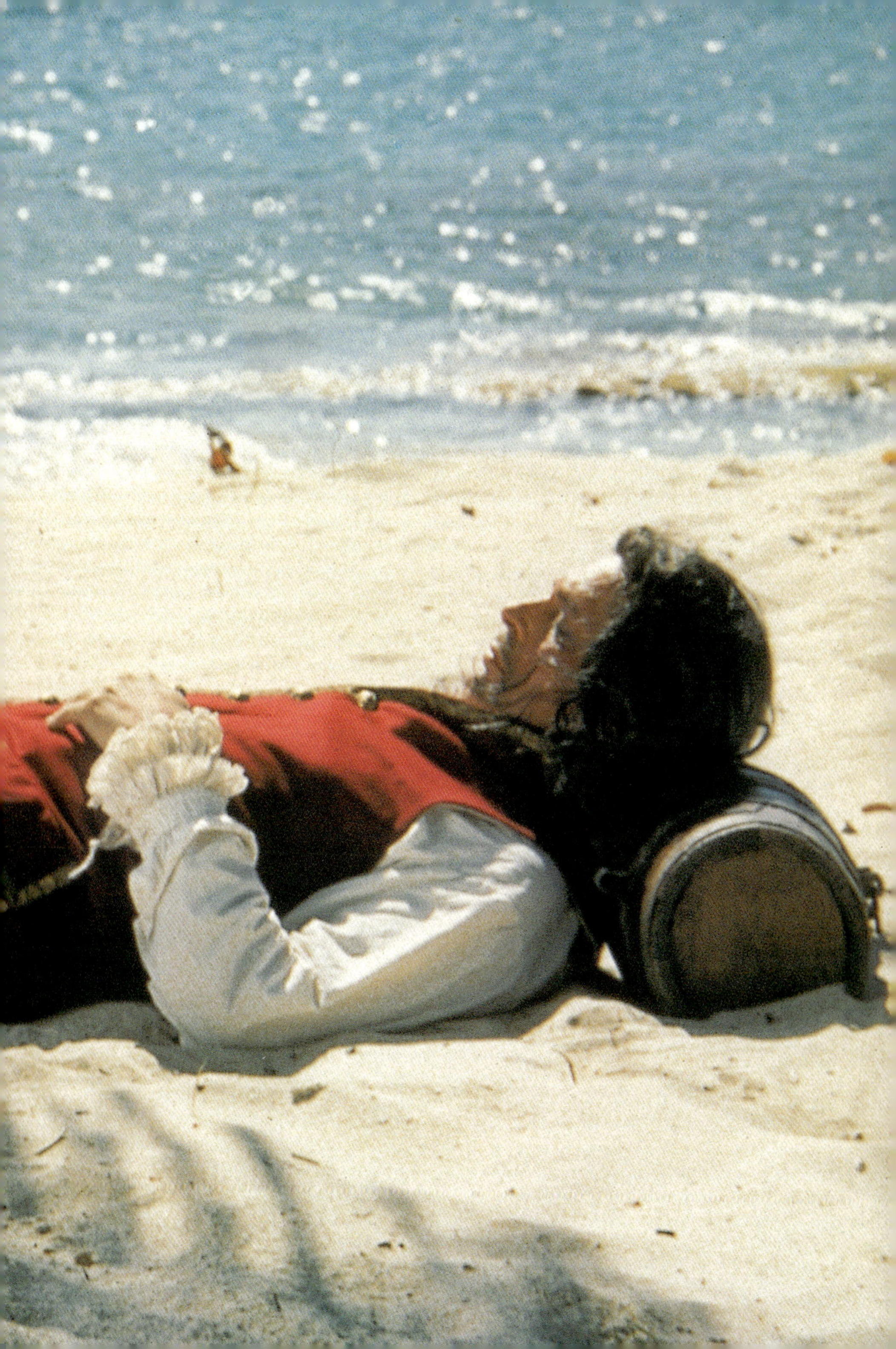

Chapitre 4 Le numérique dans l'art

Nul besoin d'exagérer l'effet du numérique sur la production artistique en ce début de XXIe siècle. Depuis les photographies numériquement manipulées jusqu'aux prototypes de sculptures en passant par les films réalisés sans caméra, la technologie numérique est partout présente. Certains peintres dit traditionnels font même désormais leurs dessins préliminaires sur ordinateur avant de passer au chevalet. Les jeunes des pays industrialisés passent plus de temps en ligne que devant la télévision et les familles donnent leurs photos et vidéos amateurs à des sociétés qui les transfèrent sur support numérique. Certains ne voient pas cette révolution numérique d'un très bon œil ; c'est le cas notamment du critique de cinéma américain Edward Halter : « Dirigeants vedettes, souvenirs sur cassette vidéo, généralisation des outils technologiques personnels, terrorisme électronique, multiplication des chaînes de TV et vies sociales cantonnées à la sphère numérique marquent une époque où les jeunes considèrent le travail et la guerre comme des jeux téléchargeables et l'Histoire comme un tas de dossiers qui encombre le bureau. »

Tout comme à la fin du XIXe siècle, le classement en grandes périodes stylistiques (le classicisme, le romantisme, etc.) cessa d'être opérant pour catégoriser et décrire la création artistique, toute description qui ne tiendrait pas compte aujourd'hui du technologique se révèlerait lacunaire. L'alliance parfois difficile de l'art et de la technologie est parvenue à maturité : le monde, dans sa marche inexorable vers une culture numérique (ou informatisée) a entraîné l'art dans sa progression. Le numérique est un médium mécanisé dont le potentiel semble illimité. Comme l'exprime l'auteur et commissaire d'exposition George Fifield : « La possibilité offerte à l'artiste de repositionner et de combiner sans effort des images, des filtres et des couleurs au sein de l'espace-mémoire dénué de frottement et de gravité de l'ordinateur, lui donne une liberté de création d'images jusque-là inconcevable. »

Le numérique est le moteur qui donne son impulsion à l'art informatique, à l'art Internet, à la photographie numérique, à la vidéo numérique, à une grande partie de l'art sonore actuel, à la sculpture expérimentale et à toutes sortes d'autres pratiques et disciplines, chacune avec son histoire et ses artistes.

L'essai de Walter Benjamin, *L'Œuvre d'art à l'époque de sa reproduction mécanisée* (1936), demeure une référence essentielle, quelles que soient les problématiques de l'art technologique que l'on tente d'aborder. Selon Benjamin, la technique, plus particulièrement celle de l'appareil photographique et de la caméra cinématographique, pose les questions de la paternité de l'œuvre et de l'unicité même de l'objet d'art dont l'« aura » se perdrait dans la reproduction. Si une image peut facilement être reproduite, où réside l'art ? Cependant, s'agissant du pouvoir complètement nouveau de créer des objets dépourvus de référent dans un univers non numérique, même dans le monde tridimensionnel tel que nous le connaissons, la question de la reproduction d'images posée par la technologie de l'appareil photo et de la caméra se trouve très largement dépassée. La « reproduction » est au numérique ce que la montgolfière fut jadis à l'aviation. Grâce à cette nouvelle technologie, les artistes d'aujourd'hui peuvent inventer non seulement de nouvelles formes de « reproduction » mais aussi de « production ». La « réalité virtuelle », par exemple, l'un des domaines les plus déconcertants nés de la technologie numérique, n'est pas la simple traduction de données informatiques en images grandeur nature qui imiteraient la réalité : elle est sa propre réalité. Selon Paul Virilio, « nous entrons dans un monde où il y aura non pas une réalité, mais deux : la réelle et la virtuelle. Il n'y a pas simulation, mais substitution ». La théorie de Benjamin sur la reproductibilité, annonciatrice des changements qui allaient affecter la sphère de l'art, concerne l'« aura » et l'unicité de l'objet d'art, mais également la représentation de l'espace fondée sur les lois de la perspective, préoccupation des artistes depuis le XVe siècle. La « perspective » et la « reproductibilité » sont pour Benjamin des notions liées à la représentation du réel, mais il n'existe plus aujourd'hui de définition consensuelle du réel. L'univers numérique qui va bien plus loin que la simple non linéarité introduite dans l'art par le cubisme est en passe de devenir une nouvelle réalité pour laquelle un nouveau langage critique et esthétique reste à élaborer.

Le numérique s'est introduit dans tous les domaines de l'art contemporain fondé sur l'utilisation de moyens technologiques : dans la photographie, le cinéma, la musique électronique, dans les œuvres sur CD-ROM, etc. Il confère à l'image une nouvelle faculté : une malléabilité infinie. Naguère, l'information visuelle demeurait statique en ce sens que, malgré les possibilités offertes par le montage cinématographique, l'image était fixe. En revanche, dès lors que celle-ci est traduite en langage numérique, elle peut être modifiée dans ses moindres éléments ; par le truchement de l'ordinateur, elle devient « information », et toute information se prête à manipulation. Comme le précise Peter Weibel, pionnier du numérique : « Pour la première fois dans l'histoire, l'image est un système dynamique. »

Fondazione Prada **Carcere di San Vittore** **Giugno/Luglio 1998**

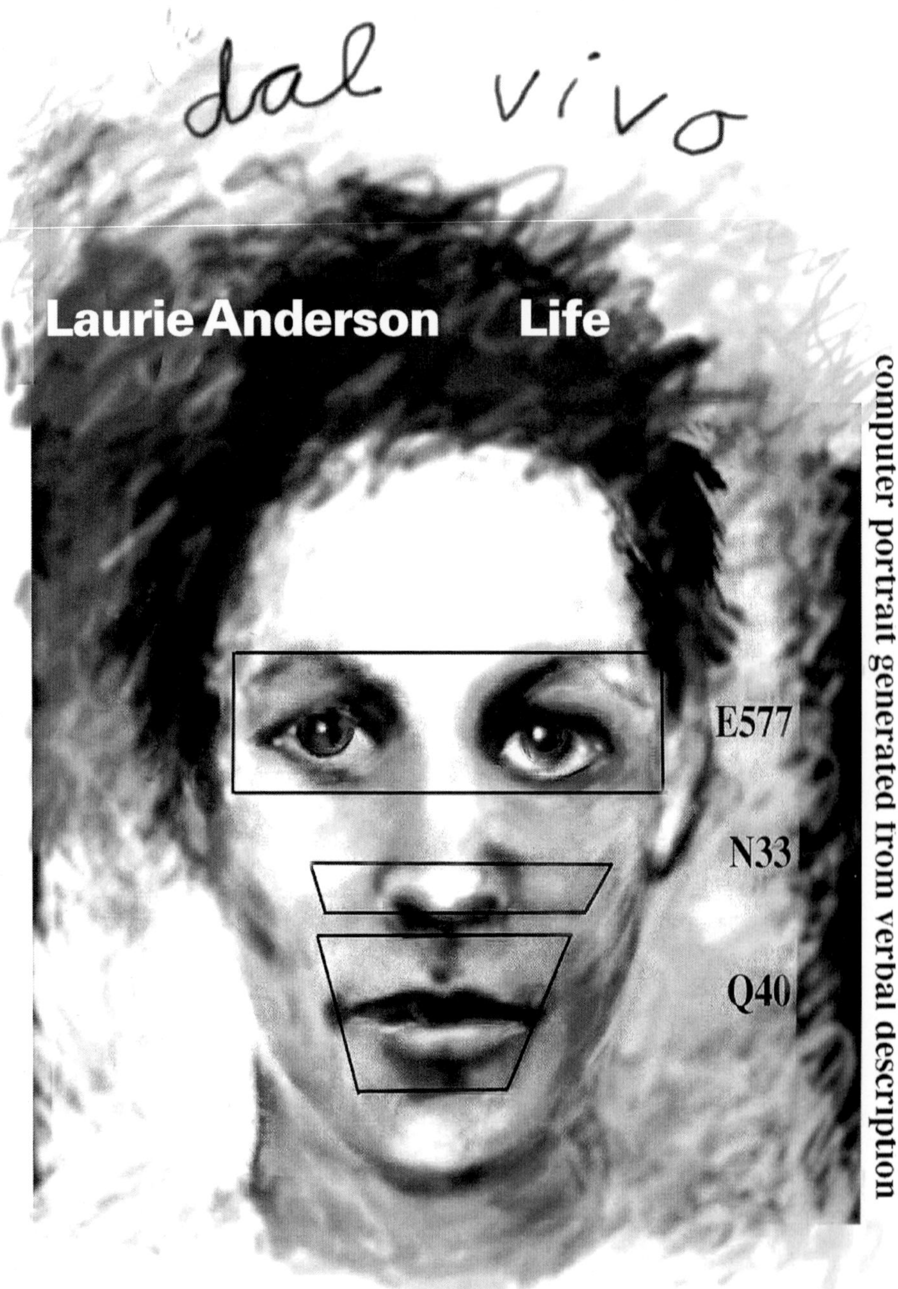

Fondazione Prada 20135 Milano, via Spartaco 8, Tel. 02.54670216/0202 Fax 02.54670258

Ce chapitre ne saurait aborder toute la portée de la technologie numérique dans la totalité des formes artistiques. On tentera simplement de mettre en lumière ces pratiques en examinant les réalisations de différents artistes représentatifs. La rapidité avec laquelle sont créées de nouvelles formes d'art numérique est telle qu'au moment de la parution de cet ouvrage les œuvres abordées sembleront peut-être dépassées. L'époque des manifestes et des vaticinations est révolue. Toute déclaration annonçant « comment seront les choses » est caduque dès l'instant où elle est imprimée, voire transmise par courrier électronique.

Evoquant le calculateur électronique entièrement numérique présenté en 1946 au Moore College of Electronical Engineering de Philadelphie, le curateur américain Charles Stainback a écrit :

Quelque 45 ans après sa présentation, cette merveille de la technologie a endossé d'innombrables rôles culturels – se plaçant au centre de ce que l'on pourrait qualifier de seconde transformation technologique, une mutation de l'ère industrielle à l'ère électronique. Elle a permis de passer du monde analogique, aux capacités restreintes, à un univers numérique en expansion au potentiel spéculatif apparemment inépuisable.

Regarder une œuvre d'art ne revient plus simplement à être devant un objet, ce peut être également pénétrer un univers fluide et en perpétuel changement grâce à l'ordinateur, un monde interactif dont la réalité peut être virtuelle et qui repose sur le principe d'interdépendance puisque le spectateur est impliqué dans l'achèvement de l'œuvre. Lorsque Duchamp avança que l'œuvre d'art dépendait du spectateur qui en achevait le concept, il ne soupçonnait guère que vers la fin du siècle certaines réalisations (les films interactifs par exemple) procéderaient réellement du public, tant en ce qui concerne leur achèvement que leur mise en œuvre et leur contenu.

L'interactivité est donc au cœur de l'art numérique : des artistes interagissent avec des machines (de façon complexe, avec un objet « automatisé mais intelligent ») pour créer une autre interaction avec des spectateurs qui convoquent l'œuvre sur leur machine et parfois la manipulent par le truchement de programmes de participation, lesquels peuvent eux-mêmes se modifier (quoique dans certaines limites pour l'instant) en fonction des ordres du spectateur, ou simplement de ses mouvements. Dans l'installation interactive *Lovers* [183] du groupe Dumb Type, les mouvements des spectateurs devant un système visuel commandé par laser déclenchaient des images préenregistrées d'acteurs marchant vers le public et s'adressant à lui. L'art numérique n'en est aujourd'hui qu'à ses débuts, mais par son existence même, il repousse les limites de notre conception de l'art en prenant plus de distance encore avec la toile pour tendre vers des univers dont on ne soupçonnait pas l'existence il y a seulement cinquante ans.

196. Image créée par ordinateur et utilisée pour la publicité de l'installation *Dal Vivo* de **Laurie Anderson**, présentée à la Fondazione Prada, Milan. L'apparition de la technologie numérique est à l'origine d'une évolution fondamentale en matière de création et de perception des images : il est désormais possible à partir de nombres binaires d'élaborer une image susceptible de manipulations jamais réalisées auparavant.

Le traitement numérique de la photographie

Avec l'utilisation croissante de l'ordinateur a débuté une nouvelle ère pour de nombreux artistes, qui se sont vu offrir la possibilité de manipuler un matériau source (une photographie) grâce au langage informatique. Les photographies sont numérisées par l'intermédiaire d'un scanner, processus aujourd'hui très simple par lequel une image bidimensionnelle est interprétée dans le langage mathématique binaire (ou numérique) de l'ordinateur. Le matériau source devient malléable, car entièrement décomposé en chiffres indépendants.

Il est intéressant de noter que si la plupart des premières œuvres d'art informatique d'importance (celles de Noll ou de Whitney, par exemple) privilégiaient l'abstraction, l'image figurative a opéré un retour en force dans les années 80, lorsque certains artistes exploitèrent les possibilités de retouche numérique qu'offraient les nouvelles techniques de traitement de l'image. Jean-Pierre Yvaral et Lillian Schwartz ont chacun créé plusieurs images de la Joconde de cette manière. La *Mona Lisa synthétisée* (1989) d'Yvaral, qui rappelle de façon étonnante le traitement du portrait par le peintre américain Chuck Close (né en 1940), est une série de reconstitutions structurelles du célèbre visage fondées sur l'analyse numérique. *Mona-Léo* (1987) [198], de Schwartz, juxtapose grâce à l'ordinateur une moitié du visage de la Joconde et une moitié de celui de Léonard de Vinci. *La mémoire de l'histoire rencontre la mémoire de l'ordinateur* (1985) [197], de Lera Lubin, est un autre exemple d'actualisation d'images appartenant à l'histoire de l'art. Ici, l'artiste scanne un tableau représentant la Vierge à l'Enfant, puis le retravaille sur ordinateur pour révéler la dimension sexuelle qui existe selon elle dans de nombreuses œuvres classiques.

L'ensemble du travail photographique de l'artiste américain Keith Cottingham (né en 1965) repose exclusivement sur la manipulation des

197. **Lera Lubin**, *La mémoire de l'histoire rencontre la mémoire de l'ordinateur*, détail, 1985.

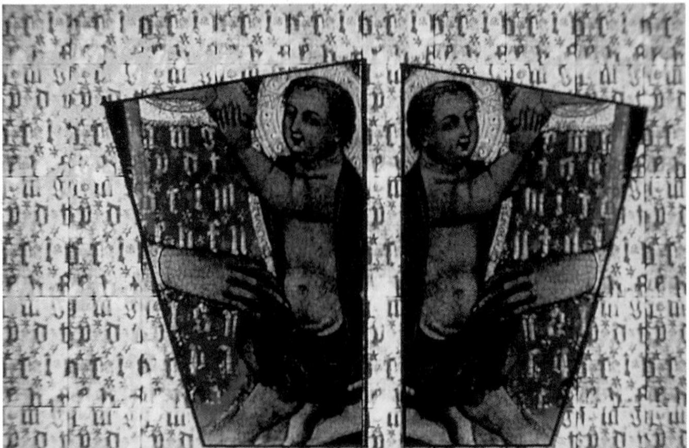

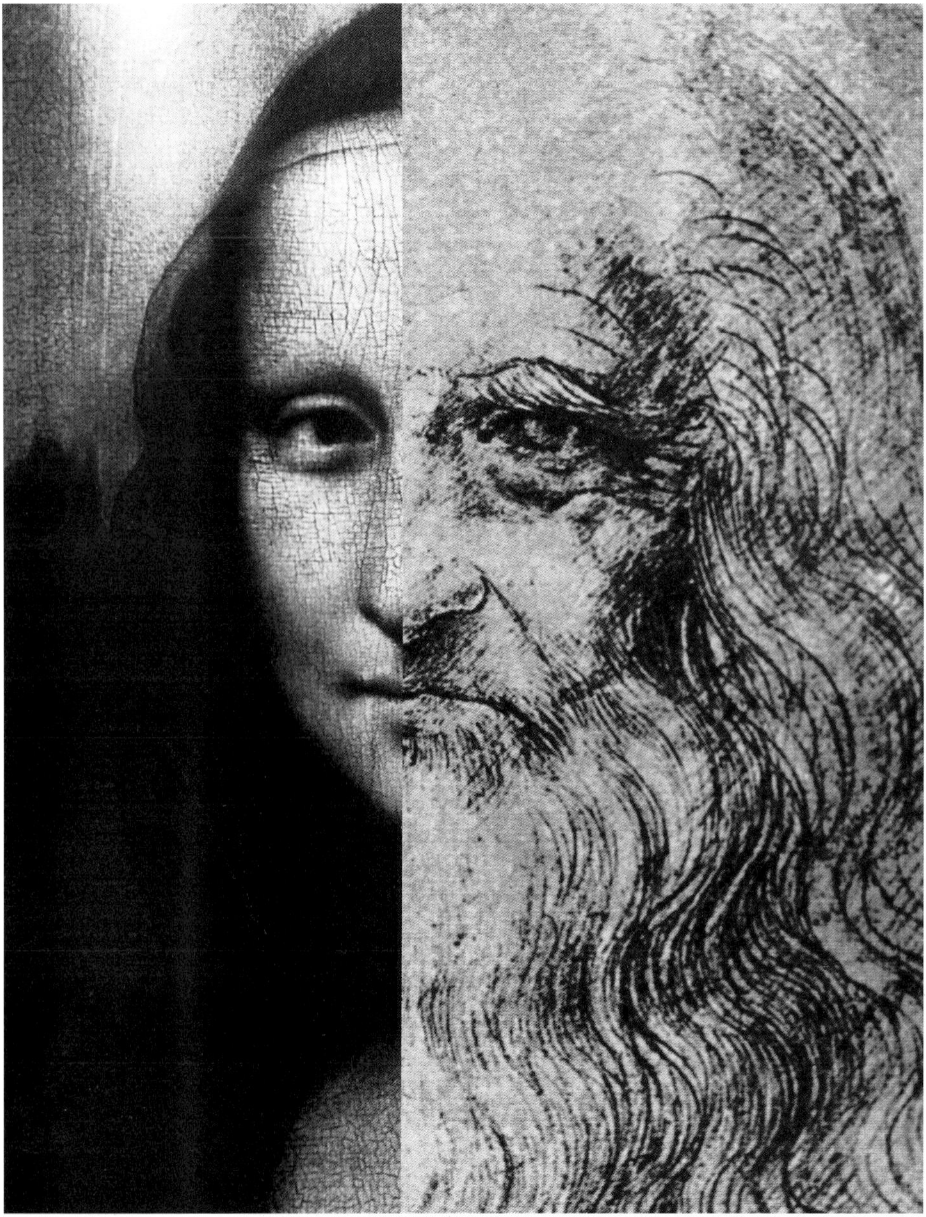

198. **Lillian Schwartz**,
Mona-Léo, 1987.
Pour Lillian Schwartz, l'ordinateur permet de s'approprier et de contrôler les images. Ici, elle juxtapose deux images sur un écran d'ordinateur pour révéler la ressemblance physique entre Léonard de Vinci et sa *Mona Lisa*.

199. **Jean-Pierre Yvaral**, *Mona Lisa synthétisée*, 1989. L'analyse numérique permet de fractionner *La Joconde* de Léonard de Vinci en éléments mesurables, des structures géométriques qui permettent non seulement de restituer l'original mais aussi de créer d'autres images avec les mêmes éléments.

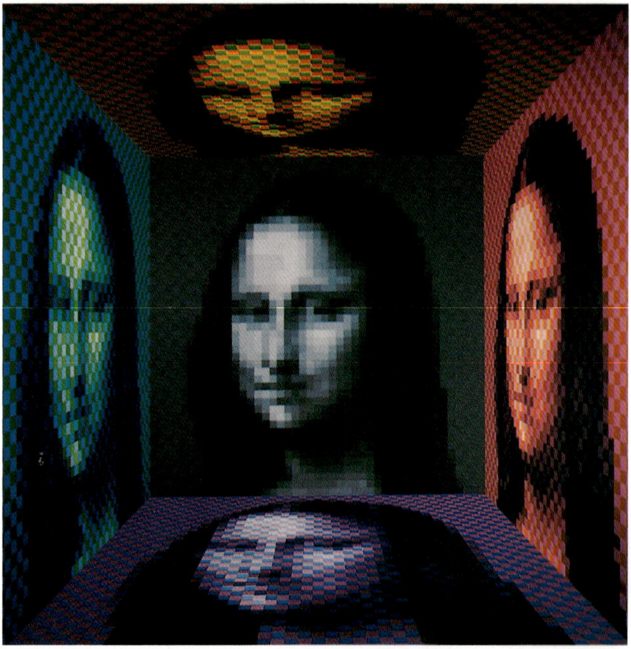

images sur ordinateur. Dans sa série de « portraits fictifs » (1992), il s'attaque aux mythes qu'il perçoit dans l'art traditionnel du portrait qu'il s'agisse de peinture ou de photographie. A partir d'une photographie, il crée, à l'aide des outils de peinture et de montage numériques, des images composites en couleurs qui semblent à première vue des photographies normales mais dans lesquelles tout repère de race, de sexe ou d'âge est en fait effacé. L'Américain Anthony Aziz (né en 1961) et l'artiste d'origine vénézuélienne Sammy Cucher (né en 1958) ont conçu, avec *The Dystopia Series* (1994), une série de photographies traitées numériquement plus troublantes encore. Ces artistes posent un regard critique sur certains progrès techniques en photographie, précisant que « la disparition de la vérité en photographie s'accompagne parallèlement d'une perte de confiance [...]. Chaque image, chaque représentation est devenue aujourd'hui une imposture potentielle ». Ils ont créé des portraits photographiques déshumanisés en effaçant les yeux et la bouche de leurs sujets par retouche numérique.

L'artiste d'origine britannique Victor Burgin (né en 1941) a renoué avec des techniques appartenant à la tradition picturale, notamment le *chiaroscuro* (le rendu des lumières et des ombres afin d'accroître l'illusion de relief). Ses photographies reflètent en outre depuis 1971 son intérêt pour la sémiotique et la psychanalyse. Il se tourne vers la numérisation de l'image dans les années 90 et créé *Angelus Novus*

200. **Keith Cottingham**, *Untitled (Triple)*, 1992.
Par le biais de la peinture et du montage numériques, Cottingham remet en question la nature même de la représentation dans ses « portraits fictifs ». « Au lieu de représenter des sujets, explique-t-il, j'imagine des corps à la fois génériques et spécifiques. »

(*Street Photography*), 1995, un triptyque composé en son centre d'une image représentant une femme (il s'agit d'une photographie prise par l'artiste en 1980 dont il a remanié les zones d'ombres et de lumière) que flanquent deux photographies manipulées montrant un largage de bombes.

Awakening from the Twentieth Century (1994-1995), qui consiste en une série d'épreuves numériques complexes réalisées par l'artiste américain Chip Lord (né en 1944), réunit grâce à l'ordinateur, et sans qu'on puisse voir les raccords, les images prises au Japon d'une marchande de poissons, des publicités de scooters et, provenant du

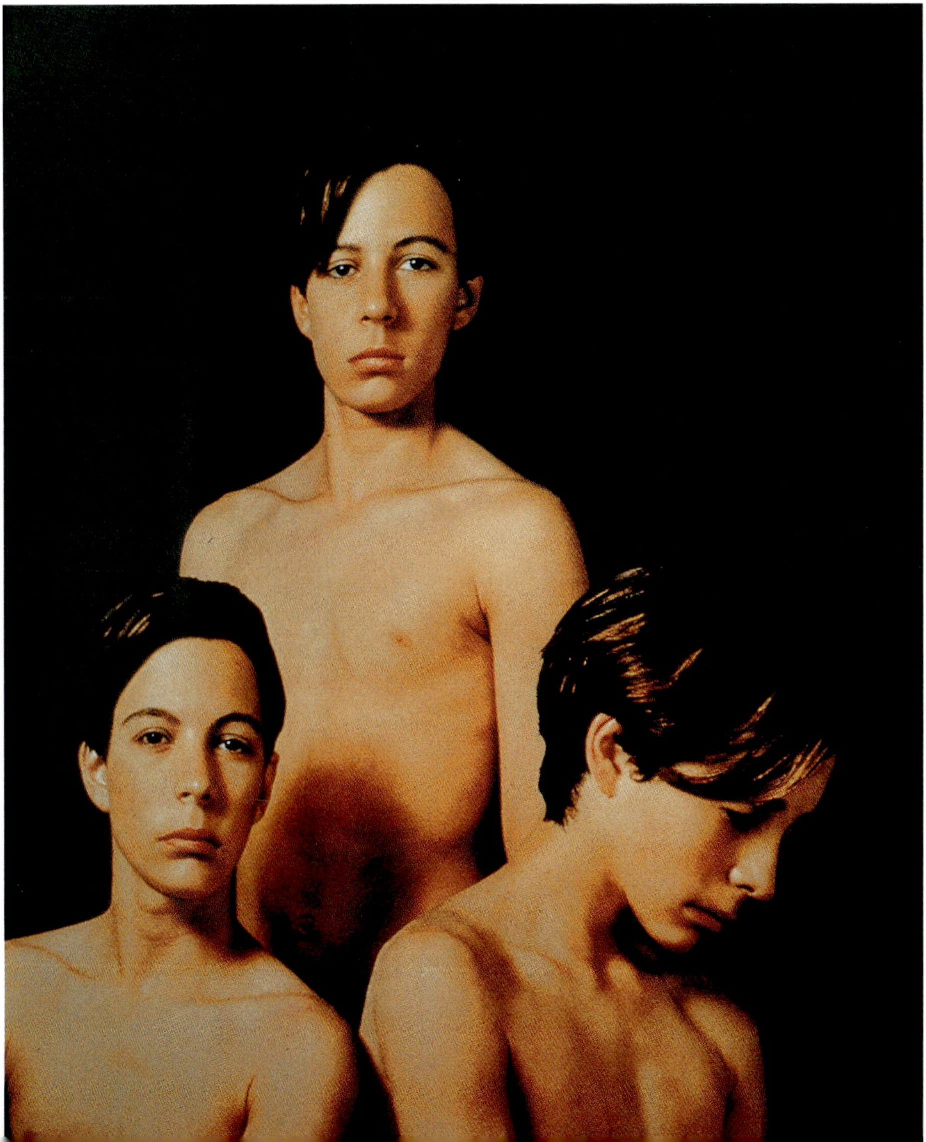

Mexique, l'image d'un prêtre participant à une fête locale et celle d'une marchande de chaussures. L'artiste s'efforce ainsi de créer un panorama mondial des « laissés pour compte de la révolution de la communication ».

Les artistes utilisent souvent l'ordinateur lorsqu'il s'agit de « modifier » leurs photographies, c'est-à-dire de retoucher numériquement l'original et représenter ainsi une réalité différente ; c'est notamment le cas de Mariko Mori, qui se photographie vêtue de costumes de sa création afin d'évoquer des créatures fantastiques. *Birth of a Star* (1995) est une photographie modifiée numériquement qui la fait apparaître sous les traits d'une poupée en plastique ou d'une pop star, à la fois effrayante et mystérieuse.

Le Canadien Jeff Wall (né en 1946) est représentatif de ces photographes qui utilisent la technologie numérique pour accroître les potentialités visuelles de leur travail. Il a recours à l'ordinateur pour créer des montages qui, selon lui, « ne pourraient être réalisés autrement », par exemple une scène où des feuilles de papier et d'autres objets s'envolent sous l'effet d'un brusque coup de vent (*A Sudden Gust of Wind*, 1993 [203]). Wall qualifie parfois sa photographie de « cinématographie » car certaines méthodes qu'il met en œuvre pour obtenir les images souhaitées sont les mêmes que celles utilisées pour réaliser un film : direction précise des interprètes, jeux de lumière rigoureusement choisis, etc. Ses œuvres font également appel aux processus de montage numérique utilisés dans en cinéma. Pour *Dawn* (2001), photographie d'environ trois mètres de large, il a combiné numériquement huit images distinctes d'un lampadaire de rue prises à différents moments de la journée afin d'obtenir l'effet souhaité. Il utilise l'ordinateur pour créer des « photomontages » bien que le montage ne soit pas visible à l'œil nu.

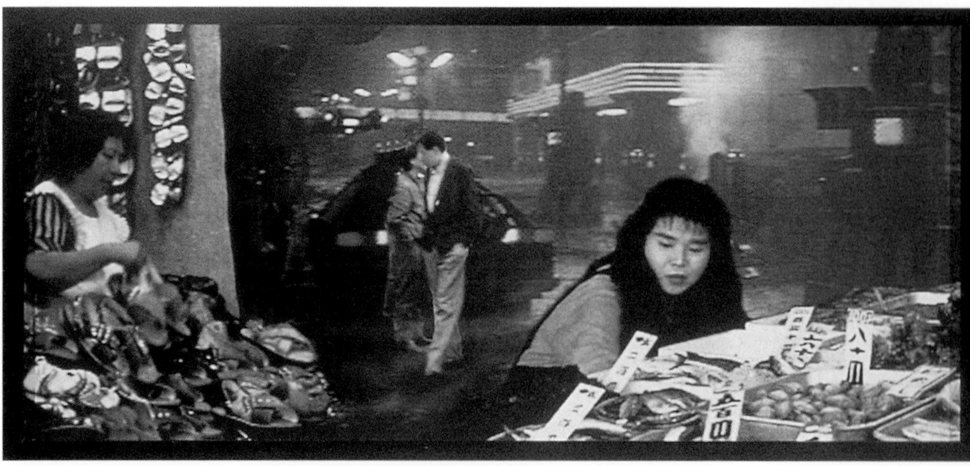

201. (ci-dessous) **Chip Lord**, *Central Market, Los Angeles, December 2006/Sony Electronics, 3300 Zanker Road, San Jose, California, August 1994*, extrait de la série *Awakening from the Twentieth Century*, 1994-1995. S'inspirant du film *Bladerunner*, Chip Lord crée des montages numériques d'images du monde entier, dans des scénarios dépeignant un avenir « qui reconnaît l'existence du passé et du présent comme des éléments d'une continuité culturelle ».

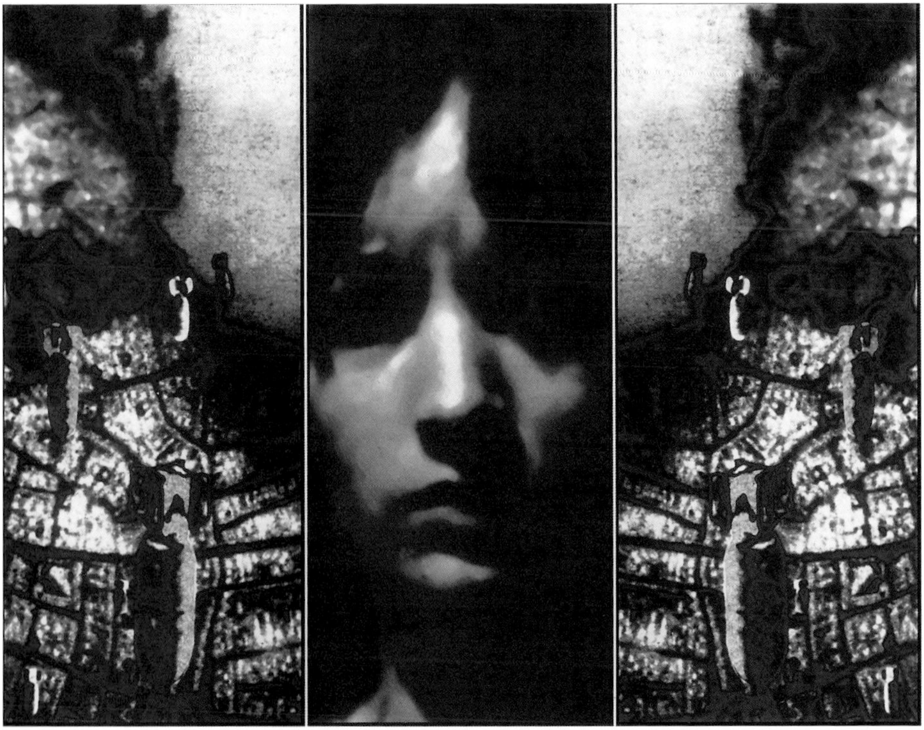

202. (ci-dessus) **Victor Burgin**, *Angelus Novus (Street Photography)*, 1995. Dans ce triptyque de photographies numériques, nous sommes pour Burgin censés voir l'image d'un « ange » flanqué de deux « ailes » ; en fait, le visage de la jeune fille, extrait d'une photographie réalisée par l'artiste des années auparavant, est encadré par des vues aériennes d'un bombardement de la Seconde Guerre mondiale.

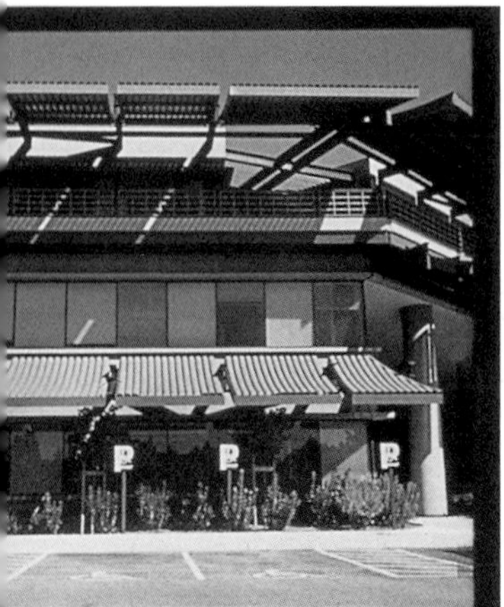

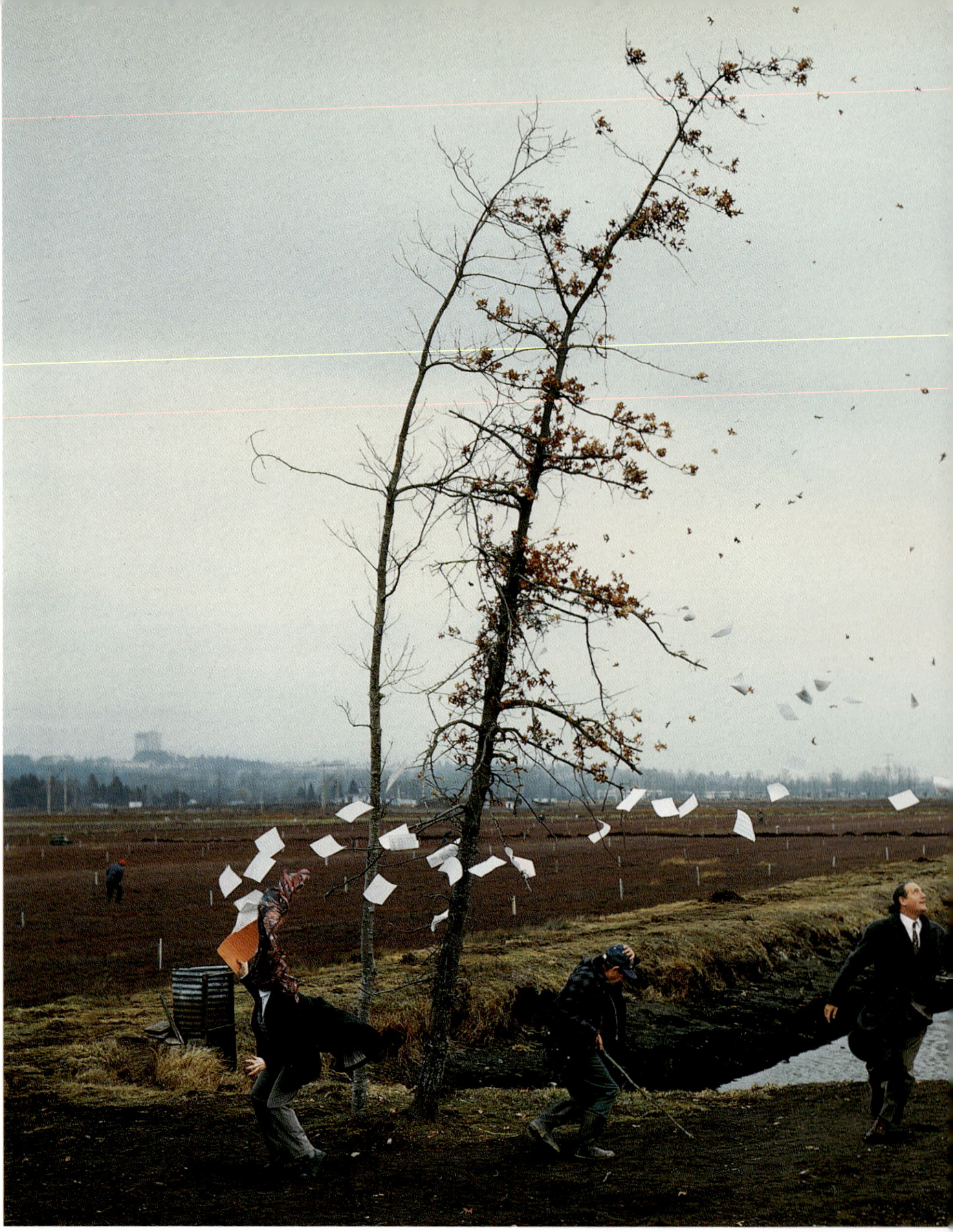

203. **Jeff Wall**, *A Sudden Gust of Wind (after Hokusai)*, 1993.
La technologie numérique permet aux artistes de créer des fictions très différentes de celles obtenues avec les procédés physico-chimiques de la photographie traditionnelle.

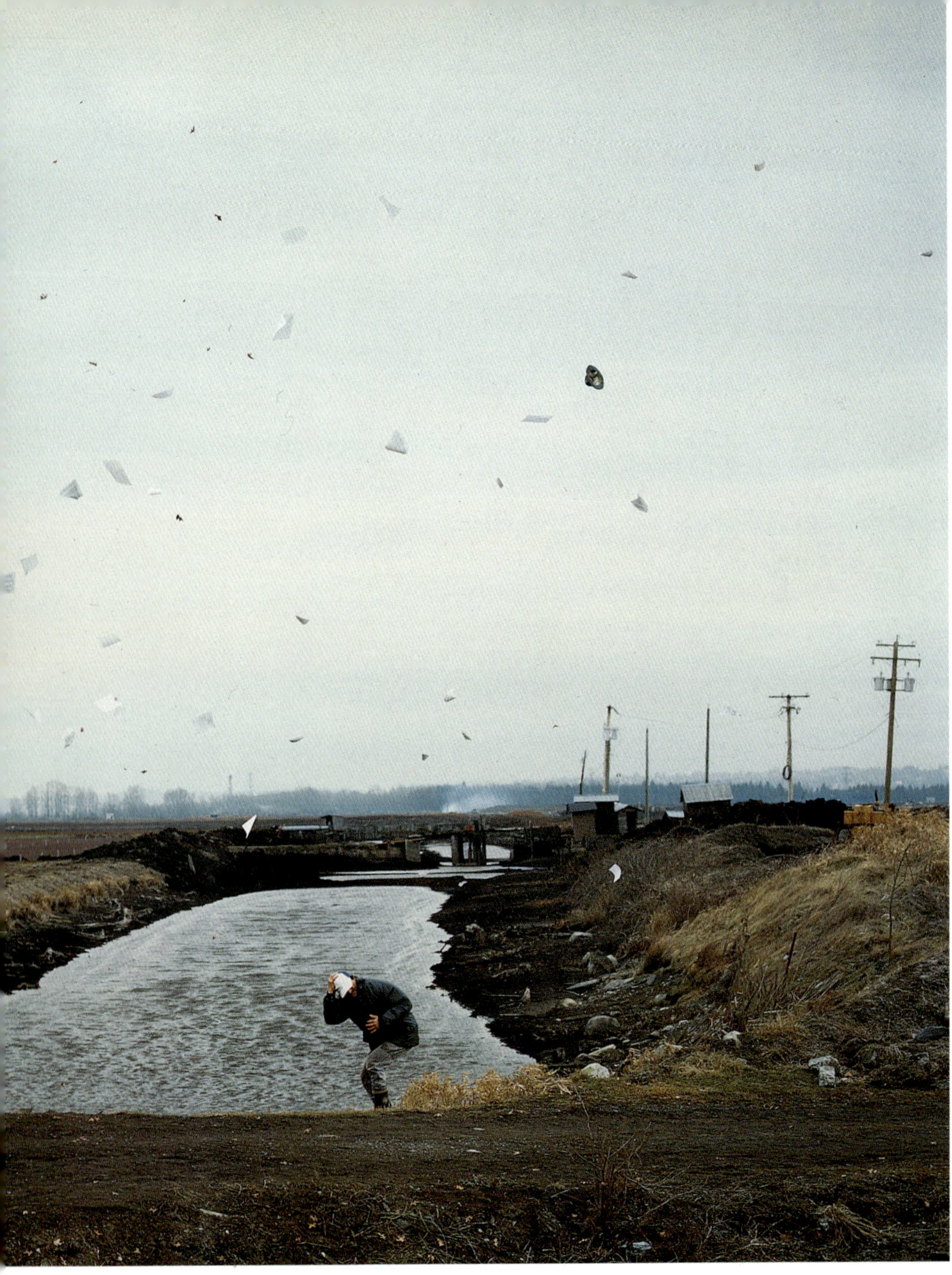

204. **Jeff Wall**, *Boys Cutting through a Hedge*, ***Vancouver,*** 2003. Jeff Wall utilise les nouvelles technologies au service de son approche conceptuelle et expérimentale de la photographie. Il ne cesse d'intervenir sur ses images, insérant divers clichés dans une scène donnée afin de fournir au spectateur une expérience complète mais non fondée sur des éléments authentiques. Dans cette photographie, il reconstitue une scène dont il a été le témoin alors qu'il travaillait sur une autre œuvre il y a quelques années.

L'artiste allemand Andreas Gursky (né en 1955) manipule quant à lui ses images pour obtenir une complexité démesurée. Dans une œuvre comme *Chicago Board of Trade II* (1999), l'on voit, par exemple, un nombre inconcevable de courtiers dans une bourse, et *Siemens, Karlsruhe* (1991) montre un nombre tout aussi exagéré d'ouvriers dans une usine [205].

Même le légendaire couple d'artiste Gilbert & George a adopté avec ferveur le numérique. Dans le cadre de leur exposition « Perversive Pictures », organisée en 2004, ils ont présenté de nombreuses photographies manipulées inspirées de la culture hip-hop, dont une œuvre kaleïdoscopique intitulée *Cool* [206].

Comme pour tout médium technologique, les œuvres les plus dynamiques sont produites lorsque la technologie correspond parfaitement aux visions des artistes ou, à l'inverse, lorsque des artistes sont en parfaite symbiose avec la technologie.

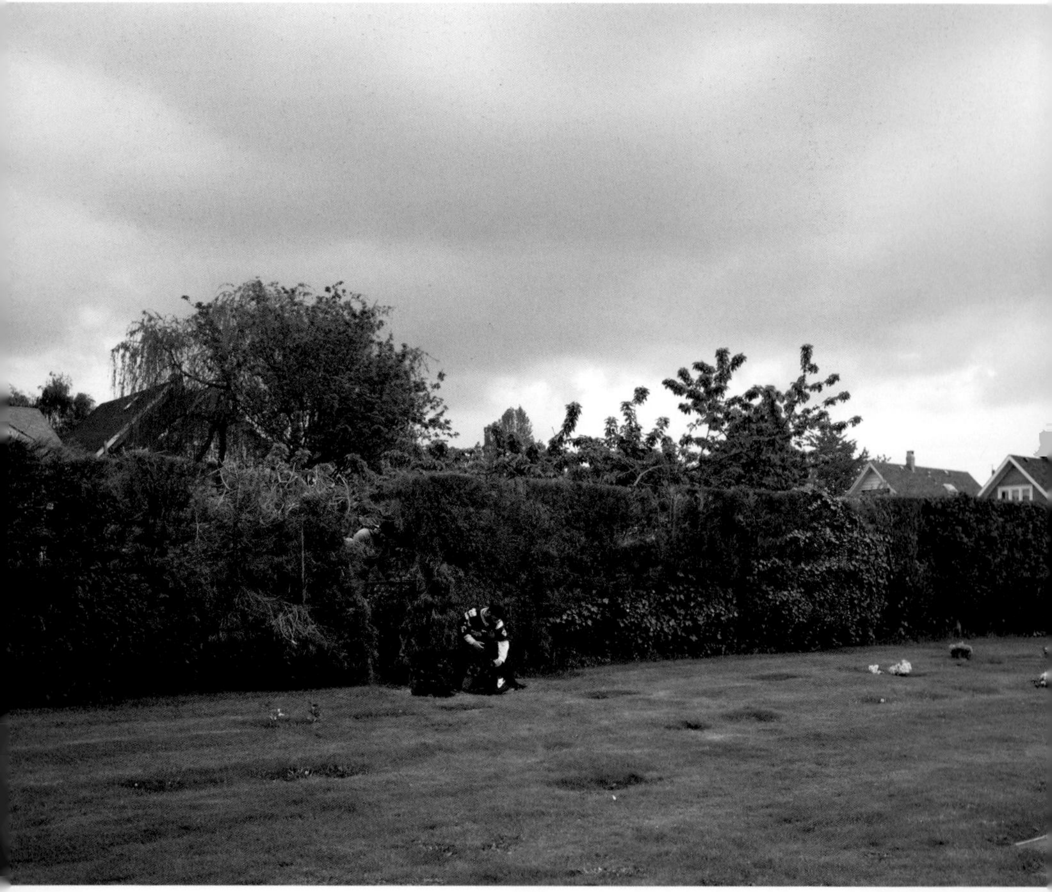

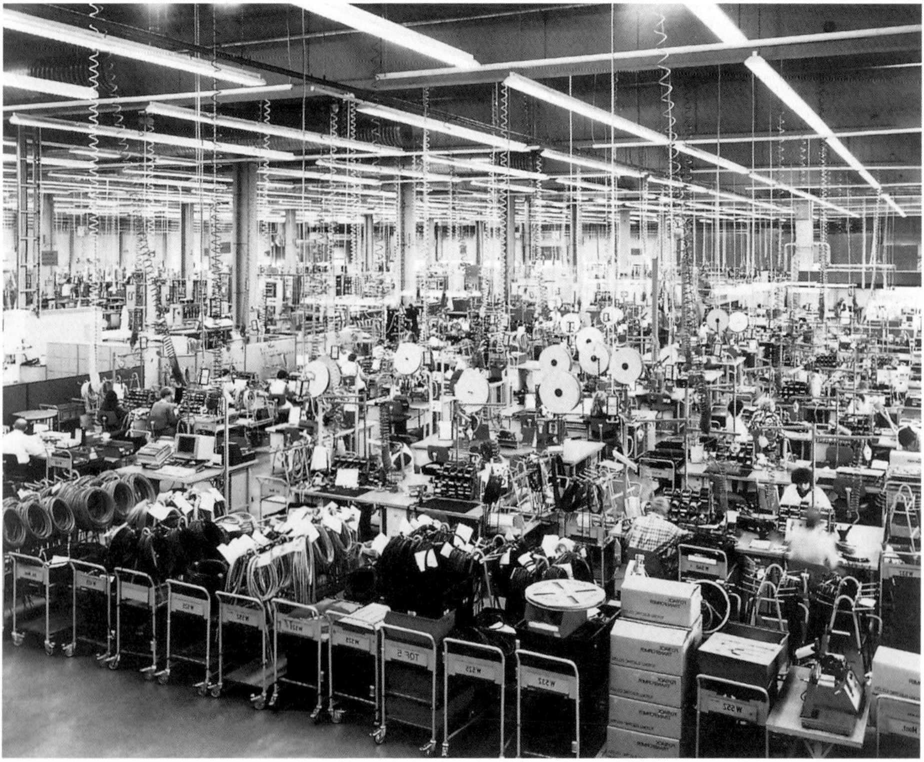

205. **Andreas Gursky**, *Siemens, Karlsruhe*, 1991

Dans le domaine de la peinture ou de la sculpture, ce sont les concepts et l'utilisation des matériaux qui évoluent ; en ce qui concerne l'art fondé sur la technologie, c'est le support même qui subit des transformations radicales avec les mutations technologiques. L'émotion de Muybridge lorsqu'il s'aperçut qu'il était capable de reproduire le mouvement grâce à sa « chronophotographie » laisse aujourd'hui place à l'enthousiasme que suscite la possibilité de modifier la réalité, de rendre illusoire le réel. Cependant, pour certains critiques, l'art informatique manque de la profondeur d'intérêt qu'ils attribuent, par exemple, à la peinture abstraite. Ils le jugent ennuyeux ou, comme l'holographie, trop superficiel en raison de l'artifice auquel il fait appel. Evoquant la plupart des œuvres qu'il vit au Festival international de l'image, Montage 93, organisé en 1993 à Rochester, dans l'Etat de New York, le critique américain spécialiste de la photographie A. D. Coleman fit ce commentaire : « Ce sont surtout sonneries et sifflements et boutons à pousser : tout ici bourdonne, cliquette, clignote, s'allume et s'éteint. »

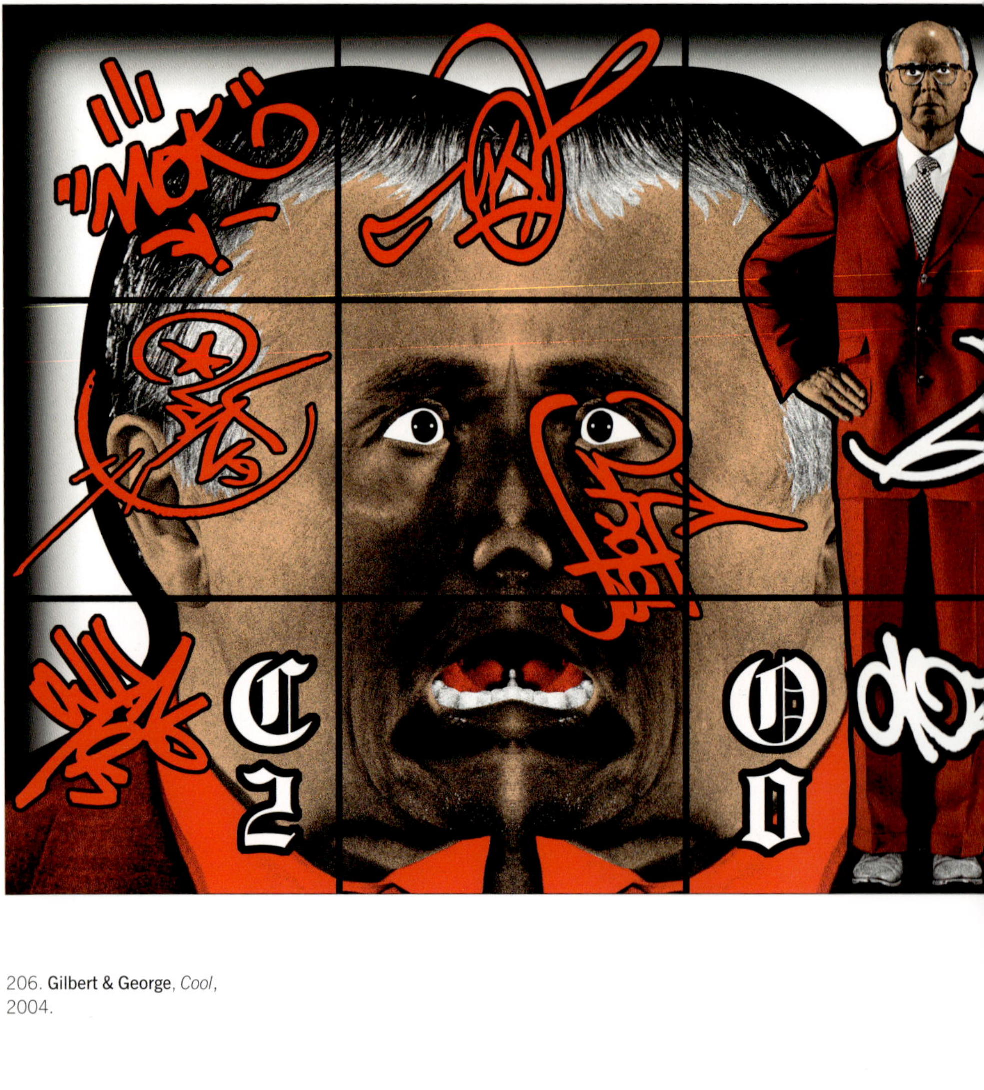

206. **Gilbert & George**, *Cool*, 2004.

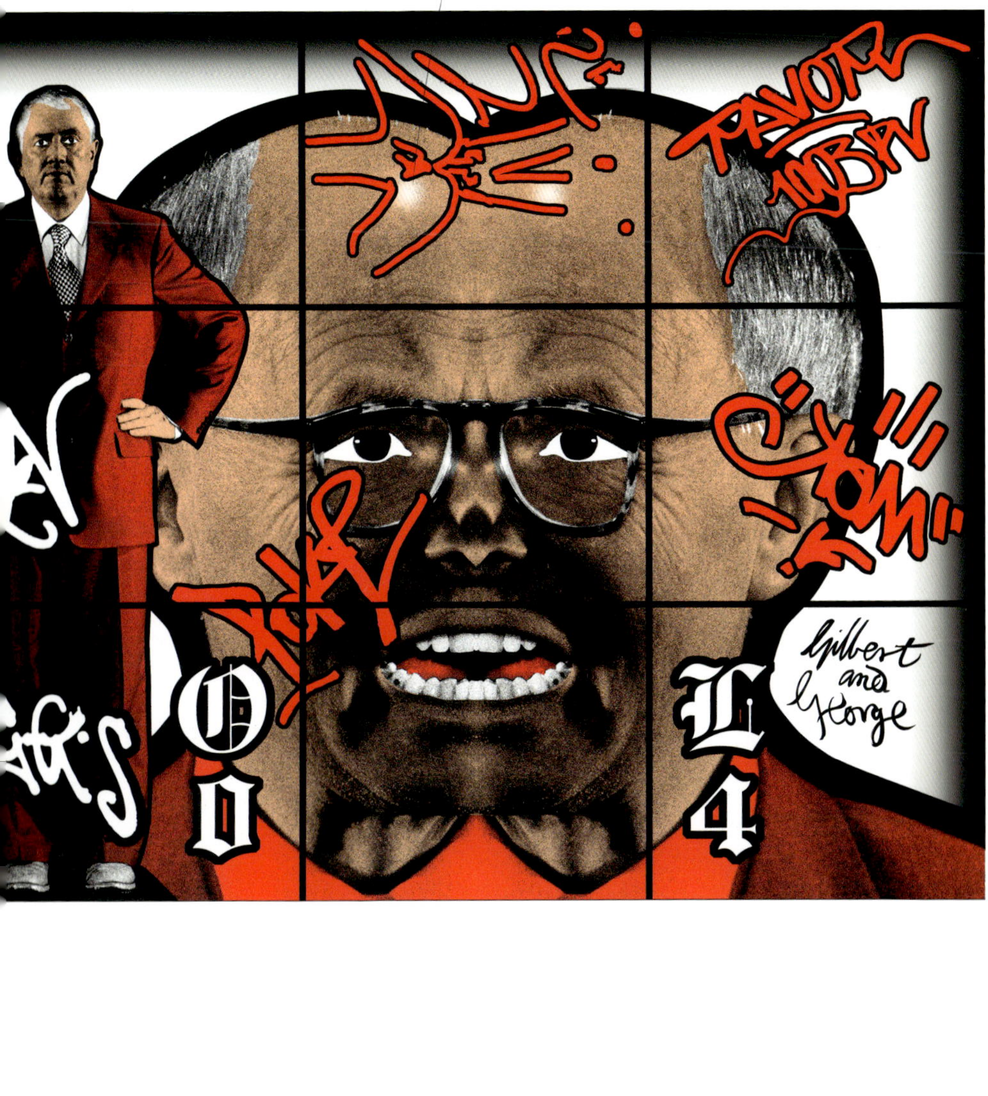
O
0
L
4
Gilbert and George

Œuvres filmiques numériques

Il est généralement admis que le cinéma a été la forme artistique dominante du XXe siècle ; populaire ou avant-gardiste, léger ou profond, le cinéma a touché le monde entier. Nous prenons de toute évidence plaisir à regarder des films ou des images animées qui reflètent notre propre existence, plaisir accru lorsque ces images sont tournées en 35mm et acquièrent alors une texture riche et romantique.

207. (ci-dessous) **Shirin Neshat**, *Fervor*, 2000.

208, 209. (page ci-contre) **Shirin Neshat**, *Rapture*, 1999. Shirin Neshat est représentative de ces artistes d'installations dont l'approche est clairement cinématographique. Ses films, projetés sur un ou plusieurs écrans, sont généralement tournés en 16mm puis transférés sur DVD ou disque laser pour projection. Ses récits frappants (filmés au Maroc) abordent les thèmes de l'identité et de la répression sexuelle dans son Iran natal.

La « grande » histoire du septième art au XXe siècle, telle qu'elle fut élaborée par des maîtres du genre tels que Sergueï Eisenstein, David Lean ou Ingmar Bergman, est révolue. Le cinéma est désormais un art de la vidéo (non pas un art vidéo car cette discipline a sa propre histoire en tant que médium artistique) et, en tant que tel, il est un art numérique, un art des nouveaux médias, un *new-media art*. Des réalisateurs comme Jean-Luc Godard ou Steven Spielberg sont devenus des artistes nouveaux médias ; ils n'ont pas eu le choix. La vidéo numérique a désormais imprégné l'art filmique. Certains craignent que le numérique modifie à jamais le cinéma même grand public en généralisant la substitution des acteurs, des lieux de tournage, des décors et même des caméras par des images de synthèse comme cela fut le cas pour *Le Pôle Express* (2004) de Robert Zemeckis. Pour Lev Manovich, artiste média et auteur, « les prises de vue d'actions [...] fonctionnent désormais comme un matériau brut qui peut être recomposé, animé, morphé ».

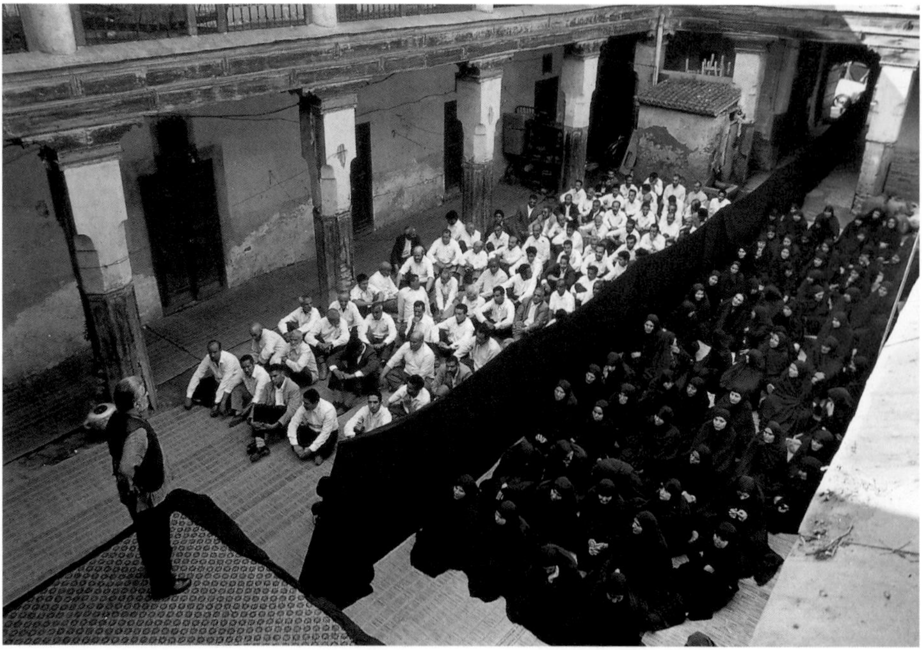

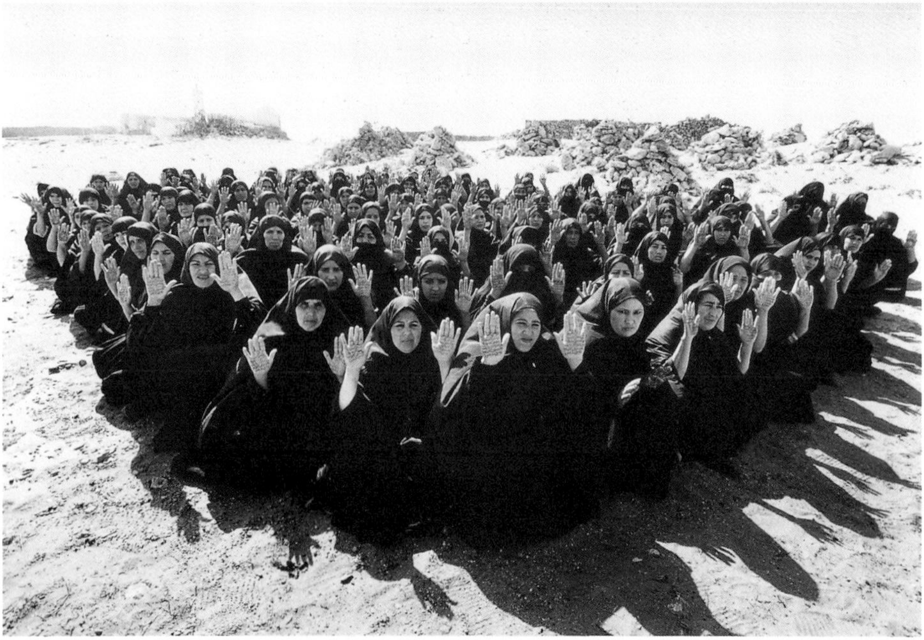

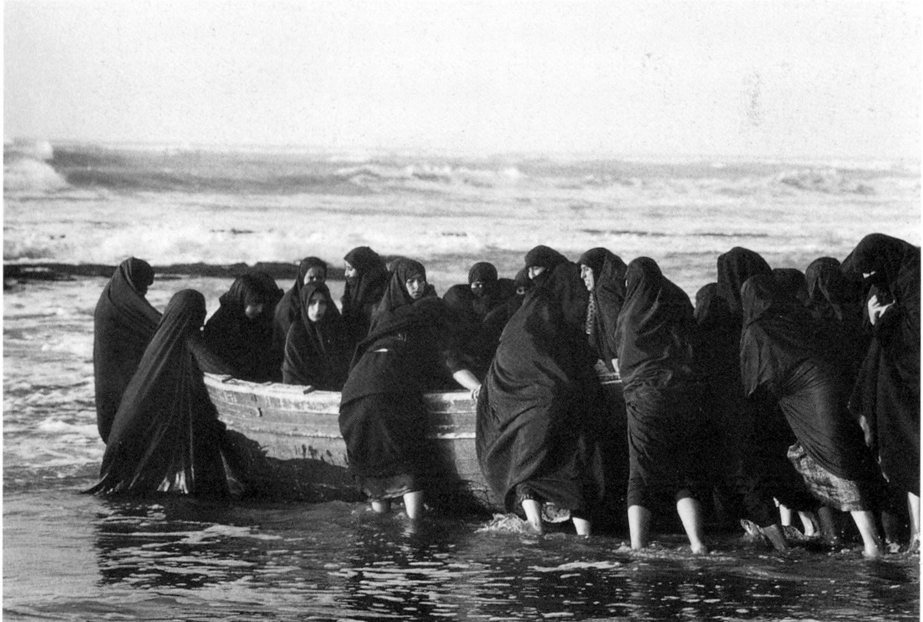

Le « nouveau cinéma d'art » est constitué d'installations qui peuvent être multi-écrans, panoramiques, projetées dans un dome, multi-utilisateurs et « non locales » (c'est-à-dire en ligne). Les projections multi-écrans et multi-images, que l'on connaît bien depuis les années 1960, ont atteint leur apothéose dans des installations filmiques d'artistes tels que Isaac Julien (né en 1960), Eija-Liisa Ahtila (née en 1959, Pierre Huyghe (né en 1962) ou encore Doug Aitken (né en 1968).

L'artiste britannique Isaac Julien commença à réaliser de courtes fictions et des documentaires en 1983 alors qu'il était encore étudiant en art. Il se fit connaître notamment grâce à son « drama/ documentary » *Looking for Langston* (1989) qui fut projeté lors de plusieurs festivals de cinéma. En 1996, il réalisa la première de ses installations filmiques multi-écrans pour lesquelles il est désormais célèbre. *Trussed*, double projection d'un film 16mm en noir et blanc, raconte l'histoire de deux jeunes hommes (l'un blanc, l'autre noir) impliqués dans un drame sado-masochiste et aborde les thèmes de l'identité raciale et sexuelle ainsi que le sentiment de perte à l'ère du sida. Eclairages, maquillage, costumes et plans élaborés contribuent à l'effet indubitablement cinématographique de l'œuvre. Dans toutes ses œuvres plus tardives comme par exemple *The Long Road to Mazatlán* (1999), *Paradise Omeros* (2003) et *Baltimore* (2003), Julien utilise des écrans multiples pour présenter des créations filmiques aux couleurs riches et à la réalisation sophistiquée. Outre les

210. **Isaac Julien**, *Baltimore*, 2003.

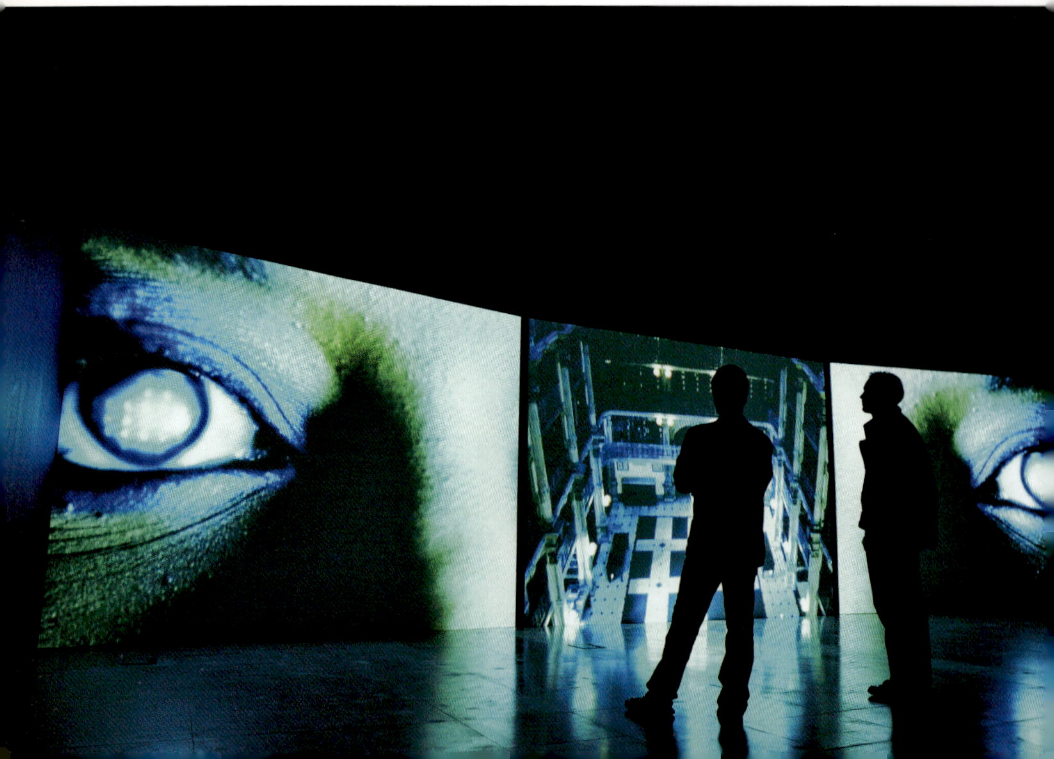

211, 212. **Eija-Liisa Ahtila**, *The House*, 2002.

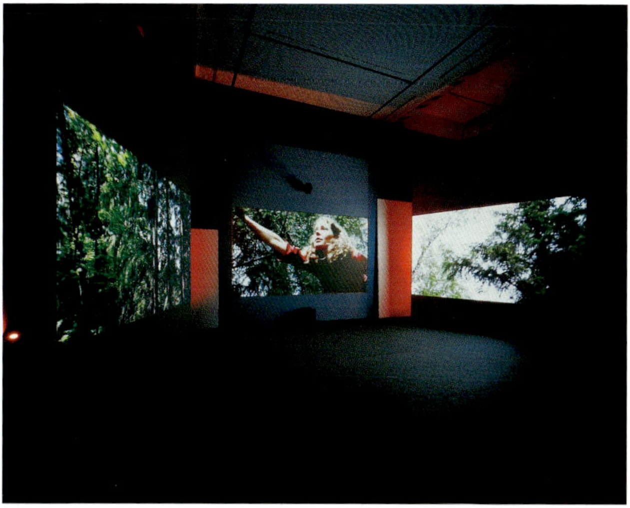

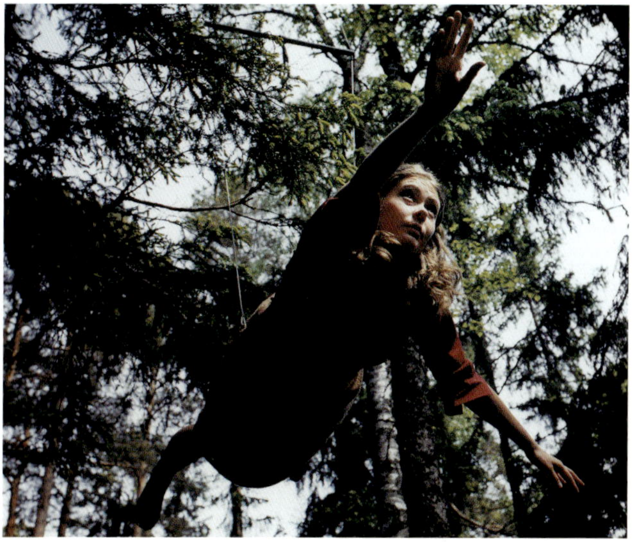

thèmes de l'identité raciale et sociale, il aborde également des sujets tels que le cinéma et la mémoire.

L'artiste finlandaise Eija-Liisa Ahtila, qui débuta sa carrière en tant que réalisatrice de cinéma et de télévision, crée elle aussi des œuvres filmiques principalement multi-écrans. La manière dont elle découpe des récits complexes en plusieurs écrans reflète l'état psychique de ses sujets, lesquels sont souvent tourmentés par de graves conflits psychologiques. Dans *The House* (2002), projection sur trois écrans, une femme solitaire se voit en train de voler entre des arbres [211, 212].

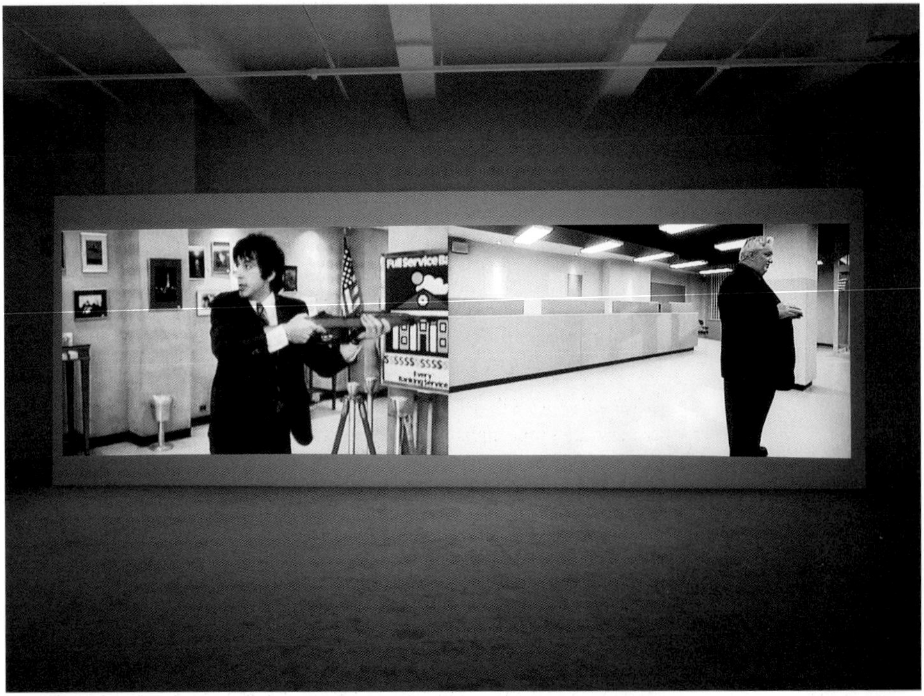

213. **Pierre Huyghe**, *The Third Memory*, 1999.

L'artiste français Pierre Huyghe, connu pour ses œuvres conceptuelles, a utilisé le cinéma comme base pour plusieurs de ses installations dont *Remake* (1995), remake de *Fenêtre sur cour* (1953) d'Alfred Hitchcock, et *The Third Memory* (1999), ré-interprétation d'*Un après-midi de chien* (1975) de Sidney Lumet [213]. Dans chaque cas, Huyghe a fait appel à des acteurs amateurs pour rejouer des scènes du film original, non pas pour imiter l'œuvre antérieure mais pour révéler les mécanismes du cinéma (c'est ainsi, par exemple, que ses acteurs disent leur texte au lieu de le jouer). Cette prise de distance par rapport à l'original donne une nouvelle vision de la scène. Dans un entretien de 1999 dans le cadre de l'exposition « Cinema Cinema », organisée à Eindhoven au Stedelijk Van Abbemuseum, Huyghe expliquait que « les acteurs voient leur texte pour la première fois quelques heures à peine avant le tournage [...]. C'est précisément leurs difficultés, leurs hésitations, leurs silences etc. que j'enregistre en temps réel ». Pour ses vidéos numériques, Huyghe utilise des techniques cinématographiques très précises mais pas à des fins narratives. Il interrompt, dérange, déjoue la tension narrative des films afin d'engendrer une nouvelle relation entre le spectateur et l'action. En ce sens, son œuvre est comparable au *24-Hour Psycho* (1993) de Douglas Gordon, mais les méthodes et objectifs de Huyghe sont très différents. Tandis que

Gordon utilise les scènes originales dans ses installations, Huyghe retravaille, réinterprète l'original avec un nouveau « collectif » d'acteurs dont les interactions en temps réel sont plus importantes pour lui que le contenu narratif du film. Néanmoins, son point de départ demeure le cinéma.

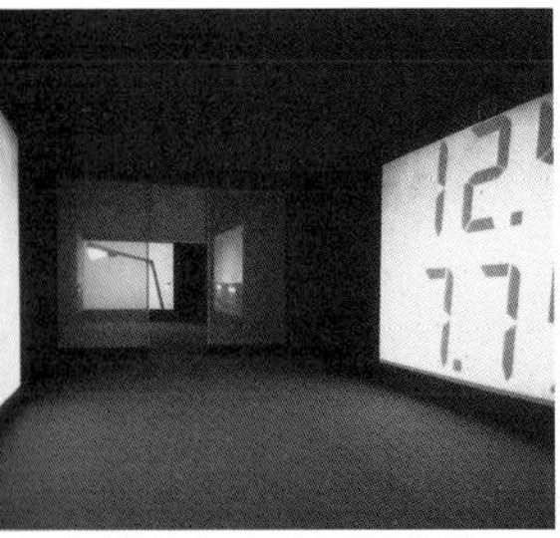

214. **Doug Aitken**, *Electric Earth*, 1999.

Doug Aitken est quant à lui passé de projections à écrans multiples à des environnements à écrans multiples. Après avoir consacré son œuvre intitulé *Eraser* (1997) à l'île de Monserrat, dévastée suite à l'irruption d'un volcan en 1996, Aitken, qui travaille à la fois en 16mm et en vidéo numérique, a dirigé sa caméra vers les rues de Los Angeles et plus précisément sur un jeune homme solitaire qui déambule parmi les ombres le temps d'une longue nuit. Cette œuvre, intitulée *Electric Earth* (1999), était projetée sur de nombreux écrans en gaze qui formaient comme un labyrinthe dans le lieu d'exposition [214].

L'œuvre de l'artiste et photographe israélienne Michal Rovner (née en 1957) est le résultat d'un traitement numérique laborieux grâce auquel elle élimine tous les traits qui caractérisent les sujets vivants qu'elle filme. Elle semble insuffler dans les centaines de personnes silencieuses et humblement vêtues qui peuplent ses vidéos l'esprit de Beckett ou de Giacometti. Son art singulier est également chargé d'une

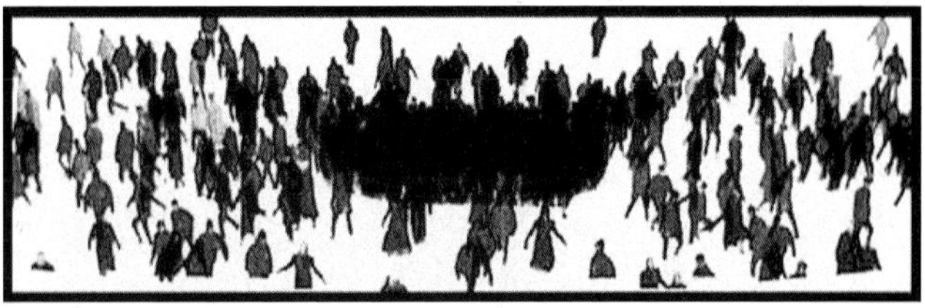

215. (à droite) **Michal Rovner**, *More*, 2003

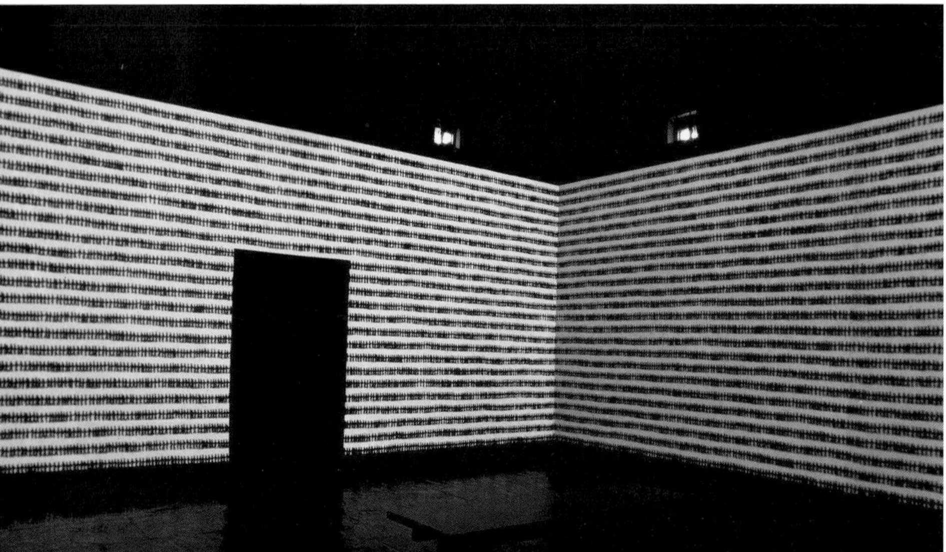

216. (ci-dessous) **Michal Rovner**, *Time left*, 2003

sensibilité politique qui vient de son expérience du conflit au Moyen-Orient. *Time left* (2003) est une installation vidéo monumentale dans laquelle on voit des centaines de milliers de silhouettes qui marchent en rang successifs vers un but qui ne nous est pas précisé, images saisissantes accompagnées d'une musique électronique sourde. S'agit-il de prisionniers, de survivants d'un événement apocalyptique ou simplement de pélerins qui se dirigent de plein gré vers une révélation religieuse ou encore rien de tout cela ? [216] Lors de l'exposition intitulée « In Stone » (2004), Rovner présenta une série d'œuvres étonnantes dont des projections de vidéos numériques de sihouettes similaires marchant sur de grandes pierres. Ces figures qui se déplacent lentement semblent tenter de communiquer avec nous depuis des temps anciens. Pour Rovner, la manipulation numérique est un outil qu'elle utilise pour donner forme à sa vision des choses ; entre ses mains, le numérique devient un matériau digne des marbres les plus lisses ou des peintures les plus riches.

L'artiste américain Paul Pfeiffer (né en 1966) utilise lui aussi certaines techniques de manipulation numérique afin de créer des œuvres qui traitent de l'identité et des structures sociales. Dans *JOHN 3:16* (2000), l'artiste a numérisé plus de 5 000 images extraites d'une vidéo d'un match de basket et les a réagencées pour mettre en évidence la manière dont les hommes noirs fétichisent le ballon de basket,

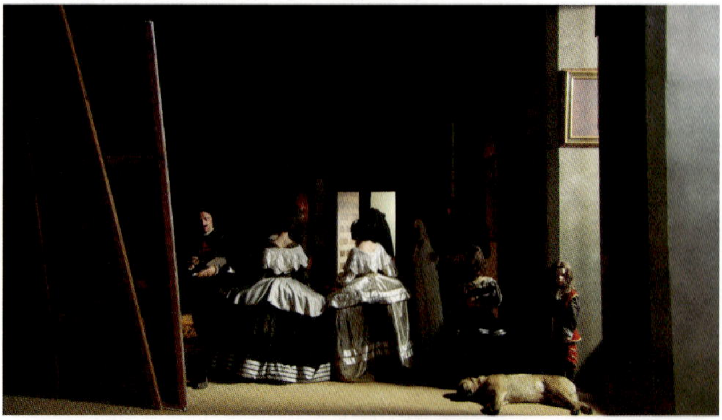

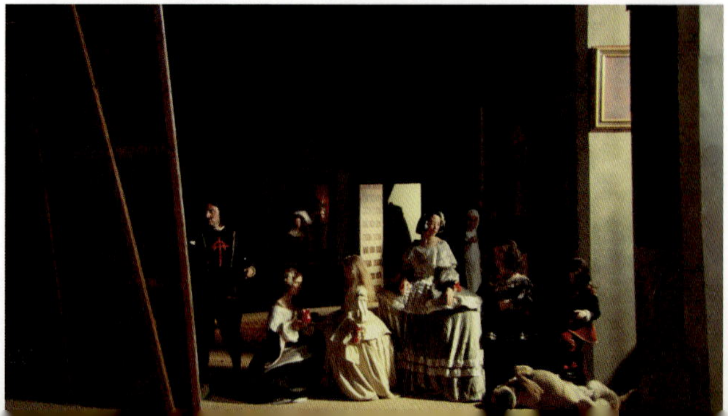

217, 218. **Eve Sussman**, *89 Seconds at Alcazar*, 2004. Tourné en vidéo haute définition, ce film de 12 minutes diffusé en boucle décrit ce que devaient être les activités des personnages de la Cour présents dans le tableau de Vélasquez, *Les Ménines*.

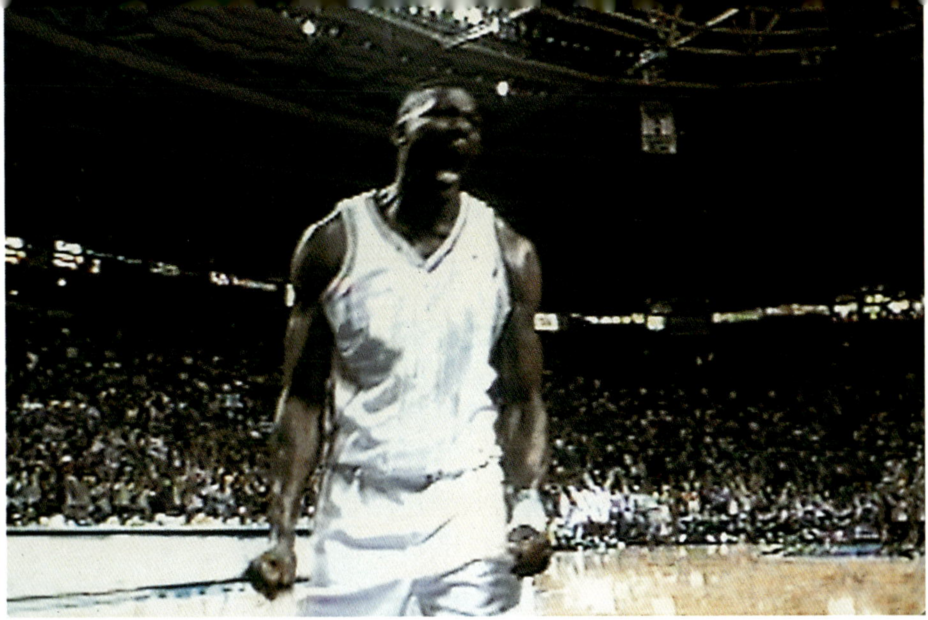

219. **Paul Pfeiffer**, *Fragment of a Crucifixion (After Francis Bacon)*, 1999.

réalisant ainsi une sorte d'ode à la gloire du sportif noir. Pour *Fragment of a Crucifixion (After Francis Bacon)* (1999), Pfeiffer est intervenu sur un autre film vidéo d'un match de basket pour isoler un joueur qui venait de marquer un superbe panier. Pfeiffer a éliminé de l'image d'origine tous les autres joueurs ainsi que les logos, ne laissant que le joueur qui apparaît à la fois en colère et extatique tandis que les spectateurs autour de lui crient leur joie, tels les Romains quand ils encourageaient de leurs cris les gladiateurs entrant dans l'arène pour combattre les lions.

L'art informatique

L'art numérique est davantage issu de la recherche militaire que des écoles d'art. La Guerre froide a joué un rôle fondamental en stimulant la recherche et le développement en matière d'intelligence artificielle. Le tout premier calculateur numérique, l'ENIAC (*Electronic Numerical Integrator and Computer*, dont les dimensions avoisinaient celles d'un grand garage), date de 1946 ; le premier ordinateur commercialisable (UNIVAC) capable de gérer des informations numériques et textuelles fut breveté en 1951. Subventionnés pour la plupart par les gouvernements, les centres de recherche menèrent d'intenses investigations expérimentales en matière de technologie informatique. Certaines touchaient parfois à la musique ou aux arts plastiques, mais du fait que la plupart des chercheurs étaient avant tout des scientifiques, la valeur esthétique des premières œuvres « d'art informatique » demeure discutable.

L'Américain A. Michael Noll, souvent cité comme l'un des premiers « artistes numériques » avec les Allemands Frieder Nake et Georg

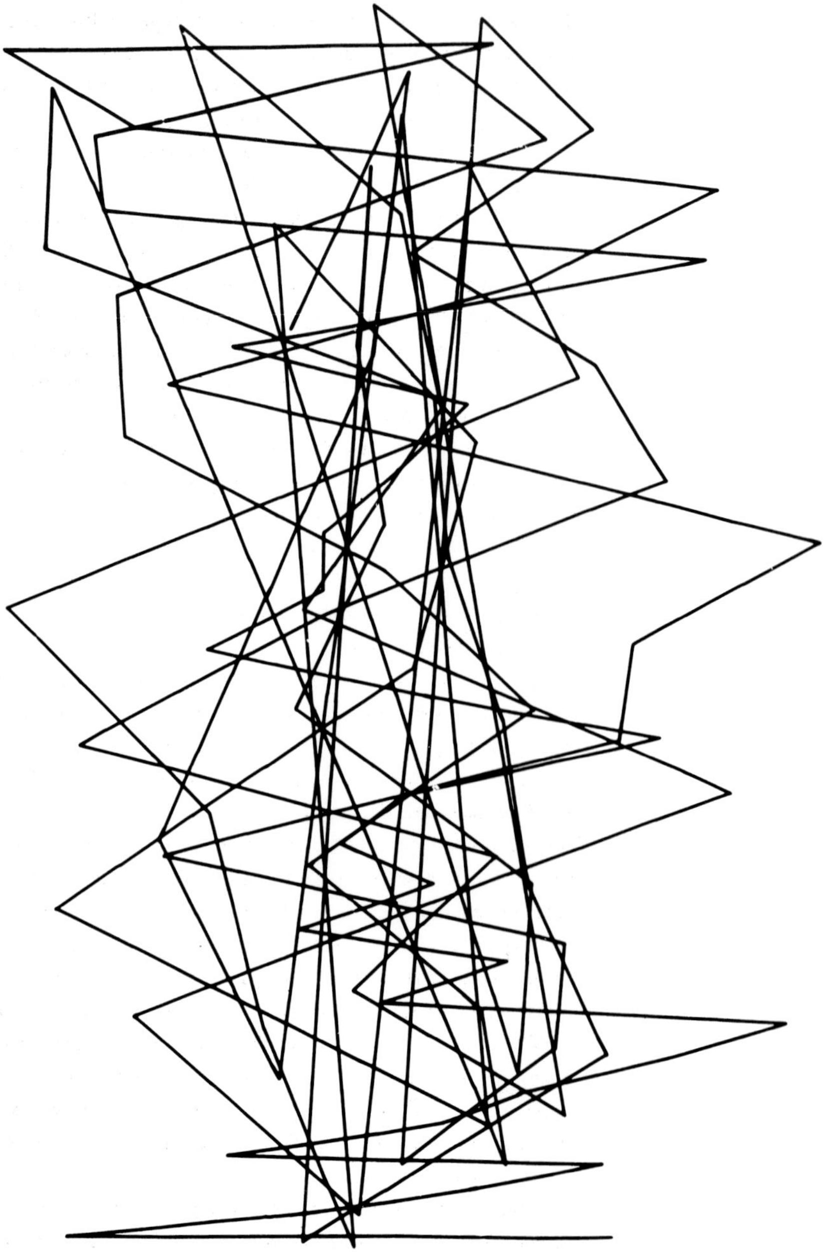

GAUSSIAN – QUADRATIC (1963)
BY A. MICHAEL NOLL

Nees, est assez caractéristique de ce type de pionnier. Jeune chercheur travaillant pour les laboratoires Bell, dans le New Jersey, sur la qualité des transmissions téléphoniques, il commença à produire des images abstraites par ordinateur, comme *Gaussian-Quadratic* (1963) [220], œuvre qui évoquait pour lui le cubisme de Picasso. En 1965, la Howard Wise Gallery organisa à New York une manifestation – *Computer-Generated Pictures* –, supposée être la toute première exposition d'art informatique, dans laquelle on pouvait voir plusieurs œuvres de Noll et de son collègue Bela Julesz ; en fait, Nake et Nees avaient déjà présenté leur travail quelques mois auparavant à la galerie Niedlich de Stuttgart. Le titre de cette exposition reflète parfaitement à quel point les participants n'étaient pas unanimement convaincus que leur production avait valeur d'art. Noll lui-même, dont les premières œuvres s'inspiraient souvent de tableaux d'autres artistes, notamment de Mondrian, évoqua les questions d'ordre esthétique que posait l'art informatique à ses débuts. Il écrit en 1970 : « L'ordinateur n'a été utilisé que pour copier des effets esthétiques qui auraient pu être aisément obtenus à l'aide des techniques traditionnelles [...]. L'utilisation des ordinateurs [...] n'a pas encore produit d'expériences esthétiques que l'on puisse qualifier d'entièrement nouvelles. »

Quoique la réalisation d'une expérience esthétique intégralement inédite soit peut-être un objectif par trop utopique, Noll exprimait là une préoccupation qui perdura durant les vingt premières années de l'art informatique. Il fallut attendre la fin des années 90 pour voir le niveau esthétique de cet art s'élever de manière significative. Dans son excellent ouvrage *L'Art à l'âge électronique* (1993), Frank Popper estime qu'il n'existe que très peu d'œuvres d'art informatique datant d'avant le milieu des années 80 dignes d'être mentionnées. Un peu à l'image de leurs prédécesseurs constructivistes (les sculpteurs Alexandre Archipenko et Naum Gabo, par exemple), qui tenaient la machine pour leur « partenaire » artistique, les premiers artistes à utiliser l'ordinateur semblent avoir été avant tout attirés par une imagerie mécanique ou futuriste – il suffit pour s'en convaincre de constater l'omniprésence des formes géométriques dans les premières œuvres d'art informatique –, comme si l'art de la machine se devait de revêtir quelque ressemblance avec la machine elle-même.

L'art informatique eut à affronter le fait que les artistes connus ou en passe de le devenir ne se tournèrent pas au début vers cette forme d'expression. A la différence de l'art vidéo, dont les premiers praticiens comptent dans leurs rangs Bruce Nauman, Richard Serra et John Baldessari, l'art informatique ne peut s'enorgueillir d'aucun grand nom. Ceci s'explique en partie par l'hostilité à la technologie, au milieu des années 60 et tout au long des années 70, des tenants de la contre-

220. A. **Michael Noll**, *Gaussian-Quadratic*, 1963. Les premières œuvres d'art informatique prenaient souvent la forme d'abstractions géométriques.

culture, et notamment des artistes. Les protestations de divers groupes écologiques et anti-nucléaires contre les expérimentations gouvernementales en matière d'énergie et de technologie nucléaires ont sans doute contribué à freiner l'expérimentation artistique dans le domaine de l'informatique. Il n'existait pas en outre d'ordinateur simple à utiliser comparable au Portapak de Sony ou à la caméra 8 mm, solutions plus abordables que le matériel cinématographique professionnel ; le *personal computer* ou ordinateur individuel ne fit en effet son apparation dans les foyers qu'à partir des années 80.

Comme A. Michael Noll, plusieurs des premiers praticiens de l'art informatique étaient liés à des instituts de recherche, et plus particulièrement aux laboratoires Bell aux Etats-Unis. C'est le cas du cinéaste expérimental Stan Vanderbeek et de l'artiste Lillian Schwartz qui y travaillèrent avec l'ingénieur Kenneth Knowlton et conçurent certaines

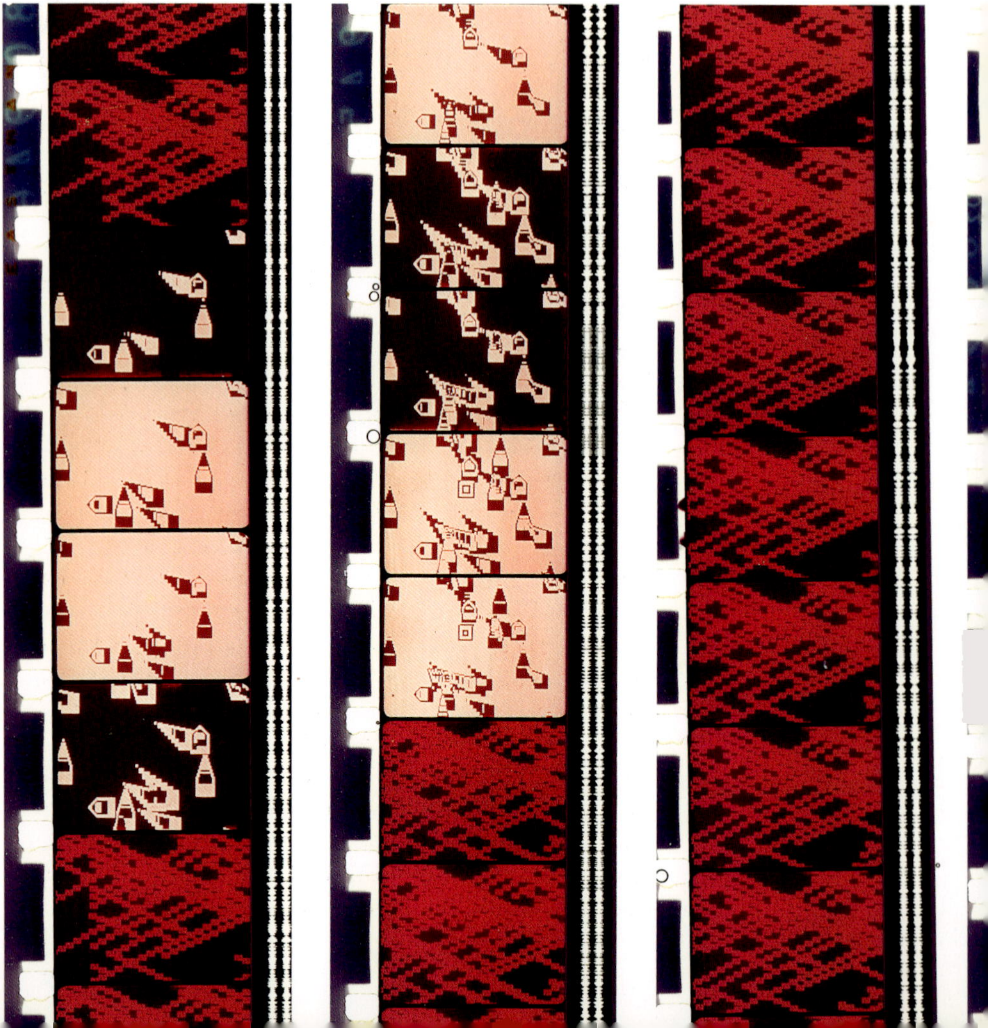

221–224. **Lillian Schwartz**, *Pixillation*, 1970.

225. **John Whitney**,
Catalog, 1961.

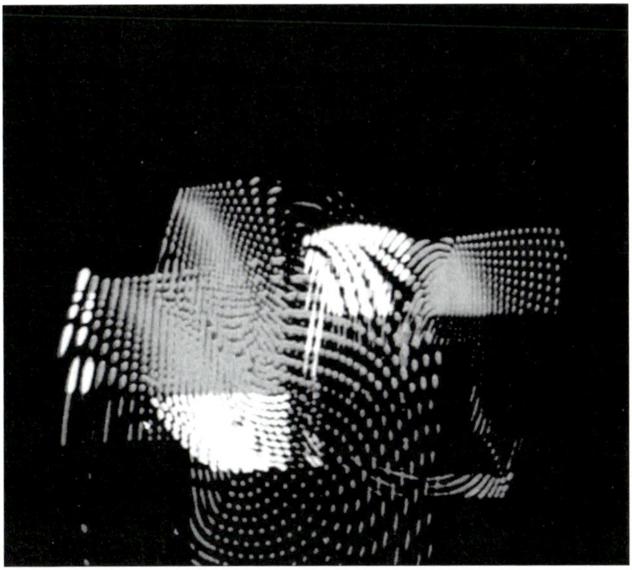

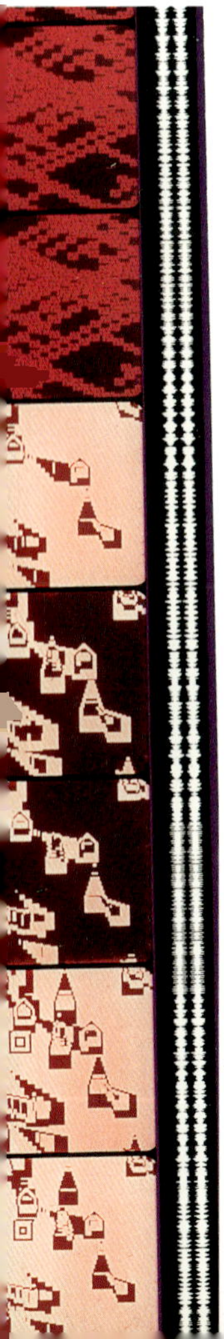

des créations aujourd'hui considérées comme les œuvres fondatrices de l'art informatique. Le film *Poem Fields* (1964) de Vanderbeek, un bombardement d'images numériques abstraites, et *Pixillation* (1970) [221-224] de Schwartz, film également composé d'images abstraites programmées par ordinateur, en sont deux exemples. Déjà quelques années auparavant, le cinéaste John Whitney avait conçu un calculateur analogique mécanique avec du matériel informatique militaire périmé et l'avait utilisé pour réaliser son court métrage d'images abstraites intitulé *Catalog* (1961) [225].

Outre la création d'images abstraites, certains des pionniers de l'art informatique cherchèrent de nouveaux moyens d'animer des images. Il est par ailleurs intéressant de noter que l'animation a très souvent bénéficié de la contribution de praticiens issus des arts dits majeurs. Le film d'animation *Hummingbird* réalisé par l'Américain Charles Csuri en 1967, en collaboration avec le programmeur informatique James Schaffer, montre la dissolution puis la reconstitution de l'image d'un colibri, métamorphose réalisée à l'aide d'un programme informatique. Depuis, l'animation n'a cessé de jouer un rôle majeur dans l'art informatique ; comme l'a montré le Sud-Africain William Kentridge (né en 1955) dans ses vidéos et ses films, elle peut se révéler le lieu d'une extraordinaire expérimentation formelle et contextuelle. De 1985 à 1989, l'artiste français Michaël Gaumnitz a créé sur ordinateur une série d'animations intitulée *Esquisses, Portraits, Hommages* [227]. A l'aide d'une « palette électronique » créée à partir des fonctions afficher, déplacer, dupliquer et effacer, Gaumnitz improvise sur ses souvenirs personnels.

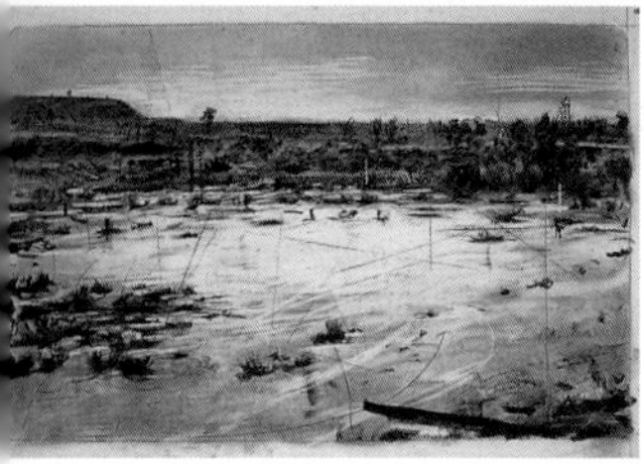

226. **William Kentridge**, *Untitled* (dessin pour *Journey to the Moon*), 2004. William Kentridge utilise l'animation pour créer des films et des vidéos sur l'apartheid. Il filme en 16mm ses dessins au fusain et au pastel, transfert le film en vidéo pour projection. Ses animations sont des envolées fantasques ancrées cependant dans la réalité cauchemardesque de son pays.

A l'instar des premiers vidéastes, certains artistes de la technologie informatique innovèrent dans l'utilisation de cet outil, et cela conduisit à de véritables découvertes technologiques. Au milieu des années 70, les artistes Manfred Mohr, John Dunn, Dan Sandin et Woody Vasulka conçurent des logiciels de création d'images en deux et trois dimensions ; les compositeurs Herbert Brun et Lejaren Hiller inventèrent des outils de création musicale qui préfiguraient les synthétiseurs qu'utilisent aujourd'hui de nombreux musiciens.

Vera Molnar, que l'on considère comme l'une des pionnières de l'art informatique, a réalisé des images numériques complexes et extrêmement maîtrisées exprimant une sensibilité minimaliste, comme *Parcours (Maquette pour un environnement architectural)* [228], 1976, qui apparaît de prime abord comme une série de dessins au trait hâtivement esquissés. Elle utilise l'ordinateur pour élargir son répertoire et créer une œuvre avant-gardiste qui rende « subversif l'accidentel ou l'aléatoire afin de créer un choc esthétique et briser le systématique et le symétrique ».

L'art informatique connut d'autres innovations au cours de la seconde moitié des années 70, mais on s'accorde généralement à penser qu'il stagna après son premier élan créatif du début des années 70. Puis dans les années 80, les ordinateurs devenus moins onéreux commencèrent à être utilisés par des artistes de nombreux horizons, y compris par ceux qui s'étaient illustrés à l'origine dans d'autres techniques. Dans son ouvrage *Digital Visions: Computer and Art*, l'Américaine Cynthia

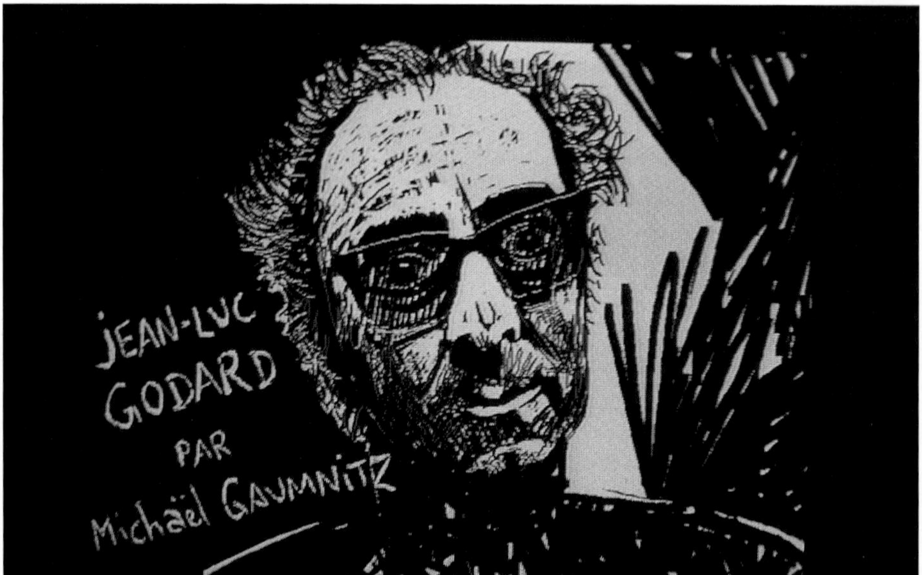

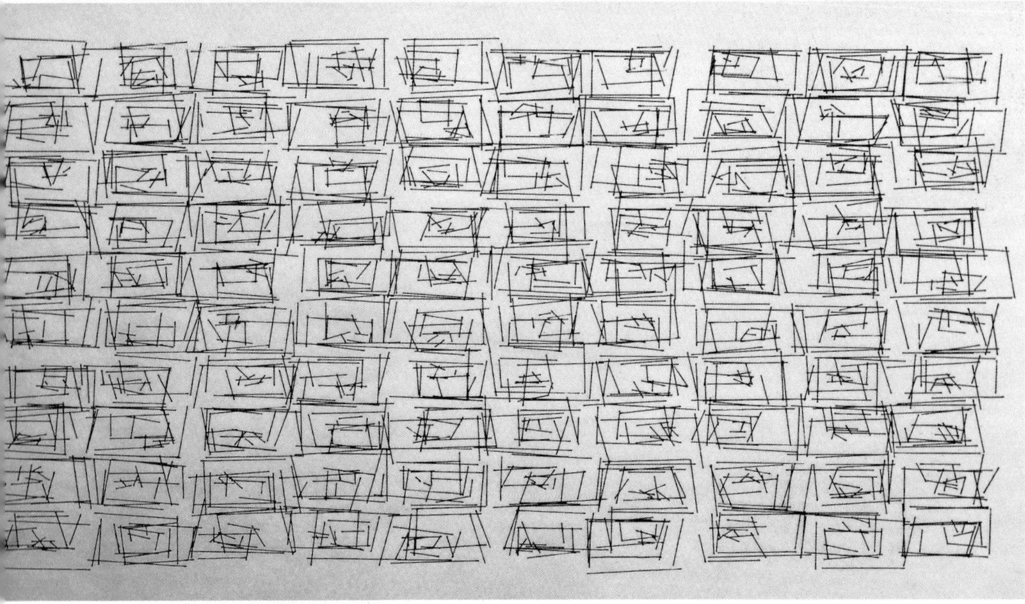

227. (page ci-contre) **Michaël Gaumnitz**, *Portrait de Jean-Luc Godard* (1986), extrait de la série *Esquisses, Portraits, Hommages*, 1985-1989.

228. (ci-dessus) **Vera Molnar**, *Parcours (Maquette pour un environnement architectural)*, 1976.
La technologie numérique se prête aisément à la répétition permettant d'évoquer le temps et le mouvement, souvent abordés dans l'art minimal. Les apparentes répétitions de Molnar présentent en fait de légères variations qui suggèrent la main de l'artiste au travail.

Goodman, écrivain et commissaire d'exposition, cite le travail de plusieurs artistes déjà mentionnés ici, mais évoque également certaines œuvres de David Hockney, Jennifer Bartlett, Keith Haring et Andy Warhol qui tous, d'une manière ou d'une autre, ont utilisé l'ordinateur dans leur processus de création. Il s'agit là de constater que des artistes très différents ont eu recours à l'ordinateur, et non de laisser supposer qu'un nouveau médium requiert, pour sa validation, un quelconque lien avec des artistes déjà reconnus.

La diffusion croissante sur le marché des ordinateurs individuels au cours des années 80 a permis l'épanouissement de l'art informatique, lequel regroupe désormais une grande diversité de domaines d'expressions – infographie, animation, images numérisées, sculptures cybernétiques, spectacles laser, événements cinétiques ainsi que tout type d'art interactif nécessitant l'intervention du spectateur/participant. Parmi les œuvres de cette période dignes d'être mentionnées citons les « installations de lumière » gérées par programme informatique d'Otto Piene (né en Allemagne en 1928) et les spectacles de « sculpture laser » présentés en plein air des artistes américains Norman Ballard (né en 1950) et Joy Wulke (née en 1948).

L'abstraction a toujours été très présente dans l'art informatique, comme le montrent notamment les œuvres d'Edward Zajec et de Miguel Chevalier. A la manière d'un chorégraphe, Zajec a créé avec *Chromas* (1984-1987) des images qui se déploient au rythme d'une

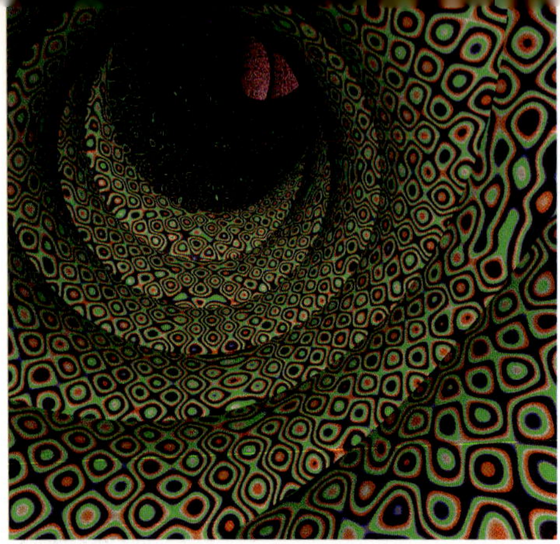

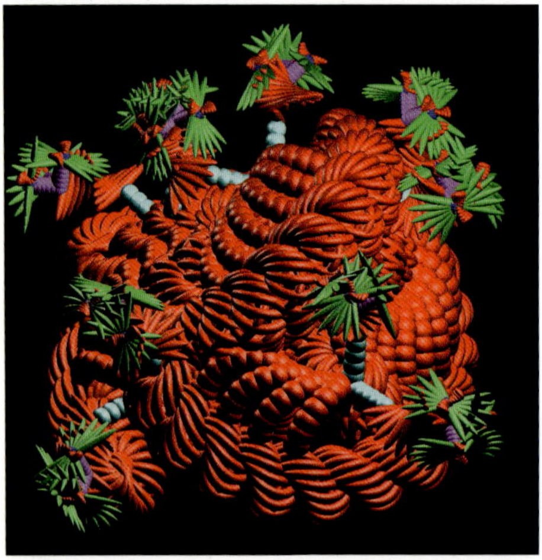

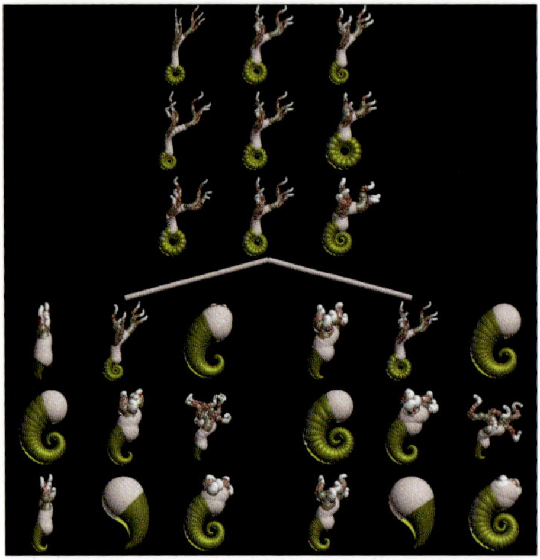

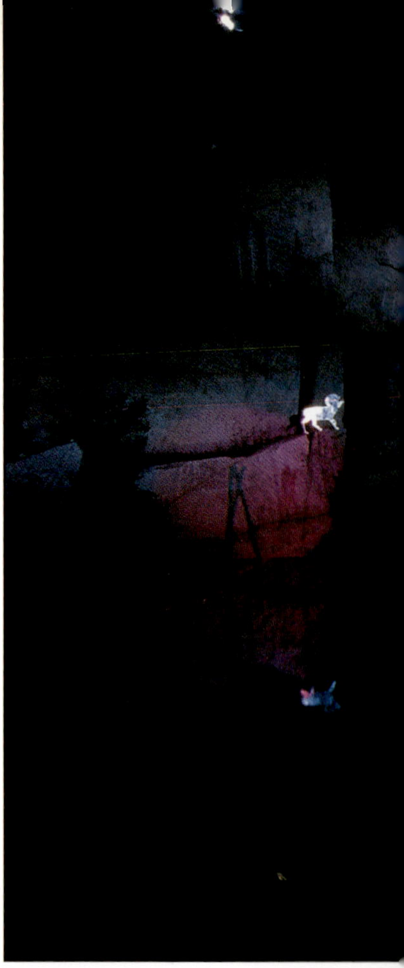

229–231. (à gauche) **William Latham**, *The Evolution of Form*, 1990.
Latham est l'un des premiers à avoir créé des formes qui ressemblent à des organismes vivants et subissent des mutations génétiques dans l'ordinateur.

232. (ci-dessus) **Joy Wulke** et **Norman Ballard**, *Visualization of Time/Quarry Sundial*, 1995.
Dans ce spectacle de plein air, les rayons lasers évoluent en une chorégraphie conçue pour interagir avec des éléments naturels et des sculptures.

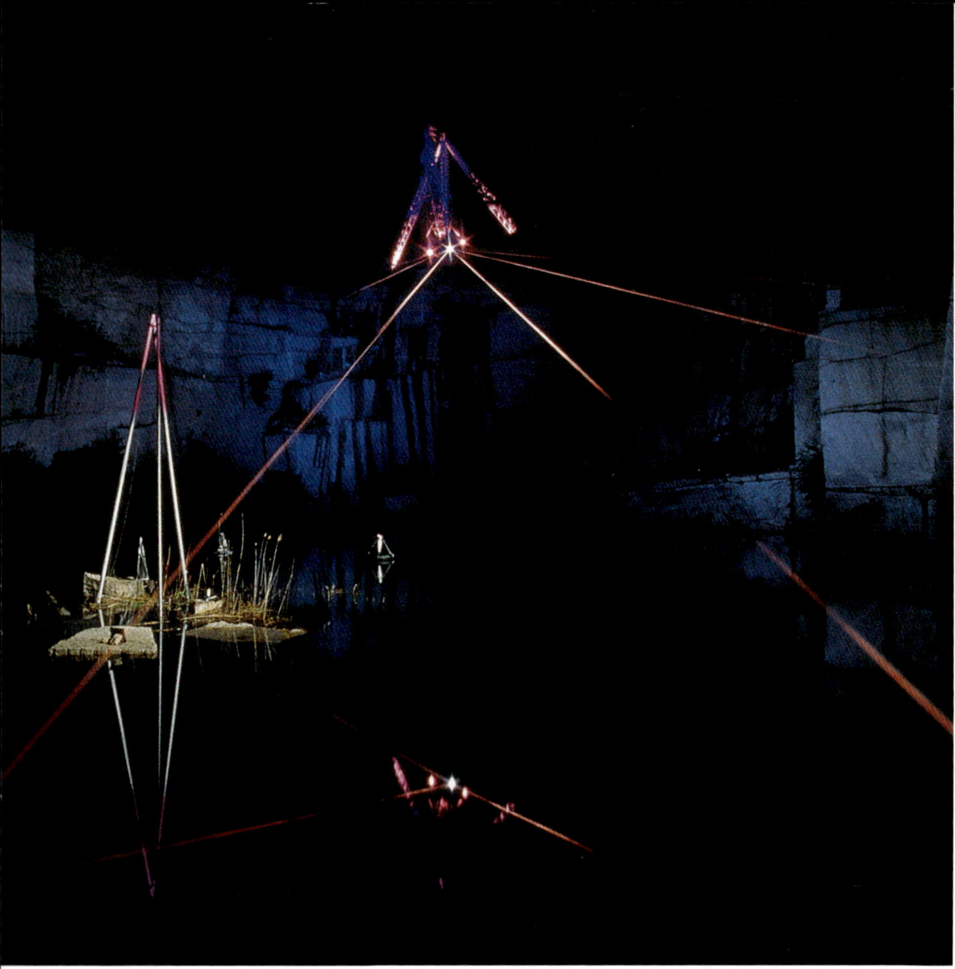

partition composée par Giampaolo Coral. Celles-ci ne sont pas figuratives mais représentent des faisceaux entrecroisés qui se dissolvent selon plusieurs combinaisons ou dérivations en changeant graduellement de couleur. L'artiste français Miguel Chevalier, influencé par Mondrian, Warhol et Paik, crée quant à lui des images ordonnées de manière séquentielle qui évoquent par moments les entrailles d'une gigantesque installation téléphonique. Son *Anthropométrie* (1990), formée de lignes qui se superposent en un motif inextricable aux nombreuses couleurs, semble être la représentation cartographique d'un univers numérique [234].

Dans son ouvrage intitulé *L'Art numérique* (2004), Christiane Paul, historienne d'art des nouveaux médias et curatrice, fait une distinction entre « l'art qui utilise le numérique comme simple outil pour créer des objets traditionnels – photographie, impression, sculpture ou musique

233. **Otto Piene**,
Olympic Rainbow, 1972.
La lumière (y compris celle des rayons laser) est contrôlée et modifiée par l'ordinateur, tout comme elle l'était naguère par le peintre sur sa toile.

234. **Miguel Chevalier**,
Anthropométrie, 1990.
La composition graphique de cette image numérique évoque la complexité des circuits et des câblages électroniques nécessaires au fonctionnement des ordinateurs.

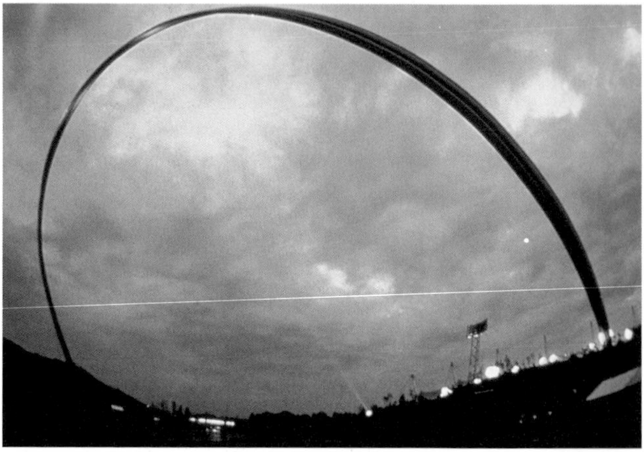

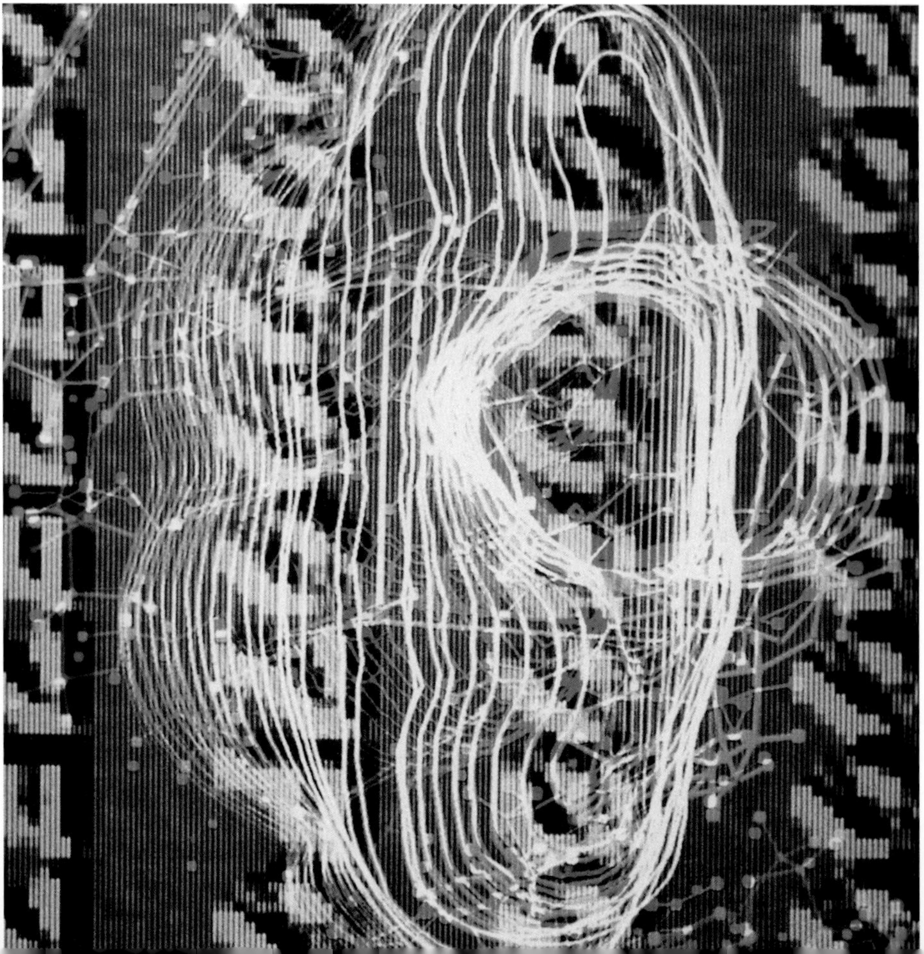

– et l'art qui l'utilise comme un médium à part entière ». Aujourd'hui, l'art informatique au sens strict ne veut pas dire grand chose puisque la plupart des artistes qui utilisent le numérique utilise des ordinateurs... L'ordinateur est davantage un intermédiaire entre l'artiste et l'incarnation de l'idée de l'artiste qu'un médium en soi.

L'art interactif : l'Internet

Les technologies évoluent aujourd'hui avec une rapidité sans précédent et il en est de même pour l'art qui les utilise. CD-ROM, DVD, jeux vidéo, jeux sur ordinateur, robots et de nombreuses autres formes de divertissement technologique impliquent la participation active de l'utilisateur, du consommateur. L'interactivité, pratique fondée sur cette participation du spectateur, constitue désormais un nouveau médium artistique. L'interaction présente cependant un certain danger car elle peut dégénérer en un simple passe-temps ou une forme de distraction. Un événement ou un jeu high-tech, même s'ils contiennent des éléments artistiques, ne sont pas de l'art au sens où nous l'entendons ici. L'interactivité dans l'art permet l'exploration de points de vue multiples, une approche non-linéaire et des modes inhabituels de perception : c'est là que se situe sa valeur. En cela, les artistes utilisant ce nouveau médium poursuivent l'action des artistes modernistes et postmodernes qui cherchaient à transformer radicalement la production et la réception de l'art.

Dans son essai « On the History of Artistic Work with Telecommunications Media » (1999), Timothy Druckrey analyse une exposition qui avait eu lieu en 1985 au Centre George Pompidou et qui était consacrée à ce que nous appellerions aujourd'hui l'art interactif. Lors de cette manifestation, intitulée « Les Immatériaux », plusieurs artistes et intellectuels français de renom (dont Daniel Buren, Jacques Derrida, Jean-François Lyotard) avaient été connectés entre eux par ordinateurs

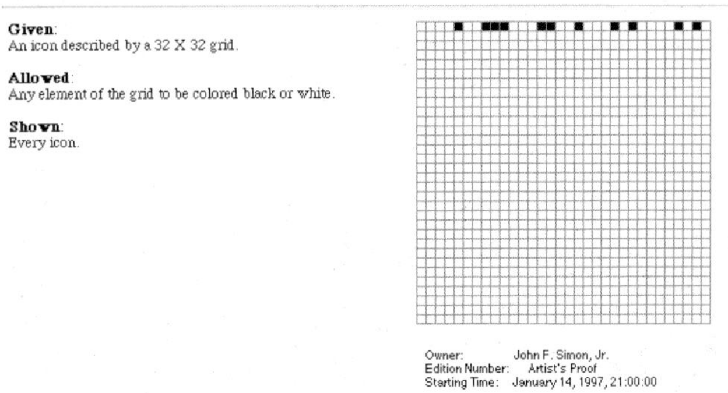

235. **John Simon**, *Every Icon*, 1997. Plusieurs créateurs d'art informatique privilégient la grille comme point de départ de leurs œuvres. Simon l'utilise comme le lieu où il met en scène ses successions infinies de jeux visuels.

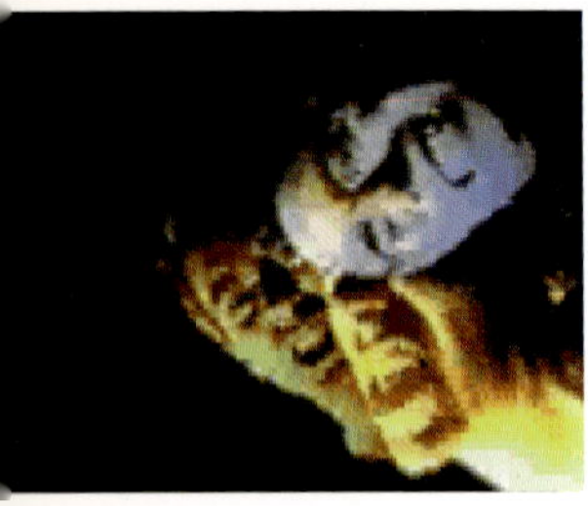
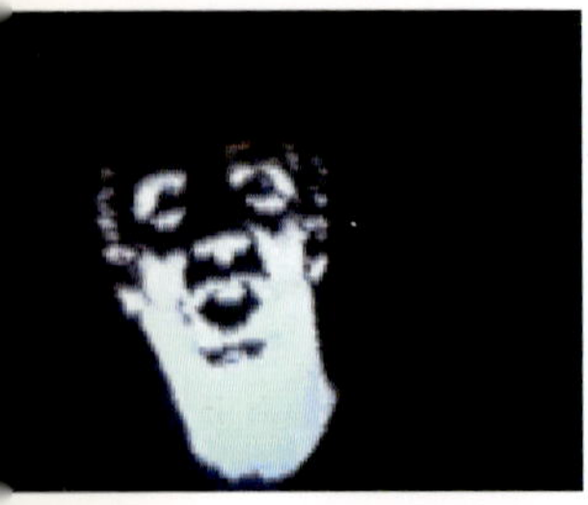
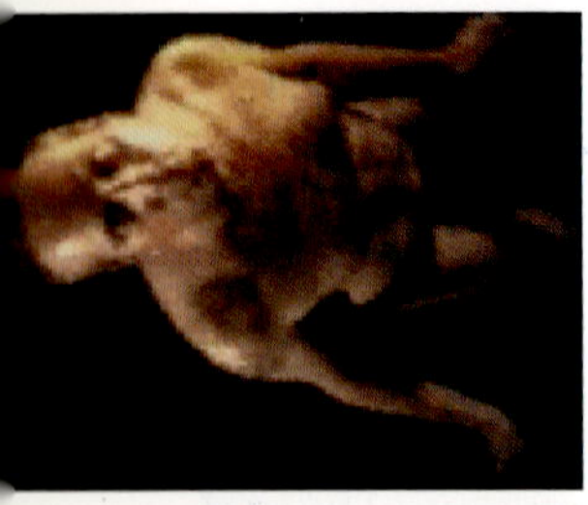
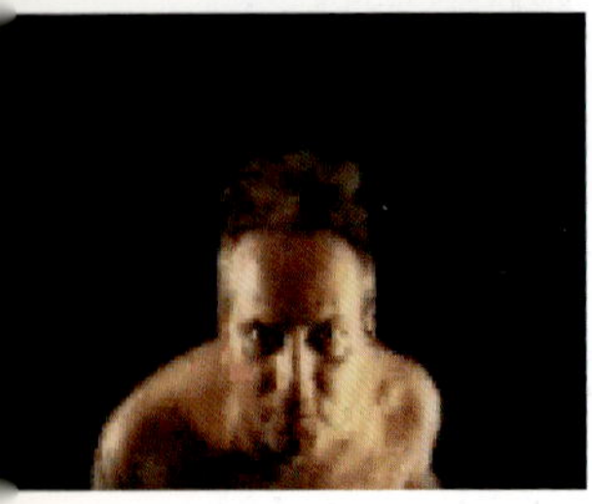

236–239. (ci-dessus, de haut en bas) **Tony Oursler**, **Constance DeJong** et **Stephen Vitiello**, *Fantastic Prayers*, 1995.

et avaient participé depuis chez eux à un projet d'écriture collective que l'on pouvait suivre en temps réel dans le musée sur un ordinateur. Selon Druckrey, la raison pour laquelle de telles pratiques artistiques (qui incluent également les concerts téléphoniques, les performances par fax et les conférences par satellite) ont échappé à l'attention des historiens est « qu'elles ne laissaient pas de traces une fois achevées ».

L'art créé spécifiquement pour le Net est un domaine si récent que le musée Guggenheim de New York, pourtant connu pour son engagement dans le domaine des nouveaux médias, n'a lancé son premier projet artistique destiné au Web qu'au cours de l'été 1998. Œuvre du New-Yorkais Shu Lea Cheang, *BRANDON* abordait des questions relatives à l'identité sexuelle et à la culture. Des institutions comme l'Ars Electronica à Linz et le Centre d'art et de technologie des médias (ZKM) de Karlsruhe n'ont présenté des projets de cyberart qu'à partir du milieu des années 90, en conjonction avec leurs festivals. Il convient cependant de rappeler que le World Wide Web n'existe que depuis 1989. Il fut conçu par l'informaticien anglais Timothy Berners-Lee pour, à l'origine, favoriser la communication internationale entre les physiciens travaillant au sein des laboratoires du CERN. Les réseaux de ce type antérieurs au World Wide Web étaient exclusivement utilisés par des institutions gouvernementales ou des centres de recherche universitaires impliqués dans des projets militaires.

S'ils gagnent chaque jour en sophistication, les artistes Internet utilisent souvent des images conçues hors de l'ordinateur (images scannées, images vidéos, etc.). Toutefois, certains, de leur propre initiative ou à la demande de musées ou de centres d'art, élaborent des œuvres qui utilisent l'ordinateur véritablement comme un médium. Parmi eux, l'Américain John F. Simon Jr. (né en 1963) tient une place éminente ; son *Every Icon* (1997) [235] emploie directement le langage informatique pour former un projet conceptuel qui semble porter l'« art temporel » à ses limites. Cette œuvre se présente comme une grille composée de 1 024 carrés égaux, lesquels deviennent tour à tour et de manière continue noirs ou blancs, composant des combinaisons toujours différentes, ligne après ligne. A elle seule, la ligne supérieure permet 4,3 milliards de combinaisons et leur visualisation nécessiterait de rester seize mois devant un ordinateur ; la seconde ligne nécessiterait quant à elle six milliards d'années, et ainsi de suite. Rappelant l'œuvre cinétique de Josef Albers ou d'Agnes Martin, ce « jeu artistique » constitue une œuvre à proprement parler inachevée et une illustration remarquable de la notion d'infini. En 2002, Simon a créé, à l'initiative du Guggenheim, une œuvre Internet intitulée *Unfolding Object* ; on y voit une boîte placée devant un fond coloré et, lorsque l'utilisateur clique sur celle-ci, un nouveau rabat s'ouvre et se déploie ; l'objet semble pouvoir s'ouvrir et se déployer ainsi à l'infini.

D'autres artistes d'orientation conceptuelle se sont également tournés vers le support virtuel. C'est notamment le cas de Jenny Holzer, Lawrence Weiner et du duo Kolmar et Melamid qui tous ont été aidés dans cette voie par Simon. Dans *Please Change Beliefs* (1998), Jenny Holzer (née en 1950) diffusait en ligne une série de déclarations provocatrices : « L'amour des animaux est une activité de substitution », « Le meurtre a un caractère sexuel » ; chacune pouvait être mise en surbrillance pour faire apparaître une autre phrase. Au bas de chaque page-écran figurait la mention « *Please Change Beliefs* » (S'il vous plaît, changez de convictions). Les œuvres sur le Net de Lawrence Weiner (né en 1942) font quant à elles écho à ses créations dans d'autres techniques. Il a publié sur la Toile de courts aphorismes sur le thème de la « réalité » et les « univers oniriques ». Vitali Kolmar et Alexander Melamid, artistes d'origine russe qui travaillent en équipe, ont créé *The Most Wanted Paintings* (1997). Cette œuvre était fondée sur un sondage en ligne réalisé auprès de personnes de différentes nationalités auxquelles il était demandé ce qu'elles aimaient et n'aimaient pas voir dans un tableau. Les artistes ont alors créé des « peintures » d'après les préférences ainsi exprimées et les ont exposées en ligne.

240–243. (ci-dessous)
Cheryl Donegan, *Studio Visit*, 1997.
Donegan propose au visiteur de son site web une version numérique postmoderne de la « visite d'atelier ».

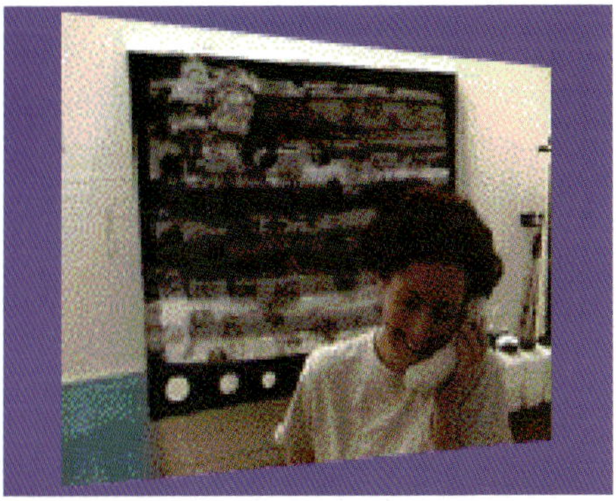
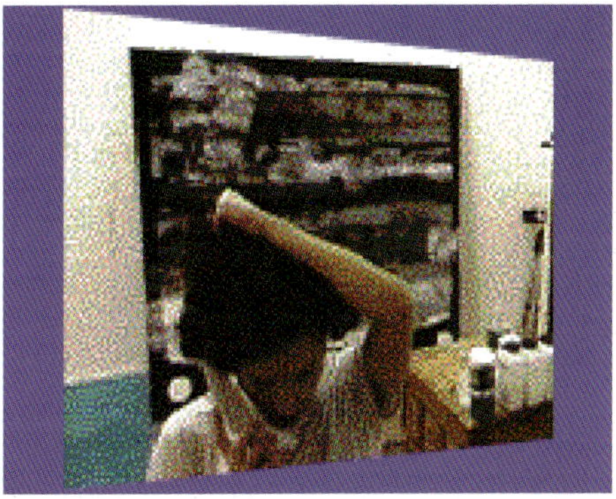
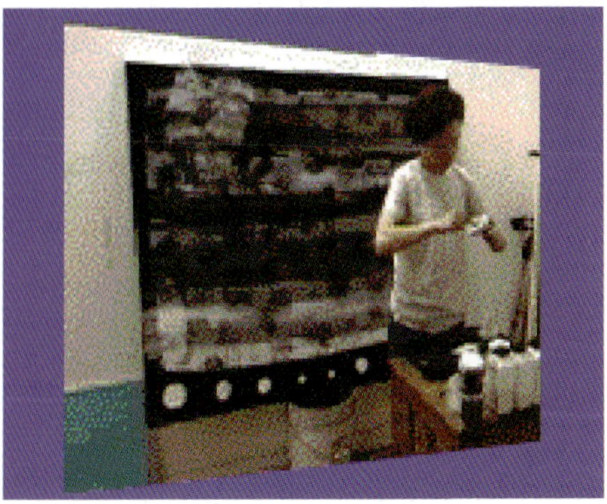
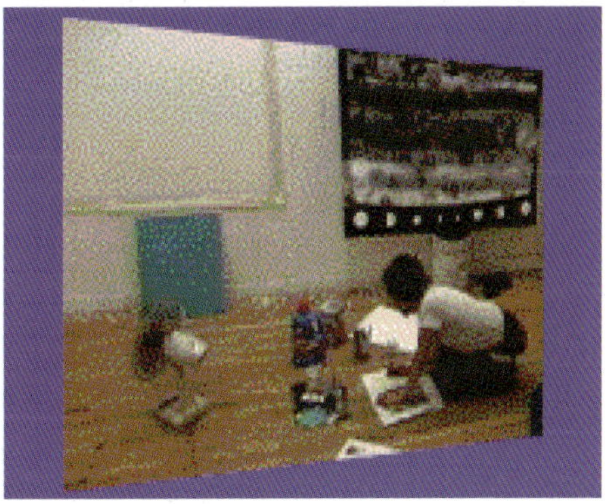

Depuis quelques années, des institutions s'emploient à favoriser le développement du cyberart en subventionnant la création de sites. A New York, le Dia Center for the Arts a commandé à plusieurs artistes des œuvres destinées à prendre place sur son site *(www. diacenter.org)*. Celui-ci se présente comme un interminable dédale grâce à ses nombreux liens menant d'un simple clic de la souris à des pages aussi diverses que les bouches désincarnées de Oursler, qui débitent sans cesse des phrases du genre « j'en ai aimé une partie », ou un texte consacré au Livre des morts tibétain ; après plusieurs clics, le point de départ semble à jamais perdu et l'association libre se substitue à toute possibilité de narration linéaire. La première œuvre s'intitule *Fantastic Prayers (*1995) [236-239] ; réalisée par le groupe d'artistes réunissant l'écrivain Constance DeJong, le vidéaste Tony Oursler et le musicien Stephen Vitiello, elle se présente comme un labyrinthe de textes, de sons et d'images fragmentaires organisé autour d'une Arcadie imaginaire dont les « habitants n'ont aucune conscience des lieux et des époques » jusqu'à ce qu'une voix mystérieuse vienne troubler leur sérénité.

Toujours sur le site Web du Dia Center, la vidéaste américaine Cheryl Donegan a exposé *Studio Visit* (1997) [240-243], un atelier virtuel d'idées, de peintures, de projection de vidéos et de créations graphiques ; elle fait ici montre de la même ingéniosité ludique qui caractérise ses vidéos monocanal. Coiffée d'un bonnet de douche et couverte de bandes vidéo, elle apparaît dans des tourbillons de couleurs primaires. Les images se succèdent sans transition (sans se fondre les unes dans les autres comme les images cinématographiques) tandis que l'on navigue de page en page. L'atelier de l'artiste est également le sujet de *The New Five Foot Shelf* (2004) d'Allen Ruppersberg, une collection obsessionnelle de livres fondée sur la série encyclopédique des Harvard Classics dont les cinquante volumes sont ici personnalisés par l'artiste. Les visiteurs du site du Dia Center peuvent ouvrir les livres et faire le tour de l'atelier de l'artiste.

L'humour joue un rôle important dans de nombreux projets d'art Internet. Manipulations rusées de données, de textes, de phrases et d'images sont mises au service de réflexions sur des sujets politiques, artistiques ou autres. Sur *www.obsolete.com/artwork*, une œuvre intitulée *Walter Benjamin: The Work of Art in the Age of Mechanical Reproduction* (1998) use d'humour pour dénoncer la manière dont les théories développées par Walter Benjamin dans son célèbre essai *L'Œuvre d'art à l'époque de sa reproduction mécanisée* sont de nos jours reprises et utilisées à tort et à travers. A l'écran, l'artiste ou les artistes anonymes à l'origine de cette œuvre font défiler des mots et des chiffres à une telle vitesse qu'il est impossible de les lire, tandis qu'en bas de la page figure la note explicative suivante : « Traduction destinée aux lecteurs qui ne comprennent pas l'original ». La vitesse de reproductibilité s'est tellement accrue depuis Benjamin que même les mots de ce dernier, une fois reproduits, ne veulent plus dire grand chose.

®TMark est un groupe d'activistes fondé aux Etats-Unis en 1991 dans le but de renverser le pouvoir et le monopole de certaines grandes entreprises. Ce collectif vise à « réunir des fonds et investir dans le sabotage et l'altération médiatiques de produits commerciaux tels que des poupées, des jeux éducatifs ou encore des vidéos [...] afin d'enrichir la culture, pas son porte-monnaie, [et de dégager] un profit culturel et non financier ». L'un de leurs projets les plus célèbres concernait le fabricant de jouets eToys qui, face au refut du collectif artistique « etoy » de vendre son nom de domaine (etoy.com), chercha par tous les moyens à faire interdire à etoy le droit d'utiliser ce nom sur le Web. Des centaines de supporters se rallièrent aux côtés du collectif grâce aux projets en ligne mis en place par ®TMark [244].

En quoi cela est-il de l'art ? Les actions de groupes tels que ®TMark, Electronic Disturbance Theater et d'autres rappellent les revendications, à la fois artistiques et politiques, des artistes Fluxus, des situationnistes, des Actionnistes viennois et d'un grand nombre d'individus et de groupes militants des années 1960 et 1970. L'art, pour eux, peut prendre la forme d'« interventions ». Sans doute suffit-il bien souvent que l'artiste à l'origine d'une action déclare qu'il s'agit d'art pour qu'il en soit ainsi. De nouvelles définitions de l'art sont apparues depuis le milieu des années 1960 et les actions font partie de cette évolution. L'art comprend désormais la performance et les nombreuses manifestations du minimalisme, du conceptualisme et du *earth art* ainsi que tout ce vers quoi les artistes dirigent leur attention.

Sans doute l'œuvre de l'activiste et artiste américain Mark Napier (né en 1961), lequel travaille parfois de manière anonyme, peut-elle

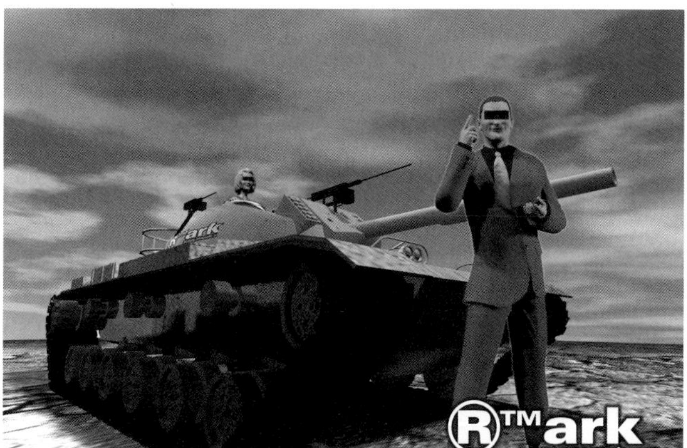

244. ®TMARK, *Toywar-era Illustration*, 1999.

245. (ci-dessous) **Matt Mullican**, image extraite du site Web *Up to 625*, produit pour la Documenta X, 1998.

246. (page ci-contre) **Jake Tilson**, sélection de captures d'écran provenant du site Web *The Cooker*, 1994-1999 *(http://www.thecooker.com)*. Jake Tilson, qui avait jusque-là employé dans ses œuvres toutes sortes d'objets trouvés, a continué d'adopter cette pratique dans son travail sur ordinateur, utilisant des images provenant de ses voyages à l'étranger pour donner naissance à une expérience interactive destinée au visiteur de son site Web, celui-ci pouvant, par exemple, « commander » son petit déjeuner dans divers restaurants à travers le monde et entendre les bruits d'ambiance propres à ces lieux tout en demeurant assis devant l'écran de son ordinateur.

aider à apprécier la vitalité de l'imagination artistique dans le domaine de l'art Internet. Son site, *www.potatoland.com*, propose des programmes tels que *the shredder* et *digital landfill*, qui sont des déconstructions particulièrement intelligentes de l'univers Web. Les visiteurs de ce site se retrouvent face à des images et des données qui se désagrègent tandis qu'ils naviguent innocemment dans l'environnement subtilement perfide de Napier.

On peut citer comme exemple de création facilement envisageable comme appartenant au domaine de l'art le site en évolution constante de l'artiste américain Matt Mullican (né 1951), *www.centreimage.ch/mullican* [245]. On peut en effet y découvrir ce qu'il appelle des « pictogrammes », des dessins informatiques colorés qui se métamorphosent et se complexifient à chaque clic du visiteur. L'artiste britannique Jake Tilson, fasciné depuis longtemps par les aspects techniques de la production et de la reproduction d'œuvres d'art, utilise quant à lui le Web pour mettre en scène les notions d'aléatoire et de fragmentation. Son site *The Cooker (www.thecooker.com)* [246], commencé en 1994, comporte un ensemble étourdissant d'associations ludiques regroupées en neuf projets artistiques différents. L'un d'eux, *Macro Meals* (1994), propose à l'internaute de voyager dans le monde entier : celui-ci peut simuler la commande d'un petit déjeuner, d'un déjeuner ou d'un dîner dans des dizaines de pays différents. Le site diffuse des images vidéo du restaurant en question et les bruits d'ambiance qu'on peut y entendre.

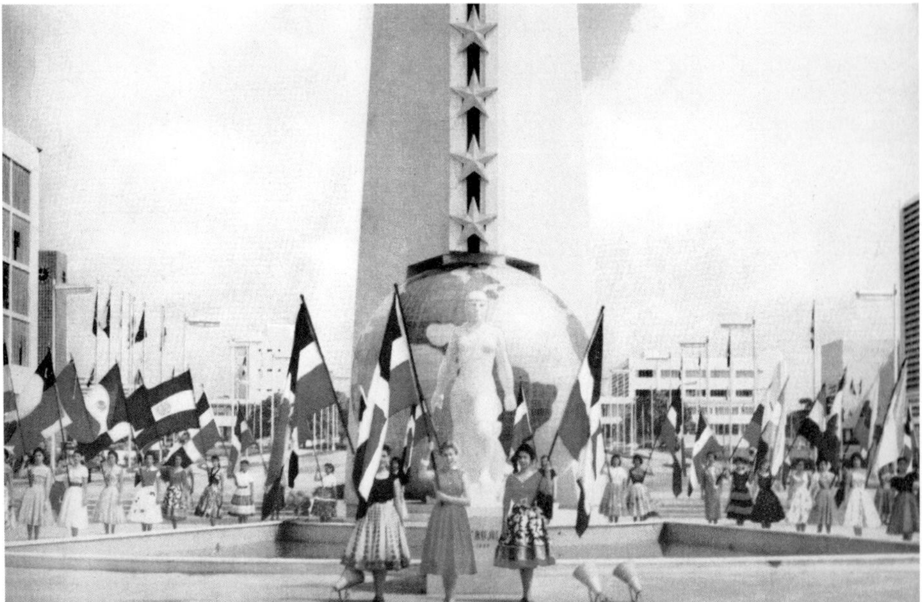

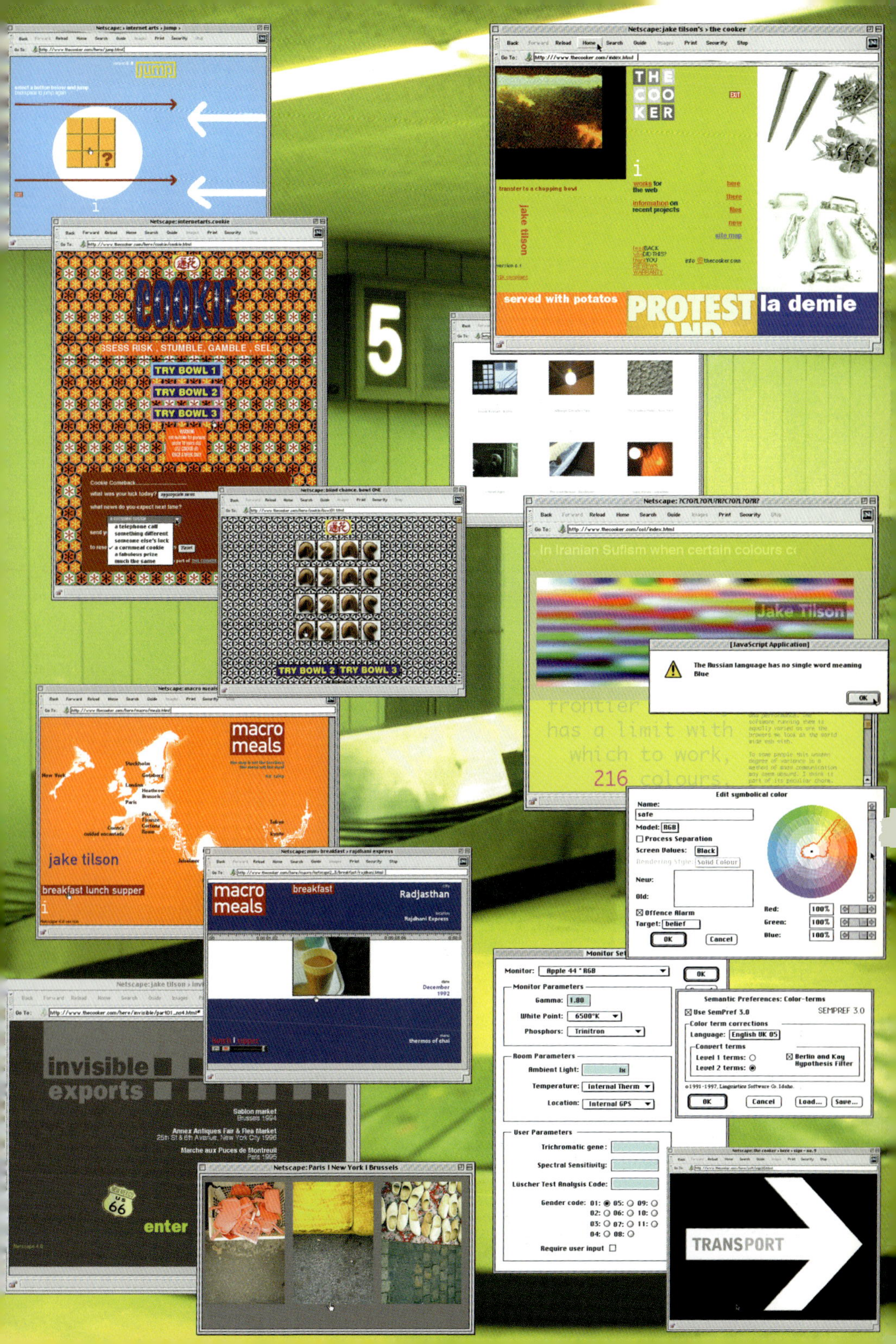

Netscape: internet arts › jump ›
jump
Netscape: jake tilson's › the cooker
THE COOKER
transfer to a chopping bowl
jake tilson
works for the web
information on recent projects
here
there
files
new
site map
served with potatos
PROTEST AND
la demie
Netscape: internetarts.cookie
COOKIE
SSESS RISK , STUMBLE, GAMBLE , SEL
TRY BOWL 1
TRY BOWL 2
TRY BOWL 3
Cookie Comeback
what was your luck today?
what news do you expect next time?
a telephone call
something different
someone else's luck
a cornmeal cookie
a fabulous prize
much the same
5
TRY BOWL 2 TRY BOWL 3
In Iranian Sufism when certain colours c
Jake Tilson
[JavaScript Application]
The Russian language has no single word meaning Blue
OK
frontier
has a limit with
which to work,
216 colours.
Netscape: macro meals
macro meals
jake tilson
breakfast lunch supper
Stockholm
New York
Paris
Tokyo
Edit symbolical color
Name:
safe
Model: RGB
Process Separation
Screen Values: Black
New:
Old:
Offence Alarm
Target: belief
OK
Cancel
Red: 100%
Green: 100%
Blue: 100%
Netscape: mm› breakfast › rajdhani express
macro meals
breakfast
Radjasthan
Rajdhani Express
December 1992
thermos of chai
Monitor Set
Monitor: Apple 44 " RGB
OK
Monitor Parameters
Gamma: 1.80
White Point: 6500°K
Phosphors: Trinitron
Room Parameters
Ambient Light:
Temperature: Internal Therm
Location: Internal GPS
User Parameters
Trichromatic gene:
Spectral Sensitivity:
Lüscher Test Analysis Code:
Gender code:
Require user input
Semantic Preferences: Color-terms
Use SemPref 3.0
SEMPREF 3.0
Color term corrections
Language: English UK 05
Convert terms
Level 1 terms:
Level 2 terms:
Berlin and Kay Hypothesis Filter
OK
Cancel
Load...
Save...
Netscape: jake tilson › invi
invisible exports
Sablon market
Brussels 1994
Annex Antiques Fair & Flea Market
25th St & 6th Avenue, New York City 1996
Marche aux Puces de Montreuil
Paris 1995
US 66
enter
Netscape: Paris | New York | Brussels
TRANSPORT

Il est clair que le design graphique joue un rôle de premier plan dans l'art qui est développé sur le Web. Graphistes, typographes, maquettistes et créateurs d'images multidimensionnelles aident les artistes issus d'autres techniques à s'adapter à l'ordinateur et contribuent ainsi à estomper les frontières entre l'art et l'artisanat. Le projet intitulé *Exploding Cell* (1997, archivé sur *www.moma.org*) de l'artiste américain Peter Halley (né en 1953) se présente par exemple sous la forme de neuf carrés qui « explosent » en un déploiement kaléidoscopique de couleurs.

Comme on l'a souvent signalé, l'écrit est redevenu un élément constitutif de l'art interactif. L'ordinateur et Internet dépendent des mots, du moins encore pour l'instant, et requièrent un public alphabétisé à la différence des médias visuels populaires, notamment la télévision. Avec *The Blackboard* (1993), l'artiste allemand Frank Fietzek aborde les ambiguïtés de l'apprentissage de la lecture. Un moniteur est déplacé par le spectateur le long de rails fixés à un tableau noir, ce qui a pour effet de faire apparaître des mots sur l'écran, lesquels s'évanouissent aussitôt. Cette œuvre, selon le critique et conservateur Rudolf Frieling, reproduit ainsi l'« immatérialité à laquelle est confronté le lecteur solitaire surfant sur Internet ». Il ajoute : « Est-ce encore de la lecture, ou regardons-nous des images apparaître et disparaître avant que nous ayons eu le temps de saisir leur signification ? Nos yeux parcourent continuellement le monde environnant à la recherche d'une information cachée et d'indices permettant une meilleure compréhension de sa surface chaotique. » Cette vision existentialiste de l'expérience de l'interaction à laquelle est soumis l'internaute, y compris en ce qui concerne les œuvres d'art, met en évidence la *non-permanence* de l'interactif. En effet, une fois mise en route, la machine oblige son utilisateur à satisfaire à son exigence structurelle qui veut que l'on reste en mouvement. Il est impossible de demeurer statique face à l'écran interactif du Web, qui s'éteindra tout simplement lorsque l'opérateur Web estimera que l'utilisateur est resté trop longtemps inactif. L'image à l'écran s'évanouit dans l'obscurité. L'unique moyen d'éviter l'interruption imposée est de cliquer sans arrêt sur de nouveaux liens hypertextes, au risque d'oublier le point de départ de la navigation.

Des performances ont également lieu sur le Web, qui mettent à profit la possibilité qu'il offre d'abolir toute distance géographique. Des artistes vivant dans différents pays (le Canada, l'Australie, Hawaii, l'Autriche, l'Allemagne et l'Argentine) ont participé à *Oudeis*, une version moderne de l'Odyssée proposée en 1997 au festival Ars Electronica de Linz, en Autriche. Reliés par Internet, ces performers, chacun à partir de son pays, ont apporté leur contribution à différents aspects de l'œuvre présentée. A New York, le Franklin Furnace fondé par Martha Wilson, qui a accueilli

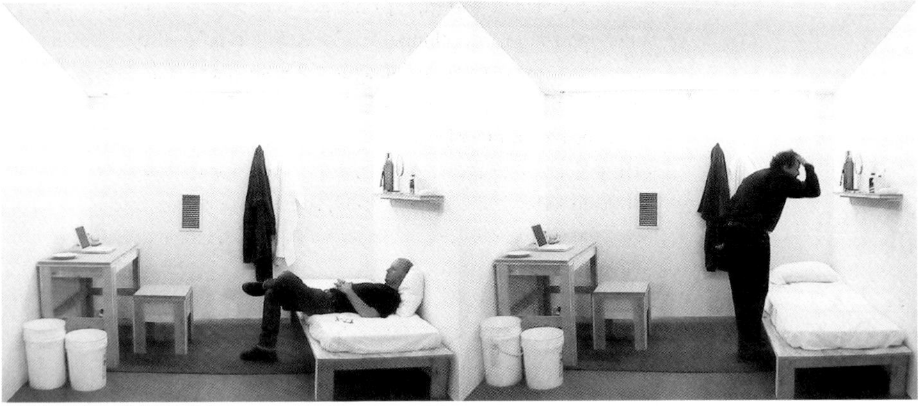

247. **MTAA**, *1 Year Performance Video*, 2004.

durant des décennies des performances expérimentales, a fermé ses portes en 1997 et s'est transformé en espace de performance virtuel présentant de nouvelles formes d'œuvres exclusivement disponibles sur le Web à des horaires spécifiques.

Deux artistes américains qui se font appeler MTAA ont filmé une version humoristique [247] de la performance créée en 1978 par Sam Hsieh, lors de laquelle celui-ci s'était « emprisonné » dans une pièce une année durant. Les MTAA *(www.mteww.com)* se sont donc filmés dans deux pièces identiques (des décors avec lits et bureaux en bois volontairement très simples). Comme Hsieh, ils vaquent à leurs occupations quotidiennes mais à la différence de celui-ci ils le font devant ce qui ressemble à une caméra vidéo filmant en direct et ils invitent les spectateurs à les regarder pendant une année. Si on le souhaite, on peut effectivement les regarder un an durant, et ce, grâce à la magie du montage, car en réalité, les artistes n'ont pas exécuté la performance pendant toute cette durée de temps : ils n'ont enregistré que quelques heures de bandes qu'ils ont subtilement étirées pour obtenir 31,536,000 secondes de film.

Kevin (né en 1967) et Jennifer (née en 1968) McCoy ont créé leur propre genre de performance média en classant numériquement toutes les scènes de la série *Starsky et Hutch* et en les proposant au public via plusieurs écrans d'ordinateur dans leur installation *Every Shot, Every Episode* (2001). Le spectateur pouvait choisir de visionner toutes les scènes de tous les épisodes de la série comportant un même détail ou un même genre d'action. A la fois ludique et terrifiante, cette œuvre mettait en évidence nombre des stéréotypes de la télévision grand public.

Un autre genre de matériau très présent dans l'art Internet est la base de donnée, ou ce que Lev Manovich appelle « l'information comme esthétique ». De nombreux artistes, dont W. Bradford Paley et les pionniers de l'Internet Joan Hemskeerk, Dirk Paesman (également connu sous le nom de « jodi ») ou encore Vuk Cosic ont manipulé des données importées et des données informatiques internes créant ainsi des effets des plus étonnants. Dans leurs œuvres d'art, le temps est le matériau premier : le temps compressé, alongé, distordu, manipulé. Dans *TextArc* (2002, *www.textarc.com*) de Paley, par exemple, l'intégralité du texte d'*Alice au Pays des Merveilles* est placée sur une seule page d'un site conçu graphiquement pour ressembler à la carte d'une nouvelle galaxie.

Il est nécessaire de répéter que l'art Internet, aussi divers et complexe qu'il soit devenu, est encore jeune, tout comme le World Wide Web. Ceci dit, le monde de l'art dans sa globalité a fait très peu pour encourager l'avenir de l'art sur le Net.

« äda web », l'un des premiers services en ligne à accueillir en son sein cette jeune forme d'art a fait faillite et ses archives ont été cédées en donation au Walker Art Center de Minneapolis, lequel à son tour renonça à ses intitiatives dans le domaine de l'art Internet en 2003.

Mais il ne faut pas oublier que l'art vidéo a aussi connu des débuts chaotiques ; cependant, à la différence des artistes Internet, les vidéastes ont pu accéder rapidement et en grand nombre aux musées et aux galeries. Cela est sans doute dû au fait que certains de ces vidéastes étaient des artistes déjà connus pour leur travail dans d'autres disciplines ; on pense à Richard Serra, Vito Acconci ou Bruce Nauman. Il aura fallu attendre néanmoins une vingtaine d'années (de 1965 à 1985) pour que l'art vidéo jouisse d'une réelle visibilité lors d'expositions internationales.

Le parcours de l'art Internet est fondamentalement différent puisque cet art est abrité au sein d'une des innovations les plus démocratiques, au sens très large du terme, de toute l'histoire des technologies : l'Internet. Bien que l'on puisse (et doive) en dire long sur l'inégalité d'accès au Net, il s'agit là néanmoins d'une entreprise extraordinairement ouverte et fluide, du moins jusqu'à aujourd'hui. C'est une excellente chose pour les masses, moins pour le marché de l'art Internet. Dans le système très interconnecté des galeries, des collectionneurs et des musées, un art auquel il est possible d'accéder sans payer n'est pas un art désirable. C'est pourquoi l'art sur le Net tend à inventer son propre système de diffusion et de respectabilité. De nombreux artistes (dont John F. Simon et W. Bradford Paley) vendent certains aspects de leur œuvres sur leurs sites ; d'autres considèrent les galeries et les musées comme des lieux du passé qu'ils ne cherchent pas à atteindre.

248. **Marcel Duchamp**, *Rotative plaque verre* [en mouvement], 1920. Ce dispositif rotatif représente l'une des premières œuvres d'« art interactif » : le spectateur devient un acteur qui participe activement à l'œuvre d'art.

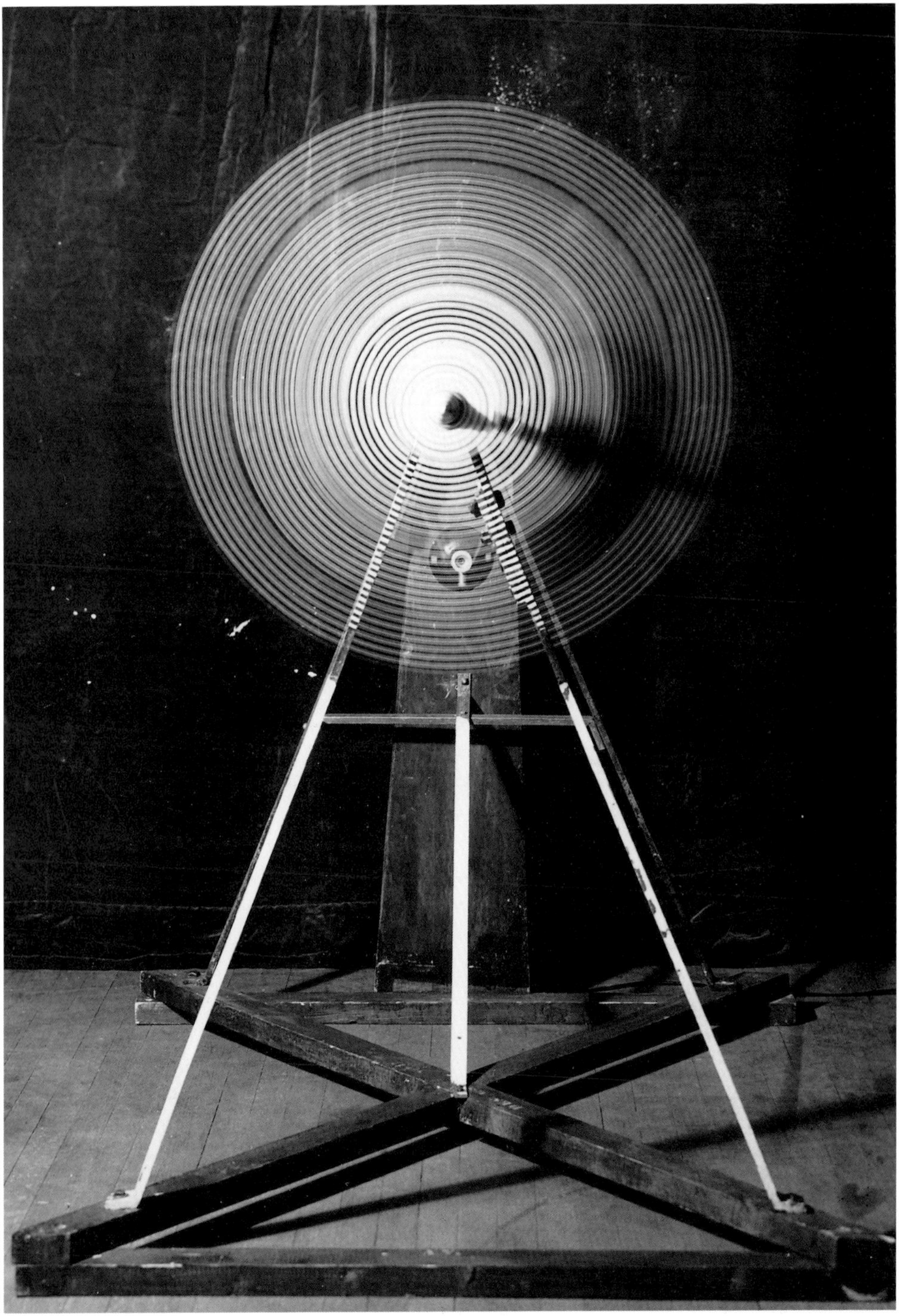

L'art intercatif : installation et cinéma

Au-delà des activités qui consistent à « cliquer » et à « surfer » sur le Web, qui impliquent, il est vrai, une forme d'interaction avec la technologie informatique, plusieurs artistes contemporains ont créé des œuvres souvent ambitieuses qui requièrent une véritable participation du spectateur. L'entrée de l'« interactivité » sur la scène de l'art a incité les critiques (ainsi que les lexicographes) à revoir leur appellation des personnes qui prennent plaisir à faire l'expérience d'un tel art : les visiteurs de musée ou les spectateurs sont devenus des participants, des joueurs et des utilisateurs. La phrase de Duchamp selon laquelle les spectateurs complètent l'œuvre d'art a pris un sens nouveau et plus actif. Dans ce domaine, il n'y a tout simplement pas d'art sans public. L'exposition intitulée *Future Cinema: The Cinematic Imaginary after Film*, organisée par Jeffrey Shaw et Peter Weibel au ZKM de Karlsruhe en 2002 et proposant un vaste panorama des principales œuvres dans le domaine de l'art numérique et interactif, est, à ce jour, la plus complète consacrée à ce nouvel art. Cependant, l'interactivité n'est pas une notoin récente ; en effet, le célèbre *Rotative plaque verre* [248] de Marcel Duchamp, créé en 1920 avec la collaboration de Man Ray, offrait déjà un exemple d'interaction avec la machine puisque cette œuvre exige du spectateur qu'il mette en marche la machine optique et se tienne à un mètre de distance. Les événements Fluxus et les happenings des années 60 impliquaient également la participation du public. Le nouvel art interactif présente néanmoins une différence notable avec ces œuvres. Il se distingue également des performances comme celle de Kaprow intitulée *18 Happenings in 6 Parts* (1959), pour laquelle l'artiste donnait des instructions très précises à son public ; en effet, l'œuvre interactive n'est pas maîtrisée dans sa totalité par l'artiste. Des artistes comme les Américains Ken Feingold, Perry Hoberman, Lynn Hershman-Leeson, Karl Sims, Jeffrey Shaw, Grahame Weinbren, le Japonais Masaki Fujihata ou les Allemands Bernd Lintermann et Torsten Belschner, pour n'en citer que quelques-uns, encouragent réellement le spectateur à créer ses propres récits et associations à partir de leurs œuvres interactives. Ces œuvres sont conçues précisément dans cet esprit. Evidemment, le contenu proposé demeure de la responsabilité de l'artiste, mais l'action des participants peut mener à de nombreuses variations. A la rigueur conceptuelle (qui demeure néanmoins ludique) d'un événement Fluxus, se substitue une profusion de possibilités uniquement limitées par le temps que le participant peut consacrer à l'œuvre. Pour ceux qui s'efforcent d'évaluer la création, l'interactivité fournit une nouvelle tâche, comme le formule sans ambages Timothy Druckrey : « Puisque les images sont amenées à devenir de plus en plus fondées sur l'expérience, alors il convient d'élaborer une théorie de la représentation qui rende compte de la transaction provoquée par la participation. »

249-251. **Bill Seaman**,
trois écrans extraits de *Passage Set/One Pulls Pivots at thc Tip of the Tongue*, 1995.
Le visiteur appuie sur des « zones actives » mises en surbrillance à l'écran, pour déclencher l'apparition d'autres images qui se sucèdent dans un déploiement continuel d'images et de textes fragmentés.

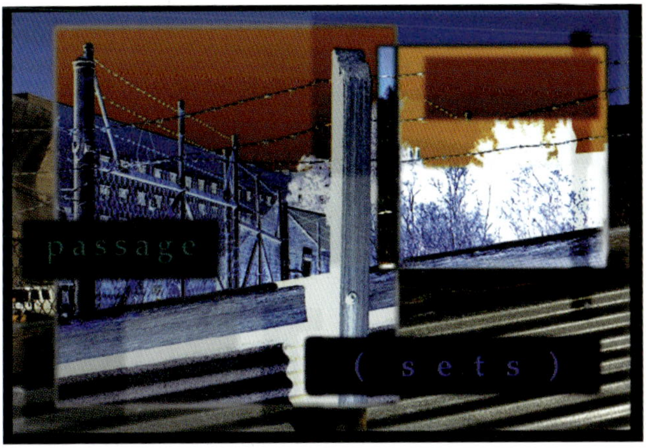

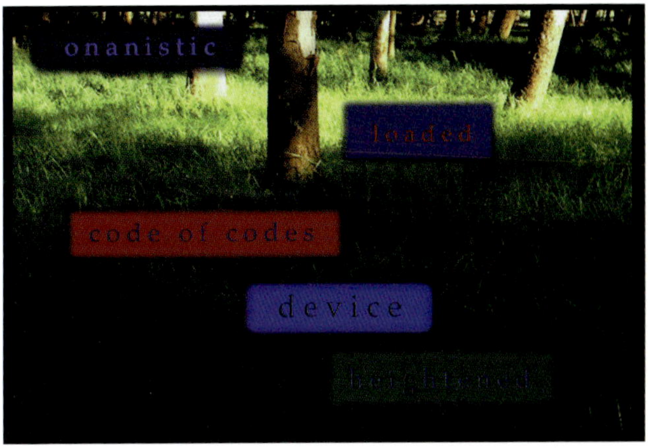

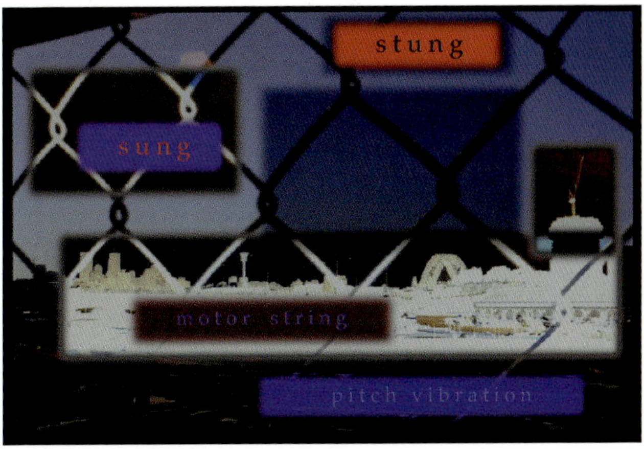

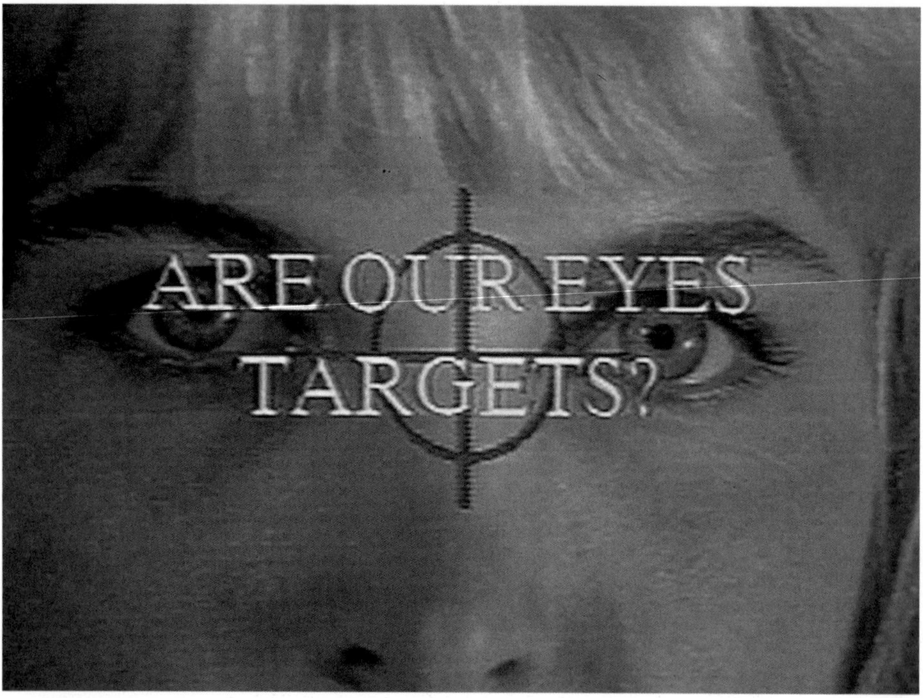

252. **Lynn Hershman-Leeson**, *Room of One's Own: Slightly Behind the Scenes*, 1992. Les technologies numériques constituent, selon Hershman-Leeson, « le paysage du présent. Les techniques numériques accroissent davantage encore la vraisemblance des images manipulées, même lorsque celles-ci se révèlent bizarres et indiscutablement inauthentiques ».

Les œuvres de l'Américain Bill Seaman et du Hongrois Tamas Waliczky traitent explicitement de la question de la représentation. Le premier (né en 1956) cherche à créer des liens technologiques avec des formes artistiques traditionnelles (le triptyque, par exemple) en proposant au spectateur/participant des expériences poétiques apparentées à la contemplation d'un tableau, mais interactives. *Passage Set/One Pulls Pivots at the Tip of the Tongue* (1995) [249-251] est une installation interactive en forme de triptyque. Trois projections offrent au spectateur la possibilité de sélectionner des zones actives (des textes en surbrillance) qui produisent à leur tour d'autres textes et images. Est ainsi composé un poème spatial qui reflète, selon les termes de Seaman, la superposition ou la collision d'espaces psychologiques. Comme les images ne sont pas disposées en strates de manière aléatoire, cette installation permet une lecture séquentielle comparable à celle d'un tableau ou d'un poème. Waliczky, quant à lui, joue dans *The Way* (1994) avec la perspective. Un écran de projection est placé à l'extrémité d'un long couloir. A mesure que les spectateurs s'en approchent, les images s'éloignent sous l'effet de leurs mouvements, inversant l'expérience normale de la perspective.

L'interactivité fournit également aux artistes qui traitent des problèmes sociaux l'opportunité d'accroître l'implication du spectateur de façon considérable. L'installation de l'Américain Paul Garrin, *White*

253, 254. **Ken Feingold**, *Childhood/Hot and Cold Wars (The Appearance of Nature)*, 1993.
Feingold considère le spectateur comme un participant : celui-ci, en manipulant le globe posé sur la table de cette installation interactive, déclenche la diffusion sur le cadran de l'horloge d'un flot d'images représentatives de la culture des années 50 et 60.

Devil (1993), place le public au cœur du quartier imaginaire d'une ville : tandis qu'il déambule dans l'espace d'exposition, des caméras de surveillance scrutent ses mouvements et des chiens surgissent sur des moniteurs pour le faire fuir. Lynn Hershman-Leeson, auteur de *Lorna* (1979-1983), premier vidéodisque interactif, crée des œuvres qui posent la question de l'image de la femme. Pour *Room of One's Own: Slightly Behind the Scenes* (1992), elle a créé une sorte de « peep-show » [252]. Le fait même d'y introduire son regard déclenche une série d'images évoquant la représentation (souvent érotisée) de la femme dans les médias. L'installation interactive de l'artiste américain Ken Feingold *Childhood/Hot and Cold Wars (The Appearance of Nature)* [253, 254],

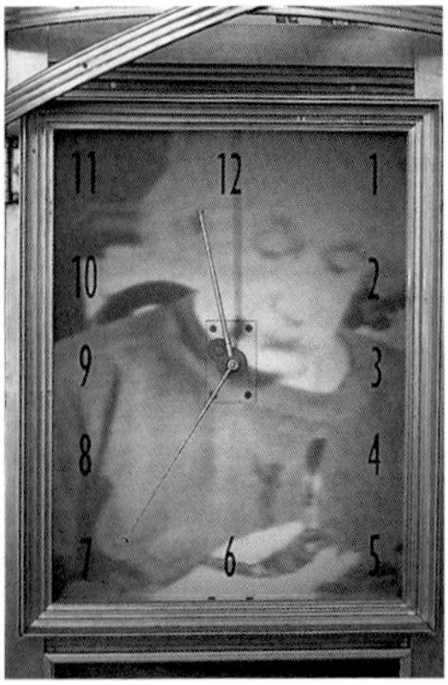

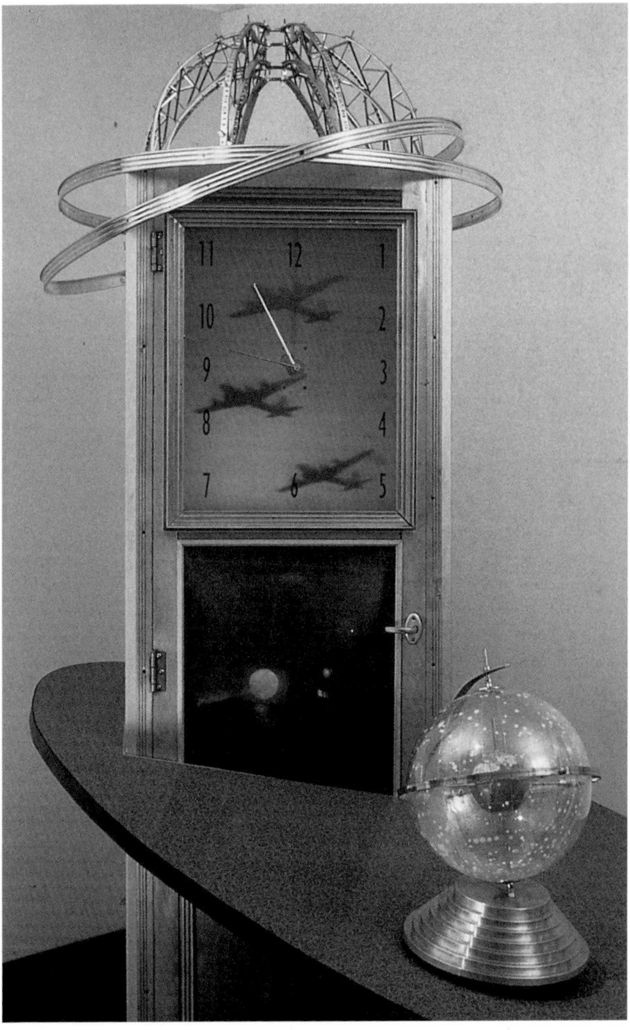

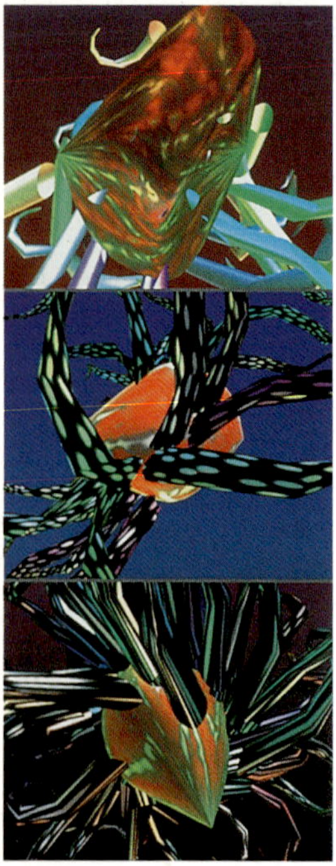

255. (ci-dessus) **Karl Sims**, *Galápagos*, 1995.
S'inspirant de la théorie darwinienne de la sélection naturelle, Sims a créé un système par lequel des organismes semblent évoluer génétiquement dans l'ordinateur. Le spectateur choisit un de ces organismes parmi plusieurs images simples, puis interviennent des changements aléatoires de couleur, de texture, de forme et d'autres paramètres, qui aboutissent à u ne nouvelle « génération » de créature.

256. (à droite) **Karl Sims**, *Genetic Images*, 1993.

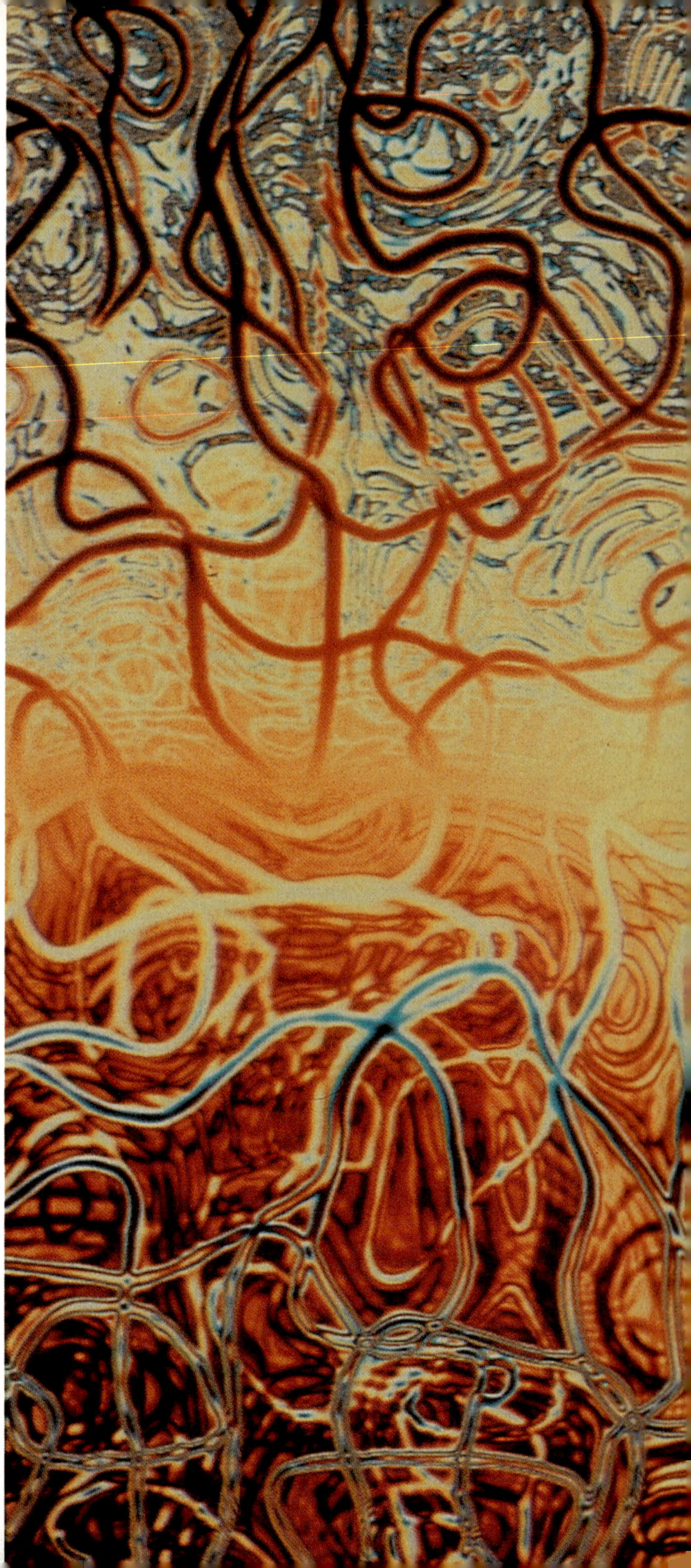

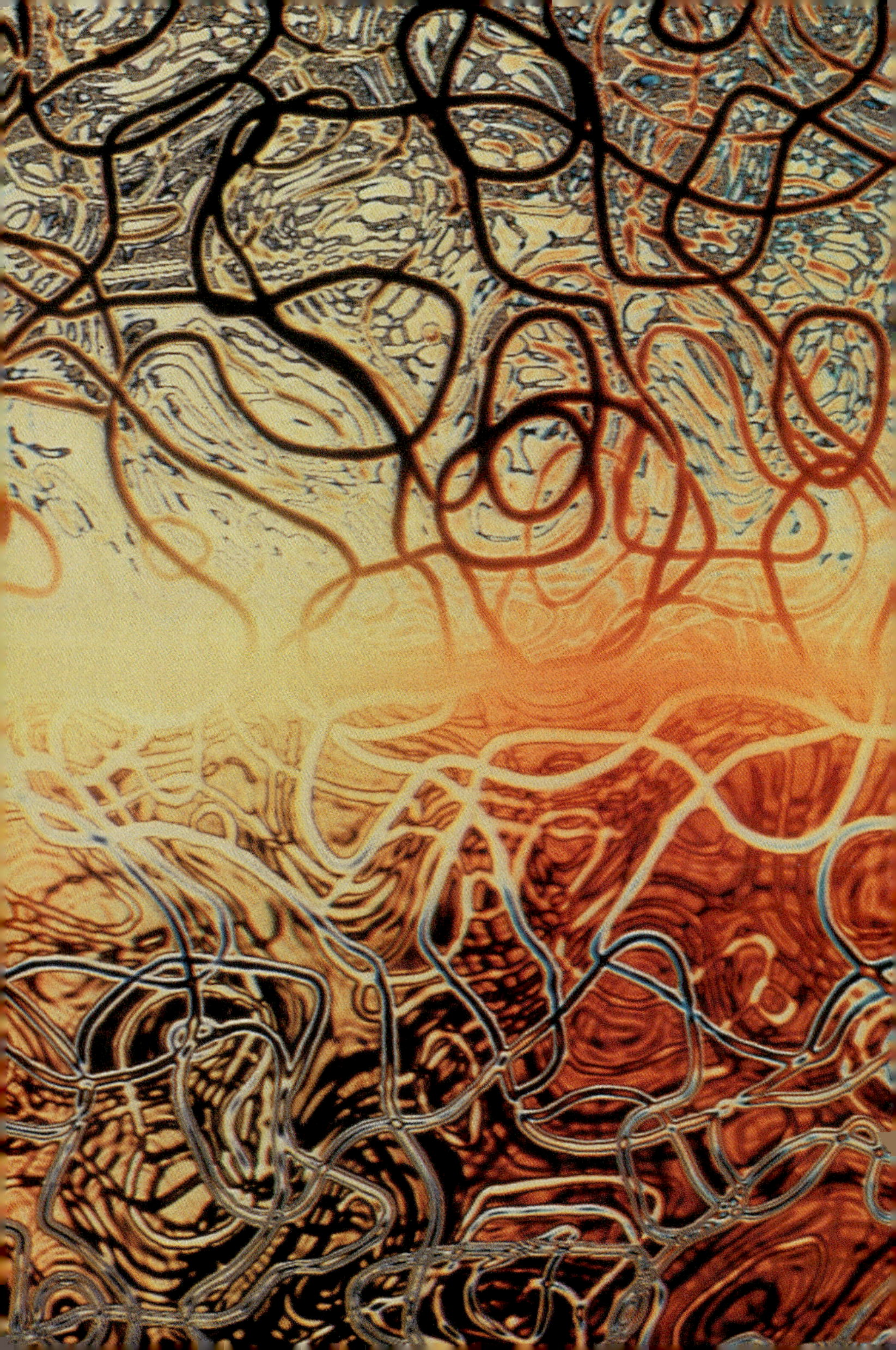

réalisée en 1993, montre un globe posé sur une table en Formica, laquelle enserre une horloge de parquet. Le cadran est en fait un écran qui diffuse des images vidéo lorsque le spectateur fait tourner le globe. Celui-ci peut contrôler le flux des images, plusieurs centaines des plus banales aux plus horribles, sélectionnées dans des émissions de télévision des années 50 et 60. Comme l'explique Feingold, « le spectateur/participant interagit avec les circuits électroniques et les programmes informatiques de l'œuvre : il contrôle la vitesse et la direction d'un lecteur laser de vidéodisques, le mouvement des aiguilles de l'horloge et la diffusion de la bande-son numérisée ».

Ces œuvres qui toutes utilisent des séquences vidéo préenregistrées montrent clairement que l'installation vidéo est devenue un art dynamique qui participe à diminuer la distance qui sépare l'artiste du spectateur. Toutefois, la notion d'auteur n'a pas disparu. L'artiste est aujourd'hui quelqu'un qui facilite l'expérience artistique et l'œuvre interactive est devenue un prolongement, en un certain sens, de l'enseignement, un outil pédagogique actif et créatif.

Certains artistes interrogent cependant la notion d'auteur. Karl Sims, diplômé en biotechnologie au MIT, a consacré plusieurs années à élaborer un art graphique informatisé qui rappelle la théorie darwinienne de la sélection naturelle. Dans deux installations interactives complexes, *Genetic Images* (1993) [256], présentée la première fois au Centre Pompidou, et *Galápagos* (1995) [255], exposée en permanence à l'Inter-communication Center de Tokyo, Sims offre au spectateur la possibilité de créer des « formes de vie artificielle » qui « grandissent » au sein de l'ordinateur. Le public participe ainsi à une simulation en accéléré des principes énoncés par Darwin. Dans *Galápagos*, douze moniteurs sont disposés en demi-cercle et connectés à une semelle de déclenchement. Chacun montre une « créature » tridimensionnelle conçue par ordinateur. Le spectateur choisit un moniteur et appuie sur la semelle correspondante, ce qui a pour effet d'éteindre tous les autres écrans. Les mutations aléatoires de la créature sélectionnée apparaissent sur le moniteur sous forme d'images qui ne cessent d'évoluer.

L'artiste brésilien Eduardo Kac (né en 1962) crée depuis plusieurs années des œuvres numériques qui font référence au monde naturel et futuriste (robotique), comme par exemple *Time Capsule* (1997), un projet qui comprenait, entre autres, l'implant d'une micro-puce, une émission télévision en direct, une émission Web et le webscanning robotique interactif de l'implant. *Darker Than Night* (1999), auquel participèrent des humains, des robots et des chauves-souris, se déroula dans une grotte à Rotterdam. Pour *Uirapuru* (1996-1999), Kac fabriqua un « poisson volant » relié à des appareils audio et vidéo et qui diffusait en direct des images sur le Web. Lorsque des gens interagissaient avec l'image sur le

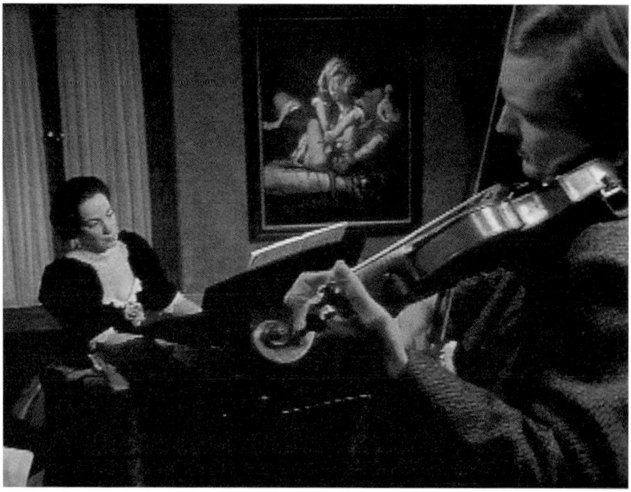

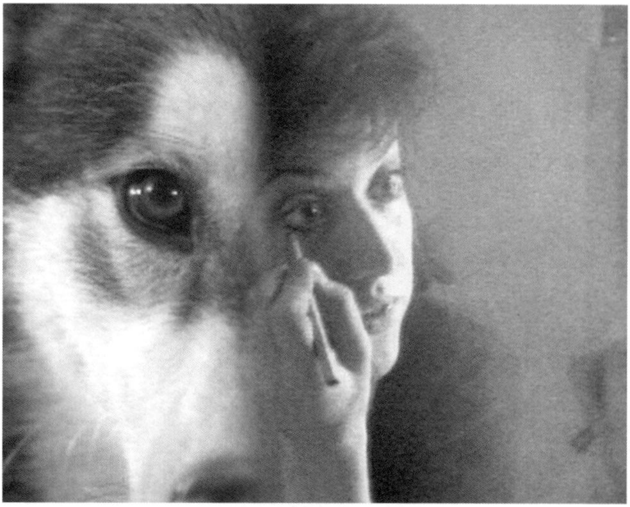

257-259. **Grahame Weinbren**, trois photogrammes de *Sonata*, 1991-1993.
En effleurant l'écran du doigt, le spectateur peut à tout moment reconstruire le récit de *Sonata* et découvrir d'autres points de vue de la même situation.
Il s'agit, selon Weinbren, d'une forme inédite de cinéma, un cinéma interactif qui implique « une collaboration de chaque instant entre le spectateur et le cinéaste ».

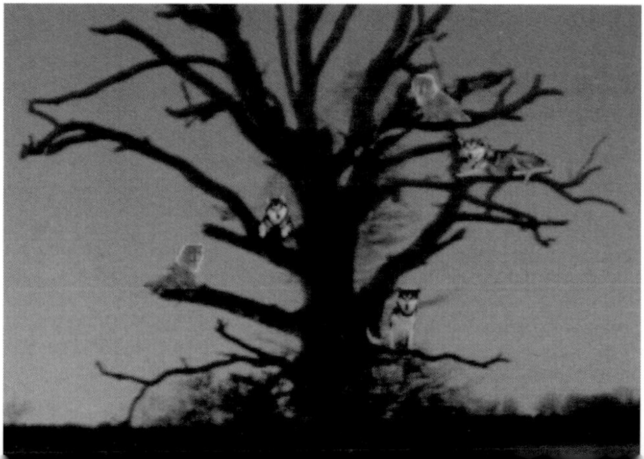

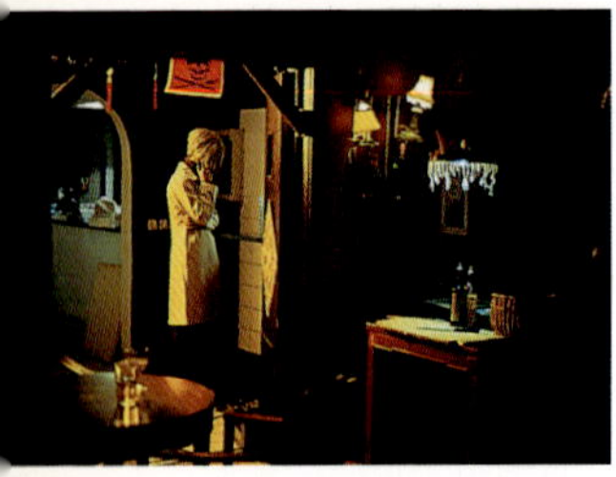

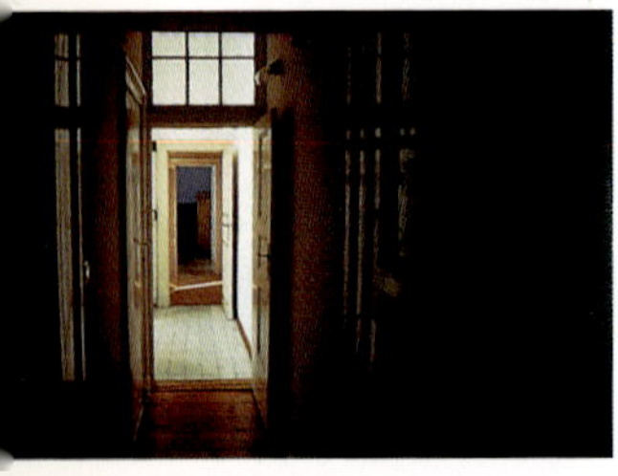

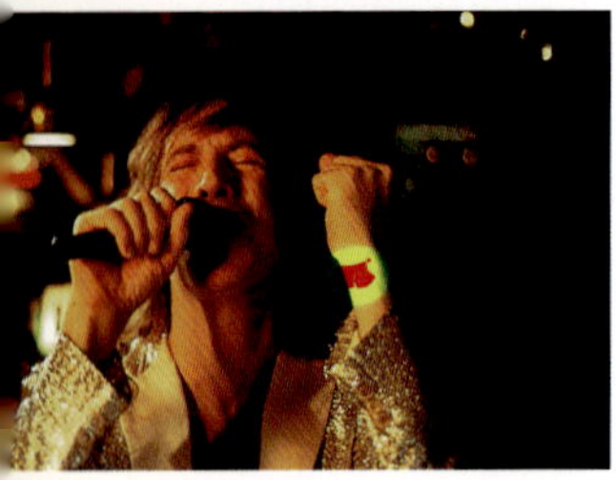

Web, le poisson commençait alors à « chanter » en direct dans la galerie à Tokyo où il était suspendu.

Le cinéma interactif qui utilise des images originales par opposition à des images d'emprunt est extrêmement complexe et coûteux. Les artistes américains Toni Dove et Grahame Weinbren figurent parmi les principaux praticiens de ce type de cinéma. Dans leurs films, le récit ne peut se dérouler qu'avec la participation des spectateurs. Dans *Sally or the Bubble Burst* (2002) de Dove, les spectateurs/participants rencontrent Spectropia, personnage déjà présent dans une installation antérieure. Nous sommes en 2099 et il n'existe plus d'archives historiques ; elles sont prohibées. Spectropia penètre un monde tridimensionnel d'où elle peut accéder à des temps révolus. Ici, elle se retrouve dans les années 1930. Les spectateurs peuvent maintenant interagirent avec le Temps qu'incarne une danseuse du nom de Sally Reed, dont la célèbre « bubble dance » peut être re-chorégraphiée à l'envi par les spectateurs.

Dans son essai de 1995 intitulé « Another Dip into the Ocean of Streams of Story », Weinbren, qui est aussi auteur et théoricien, a écrit : « Lorsque nous racontons des histoires sur nous mêmes nous compressons, soustrayons, excluons et réorganisons. Si le cinéma interactif est un rendu plus fidèle de la réalité, c'est précisement par ce qu'il peut faire l'impasse sur les critères de la structure narrative. » Avec des œuvres telles que *The Erl King* (1983-1985), *Sonata* (1991-1993) [257-259], *Frames* (1999) et *Tunnel* (2000), Weinbren et ses collaborateurs ont proposé des installations dans lesquelles les mouvements des spectateurs

260–262. (ci-dessus) **Janet Cardiff** et **George Bures Miller**, *The Berlin Files*, 2003.
Janet Cardiff et George Bures Miller sont des artistes qui travaillent avec la vidéo et le son dont les œuvres, telles celles de Bruce Nauman et Michael Snow avant eux, remettent en question nos perceptions audiovisuelles. Un travail approfondi sur le son donne au spectateur le sentiment d'être immergé dans leurs installations. *Berlin Files* est un montage non-linéaire de scènes enregistrées en vidéo, présenté dans un contexte sonore qui suggère la peur et le mystère.

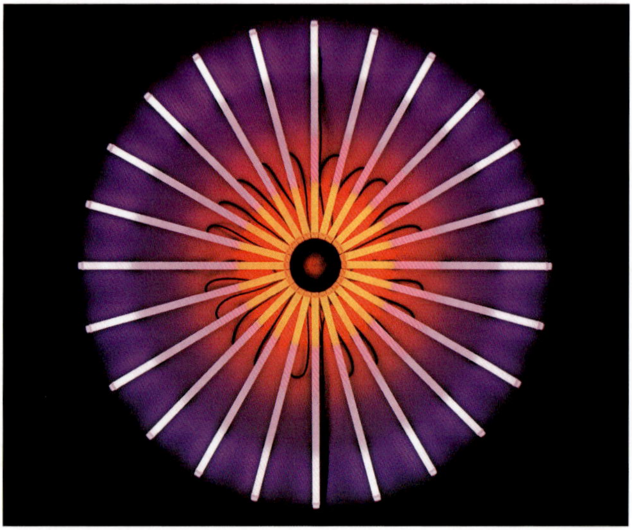

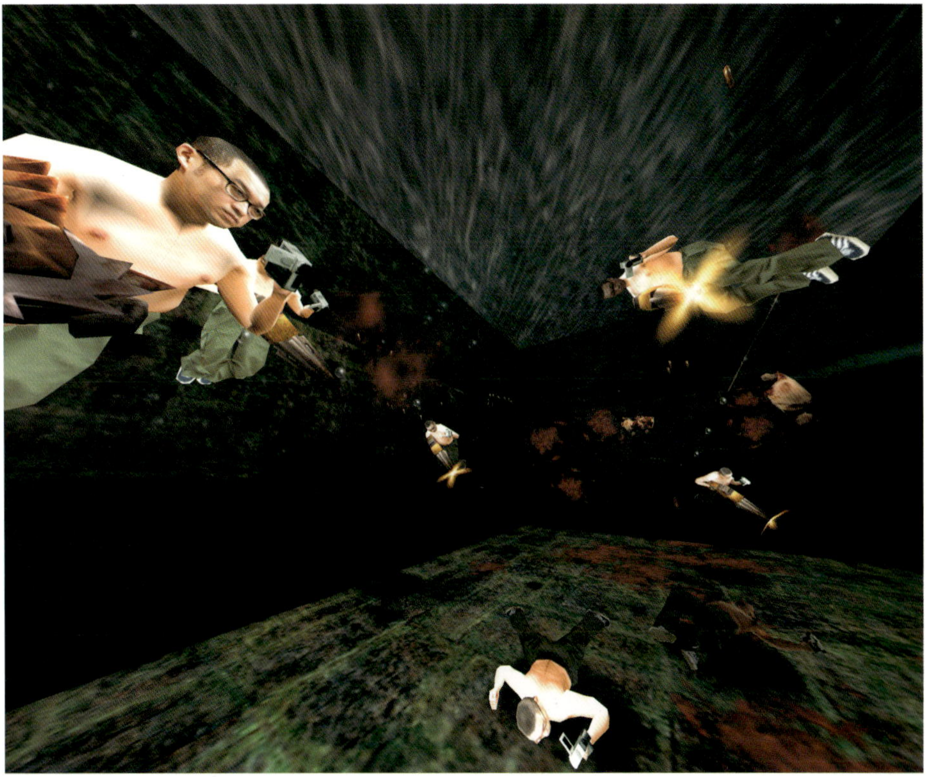

263. (page ci-contre, en bas) **Leo Villareal**, *Here Comes the Sun*, 2004. Leo Villareal utilise des diodes luminescentes (LED) afin de créer des sculptures hypnotisantes qui, tout en faisant référence à Dan Flavin et James Turrell, sont des œuvres singulières d'art informatique. Dans ces installations, les diodes contenant des couleurs de base sont manipulées par un système de codage numérique conçu par l'artiste afin d'obtenir des millions de combinaisons.

264. **Feng Mengbo**, *Q3D*, 2004. Cette installation interactive et connectée à Internet peut comporter une performance en temps réel lorsque l'artiste est présent. Mengbo s'est approprié le récit violent de Quake III Arena, un jeu vidéo en caméra subjective, mais il interprète à lui seul tous les personnages.

déclenchent des scènes pré-enregistrées. *Sonata* est une expérience labyrinthique permettant, par l'intermédiaire de capteurs infrarouges disposés sur le moniteur, au spectateur d'explorer des strates d'images pré-enregistrées entremêlant des personnages issus d'une nouvelle de Tolstoï *(La Sonate à Kreutzer)*, une étude de cas de Freud *(L'Homme aux loups)* et le récit biblique de Judith et Holopherne. Le spectateur peut revenir à n'importe quel récit pendant la diffusion, et créer ainsi une autre narration ; assis dans un cube d'acier ouvert contenant un moniteur et une structure en acier renfermant le dispositif électronique, il « collabore, selon Weinbren, [de manière constante] avec le cinéaste [...] ce qui permet la vision des mêmes événements à partir de points de vue différents ».

Weinbren est important non seulement en raison de ses propos pertinents quant à la nature non-linéaire de la réalité quotidienne (une notion mise à l'honneur par l'avant-garde au moins depuis Bergson) mais aussi parce qu'il est à même d'articuler cette pensée grâce à son immense talent de cinéaste. La valeur de l'œuvre de Weinbren repose, en effet, en grande partie sur son savoir-faire avec la caméra. Il est important de mettre l'accent sur ce fait, car l'interactivité n'est qu'une technique fondée sur l'utilisation d'images filmées, de directions, de programmes, de diagrammes, etc., et l'évolution technique de l'art n'est rien sans le talent et le savoir-faire des artistes.

Même si le cinéma interactif semble annoncer une nouvelle expérience « cinématographique » (à la fois pour les amateurs d'art et les cinéphiles), il s'agit d'une pratique qui demeure fondée sur notre acception traditionnelle du septième art. Mais que dire des images sans caméra et sans écran telles que réalités virtuelles conçues par Mark Napier pour *The Waiting Room* (2002) ou les images de synthèse produites par le cerveau humain (*Bidirectional Input/Output System*, 2002) de l'équipe BIOS, pour ne citer que deux exemples. La réalité virtuelle n'est pas du cinéma. Elle repose encore parfois sur la photographie pour son contenu, mais, fondamentalement, elle annonce un autre niveau de perception humaine aux conséquences très vastes sur l'art et la vie.

La réalité virtuelle

Avec la réalité virtuelle, on passe de l'attitude encore passive consistant à regarder un écran à l'immersion totale dans un monde dont la réalité coexiste avec la nôtre. En un certain sens, tout ce que l'on voit sur l'écran d'un ordinateur appartient à l'univers virtuel ; images et textes n'existent que dans un monde de câblages et de connexions, qui apparaît et disparaît sous l'action d'interrupteurs électroniques. Mais l'expression « réalité virtuelle » est réservée aux expériences tridimensionnelles dans lesquelles l'utilisateur muni d'un casque d'affichage, de gants tactiles ou vêtu d'une combinaison spéciale (équipée de câbles à fibres optiques) explore un monde simulé qui réagit à ses mouvements.

Avec son installation interactive *The Legible City* (commencée en 1989), qui utilise une station graphique d'animation 3D, l'Australien Jeffrey Shaw (né en 1944), directeur du ZKM de Karlsruhe de 1991 à 2003, laisse entrevoir à quoi pourrait ressembler un système de réalité virtuelle. Une bicyclette est placée devant un grand écran de projection ; le spectateur, tandis qu'il pédale et s'oriente grâce au guidon, visite une reconstitution virtuelle de Manhattan, d'Amsterdam ou de Karlsruhe où les éléments du paysage urbain (rues, places, canaux…) sont remplacés par de gigantesques mots, d'immenses blocs typographiques qui surgissent et s'évanouissent à mesure que le « cycliste » avance dans la ville. Cette œuvre ne donne qu'une idée de ce que sera la réalité virtuelle dans l'avenir. Elle repose sur des images vidéo pré-enregistrées et traitées au moyen d'ordinateurs très puissants, mais toutes sortes d'interactions virtuelles effectuées en temps réel verront le jour dans le futur, tandis que chacun d'entre nous sera familiarisé avec les espaces « virtuels » et utilisera des « outils » de réalité virtuelle aussi facilement qu'il allume son poste de télévision ou décroche son téléphone.

Bien qu'aujourd'hui les avancées les plus spectaculaires réalisées dans le domaine du virtuel ont pour contexte la technologie médicale (chirurgie à distance), la réalité virtuelle n'infiltre que très lentement le monde de l'art, en raison notamment de son coût très élevé. Il faut cependant prendre conscience que, chaque jour, les réalités virtuelles se multiplient exponentiellement sur Internet.

Dan Sandin, co-directeur avec Tom DeFanti de l'Electronic Visualization Laboratory de l'université de l'Illinois, à Chicago, élabore depuis le début des années 70 des outils vidéo-informatiques (son Analogue Image Processor en est un exemple bien connu). C'est à l'université que Sandin, DeFanti et Carolina Cruz-Neira ont commencé à concevoir *CAVE* à la fin des années 80. Présenté pour la première fois en 1992, *CAVE* est un environnement virtuel formé d'un espace clos de 3 m^2 dans lequel sont diffusées des images numériques stéréographiques qui réagissent aux actions de l'utilisateur ; celui-ci, muni de lunettes stéréoscopiques, peut également voir ses autres « camarades de jeu » (*dixit* Sandin) présents dans la « cave ». Des projections stéréoscopiques de trente images par seconde apparaissent en temps réel sur tous les murs de l'espace tandis que l'utilisateur manipule une souris 3D programmée pour amorcer les images qui sont calculées selon le point de vue de l'utilisateur. Le projet de Sandin a suscité la création d'un réseau de recherche intitulé « Cavern » dont la principale fonction est d'aider les projets de réalité virtuelle.

265. **Diane Gromala**, *Dancing with the Virtual Dervish: Virtual Bodies*, 1996.
Dans cette expérience de réalité virtuelle, le spectateur a l'impression de pénétrer à l'intérieur d'organes humains réels, tel le cœur ou l'estomac.

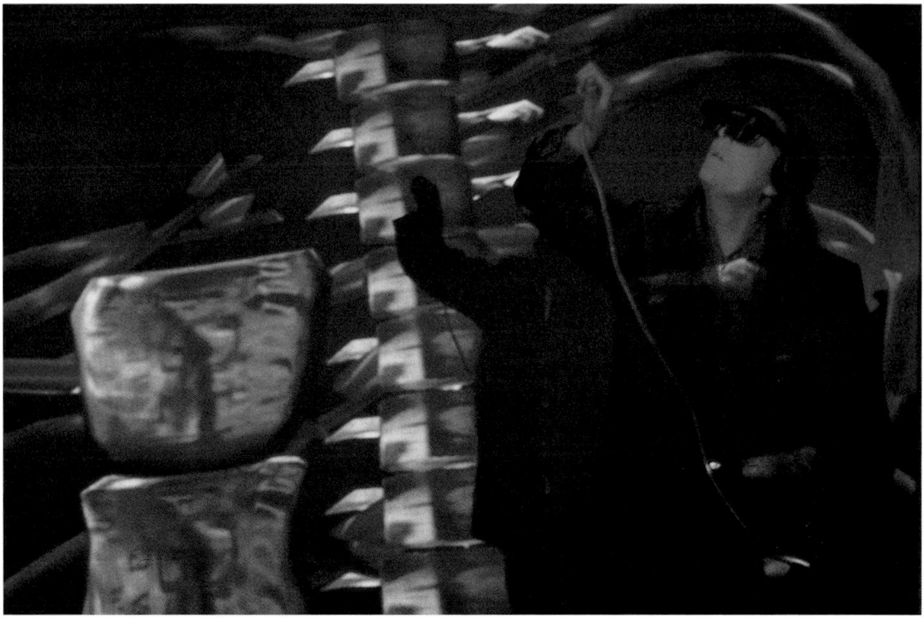

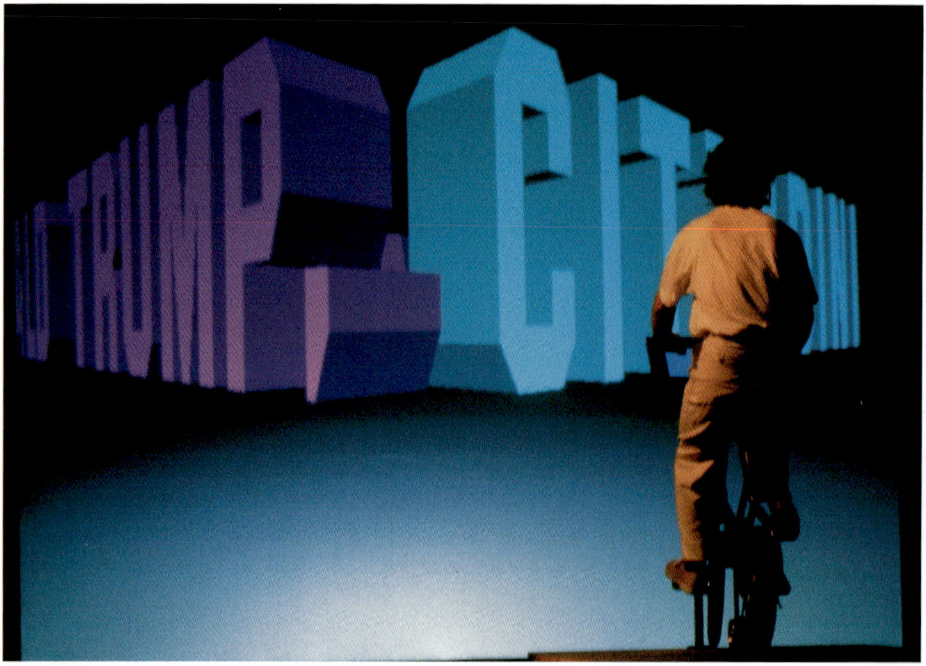

266. **Jeffrey Shaw**, *The Legible City*, 1989-1991.
Dans cette œuvre, le spectacteur parcourt à vélo de manière interactive la reconstitution typographique d'une ville. Les immenses lettres tridimensionnelles forment des mots et des phrases qui se substituent aux rues, places, immeubles d'une ville (ici Manhattan) pour composer une nouvelle architecture urbaine que le cycliste visite et « lit » en temps réel.

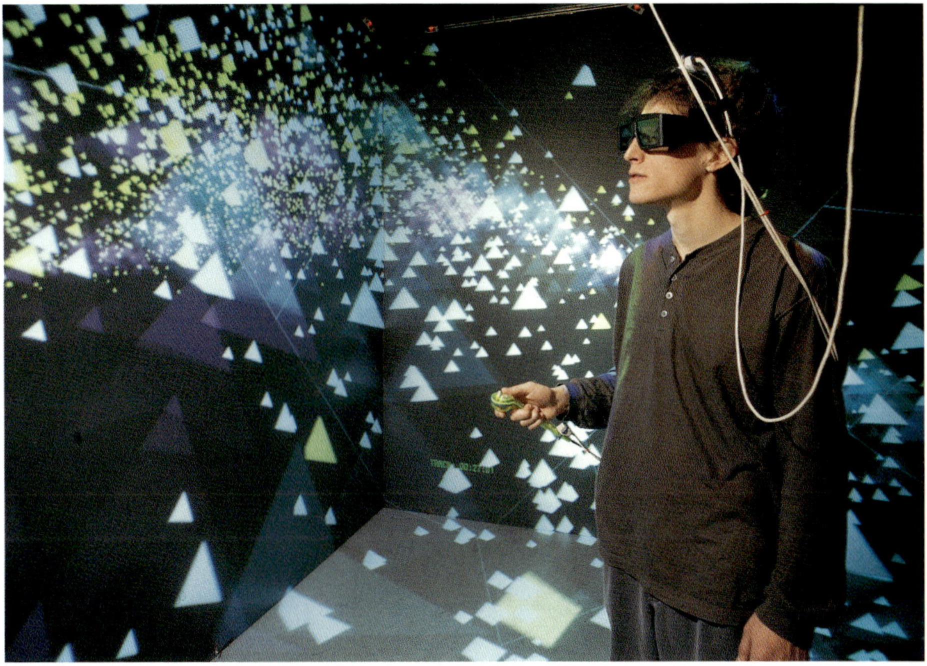

268. **Dan Sandin**, *CAVE*
« Virtual Reality Theater »
(Prototype : Electronic Visualization Laboratory, université de l'Illinois, Chicago, 1991 ; présentation publique : conférence SIGGRAPH 92, Chicago, 1992).
La réalité virtuelle, à laquelle on accède par le biais d'une paire de lunettes stéréoscopiques, donne à l'utilisateur le sentiment d'évoluer dans un univers parfaitement inconnu.

So.So.So. Somebody, Somewhere, Sometime (2002) de Maurice Benayoun est une installation immersive dans laquelle des utilisateurs munis de jumelles de réalité virtuelle penètrent dans un environnement de sphères panoramiques diffusant des images de gens occupés à exécuter diverses activités à une heure de la journée précise (7h47 du matin). Lorsque l'utilisateur concentre son attention sur un élément donné (une personne, un objet) différents scénarios se déploient : ainsi, d'une certaine manière, l'utilisateur crée une nouvelle réalité fondée sur une réalité pré-existante.

Dancing with the Virtual Dervish: Virtual Bodies [265] de Diane Gromala s'intéresse à un thème très présent dans l'art de ces cinquante dernières années, le corps. Cette ancienne directrice artistique d'Apple a commencé au début des années 90 à bâtir un environnement virtuel en collaboration avec un chorégraphe et un informaticien sur la base d'images numérisées de son propre corps manipulées et animées pour représenter de manière symbolique un mouvement continuel de dépérissement et de renouvellement.

La plupart des environnements de réalité virtuelle étant créés dans les universités et autres centres de recherche, ils tendent à prendre une dimension pédagogique ou scientifique, mais les équipements devenant plus abordables, le contenu devrait évoluer vers un propos plus artistique.

Quel que soit le moment où les lieux traditionnellement dévolus à l'art, comme les musées et les galeries, accepteront la présence intangible de l'art numérique interactif, s'ils l'acceptent jamais, une chose est certaine : la façon dont on « fait l'expérience » de l'art a subi un changement irréfutable. L'interactivité est une nouvelle forme d'expérience visuelle et de perception de l'art qui englobe désormais le tactile. Le spectateur n'est plus un simple observateur, il est un participant essentiel et actif, un utilisateur. A mesure que des artistes de qualité seront plus nombreux à aborder l'univers numérique (et ce sera le cas, car quel artiste pourrait résister à la possibilité que son travail soit vu par des millions de personnes, d'un simple clic de souris et sans attendre l'« approbation » des institutions artistiques ?), on assistera nécessairement à une redéfinition de la signification de l'art, de l'esthétique et des rapports entre l'artiste, les marchands et les institutions. Cet ouvrage s'achève sur l'art numérique et sur la réalité virtuelle car il s'agit des manifestations artistiques les plus récentes ; ce sont aussi les plus étrangères à notre monde actuel. Il est probable que ces technologies telles qu'elles sont utilisées dans l'art se révèleront aussi éphémères que la *camera obscura* ou les stéréoscopes du XIXe siècle, aussi nous reste-t-il à nous demander ce qui pourra exister au-delà du numérique, au-delà du virtuel, quel sera le nouveau médium de l'art de la fin du XXIe siècle ?

Dans son essai, *The Time Will Come When…* (2002), le curateur et théoricien australien Ross Gibson suggère que les artistes du futur « fabriqueront moins des objets que des expériences – ils nous proposeront des immersions intensément « mouvantes » dans le monde objectif ou peut-être au-delà. Les gens participeront à ce nouvel art afin d'*être* différents en eux-mêmes ». On peut supposer que les divertissements prendront également cette forme. L'art devra faire autre chose. Il devra faire ce qu'il a toujours fait : nous inviter à transcender, transformer et modifier la façon dont nous habitons et vivons le monde.

Après la mort de Duchamp, deux de ses amis, Gianfranco Baruchello et Henry Martin, écrivirent : *Emplir les choses d'une atmophère complètement surchargée de signification, telle était son activité continuelle et c'est, finalement, ce à quoi se résume l'art moderne. Il suffit de choisir absolument n'importe quoi, puis de conférer à cet objet tout le sens qu'il est possible de lui donner, toutes les significations entièrement personnelles et entièrement arbitraires qu'il pourrait renfermer, tout le mystère et toute l'énigme qu'il pourrait contenir. C'est là une des leçons les plus fondamentales qu'avait à nous enseigner Duchamp.*

Si pour certains cela a signifié la mort de l'art, d'autres y ont vu l'annonce d'immenses commencements. Avec les avancées accomplies dans l'art et les technologique depuis plus de cinquante ans, la révolution duchampienne, qui s'est propagée dans toutes les formes d'art contemporain, semble trouver son achèvement. L'avènement de l'art numérique – un art qui va tellement au-delà de la matérialité que les débats portant sur l'« objet », et a fortiori sur la toile, paraissent désormais irrémédiablement dépassés – inaugure une ère nouvelle où les termes, fûssent-ils duchampiens, et les méthodes d'évaluation traditionnelles de l'histoire de l'art ne sont plus opérants. L'interactivité et les environnements artistiques actuels dans lesquels s'immerge le spectateur, sans parler d'expériences qui dépasseront de telles réalités virtuelles, imposent une approche inédite.

Dans *About Looking* (1980), John Berger soulevait la question suivante : « Qu'est-ce qui, avant l'invention de l'appareil photographique, tenait lieu de photographie ? La réponse escomptée serait : la gravure, le dessin, la peinture. La réponse la plus révélatrice pourrait être : la mémoire. Ce que les photographes font dans l'espace était auparavant fait avec la réflexion. » Aujourd'hui, nous pouvons nous demander quel sera le contenu de la mémoire s'il ne nous est plus possible de faire la différence entre des événements ou des expériences simulés et ceux qui sont réels ? L'impossibilité de distinguer le réel du virtuel va bouleverser à jamais notre vie et les souvenirs qu'elle engendre. Peut-être les souvenirs et les rêves ne feront alors plus qu'un.

Bibliographie choisie

Introduction

Abel, Manuela (éd.), *Jeffrey Shaw: A User's Manual* (Karlsruhe, 1997)

Bergson, Henri, *Matière et mémoire*, (Paris, 1896)

Braun, Marta, *Picturing Time* (Chicago, 1992)

Danto, Arthur, *After the End of Art* (Princeton, 1997 ; Paris, 2000)

James, David, *Allegories of Cinema* (Princeton, 1989)

Jenkins, Janet (éd.), *In the Spirit of Fluxus* (Minneapolis, Walker Art Center, 1993)

Kaufman, Stanley, *Living Images* (New York, 1973)

Kilchesty, Albert, *Big As Life: An American History of 8mm Films* (San Francisco, 1998)

Lovejoy, Margaret, *Art and Artists in the Age of Electronic Media* (Ann Arbor, 1989)

Parkinson, David, *History of Film* (Londres, 1995)

Sitney, P. Adams, *Visionary Film: The American Avant-Garde 1943-1978* (New York, 1974)

Youngblood, Gene, *Expanded Cinema* (New York, 1970)

Chapitre 1 : Performances et nouveaux médias

Avalanche magazine, hiver 1971 et 1972

Birringer, Johannes, *Media and Performance: Along the Border* (Baltimore, 1998)

Debord, Guy, *La Société du spectacle* (Paris, 1967)

Fogle, Douglas, *The Last Picture Show: Artists Using Photography 1960–1982* (Minneapolis, Walker Art Center, 2003)

Goldberg, Roselee, *La Performance du futurisme à nos jours* (Londres, 1988 et 2001 ; Paris, 2001)

— *Performances, l'art en action* (Londres, 1998 ; Paris, 1999)

Goldstein, Ann (éd.), *A Minimal Future? Art as Object 1958–1968* (Los Angeles, 2004)

Hershman-Neeson, Lynn, *Clicking In: Hot Links To a Digital Culture* (Washington, 1966)

Hopps, Walter et Susan Davidson, *Robert Rauschenberg: A Retrospective* (New York, Guggenheim Museum, 1997)

Jameson, Fredric, *Postmodernism in Consumer Society*, in Hal Foster (éd.), *The Anti-Aesthetic* (Washington, 1983)

Kirby, Michael, *The Art of Time* (New York, 1969)

McLuhan, Marshall, *The Medium Is the Message: An Inventory of Effects* (New York, 1967) ; trad. franç., *Message et Massage* (Paris, 1968)

Picon-Vallin, Béatrice (éd.) *Les Ecrans sur la scène* (Paris, 1998)

Rush, Michael, *Still Moving: Video Art in the Scholl Collection* (Baltimore, 2003)

Schimmel, Paul, *Out of Actions: Between Performance and the Object 1949-1979* (Los Angeles, 1998)

Simon, Joan (éd.), *Bruce Nauman* (Minneapolis, 1994)

—, entretien avec Joan Jonas, *Art In America*, juillet 1995

Chapitre 2 : L'art vidéo

Goldstein, Ann et Anne Rorimer, *Reconsidering the Object of Art* (Los Angeles, 1995)

Hill, Christine, *Surveying the First Decade: Video Art and Alternative Media in the United States*, (San Francisco Museum of Modern Art, 1997)

Hall, Doug et Sally Jo Fifer (éds), *Illuminating Video* (New York, 1990)

Iles, Chrissie, *Into the Light: The Projected Image in Amnerican Art 1964–1977* (New York, Whitney Museum of American Art, 2001)

Parfait, Françoise, *Vidéo : un art contemporain* (Paris, 2001)

Pipilotti Rist, cat. d'expo. Musée d'art moderne de la ville de Paris (Cologne, 1998 ; Paris, 1999)

Popper, Frank, *L'Art à l'âge electronique* (Londres et Paris, 1993)

Renov, Michael et Erika Suderburg (éds), *Resolutions: Contemporary Video Practices* (Minneapolis, 1996)

Rush, Michael, *L'Art vidéo* (Londres et Paris, 2003)

Sichel, Berta, *Monocanal* (Madrid, Museo Nacional Centro de Arte Reina Sofía, 2002)

Van Assche, Christine (éd.), *Vidéo et après* (Paris, Centre Georges Pompidou, 1992)

« Viola, Bill, l'œil de la séparation », entretien dans *Art Press* n°233, mars 1998

Zippay, Lori (éd.), *Electronic Arts Intermix: Video* (New York, 1991)

Chapitre 3 : Les installations vidéo

Art Journal, vol. 4, n°54, hiver 1995

de Oliveira, N., N. Oxley, M. Petry, *Installations, l'art en situation* (Londres, 1994 ; Paris, 1997)

— *Installations II, l'empire des sens*, (Londres et Paris, 2003)

Herzogenrath, Wulf, *Nam Jun Paik: Video Work 1963-88* (Londres, 1988)

« Gary Hill – Surfer sur le medium», *Art Press* n°210, février 1996

Ange Leccia – Pacifique, cat. d'expo., (Musée d'art moderne de la ville de Paris, 1997)

Levin, Thomas, Ursula Frohne et Peter Weibel (éds), *CTRL SPACE: Rhetorics of Surveillance from Bentham to Big Brother* (ZKM, Karlsruhe, 2001)

O'Doherty, Brian, *Inside the White Cube: The Ideology of the Gallery Space* (Santa Monica et San Francisco, 1976, 1986)

Nam June Paik, Eine DATA base, cat. Biennale de Venise 1993, pavillon allemand (Stuttgart, 1993)

Nam June Paik, Video Time – Video Space, (Stuttgart, 1991)

Quasha, George et Charles Stein, « Liminal Performance », *PAJ*, n°58, janvier 1998

Bill Viola (New York, Whitney Museum, 1997)

Chapitre 4 : Le numérique dans l'art

Baqué, Dominique, *La Photographie plasticienne – un art paradoxal* (Paris, 1998)

—, *Photographie plasticienne, l'extrême contemporain* (Paris, 2004)

Baruchello, Gianfranco et Henry Martin, *Why Duchamp* (New York, 1985)

Berger, John, *About Looking* (New York, 1980)

Coleman, A. D., *The Digital Evolution* (New York, 1988)

Cotton, Charlotte, *La Photographie dans l'art contemporain* (Londres, 2004 ; Paris, 2005)

Couchot, Edmond, *La Technologie dans l'art – de la photographie à la réalité virtuelle* (Nîmes, 1998)

Druckrey, Timothy (éd.), *Electronic Culture* (New York, 1996)

—, *Iterations: The New Image* (Massachusetts, 1993)

Fifield, George, « The Digital Atelier », *Art New England*, oct./nov. 1997

Goodman, Cynthia, *Digital Visions: Computers and Art*, 1987

Greene, Rachel, *L'Art Internet* (Londres, 2004 ; Paris, 2005)

Hayward, Philip (éd.), *Culture, Technology, and Creativity in the Late Twentieth Century* (Londres, 1990)

Leonardo, vol. 31, n°5, octobre 1998

Mediascape, cat. d'expo., Guggenheim Museum So-Ho (New York, 1996)

Negroponte, Nicholas, *L'Homme numérique* (New York et Paris, 1995)

Noll, A. Michael, « The Beginnings of Computer Art in the United States: A Memoir », *Leonardo*, septembre 1994

Paul, Christiane, *L'Art numérique* (Londres, 2003 ; Paris, 2004)

Shaw, Jeffrey et Peter Weibel, *Future Cinema: The Cinematic Imaginary After Film* (Karlsruhe, ZKM, 2003)

Sommerer, Christa et L. Mignonneau, *Art @ Science* (New York, 1998)

Liste des illustrations

1–3 (page de titre) Photogramme vidéo. Courtesy de l'artiste et Luhring Augustine, New York ; **4** Acrylique, sérigraphie et pastel gras sur toile, 160 × 121,9. Photo Larry Lame. Courtesy Barbara Gladstone Gallery, New York ; **5** Collège de France, Paris ; **6, 7** New York Public Library ; **8** Huile sur toile, 90,8 × 110. Albright-Knox Art Gallery, Buffalo, New York. Bequest of A. Conger Goodyear. Don de George F. Goodyear, 1964. © DACS 2005 ; **9** New York Public Library ; **10** Huile sur toile, 146,1 × 89,2. Philadelphia Museum of Art. Louise and Walter Arensberg Collection. © ARS, New York et DACS, Londres 2005 ; **11, 12** BFI Stills, Posters and Designs, Londres ; **13** Epreuve au sel d'argent, 37,4 × 27,5. The Museum of Modern Art, New York. Don du photographe. Tirage © 1998 The Museum of Modern Art, New York. © DACS 2005 ; **14** Film de sept minutes réalisé avec la collaboration de Man Ray et Marc Allègret. © ADAGP, Paris et DACS, Londres 2005. © Man Ray Trust/ ADAGP, Paris et DACS, Londres 2005 ; **15** Photographie de l'installation. Huile, vernis, feuille de plomb, fil de plomb et poussière sur deux panneaux de verre (fêlés), monté chacun entre deux panneaux de verre, avec cinq lames de verre, feuille d'aluminium, et cadre en bois et acier ; dimensions générales (avec cadre) 277,5 × 175,8. Domaine de la mariée (panneau supérieur) : 127 × 167,6 ; Appareil célibataire (panneau inférieur) : 134,6 × 167,6 ; robe de la mariée (cadre de métal réunissant les deux panneaux) : 7,6. Philadelphia Museum of Art. Legs de Katherine S. Dreier Bequest, 1953. © ADAGP, Paris et DACS, Londres 2005 ; **16** Feutre, cousu et façonné, v. 170 × 60. Edition Schellmann, Münich. © DACS 2005 ; **17** *Combine painting* : huile et mine de plomb sur oreiller, courtepointe et drap sur supports en bois, 191 × 80 × 20. The Museum of Modern Art, New York. Don de Leo Castelli en l'honneur de Alfred H. Barr, Jr. Photographie © 1999 The Museum of Modern Art, New York. © Robert Rauschenberg/ DACS, Londres/VAGA, New York 2005 ; **18** Conçu et réalisé par Yoko Ono. Filmé par Peter Moore. © 1997 Yoko Ono/Courtesy Lenono Photograph Archive, New York ; **19** Première mondiale, concerts Fluxus au Fluxhall/Fluxshop, New York. Plastique, papier, film. Dimensions de la boîte : 10,2 × 12,1 × 3. Amorce transparente de film 16 mm : 1,6 × 213. Collection Walker Art Center, Minneapolis. Walker Special Purchase Fund, 1989. Courtesy Peter Moore et l'artiste. © Peter Moore/DACS, Londres/VAGA, New York 2005 ; **20** Agrandissements. The Gilbert and Lila Silverman Fluxus Collection, Detroit. Filmé par Peter Moore. Photo Scott Hyde ; **21** © 1998 The Andy Warhol Museum, Pittsburgh, PA, musée du Carnegie Institute. Photogramme de film, courtesy Andy Warhol Museum ; **22** © 1998 The Andy Warhol Museum, Pittsburgh, PA, musée du Carnegie Institute. Photogramme de film, courtesy Andy Warhol Museum ; **23** © Succession de Gregory J. Markopolous Temenos, Inc. ; **24, 25** © Robert Beavers – Temenos, Inc. Détail du *Martyre de saint Hippolyte*, Museum of Fine Arts, Boston, MA ; **26, 27** BFI Stills, Posters and Designs, Londres ; **28, 29** The Museum of Modern Art, New York/Film Stills Archive ; **30** © Robert Rauschenberg/ DACS, Londres/VAGA, New York 2005. Photographie de Peter Moore. © Peter Moore/DACS, Londres/VAGA, New York 2005. Photo courtesy Robert Rauschenberg ; **31** Courtesy de l'artiste ; **32** Performance médiatique (détail). Commutateur électronique : projecteurs cinématographiques 16 mm et 8 mm, éclairages motorisés, sonorisation et sculptures rotatives. Produite en coopération avec la Foundation for Experiments in Art and Technology (Billy Klüver) et les techniciens des Bell Telephone Laboratories (Ralph Flynn, Robbie Robinson, Per Biorn). Photo : Herbert Migdoll. Courtesy de l'artiste ; **33** Installation multimédia : 4 projecteurs de diapositives avec système de fondu enchaîné et miroirs motorisés, 17 cordages en manille rotatifs motorisés, accrochés au plafond, rouleaux muraux 'In Memoriam'. Photo courtesy du New Museum of Contemporary Art, NYC. Courtesy de l'artiste ; **34** Photo © 1976, Babette Mangolte, tous droits de reproduction réservés ; **35** Vue de l'installation, MOCA, LA. Courtesy Pat Hearn Gallery, New York ; **36** Photogramme vidéo. Bande vidéo, caméra et performance. Courtesy Pat Hearn Gallery, New York ; **37** Performance donnée à la Kitchen, New York. Courtesy Pat Hearn Gallery, New York. Photo © 1974, Babette Mangolte, tous droits de reproduction réservés ; **38** Sculpture vidéo, boîte : 188 × 77,5 × 69,9. Courtesy Pat Hearn Gallery, New York ; **39** Performance au Performing Garage, New York. Photo : Gabor Szitany. Courtesy Pat Hearn Gallery, New York ; **40** Hamburger Kunsthalle. Photo : Elke Walford, Hambourg. © ARS, New York et DACS, Londres 2005 ; **41** Bande vidéo, noir et blanc, son. 60 min. en boucle. Courtesy Electronic Arts Intermix, New York. © ARS, New York et DACS, Londres 2005 ; **42, 43** Installation : deux moniteurs couleur 20 pouces, deux moniteurs couleur 25 pouces, quatre haut-parleurs, deux projecteurs vidéo, quatre bandes vidéo (couleur, son). Dimensions variables. Collection Lannan Foundation, Los Angeles. © ARS, New York et DACS, Londres 2005 ; **44-47** Performance d'une durée de 1 heure : alcôve et horloge, 274 × 274 × 274, ampoule suspendue et bâche en toile. Photo courtesy de l'artiste ; **48** Performance : tabouret blanc, projecteur, coussins, caméra vidéo et moniteur, vidéo. 243 × 122 × 609. Photo courtesy de l'artiste ; **49** Première de *TV Cello*, 1971, 7min. 25 sec., couleur. Courtesy Electronic Arts Intermix, New York et l'artiste ; **50** Collection privée, Hambourg. Courtesy de l'artiste et Holly Solomon Gallery, New York. Photo courtesy Hayward Gallery, Londres. Photo courtesy Hayward Gallery, Londres ; **51** Photogramme. Photo courtesy de l'artiste. © DACS 2005 ; **52** Collage, 26 × 24,8. Collection privée. © Richard Hamilton 1999. Tous droits réservés DACS ; **53** Performance à Bergeshaus, Flingestrasse 11, Düsseldorf, 11 octobre 1963. © Gerhard Richter. Photo courtesy Konrad Fischer, Düsseldorf ; **54** Performance. Photo © Erika Kiffl. © DACS 2005 ; **55** Photo : Rex Features Ltd, Londres ; **56** Performance à la Brooklyn Academy of Music, New York. Photo © Edward Grazda 1999 ; **57** Décembre, 1977, PS1, Long Island City, New York. Courtesy de l'artiste ; **58** Animation : Kleiser-Walczak. Courtesy IPA. BAM Press, New York ; **59** Photo : courtesy de l'artiste ; **60** 23 min. 50 sec., noir et blanc, et couleur. Courtesy Electronic Arts Intermix, New York ; **61, 62** 13 min. 38 sec., couleur, son. Courtesy Electronic Arts Intermix, New York ; **63** 23 min. 55 sec., couleur, son. Courtesy Electronic Arts Intermix, New York ; **64, 65** 13 min. 38 sec., couleur, son. Courtesy Electronic Arts Intermix, New York ; **66–68** Photo © Paula Court; **69** Next Wave. Courtesy BAM, New York ; **70** Photo : Dan Rest. Courtesy BAM, New York; **71** Photo : Stephanie Berger © 1999, copyright appartenant à Stephanie Berger. Tous droits réservés ; **72** Performance, Next Wave Fest 1992. Photo : Alastair Muir. Courtesy BAM, New York ; **73** Photo

© Gilles Abegg ; **74** Barbara Chan, Dawn Saito. Performance à La Mama, NYC. Projections Jan Hartley. Photo : Brendan Bannon. Courtesy Ping Chong Productions, NYC ; **75** Photogramme vidéo, vidéo monocanal. Production/ performance de Kristin Lucas. Photo : courtesy de l'artiste. © l'artiste, 1997 ; **76** Photo courtesy de John Arnone ; **77** Photo : Silvia Taccani ; **78** Photo : Joan Marcus ; **79** C-Print numériques et technique mixte, 182,9 × 101,6 × 101,6 y compris vitrine. Courtesy Max Protetch Gallery ; **80** Photogramme. © les artistes 2004 ; **81** Courtesy Advertising Archives, Londres ; **82** Bande vidéo n/b avec son, 60 min. © 2005 The Andy Warhol Museum, Pittsburgh, PA, musée du Carnegie Institute. Tous droits réservés. © The Andy Warhol Foundation for the Visual Arts, Inc./ARS, NY et DACS, Londres 2005; **83** Bande vidéo n/b avec son, 30 min. © 2005 The Andy Warhol Museum, Pittsburgh, PA, musée du Carnegie Institute. Tous droits réservés. © The Andy Warhol Foundation for the Visual Arts, Inc./ ARS, NY et DACS, Londres 2005 ; **84** 61 min. 28 sec., n/b, son. Courtesy Electronic Arts Intermix, New York ; **85** Encre et tomate sur papier, 404 × 36. Museum Wiesbaden, Allemagne. Courtesy du Museum Wiesbaden, Allemagne et l'artiste ; **86** Photo : Maytick, Cologne, Allemagne et l'artiste ; **87** Photo : George Maciunas. Courtesy George Maciunas/The Gilbert and Lila Silverman Fluxus Collection, Detroit et l'artiste ; **88** Musée d'art moderne, fondation Ludwig, Vienne (ancienne collection Hahn). Courtesy du Musée d'art moderne, fondation Ludwig, Vienne et l'artiste ; **89** Téléviseurs placés derrière une toile dans une boîte en bois, 200 × 300 × 50. © DACS 2005. Photo : J. F. Melzian, Berlin. Courtesy Fine Art Rafael Vostell, Berlin ; **90** Courtesy Electronic Arts Intermix, New York. © Douglas Davis/ DACS, Londres/ VAGA, New York 2005 ; **91-93** Courtesy Electronic Arts Intermix, New York. © Douglas Davis/DACS, Londres/ VAGA, New York 2005 ; **94** Photogramme vidéo, 26 min. 49 sec., couleur et son. Courtesy Electronic Arts Intermix, New York ; **95** Photogramme vidéo, 11 min. 55 sec., couleur et son. Courtesy Electronic Arts Intermix, New York ; **96** Photogramme vidéo, 25 min., couleur et son. © ARS, New York et DACS, Londres 2005 ; **97** Photogramme vidéo, 27 min. 37 sec., couleur et son. Courtesy Electronic Arts Intermix, New York ; **98, 99** Photo courtesy Bengt Modin ; **100** Photogramme vidéo, 18 min. 40 sec., noir et blanc, son. Courtesy Electronic Arts Intermix, New York ; **101** Photogramme vidéo, 2 min. 03. sec., couleur et son. Courtesy Electronic Arts Intermix, New York et l'artiste ; **102-104** Photogramme vidéo, 10 min. 17 sec., couleur. Courtesy Electronic Arts Intermix, New York ; **105** Photogramme vidéo, 33 min. 15 sec., noir et blanc, son. Courtesy Electronic Arts Intermix, New York ; **106** Courtesy Pat Hearn Gallery, New York. © 1976, Babette Mangolte, tous droits de reproduction réservés ; **107** Performance au Musée Galleria, Paris. Beatrice Helligers. Courtesy Pat Hearn Gallery, New York; **108** Photogramme vidéo, 2 min. 39 sec. Courtesy Pat Hearn Gallery, New York ; **109** Courtesy Ronald Feldman Fine Arts, New York. Copyright succession de Hannah Wilke ; **110** Photogramme vidéo, couleur, stéréo, 5 min. 50 sec. Courtesy de l'artiste et Electronic Arts Intermix, New York. © 1978/79 ; **111, 112** Photogrammes vidéos. Courtesy Electronic Arts Intermix, New York ; **113** Photogramme vidéo. 23 min. 42 sec., noir et blanc, son. Courtesy Electronic Arts Intermix, New York ; **114-116** Bande vidéo, 60 min., noir et blanc, son. © ARS, New York et DACS, Londres 2005. Photo courtesy de Video Data Bank, Chicago ; **117** © ARS, New York et DACS, Londres 2005. Photo courtesy Video Data Bank, Chicago ; **118** Photogramme vidéo, 18 min. 35 sec., noir et blanc et couleur, son. Courtesy Electronic Arts Intermix, New York ; **119** Photogramme vidéo, 27 min., noir et blanc, son. Courtesy Electronic Arts Intermix, New York. © ARS, New York et DACS, Londres 2005 ; **120** Photogramme vidéo, 3 min. 39 sec. Courtesy Electronic Arts Intermix, New York ; **121, 122** Photogramme vidéo, 28 min. 43 sec., couleur et son. Courtesy Electronic Arts Intermix, New York ; **123** Photogramme vidéo, 12 min. 45 sec., couleur et son. Courtesy Electronic Arts Intermix, New York ; **124** Dispositif de colorisation musicale. Archives de l'Institut Promotei, Kazan, Tatarstan, Russie ; **125-127** © DACS 2005 ; **128** Photogramme vidéo, 89 min, couleur et son. Courtesy Electronic Arts Intermix, New York ; **129** Photogramme vidéo, 2 min. 49 sec., couleur et son. Courtesy Electronic Arts Intermix, New York ; **130** Photogramme vidéo. Photo courtesy Video Data Bank, Chicago ; **131** Photogramme vidéo, 11 min., noir et blanc, et couleur, son. Courtesy Electronic Arts Intermix, New York ; **132** Courtesy de l'artiste ; **133** Courtesy Maureen Paley/Interim Art, London ; **134-136** DVD, 9 min. Courtesy de l'artiste ; **137** Double projection d'un DVD muet sur un seul écran translucide, dimensions variables. Courtesy Gagosian Gallery, Londres et New York ; **138** Vidéo. Courtesy Mariko Mori et Deitch Projects ; **139** Vue de l'installation. Etats-Unis (continent) – env. 765 × 1632 × 204. Alaska – env. 255 × 471,3 × 85. Hawaii – env. 306 × 306 × 63,8. Courtesy de l'artiste et Holly Solomon Gallery, New York ; **140** Extrait du « catalogue vidéo » de Paik, produit pour l'exposition itinérante aux Etats-Unis intitulée *The Electronic Superhighway: Nam June Paik in the 90s*, inaugurée au Museum of Art de Fort Lauderdale, Floride, 1994. Courtesy de l'artiste et Electronic Arts Intermix, New York ; **141** Photogramme vidéo, 42 min. Courtesy Electronic Arts Intermix, New York ; **142** Installation vidéo, téléviseurs et contre-plaqué de pin teinté. Courtesy de Frederieke Taylor/ TZ'Art, New York ; **143** Panneau de revêtement et bois, 243,8 × 609,6 × 50,8. Solomon R. Guggenheim Museum, New York. Panza Collection, don, 1992. © The Solomon R. Guggenheim Museum, New York (FN 92.4162). © ARS, New York et DACS, Londres 2005; **144** Bande vidéo, 60 min., noir et blanc, son. © ARS, New York et DACS, Londres 2005 ; **145** Installation vidéo. Photo : Kay Hines. Courtesy de l'artiste ; **146** Photo courtesy de l'artiste ; **147-149** Installation vidéo. Courtesy de l'artiste ; **150** Installation vidéo, technique mixte, dimensions variables. Courtesy Andrea Rosen Gallery, New York. © Julia Scher ; **151** Installation surveillance, technique mixte, dimensions variables. Courtesy Andrea Rosen Gallery, New York. © Julia Scher; **152** Photogramme vidéo. Courtesy Electronic Arts Intermix, New York ; **153** Installation multi-écrans. Bande vidéo, 44 min. 35 sec., noir et blanc. Courtesy Electronic Arts Intermix, New York ; **154** Installation vidéo multi-écrans : 1 panneau de photographies (en 3 parties), épreuves argentiques. Dimensions variables. San Francisco Museum of Modern Art. Accessions Committee Fund : don du Collectors Forum, Doris et Donald G. Fisher, Evelyn et Walter Haas, Jr., Byron R. Meyer, et Norman et Norah Stone. © 1982-1993. Photo : Ben Blackwell 1993. Courtesy de l'artiste ; **155** Mur d'images, 25 canaux vidéo, couleur, muet, deux caméras en circuit fermé, générateur d'effets spéciaux avec luma-key pré-programmé, antenne satellite, mur de lumière. Enveloppe : acier et allège en verre noir. 732 × 610 × 112. Photo : Dara Birnbaum © 1989.

Courtesy de l'artiste et Rena Bransten Gallery, San Francisco ; **156, 157** Installation, technique mixte avec projection vidéo, rebuts d'ordinateur, petits moteurs, son. Photo courtesy de Judith Barry ; **158** Installation vidéo, Biennale de Venise, 1997. Courtesy de l'artiste ; **159** Installation vidéo. Courtesy de l'artiste et Matt's Gallery, Londres ; **160** Installation vidéo monocal avec son. Dimensions variables. British School à Rome. Photo : Mimmo Capone. Courtesy de l'artiste et Matt's Gallery, Londres ; **161** © ADAGP, Paris et DACS, Londres 2005. Photo : Laurent Lecat. Courtesy Jack Tilton Gallery, New York ; **162** Installation vidéo. Photo : Javier Campano. Courtesy de Museo Nacional Centro de Arte Reina Sofía. © DACS 2005 ; **163** Quatre masters vidéo 1 pouce, quatre masters vidéo D-2 à colorimétrie modifiée, 28 disques laser, master vidéo 1 pouce (pour l'installation vidéo monocanal – versions française et anglaise), disque Magno, internégatif de film 16 mm, deux masters vidéo 1 pouce (pour l'installation vidéo monocanal – versions allemande et espagnole). Collection Walker Art Center, Minneapolis. Justin Smith Purchase Fund, 1995. Courtesy Sean Kelly Gallery, New York. Copyright Chantal Akerman & Lieurac Productions, 1998 ; **164-166** Photogrammes vidéos. Biennale de Venise, 1997. Courtesy Sean Kelly Gallery, New York. © DACS 2005 ; **167** Projection vidéo (2 écrans), dimensions variables. Courtesy Lisson Gallery, Londres ; **168** © Canal Street Communications, New York ; **169** Vidéo 18 min. 28 sec., couleur et son. Courtesy Electronic Arts Intermix, New York ; **170, 171** Installation pour la Biennale de Venise de 1997, 16 min., couleur et son. Courtesy Electronic Arts Intermix, New York ; **172** Installation vidéo/sonore. Edition 1, collection de la Bohen Foundation, don accordé en l'honneur de Richard E. Oldenburg au Museum of Modern Art, New York. Edition 2, Musée d'art contemporain, Zentrum für Kunst und Medien-technologie, Karlsruhe. Photo : Charles Duprat. Courtesy de l'artiste ; **173, 174** Installation vidéo/sonore. Edition 1 : The Chaplaincy to the Arts and Recreation in North East England, Grande-Bretagne. Edition 2 : collection de la Bohen Foundation, don accordé au Solomon R. Guggenheim Museum, New York. Edition 3 : Albright-Knox Art Gallery, Buffalo, New York. Photo : Kira Perov. Courtesy de l'artiste ; **175** Installation vidéo/sonore. Edition 1 : Bohen Foundation, don accordé au Solomon R. Guggenheim Museum, New York. Edition 2 : Pamela et Richard Kramlich, San Francisco. Edition 3 : Dallas Museum of Art, Texas. Photo : Kira Perov. Courtesy de l'artiste ; **176** Installation vidéo/sonore. Musée d'art moderne, Francfort-sur-le-Main, Allemagne. Photo : Kira Perov. Courtesy de l'artiste ; **177** Courtesy de l'artiste et Donald Young Gallery, Seattle ; **178** Vue de l'installation, Lennon Weinberg Gallery, New York, mars-avril 1995. Courtesy de Lennon, Weinberg Gallery, New York. Photo : David Allison ; **179** Mary Lucier, Ohio at Giverny, 1983. Installation vidéo : 2 bandes vidéo, couleur, son, 18 min. 30 sec. ; 7 moniteurs, de 12 pouces à 21 pouces ; dispositif de synchronisation. Whitney Museum of American Art, New York. Achat avec fonds de la Louis and Bessie Adler Foundation, Inc., Seymour M. Klein, président, et Mrs Rudolph B. Schulhof. Courtesy Electronic Arts Intermix, New York ; **180** Vue de l'installation dans l'exposition « Dislocations ». Museum of Modern Art, New York. Du 16 oct. 1991 au 7 janv. 1992. Photo © 1998 The Museum of Modern Art, New York ; **181** Pinces et attaches de prothèses en plastique, mousse de latex, tirages Cibachrome. 71,1 × 26,7 × 6,4. Photo : Larry Lame. Courtesy Barbara Gladstone Gallery, New York ; **182** © 1997 Matthew Barney. Photo : Michael James O'Brien. Courtesy Barbara Gladstone, Gallery, New York ; **183** Installation vidéo (5 disques laser) et sonore gérée par ordinateur. Coproduction Canon ARTLAB, Tokyo. © Canon ARTLAB ; **184** Céramique, verre, lecteur vidéo, cassette vidéo, projecteur vidéo CPJ-200, son. Chaque élément env. 27,9 × 17,8 × 20,3. Courtesy de l'artiste et Metro Pictures, New York ; **185** Vue de l'installation : Patrick Painter Inc., Santa Monica, CA. Photo : Fredrik Nilsen. Courtesy des artistes et de Patrick Painter Inc., Santa Monica ; **186** Vue de l'installation : Documenta X, Kassel, Allemagne. Photo : Werner Maschmann. Courtesy des artistes de Patrick Painter Inc., Santa Monica ; **187** Installation vidéo, structure cylindrique en bois, projecteur vidéo, amplificateur, 4 haut-parleurs. 350 × 300 × 300. Courtesy de l'artiste. Photo : Philippe Migeat ; **188** Vidéo et 10 vêtements dans une valise. Vidéo : 12 min. diffusée en boucle de 90 min. Edition 1/2. Vue de l'installation. Photo : David Regen. Courtesy Barbara Gladstone Gallery, New York. © DACS 2005 ; **189** Installation vidéo, technique mixte (vue plongeante, détail). Projection vidéo sur baignoire en céramique miniature, socle carrelé, supports métalliques, haut-parleur. Dimensions de la sculpture 35,6 × 50,8 × 66. Photo : Erma Estwick. Courtesy Anna Kustera Gallery, New York, New York. © Amy Jenkins 1996 ; **190, 191** Installation vidéo. Photo : Smith/Stewart ; **192, 193** Courtesy de l'artiste et de Luhring Augustine, New York ; **194** Repiquage film 16 mm/vidéo (photogramme). © l'artiste. Courtesy Anthony Reynolds Gallery, Londres et Marian Goodman Gallery, Paris/New York ; **195** Projection vidéo en boucle. Lecteur de disque laser, amplificateur AC-3, 5 haut-parleurs, 1 sub-woofer, écran Pearlescent Dasnap 156 × 366, projecteur Barco 701 S HQ. Dim. de l'installation : 200 × 400 × 550. Edition 1/4. Présenté à la Biennale de Venise, pavillon canadien, du 15 juin au 4 nov. 1997. Courtesy Lisson Gallery, Londres ; **196** Courtesy de l'artiste et Fondazione Prada, Milan ; **197** Installation avec projection vidéo d'images manipulées numériquement. Courtesy de l'artiste ; **198** © 1987 Computer Creations Corporation. Tous droits réservés. Reproduction autorisée ; **199** © ADAGP, Paris et DACS, Londres ; **200** Photographie construite numériquement, 156,2 × 135,3. Courtesy Ronald Feldman Fine Arts, New York ; **201** Iris print réalisé à partir d'un fichier numérique /C-print à partir d'un négatif couleur. Courtesy de l'artiste ; **202** Triptyque de 3 tirages numériques, 213,4 × 91,5 chacun. Dimensions totales : 213,4 × 274,5. Courtesy de l'artiste ; **203** Transparent dans une boîte lumineuse. Image 229 × 377. Tate Gallery, Londres. Courtesy de l'artiste ; **204** Transparent dans une boîte lumineuse en aluminium, 222,8 × 278,7 × 26,3. Courtesy Marian Goodman Gallery, New York ; **205** C-Print, 175,5 × 205,5. © Courtesy : Monika Sprueth Galerie, Cologne/VG Bild-Kunst, Bonn et DACS, Londres 2005 ; **206** Photographie, 189 × 450. Courtesy Sonnabend Gallery, New York ; **207** Photographie du tournage. Courtesy Gladstone Gallery, New York. Photo Larry Barns. © 2000 Shirin Neshat ; **208** Photographie du tournage. Courtesy Gladstone Gallery, New York. Photo Larry Barns. © 1999 Shirin Neshat ; **209** Epreuve argentique, 111,8 × 173,4. Courtesy Gladstone Gallery, New York. © 1999 Shirin Neshat ; **210** Courtesy l'artiste et Metro Pictures ; **211, 212** 14 min., installation DVD pour 3 projections avec son. © Crystal Eye Ltd, Helsinki ; **213** Double projection, beta numérique, vidéo sur moniteur, 9 min. 46 sec. Courtesy Marian Goodman Gallery, New York. Photo John Berens, New

York ; **214** Installation avec 8 disques laser. Courtesy 303 Gallery, New York ; Galerie Eva Presenhuber, Zurich et Victoria Miro Gallery, Londres ; **215** Photogramme de la projection vidéo. Courtesy de l'artiste ; **216** Installation à la Biennale de Venise. Courtesy de l'artiste ; **217** Photogramme, C-Print numérique, 61 × 91,4. Courtesy Roebling Hall ; **218** Photogramme, C-Print numérique, 61 × 91,4. Courtesy Roebling Hall ; **219** CD-Rom, projecteur et bras, dimensions variables. Courtesy de l'artiste et The Project, New York et Los Angeles ; **220** Infographie. © A. Michael Noll 1965 ; **221-224** AT&T. Réimpression par autorisation. Collection du Museum of Modern Art, New York ; **225** Images de synthèse. Courtesy European Media Art Festival Archives, Osnabruck ; **226** Fusain sur papier. Courtesy William Kentridge ; **227** © ADAGP, Paris et DACS, Londres. Photo courtesy de l'artiste ; **228** Infographie. Courtesy Galerie Emilia Suciu, Ettlingen **229-231** © William Latham ; **232** Sculpture laser en plein air. Photo : T. Charles Erickson ; **233** Installation lumineuse pour la cérémonie de clôture des XXe Olympiades, Munich 9.11.72. Photo : Wolf Huber. Courtesy de l'artiste ; **234** © ADAGP, Paris et DACS, Londres 2005 ; **235** Image de synthèse. Courtesy de l'artiste ; **236-239** © Tony Oursler, Constance DeJong et Stephen Vitiello. Courtesy Dia Center for the Arts *(www.diacenter.org)* ; **240-243** © Cheryl Donegan. Courtesy Dia Center for the Arts *(www.diacenter.org)* ; **244** Illustration numérique. Courtesy ®Tmark/ Creative Commons ; **245** Courtesy de l'artiste ; **246** Courtesy de l'artiste ; **247** Site Web avec vidéo Flash ; **248** Dispositif optique motorisé : cinq plaques de verre peintes (entretoisées de bois et de métal) pivotant sur un axe métallique ; lame verticale la plus longue, haut. 166,3 ; base 120,6 × 184,1 ; plaque de verre 99 × 14 . Yale University Art Gallery, New Haven, Connecticut. Don de la Société Anonyme. © ADAGP, Paris et DACS, Londres 2005 ; **249-251** Photos de Will Newell ; **252** Installation interactive programmée par ordinateur, avec la collaboration de Sara Roberts. Courtesy de l'artiste ; **253, 254** Sculpture interactive : vidéodisques, ordinateurs, aluminium, bois, plastique, câblage. © Ken Feingold 1993 ; **255** © 1997 Karl Sims ; **256** © 1993 Karl Sims ; **257-259** Construction de l'installation : conception Laura Kurgan, avec James Cathcart. Acteurs : Ken Taylor et Nicole Farmer ; musiciens : Peter Winograd et Marian Hahn. Courtesy de l'artiste ; **260-262** Technique mixte, dimensions variables. Courtesy de l'artiste et Luhring Augustine, New York ; **263** Tubes LED, transformateurs, diam. 274,3. Courtesy Sandra Gering Gallery, New York ; **264** Installation, PC, affichage CRT, lunettes 3D, aquarium, eau et poissons vivants. Courtesy de l'artiste ; **265** Gromala © 1996 ; **266** Installation vidéo numérique interactive. © Jeffrey Shaw ; **267** Image courtesy Electronic Visualization Laboratory, université de l'Illinois, Chicago

Index

Les numéros de page en *italique* renvoient aux illustrations.